CW01672998

●上海人民出版社

●《少女》编辑部　编

少女生活小百科

责任编辑　　龚维才
封面设计　　傅惟本
绘图摄影　　丁志翔　叶旦桥　朱凯杰
　　　　　　伍贻晴　吴志勇　周亚元
　　　　　　吴兆馥　胡怡闻　顾　翔
　　　　　　桂森林　喻晓燕　傅惟本

少女生活小百科
《少女》编辑部编
上海人民出版社出版、发行
（上海绍兴路54号　邮政编码200020）
新华书店上海发行所经销　上海市印刷三厂印刷
开本787×1092　1/32　印张16.25　插页5　字数553,000
1996年1月第1版　1998年3月第14次印刷
印数350,101－380,100
ISBN7－208－02107－4/G·293
（精装）定价16.00元

编辑前言

人类的一半是女性，女性的金色年华是少女时代。少女时代的故事最富有诗意，少女时代的生活最丰富多采。当代中国的少女是新世纪的建设者，在她们身上寄托着祖国实现现代化的希望。关心和帮助少女们健康成长，是上海人民出版社《少女》编辑部的神圣宗旨。

《少女》编辑部几年来聚集了一大批国内的教育工作者、医务工作者、社会学、心理学工作者等专业人员，对少女最关心的生活问题作出了亲切实用的解答；同时，也有少女作者交流自己的生活体验。现将这些文章精萃编辑成册，便呈上了这本《少女生活小百科》。

《少女生活小百科》是目前国内第一本为各界少女编写的读物，它的内容十分丰富、生动。《少女生活小百科》如同心理咨询室，女孩子的羞涩之隐、花季里的烦恼，都可以在这里找到答案；《少女生活小百科》又像一所没有围墙的"少女学校"，它指导女孩子们怎样对待生活，怎样与人相处，迈出跨向社会的年轻步伐；《少女生活小百科》还好比一座"快乐宫"，女孩子在这里可以分享闲暇生活中的无限乐趣。

《少女生活小百科》是少女生活天地的缩影，一切关心、爱护、培育少女成长的人们，如教师、家长、社会科学工作者，也可以以它作为参考资料，感受当代中国少女的生活风貌。当全社会都来为少女献上一份爱心时，千百万少女一定能成为新一代女性的后备军，我国的现代化建设事业也将有了更加可靠的接班人。

《少女生活小百科》是《少女》编辑部献给全国少女的一份精神礼品，让它伴随着女孩子们迈向新世纪。祝愿广大少女们幸福成长，走向充实美好的明天！

《少女》编辑部

1995年7月

目　录

1 文明的交往之道

2 仪表礼节与魅力

3 与人交谈的口才

4 个性情态的洞察

5　心理咨询与预测

6 少女的身体奥秘

7 女孩的自我保护

8 塑造你的形象美

9 穿着打扮的技巧

10 服饰的审美情趣

11 迷人的文学艺术

12 怡情的闲暇娱乐

13 奇妙的外面世界

14 点缀生活的制作

1

文明的交往之道

朋友的关怀

小 未

朋友，不一定是要朝夕相处，形影不离。也不一定是要经常循循善诱或是直言相谏。

朋友，她是圣诞节中第一个给你寄贺卡却不署名，而你也能一下子猜到的人。她是唯一有权知道你揉成一团，塞在书包最底层的卷子上的分数的人。

朋友，她会在你由于莫名其妙的奢侈而囊空如洗的时候，掏空口袋拿出每一分钱去买零食与你共享。

朋友，她会与你手拉手在大冷天穿着滑雪衫冻得脸通红去街上买大雪糕吃，只为了追求一种冰天雪地中的浪漫。

朋友，即使你800米长跑是多么地糟，她也会竭尽全力在及格线的前一秒种把你拖过终点线。

朋友，她是在你患重感冒的时候唯一敢于坐在你的对面，与你共进午餐的人。

朋友，她会在深夜和你一起从英语夜校逃课出来，在热腾腾的夜市小吃摊前吃得直到把前襟全部弄脏。

朋友，她是肯与你同坐在人民广场湿漉漉的草坪上边啃芒果边看日落的人。

朋友，她是唯一愿意在“Party”上把自己心爱的舞伴让给你，而如果她夺走你的舞伴你也不会恼怒的人。

朋友，她是你一个星期没来得及跟她说上一句话，但提起电话筒仍能听到她兴高采烈的声音的人。

朋友，她是唯一肯在考试的前一天耐心地听你罗唆上两个小时，并且再花上两个小时来安慰你的人。

朋友，在你拿到稿费的时候，她也会不失时机的敲你一笔，而你也决不会吝啬，只会兴冲冲地把她填得只打饱嗝。

朋友，在你借了她心爱的磁带却忘了还的时候，她会静静地等你自己想起来，即使是半年、一年也决不来催你。

朋友，有时不需太多的表白，只要一个眼神、一个手势、一句平平淡淡的话，就能相互传递无限的温馨。

朋友，相聚时从容，分手时却也淡然，从不用矫饰的眼泪来冲淡这份浓浓情谊，只默默将这份关怀深藏在心底。

也许某个夜晚，当我独坐灯下与成堆的习题为伴，忽抬眼望见窗前丝丝细雨，窗外点点星光，心中便不由地会想起她，想起在这茫茫尘世的另一角，此刻有位朋友也正在关心着我、想念着我……一瞬间，心中尽是美好情怀。

保持友情的关键

亚　亚

同甘共苦

与朋友不仅同喜乐，而且同忧患，帮助朋友解除困难，这才是交友之道。

为人真诚

表面上说些好听的话，心里却不是那一回事，伪装、说谎，这种行为是使友情破裂的最大原因。为人要真诚，有话当面讲，不做小动作，这是交友第一步。

批评有据

批评要有客观态度，避免武断，最好不要在公开场合批评别人的短处，这是人与人之间的相处之道。

不打听私事

相识伊始，就问人家家务事，会使对方反感。喜欢谈论别人的家庭是缺乏修养的表现。如果友情发展，或者是至交，那么经历了一段长时间相处，相信你一定会自然了解。再说，朋友相处，应该不在乎其家庭的优劣。

不要说朋友家的坏话

好朋友会对你说出一些家庭的苦恼和丑事，就此对人家妄加指责，甚至投其所厌，加以鞭挞，朋友听了可能会不痛快的，就像有人说自己家人的坏话一样感到不愉快。

不强加于人

虽然是极要好的朋友，也不一定志趣相投，性格相同。与兴趣不同的朋友相结交，也许可以多方面发展，会更充实自己。所以要特别注意，不要强迫朋友接受自己的意见。如有不同的看法，可以和颜悦色地讨论，持求同存异的态度，这才是成功友情的桥梁。

宽容为怀

朋友相处要有充分的度量。朋友意识越强，往往越容易排斥他人。“绝不让他人与自己朋友结交”这种意识要尽量避免才好。老是和几个朋友交往并不好，因为这几个朋友离开你，你就会感到冷清孤寂。

不依赖

友情不可缺少互助，不能互助称不上好友。但是，你不能事事都依赖朋友来帮助，如这样，那会累坏了你的朋友。只有确实自己想解决而无法解决，想到朋友能帮助解决时请求帮助，或许才能使彼此产生更浓厚的友情。

当朋友需要帮助时

范佳毅

朋友之间的互相帮助是十分可贵的。朋友们通常比父母或老师更洞悉内情，而且，当一个人处于困境的时候，往往更依赖于来自朋友的动力。然而，在朋友遇到麻烦时，你可能会束手无策，甚至不知从何做起。事实上，你还是有不少事情可以去做的。

想一想：

当一位密友带着问题来找你时，你可能会迫不及待地采取行动。且慢，你首先得权衡一下具体情况，或许有些问题是你的朋友自己可以解决的。比如：她化学考砸了，心里很不好受。这并非生死攸关的大事，你只需鼓励她与有关老师谈谈，找人辅导一下就行了。当然，如果这门课正好你很擅长的，直接提供帮助会让你的朋友感到更为亲切。而另外一些情况可能就比较费力了。所以，要真正帮助朋友，你必须先弄清事实。如果朋友的问题超出了你的能及范围，或者由于某些特殊情况使你帮不了她，那就不妨如实相告。这时，最让人为难的是你无法对朋友说“不”，你会觉得自己没有为朋友尽力并因此感到内疚，但在这种情况下，坦诚相见比勉为其

难以至耽搁了解决问题要好得多，这对你们今后的友情也会有益处。

谈一谈：

当了解情况之后，可以和你的朋友谈谈她的问题，彻底地谈论一下她的处境，会有助于她理清思路并作出选择。这里很重要的一点是：让你的朋友多谈。当你所关爱的朋友面临危机时，你往往容易武断地提供建议而忘记了倾听。如果你的朋友在表达上有困难，你可以提问，但必须围绕她所面对的问题，同时强调你对她的关心以及试图帮助她的愿望。

提供建议：

听完朋友对自己问题的谈论之后，如果你有发自内心的建议，这时就可以向朋友提出。你可以告诉这位朋友你本人或者你所熟悉的什么人在遇到类似情况时所采取的行之有效的办法，但同时必须强调这是你朋友自己的问题，所以只有她自己知道怎么做最合适。一般来说，鼓励你的朋友去找对困扰她的问题能提供建设性意见或实质性帮助的人是比较稳妥的做法。如果是学业上的问题，可以去找一下有关教师；如果是情感问题，很可能你就是近乎“权威”的人了；如果是健康问题，那就应该敦促她及时就医，等等。这里要注意的是：即使在提供建议的时候，也要保留某些余地——不要代替你的朋友去承担问题及其后果。所以，不要告诉她该怎么做，而是帮助她弄清楚想怎么做。

如何对待过分要求：

当朋友处境困难，你可能有一种竭尽全力帮助她摆脱困境的冲动。但有时候，你如果事事有求必应，她可能会开始过分地依赖你。

香农和莉萨是好朋友，却具有截然不同的个性。香农开朗外向，莉萨则特别腼腆，她只跟香农作伴，与其他人毫不相干。有一阵莉萨深感压抑，情绪低落，香农起先每晚给她打电话，试图让她快乐起来，但情况没有起色。过了一段时间，香农觉得有点难以承受了，后来她终于告诉莉萨，她不能整日陪伴左右，她建议莉萨去寻求心理咨询，并表示愿意在第一次去时与她同行，她还建议莉萨与她的其他伙伴交交朋友。

遇到类似的情况，你可以低调处理。在提供帮助的同时对她解释一下，你虽关心她，但不可能永远包办一切，人得学会独立。

如何对待拒绝帮助的朋友：

有时朋友遇到麻烦，你向他说出自己的看法，然而在某些情况下有人就是听不进劝告，无论它多么有益。如遇到情感问题的人很可能一时听不得任何反对的意见。事实上，除非她自己认识到问题的存在，你除了告诉她某事不大对劲之外，能做的确实很有限，这实在很伤脑筋。

关键在于，你不能为了不失去朋

和个性不同的朋友相处

肖宗文

很多少女都不知道结交个性不同的朋友,会带给自己多大的好处。

大多数少女,都喜欢找气味相投的人结交,自然啦,气味相投,就是所谓“合得来”,样样都容易投契,你来我往,不几天就非常热络,非常知己。

但是,学校里、社会上的人千种万种,跟自己气味相投的人,究竟只占少数。如果只能跟气味相投的人结交,不能跟个性不同的人结交,那么交来交去,不外是那么几个人。而几个人结成那么一个小圈子,就等于限制自己的发展,束缚了自己的社交生活。许多可敬可爱有才能有修养的人,却因为个性与我们不同,被我们拒于门外。

社会生活是非常多样、非常复杂的,因此也就形成人们的非常多样、非常复杂的个性。在一个学校里一个集体里,都包含着各种各样性格的成员,如果我们要和其中大多数人都保持良好的友谊关系,我们就必须学会跟个

友而助长其错误行为,为她说谎,为她掩饰,或鼓励她某种于己有害的做法。如果你认为朋友所面临的问题是如此严重以至不管她是否允许,你必须采取行动,这时候你得三思。你一旦请求外界帮助,也就在某种意义上泄露了秘密,这使你可能失去朋友,但如果不采取行动,听任朋友在困境中愈陷愈深,同样可能失去朋友。在你决定怎么做之前,先把情况向某位你所信任的人讲述一下,你不必说出具体的名字,但可以就情况听取他们的意见。如果你还不放心,可以借助青少年热线寻求咨询,向一个素不相识而且又不必面对的长者或专家倾诉,可能会让你觉得更具有安全感。

助人并且自助:

当你帮助朋友时,留出时间处理自己的事务也很重要。帮助他人需掌握分寸,因为无论你是一个多么好的朋友,你终究不是什么超人,你可以为朋友提供帮助,但不要忘记你也对自己负有责任。

性不同的人相处。

首先，我们要能尊重别人的个性，不要以我们自己的性情、嗜好和兴趣做唯一的标准，凡是跟我们一样的，就认为是好的，否则就对之“不以为然”、“看不惯”或“讨厌”。

有些性急的人，看见举动迟缓的人，就觉得混身不舒服。其实，性急有性急的好处，性慢也有性慢的好处。性急的人，行动敏捷，但也容易流于暴躁、冒失；性慢的人虽然举动迟缓，但有时却比性急的人稳重、谨慎、周密、安详。

同样的，好动的人和好静的人也各有长处，各有短处。如果好动的人和好静的人，能够互相尊重，互相欣赏，就可以收到互相扶持、互相补充的效果，使双方的性格更加完美，更加丰富。而且，在共同的事业中，双方可以各自发展自己所长，补救对方的缺点。

至于在各人的兴趣与嗜好上，更是多种多样，有的喜欢流行音乐，有的喜欢古典音乐，有的喜欢中国音乐，有的喜欢外国音乐，有的喜欢下棋，有的喜欢集邮，有的喜欢旅行，有的喜欢游泳……不妨各行其是，不必勉强别人和自己一样。

然而，为了使自己更多了解别人，倒不妨尝试一下别人所过的生活。一个样样都懂，对样样都有兴趣的人，就特别容易跟各式各样的人接近，更容易扩大自己的交友范围，丰富自己的社交生活。

善于交朋友的人，绝不要求别人来迁就自己，相反却能设法迁就别人，很容易走进别人的生活中去体会别人的喜怒哀乐。这样做，就会渐渐地使自己的知识越来越充实，见闻越来越广阔，触角也越来越灵敏，而对社会与人生的了解也越来越丰富、越深刻。

性格内向怎样获得友谊？

傅安球

《少女》编辑部：

我是一个性格内向的姑娘，虽然我心中十分渴望同他人交往，但同学们好像对我有点视而不见，似乎在有意无意疏远我，使我感到非常孤独。我该怎样才能获得广泛的友谊？

倪 瑜

倪瑜同学：

你的“孤独”，我想许多不善交际的姑娘都存在，尤其是对于那些初涉人世而又性格内向的少女来说，可能更具有普遍性。

我们知道人们之间的交往，建立良好的人际关系，其目的是为了协调人与人之间的行动和满足个体间心理接触的需要，从而达到心理相容。因为只有心理相容，交往者才会产生心理接近，他们的行为才容易为对方所接受和引起肯定的反应。在这种环境里生活和学习，就能感到情投意合，心情舒畅。

人际交往当然需要产生建立和谐关系的欲望，即你所说的“渴望”，但不能停留在这一点上，而应该表现在行动上。相互帮助、支持、信任和同情等友好行为，能发生亲密关系；而离群索居以及自我炫耀、怀疑和拒绝等行为，则会产生疏远关系；那种相互诬蔑、诽谤和攻击等行为，还会形成对抗关系。

你有与他人交往的“渴望”，这是应该肯定的，但由于你性格比较内向，因而在人际交往的行动上必然会显得腼腆怯懦、顾虑重重，倾向于期待他人主动与自己接近，向自己表示亲密，引导和帮助自己。这种被动的交往方式，正是造成你觉得“同学们好像对我有点视而不见，似乎在有意无意疏远我，使我感到非常孤独”的主要原因。

你想要获得广泛的友谊，首先应该克服性格过于内向的缺点。具体做法有：你不要过于注重内心活动，并与外界保持密切的联系，对其他同学要寄予关心，需要自己协助的事，要表现出很大的热情；不要过于含蓄深沉，要坦荡开朗，遇到想不开或难以处理的事时，要积极寻求同学的帮助；不要过于庄重自信，要谦虚热情，努力观察和学习其他同学的交往方式与技巧；不要过于心理过敏，要豁达宽容，对别人的热情和赞许固然会感到欢欣，但对别人的批评或冷眼也不要疑虑重重或耿耿于怀。

当然，性格内向在人际交往中也不是毫无可取之处，人际交往也需要沉静谨慎、感觉敏锐、情感细腻等。不过，性格内向容易使人显得孤寂、羞怯、拘谨，这是不利于广泛地进行人与人之间相互交往的。

你想要获得广泛的友谊，还必须积极培养自己人际交往的主动性，以及掌握人际交往的一些技巧。只有主动去接近别人，才能理解别人，也能使别人更好地了解自己。如果采取“你不想同我交往，我也不愿同你交往”的态度，则容易使自己处于孤单寂寞的境地。要想获得友谊，就需要增强与别人交往的勇气和信心，别人对你的态度也是你对别人态度的一种反馈，所以，能否与他人建立良好的关系，主动权还在你自己手里。

在主动与他人交往时，起初也许不习惯，这不要紧，可以慢慢来。譬如，你可以从最简单的主动与他人打招呼做起，习惯以后，就可以自然地与他人聊聊天，进而还可以选择一些与自己最愿意交往的人深交下去，这样就会慢慢地和他们相处得水乳相融。人们的心灵是相通的，你投之以纯真，他必报之以热诚。

你还可以多参加一些文体娱乐活动和其他社会活动，以扩大社交面，如果你在这些活动中主动地关心和帮助他人，设身处地地去理解别人的想法、体验别人的心情、体谅别人的难处，那么，你就能得到别人的尊重和信赖，并获得珍贵的友谊。

一般说来，人际交往要达到人际吸引的程度，才能变成友谊。那么，人际吸引需要具备一些什么条件呢？大致有这样几个方面：

一、外貌吸引。外貌（包括容貌、体态、风度等）越被人接受和认同，就越有吸引力。二、邻近吸引。在彼此能够满足需要的情况下，交往双方越邻近，就越有吸引力。三、熟悉吸引。彼此交往次数越多，越了解，就越有吸引力。四、能力吸引。能力越强而又谦虚的人，就越有吸引力。五、相似吸引。年龄、地位、学历、职业、兴趣、态度越相似，就越有吸引力。六、互补吸引。在各方面越能取长补短、相得益彰，就越有吸引力，等等。

如果根据自己的情况，适当地运用这些条件和规律，就有助于自己处于积极的心理状态，并能与别人在交往中彼此协调一致。

倪瑜同学，如果你能够勇敢地打开闭锁的心扉，在感情上与同学们融为一体，那么，你的孤独感就一定会在这种深厚友谊的暖流中融化，你也一定会获得越来越广泛的珍贵的友谊。

临别赠佳言

苏　军

离别了，往日朝夕相处的挚友；

再见了，昔日同宿一室的伙伴。离合散聚本是人间的寻常事。在这依依难舍的分手之际，在这挥泪抹面的动人瞬间，什么是最珍贵的？

送一大堆礼物，自然能表达旧日的手足之情谊；送一段路程，也许能成为日后美好回忆的衬底；洒一泓热泪或许能酿成感情的彩虹……

而赠人以言，比礼品高尚，比送行深远，比热泪难忘。

在毕业前夕，同学之间互题毕业赠言，这是跨出校门前的最隆重的一幕，是勾起珍贵记忆的最佳镜头，也是最宝贵的礼物。

一句赠言代表了你的心，代表了一份浓浓的情。那么如何使赠言捎去你的爱心和温暖，句句恰到好处呢？

笔者曾大量浏览了赠言簿，并琢磨了赠言这种具有特殊魅力的交际方法，现稍稍予以介绍。

勉励激奋型

这种赠言，以鼓励对方不懈进取为主旋律，通过含有人生哲理的名言或凡言，意在燃起对方或双方对未来火一般的热情和搏击。言语亢奋，激情洋溢，思想深远是这类赠言的特征。

如："愿我们成为祖国蓝天上闪烁的繁星，在各自的岗位发出耀人的光。"——催人进取。

"这世界一片浩瀚，感谢上帝赐予你坚强的心灵，在命运的大海上，要做自己灵魂的船长。"勉励对方主宰人生、把握命运的意思溢于言表。

"记住：努力是光，成功是影，没有光哪儿来影？"在道出一个真谛时蕴含孜孜以求、永远攀登的意境。

抒发壮志型

毕业是人生一大转折，在岗位转换之际，人往往有一种憧憬与希冀。

这种赠言，恰好利用和再现了人皆有之的心理，成为未来奋击的目标。

如："课桌上要分手，人生的道路上还要手挽手。"词句虽不漂亮，但继续发展友谊的愿望和盘托出。

"我是那一枝绿叶，钻进了你那广阔无比的森林中。"通过逼真的比喻，显示双方友情的程度，耐人寻味。

"我不是好的诗人，也不是一个好的友人，可我永远在你身边，在你需要有人聆听诉说的时候。"难道还有谁能享受聆听诉说的"特权"？对方肯定是一个知己。

祝愿希望型

人之分离，往往以祝愿作为结束语。这种赠言，是以表达对对方的美好祝愿和期望为特征的。

"我们不常常有新年，却常常拥有新的一天，愿你每一年每一天都充满幸福与喜悦，一份宁静的喜悦，悄悄地带给您。"

"只要你生活得比我好！"寥寥数语，友人的一片纯真与善良跃然纸上，感情多美好。

"但愿未来是一个完整的圆！"这种圆滚滚的话赠给一切如意的"胖墩墩"是再好不过了。

人品崇慕型

美好的人格和形象，是镶刻在人们心里的最清晰的部分。这种赠言，以自己切身的体验，用赞许的笔调，对对方作个扼要的评价，既使对方欣慰，又使自己学有榜样。

如："你朴实无华，不图虚名，你为人真诚，不求报答。"让人一看就知道对方是一个脚踏实地、虚怀若谷的人。

"你使我懂得，接近上帝不如接近同学。"被赠者一定是个"人缘"极好的同学。

"你具有了人格中最为圣洁的东西——诚实，也具有了事业中最受青睐的东西——恒心，两者完美结合，前途无量。"在推崇人品的珠宝时，显露了自己深深的钦慕。

特征勾画型

人最容易记住的是特征、个性。这种赠言，以其人的有别于他人的特征、个性作为落笔的"潜影"，并通过有意义的点拨、渲染，形成一种氛围，使人看了印象深刻。

如："你身材魁梧，可你的宰相肚皮让人自由穿行，更觉得高大了。"既点出对方身材高大同时又赞美了人品的高尚。

"你的眼球比眼白大，让我好细看，怪不得你比我看得深，看得远，羡慕你啊——大眼珠。"

"你常常在关键时刻有出人意料的想法，很迷人，能传授吗？"对方无疑是一个有头脑有思想火花的聪明人。

指诫爽直型

漂亮的话有时未必比“批评”的话有用。分手之际，坦诚相见，能指出对方的不足，这种赠言犹如臭豆腐干闻闻臭吃吃香，获益匪浅。当然这种赠言能含蓄些、艺术些更佳。

如：“同是医治生活的良药，乐观是甜药，悲观则是苦药”、“阴影是在阳光下形成的”。前一句明白易懂，后一句暗示出内心的悲剧造成了忧郁的性格。

“小巫还是见大巫的好。”对浅尝辄止的弱点作了有趣的“解剖”和适时的劝导。这种赠言寓庄于谐，非常巧妙。

消痕求和型

人与人的摩擦，到分手时是一个弥合伤痕、重建友谊的契机。这种赠言，以不计前嫌，握手言和为特征，表示消除误会、沟通理解的意愿。

如：“都是血气方刚的‘好汉’，同是一校之友，何必耿耿于怀，‘一家’不说两家话。”吵过嘴，打过架结下的怨恨，一夜之间让它化为乌有。

“让59路汽车站上的一瞬间永远从各自脑海中抹去。”要求和解的姿态明确无误。

“假如昨天有什么地方得罪了你，迁怒了你，那我今天来道歉。”其修养、洒脱隐约可见。

实惠体贴型

这种赠言以小巧、实际、妥帖见长，洋溢着家人般的亲切和朋友般的随和。

“别忘了来封小信。”把无穷的思绪揉进了“信”，又远远跳出了“信”。

“当心你的胃。”对有酗酒的嗜好和没有生活规律的人，这句话是中肯的告诫。

“记得吗？我天天跟你说的……”一股深切的关怀尽在“省略”中。

追记强化型

生活中，双方共同相处中，总有一、二次“镜头”是特别记忆犹新的。这种赠言，对某一个特定场面“定格”，予以记述，则能平添不少印象深刻的“痕迹”，使双方的关系由此得到强化。

如：“相聚于一场闹剧以后，分手在一幕壮剧之前。”

“当你吃蟹黄蛋时，别忘了你吃过的第一顿，那是我做的。”

“那一次在窗前，只有我和你面对面……”，拉出一个特景，把两个人的说不上的“关系”打上一个谜的结，耐人寻味。

职业祝福型

这种赠言，以对方的未来职业作

为“写作对象”，将一腔深情和希望浓缩在祝福中。

如：“愿你永远有一颗纯洁童贞的心”。对方肯定是一个幼教工作者。

“有一天你如圆了明星梦，我会头一个来观赏，愿你成功。”

“尽管我不信上帝，但我还是愿意为你向上帝祈祷。”很有体谅对方“信仰”之大度。

警句寓意型

警句的适用面相当广。这种赠言，用自己喜欢的名言、格言，尤其是自制的“特产”——凡言来赠予同学，是最广泛的。

“生命不一定要辉煌，但要出色。”“不要问生活如何，多想想如何生活。”这种生活观大有裨益。

赠言是两人心底的交流，有时无需点穿，便能达成一种默契。这种赠言，简洁到无法再省略，而个中的内函则大大深化，大有心有灵犀一点通之感。

“玫瑰有刺手勿碰”。赠言虽未挑明“玫瑰”指何物，但受赠者肯定会心领神会，得到启示。

“忘不了。”三个字，字字有意思。

“……”“此情尽在不言中”，大有“禅宗”的风骨。

幽默俏皮型

在所有赠言中，幽默俏皮话是最受青睐的。这种赠言，巧妙地运用寓言、典故、趣闻，将要表现的东西弄得妙趣横生，倍添乐趣。

如：“你对知识的求索令葛朗台老头儿热泪盈眶，惊喜于找到了执著狂的知音——善哉善哉。而我只道一声珍重。”贴切的比喻，活脱出一个“呆头呆脑”的读书人模样。

“我对你的感情储蓄，不知你能不能到期还本付息。”希冀爱的回报，读来回味顿生。

“不指望你一张开眼就想起我，但至少在洗脸时想到我。”非同一般的友情让人猜测、迷恋。

你会交朋友吗?

徐 切

你的人缘怎样?会不会交朋友?如果有兴趣,请你根据自己的实际情况,试试以下小测验。

1. 你和朋友在一起时过得很愉快,是不是因为:

a. 你发现他们很有趣,既爱玩又会玩。 (3分)

b. 朋友们都挺喜欢你。 (2分)

c. 你不得不这样做。 (1分)

2. 当你休假的时候,你是否:

a. 比较喜欢自己一个人消磨时间。 (3分)

b. 想交朋友,但是又觉得这是一件不容易的事。 (2分)

c. 朋友不要来打扰。 (1分)

3. 当你事先安排好要会见一位朋友,到时候却感到很疲倦,但还不能让朋友知道你的这种处境时,你是否:

a. 希望他会谅解你,尽管你没有到朋友那儿去。 (1分)

b. 还是尽力去赴约会,并且试图自己过得愉快。 (3分)

c. 到朋友那儿去了,并且问他假如你早点回家,他有什么想法。(2分)

4. 你和你的朋友们相处的时间长不长:

a. 一般情况下是几年。 (3分)

b. 有共同感兴趣的东西时,也可能呆上几年。 (2分)

c. 一般都不长。 (1分)

5. 一位朋友向你吐露了一个非常有趣的个人问题,你是否:

a. 尽自己最大的努力不让别人知道它。 (2分)

b. 根本没有想到把它传给别人听。 (3分)

c. 当那位朋友刚离开,就马上找别人来议论这个问题。 (1分)

6. 当你有了问题的时候,你是不是:

a. 通常感到自己完全能够对付这个问题。 (1分)

b. 向你所能依靠的朋友请求帮助。 (2分)

c. 只有当问题确实严重时,才找朋友帮助。 (3分)

7. 当你的朋友有困难时,你是否发现:

a.他们马上来找你求助。(3分)

b. 只有那些和你关系密切的朋友才来找你。(2分)

c.朋友们打算不来麻烦你了。(1分)

8.你通常要交友的时候,是不是:

a. 通过你已经结识的熟人帮助你。(2分)

b. 在各种各样的场合下都能这样去做。(3分)

c. 仅仅是在一段较长时间的观察、考虑,甚至可能经历了某种困难之后才交朋友的。(1分)

9. 在这里的三种品质中,哪一种你认为是你的朋友应当具备的:

a.使你感到快乐和幸福的能力。(3分)

b.为人可靠,值得信赖。(2分)

c.对你挺感兴趣。(1分)

10.下面哪种情况对你最为合适,或者最为接近实际:

a.我通常让朋友们高兴地大笑。(2分)

b. 我经常让朋友们认真进行思考。(1分)

c. 只要有我在场,朋友们都感到很舒服。(3分)

11.假如你应邀参加一次活动、一次比赛,或者应邀在聚会上唱歌,你是否:

a.找借口不去参加。(2分)

b. 饶有兴致地去参加这些活动。(3分)

c.当场就直率地谢绝了邀请。(1分)

12.对你来说,下面哪一条是真实的:

a. 我喜欢称赞和夸奖我的朋友们。(3分)

b. 我认为诚实是最重要的品质之一,所以,我常常不得不持有与众不同的看法。(1分)

c. 我很讨厌鹦鹉学舌,人云亦云。(2分)

13.你是否发现:

a.你只是同那些能够与你分担忧愁和共享欢乐的朋友们相处得很好。(1分)

b.一般来说,你和几乎所有的人都能相处得比较融洽。(3分)

c.有时候你甚至想与对你漠不关心,不负责任的人相处下去。(2分)

14.假如朋友们跟你恶作剧,你是否:

a.跟他们一起哈哈大笑。(3分)

b.感到气恼,并且溢于言表。(1分)

c. 可能和他们一起哈哈大笑,也可能恼怒发火,这都取决于恶作剧发生时你的精神状态和情绪。(2分)

15.假如别人想依赖你,你有什么想法:

a.在某种程度上,我并不在乎,但是我想和我的朋友们保持一定的距

离，有一定的独立性。 (2 分)

b. 很不错，我喜欢让人家依赖我，认为我是一个可靠的值得信赖的人。 (3 分)

c. 我对此持一种谨慎的看法，比较倾向于避开可能要我承担的某些责任。 (1 分)

总计分析：

假如你得的总分是 36～45 分，那么，你对你周围的朋友们都比较好；你愿意和他们在一起，他们也喜欢你，你们相处得不错。而且，你能够从平凡的生活中得到许多乐趣，你的生活是比较充实而丰富多彩的。你很可能在朋友中有一定的威信，他们比较信赖你。一句话，你会交朋友，你的人缘很好。

要是你的总分是 26～35 分，那么，你的人缘不怎么好，换句话说，你和你的朋友们的关系并不牢固，时好时坏，经常处在一种起伏波动的状态之中，这就表明，你确实想让别人喜欢你，想多交朋友，尽管你自己也做出了很大的努力，但是别人并不一定喜欢你，朋友们跟你在一起时可能不会感到轻松愉快，你只有认真检查自己的言行，虚心听取那些逆耳的忠言，真诚地对待朋友，学会正确地待人接物，你的处境肯定会改观的。

如果你的总分是 15～25 分，那就太糟糕了！你很可能是一个孤僻的人，思想很不活跃，不开朗，喜欢独来独往。但是，这一切并不意味着你不会交朋友，更不能武断地说你的人缘很差。其主要的原因在于，你对社交活动，对人与人之间的关系不感兴趣。但是，朋友，一个人生活在社会之中就是社会的一员，人们要想和睦相处，就应当互相帮助，互相尊重，互相关心。法国作家罗曼·罗兰曾经说过：“有了朋友，生命才显示出它全部的价值，智慧、友爱，这是照明我们黑夜的唯一光亮。”

但是，交朋友要交好朋友。滥交者无友，这便是结论。

当然，金无足赤，人无完人，谁要求没有缺点的朋友，谁就没有朋友。真正的朋友，往往是在逆境和患难之中获得的。奉承、迁就并不能保持友谊。只有正直和忠诚才能使友谊巩固。

你能得到朋友信赖吗？

宇文弘男

我们每个人都希望有一个值得信赖的朋友，但是否有人考虑过这种想法的另一面，即我们自己符合我们对“朋友”的要求吗？在朋友的眼中，你是否值得信赖？忠实地回答所有的问题，记下你的答案，在附表中找到相应的分数，然后把得分相加。文后的解释将帮助你了解自己究竟是哪种类型的朋友。有兴趣的话，请不妨一试。

1. **你知道很多你朋友的轶事。**

a. 你讲给人们听；

b. 讲出来，但隐去真名；

c. 守口如瓶。

2. **你的朋友经常借贷，但借了的东西很少归还。现在他向你借一样贵重的东西，你怎么办？**

a. 借给他；

b. 告诉他你没有；

c. 讲明原因后拒绝他。

3. **朋友无意中摔坏了你的表，你怎么办？**

a. 你说你再买个新的；

b. 你要求他付钱或想法赔偿；

c. 你拒绝他的赔偿，但故意找碴吵闹。

4. **你的朋友和你不喜爱的一个人关系密切，在这种情况下：**

a. 你与朋友断交；

b. 什么也不说，继续与朋友保持友好关系；

c. 你要求朋友在你和那人之间做出选择。

5. 你感觉到你的朋友很快将有大的不幸，这时：

a. 断绝和他的关系，为的是怕影响自己；

b. 坦率地和他谈；

c. 继续保持友谊，一如既往。

6. 你认为，真正的朋友应该：

a. 和你分享一切；

b. 说并且只说自己想说的事；

c. 把问题留给自己，保留自己的想法。

7. 你知道你的朋友需要钱，而你恰好有足够他用的钱，你会说：

a. “拿去吧，你给过我快乐。”

b. “记住，你帮过我许多次，而我的效劳无法与它们比。”

c. “先熬一段时间，节省开支，艰苦度日。”

8. 如果你想找朋友借钱，你怎么办？

a. 你绕圈子暗示他；

b. 你请求借贷；

c. 你什么也不对他说。

9. 你的朋友买了一套服装，你认为他穿不合适，那么你：

a. 告诉他，服装对他不合适；

b. 说不合适并解释为什么；

c. 什么也不说。

10. 你认为你的朋友：

a. 比你更有知识和文化修养；

b. 在知识和文化修养方面不如你；

c. 在这个方面智力平等或大致平等。

计分标准：

得分 选择 / 题号	a	b	c
1	1	2	3
2	2	1	3
3	3	2	1
4	2	3	1
5	1	3	2
6	1	3	2
7	2	3	1
8	1	2	3
9	1	2	3
10	2	1	3

总计分析：

21～30 分：你的确是一个好朋友，你的朋友信任你并赞扬你，你完全有权利在必要的时候得到你朋友们的帮助。

15～20 分：你有很多朋友，但像我们中的大多数人一样，在和朋友们的关系上你有时无法表现出应有的理解。你希望把自己放在他人的位置上，但你不知道应该如何表达。

10～14 分：你比较过分注重自我而轻视周围的人，你的这个性格是纯真友谊的屏障。要想成为一个好朋友，需要你对他人和他人的问题表示更多的关心。

你会接近人吗?

苏 苏

人与人之间的接近，不仅表现为空间距离的缩短，而且进一步体现在心与心的沟通。

人们从互不相识到成为知心朋友，接近是维系双方的纽带，双方从带有疑惑的目光到转动信任的双眸，接近是眼神转换的制动阀。

接近，是生活的艺术，是人际交往的基本课题之一。

弄清接近的目的

交往总是服从一定目的的。接近的时间、地点、形式都各有差异，但目的如果不加掩饰的话总是明显的。

接近，纯粹性的相识而已，这种接近，或出于慕名，或出于交往联系，没有太多的其他意思，具有偶发性。如举行电影首映式，影迷们主动接近迷恋的影星，以能相识为快。

接近，表达某种发展意向的愿望，希望接近导致某种结局。如与营业员接近，期望能给予方便。这种接近，以主动渗透为开端，继而企求对方能给予某种便利、认可。

接近，受一种强烈的意识、愿望所驱使，接近最希望达到主观愿望。如爱情的发生，从接近到好感，从好感到友谊，从友谊到倾慕，从倾慕到结缘。

不论是哪一种接近，都有一种目的。接近的目的无非是发生经济的、社交的关系，满足一方或双方的需求。

笑是最好的介绍信

在接近的一瞬间直至一次交往的结束，如能以微笑开道，以含笑结尾，那笑的价值不言而喻。微笑，对接近人来说，是一种诚意与善良的表征，是愉悦别人的良好形象。而对被接近人来说，是一种比较易于接受的方法，是引起兴趣、好感的温泉。有人曾说，微笑是比一纸介绍信更能取信于人的介绍信。反之，如果我们去接近人，面孔铁板，措辞尖刻，那么回报自己的将不是发生联系，或是发生了联系也很勉强，缺乏一种吸引的魅力。可见，微笑是接近人的"热线"。

选择有趣的话题

交谈是一种渗透，也是接近的交流方式。话题选择要同接近目的吻合，而且话题要相当明确。话题选择还要引起双方兴趣。谈恋爱，头一回介绍相识，这种话题的选择同能否接近就很有讲究了。一上来就发问"工资多少，房子有吗？"对方不会再交谈下去。另外，话题选择要会变化，如对方眼神、动作、语言已告诉你表示厌烦，那么或者变换话题，或者结束话题。因此，话题的针对性、互导性、有趣性，是双方迅速接近的催化剂，也是从表面接近走向内向接近的传导器。

要学会推销自己

推销，已不再是经销者的"专利权"和术语了。在现代交往中，把自己推销出去，让别人有机会、多侧面、多层次地了解自己，这也是使别人迅速决定接近自己的前提。推销自己，是指合适地表露自己，来一个适度的"亮相"。而一个人躲躲闪闪，含糊其辞，令人捉摸不透，别人是难以接近的。比如在社交场合，可通过有分量的话语来留给别人咀嚼，并露一露某方面的特长。在关键时刻，能挺一挺身子，也会让人感到有力量。只要推销得不俗不傲，不倚不轻，那么这也会更好地被人接受。

增加联系的密度

接近，在保持联系的情况下，能增加彼此认可的机会，使接近不会成为廉价的一次性交往。我们往往碰到这种情况：有许多过去的好朋友，如果一旦分手，不再经常联系，那么无论过去多么亲密、交往多么投机，终归会导致陌生，接近不能成为现实。尤其是要接近人的内心，保持联系的经常化、渗透化是必须的。

自然，在接近中，倘能注意礼貌和举止，放下架子，主动招呼，运用目光、表情、动作、姿态，亦能产生很好的效应。

愿我们在接近人的交往中，拓宽朋友面，既赢得友情，也赢得知识。

少女也要学处世之道

柏树梁

待人要诚实,律己务严正。

不心存嫉妒，见他人胜过自己应分外高兴。

别人遭难要分其忧愁，不能幸灾乐祸。

看见利益不伸手，见人危急不后退。

自己负了别人要认识错误，别人负了自己要大度宽赦。

自己待别人好,当看成本分,别人待自己好,当认为恩德。

经手的财物不论多寡，要做到廉洁不苟。

不轻易对人允诺，一旦允诺必须努力实践。

不随便向人借贷，借贷了必须及时归还。

敬自己的尊长，也敬别人的长辈。

见别人有长处当奉为楷模，见别人有短处当引为鉴戒。

约束自己的性情,不急躁,不向人发怒。

不能证实的话不外传，不敢见人的事不要做。

不要在人面前奉承恭维，不要在人背后议长论短。

为人办事殷勤尽力，与人交谈坦率正直。

不遮掩自己的过失，不夸耀自己的优点。

言谈举止处处有礼貌，身体衣履时时要清洁。

使人憎恨的事不要做，令人厌恶的话不可说。

若要让人爱，少女必须学处世之道。

客厅里的社交

阿 乔

一

客厅，是一个美妙的地方。有客厅的人家，多半都把很讲究的家具、最好看的字画、最名贵的摆设，放在客厅里。

客厅，是一个进行社交活动的好地方。你是否很好地利用过你的客厅？每个星期有几个晚上，你的客厅里面灯光辉耀，笑语声喧呢？

二

也许你家的客厅里摆着一架钢琴，这表示你的家庭里面有人喜好音乐，那么你有没有常常邀请一些对音乐有兴趣的同学朋友来共度一个良宵呢？

买了新的唱片回来，可以约几位同学朋友来一起欣赏，也可以把同学朋友们的唱片集中起来一起欣赏。会唱歌的来个独唱，或者合唱，大家一起在客厅里歌唱同学少年，歌唱友谊，歌唱青春，歌唱家庭的温暖。

家有录像机，借到了一部好像带，尽可能多请几位朋友来共同欣赏，看后，还可举行影评会，各抒己见。

三

在你的客厅里，有没有预备一些游戏的用具？比如象棋、围棋、军棋、跳棋、扑克、麻将牌等等。课余之暇和朋友们在客厅里下下棋，打桥牌，打麻将，都是具有普遍性的社交节目。当然这种消遣不要浪费太多时间和精力，如果沉迷了，就失去了社交意义。

自然，你请朋友来玩时，免不了要预备一些点心糖果、水果咖啡之类食品，有时候还可以请吃便饭或是宵夜。

四

如果你是一个爱好学习的女孩，那么你也可以利用你的客厅，作为一个和朋友们研究学问讨论问题的场所。

事前拟定一些题目，约几位朋友来研讨。大家看完了一本小说，就一起来讨论这本小说的优劣。大家看完了一部好电影，就一起来讨论这部电影好在哪里。

如果知道师长亲朋好友中有什么人对于某一方面有特殊的研究，你不妨请他到你家的客厅里来向你的朋友作一个极小规模的演讲，这种演讲因为是极小规模的，而又是在客厅里举行的，所以演讲的人可以不必做什么准备，讲完了还可以极其随便地或极其深入地交谈。其中的乐趣实在比去听一般的演讲大得多。还可以藉此使大家有锻炼思维的机会。

喜欢诗歌的朋友，可以在客厅里面举行诗歌朗诵会，或者朗诵朋友们自己的作品。

至于讲故事、说笑话、猜谜语、做团体游戏，更是随时可以举行的。

五

到节日了，大家都想尽情欢乐一下，在客厅里开一个家庭舞会岂不更好！

把家具移开，地板打蜡，用有颜色的纸遮住灯光，预备一些优美动人的唱片，准备一些可口的经济的饮料和食品。

在邀请客人的时候，多用一点心思，务使每一个人都可以得到合适舞伴。

新年啦，圣诞之夜啦，以及其他节日，都是举行家庭舞会的好机会。

如果遇见朋友们有谁过生日，或者有谁有一种值得纪念的喜事，大家开个舞会给他或她庆祝一番，不是比到什么酒家大吃一餐更有情趣么？

在舞会当中，可以安排些小插曲，说笑话，讲故事，音乐演奏，歌唱，甚至诗歌朗诵，以及各式各样的游戏，增加趣味。

六

摆酒请客，也是一般常有的社交节目之一。大规模的，自然只好在酒家、饭店举行，但小规模的，却不妨在客厅内举行。

现在这种场合，主人们要注意的不单是酒菜可口丰富，更重要的是使所有的宾客，都能有说有笑，兴高采烈。

这样，客人们来到你的客厅，就不只是吃吃喝喝，还可以在社交生活方面大有收获。当然，这些活动还应该以不太浪费为原则。

学一点介绍艺术

舒哲

介绍的艺术，就是用简单几句话，使被介绍的双方彼此能够发生兴趣，在社交时起一种“穿针引线”的作用。

介绍姓名之后，我们还应该选择一些双方的特色介绍。比如，介绍人说：“她叫王丽，刚从兰州来。”这一句话虽然简单，但你就会想到去问对方兰州的种种情况，如天气、生活习惯、市场等等，这就可以发展成有趣的话题。

倘若这时介绍人对兰州王丽小姐说：“你要买东西，请我们这位上海申岚岚小姐作向导，包你不会上当，使你满意。”这时能把双方情绪弄得更融洽。

有时，介绍人会这样说：

“李花花对羽毛球甚有心得。”

“朱琳妹对插花艺术是很有研究的。”

“王阿玉是我校女篮选手。”

“周凌子常在报刊上发表文章。”

“何辛子很喜欢琼瑶的小说、席慕蓉的诗。”

这一类话，是把一方的特长和兴趣告诉另一方，而一般人又是最喜欢跟人谈起他们的特长和兴趣的。

有时介绍人会说：“李小姐很想认识你，她想跟你谈谈报考卫校的事。”或是说：“冷素华对绘画很有兴趣，我想你们两个可以谈得来的。”甚至说：“丁小妹为人热心，很喜欢帮别人的忙；我想介绍她跟你认识，不过她不善言谈。”

像这样的介绍，往往会收到很好效果。

当然，在这里所引用的介绍词都是非常简短的，在实际生活里可能比这要详尽一点，甚至于详尽很多。

在社交场合，万一没有人替你介绍，而你怕失掉结识朋友的好机会，那么你就要来一个“自我介绍”。

假使，你对某一个人有兴趣，你就可以自己走上前去，亲切有礼貌地打个招呼，向他道出自己的姓名。自然，单讲出自己姓名是很难和对方发展谈话的，你必须要向对方谈一些思想，让对方对你有一些粗浅的认识。

比如：

“我很欣赏你演的戏，现在有幸认识你，真高兴！”

“张萍儿是我同班同学，她常提到

你……”而张萍儿刚好也是对方的朋友。

“我很喜欢游泳。”如果你知道对方也喜欢游泳的话。

“自我介绍”绝不是“自我吹嘘”，我们不能这样说：“我对游泳很有研究。”我们只能说：“我对游泳很有兴趣。”或者可以说：“我从小就很喜欢游泳。”

“自我介绍”也不是“自我表白”。“自我介绍”不要长篇大论，应该适可而止，如果已经引起谈话兴趣，那么我不妨多谈别人，少谈自己；而把“自我表白”即对自己的详尽介绍留在以后，留在双方已经建立了良好的友谊，对方有兴趣有需要对我作更进一步了解的时候。

自然，在谈话过程中，偶尔做一些有限度的“自我表白”，也可以得到相当良好的效果，因为这可以向对方表示你的坦白与诚恳，使对方更愿意和你接近。

常常会有这样的一种情形，在谈话开始的时候，对方的态度有保留，不大愿意发展谈话，但当你相当直率地表明你对某人或某事的态度，或者讲出你个人某一段经历之后，谈话就转趋活跃，对方也肯说出他自己的意见与看法了。俗话说：“人心换人心”，你的坦白可以交换到对方的坦白，使双方可以“一见如故”。自然，在事先，你应该对对方有相当的观察与准确的估计，否则就会犯“交浅言深”的毛病。

总之，当你学了一点介绍和自我介绍的艺术后，你无论到什么地方都不会感觉到别扭。在火车上，在旅途中，在公共场所，你都可以轻松自如地去结交你想认识的人。

少女如何克服社交羞怯心理

曾正斌

羞怯作为一种性格特征，毫无积极意义。

羞怯心理的表现：若是站在陌生人面前，总感到有一种无形的压力，似乎自己正在被人审视，不敢迎视对方的目光，感到极难为情；与人交谈时，面红耳赤，虚汗直冒，心里发慌。即使硬着头皮与人说上几句，也是前言不搭后语，结结巴巴的；不善结交朋友，于是常感孤独，常因不能与人融洽相处或充分发挥自己的才干而烦恼；不善于在各种不同场合对事物坦率地发表个人意见或评论，因此不能有效地与他人交换意见，给人拘谨、呆板的感觉；常感到自卑，在学习或生活中往往不是考虑取得成功，而更多的是考虑不要失败。

羞怯心理使少女在生活中会失去许多进取的良机，难以获得理想的选择和踏上成功的道路。

克服羞怯心理，不妨从以下几个方面试试：

一、正确估价自己，树立自信心

在日常学习和生活中，应多考虑我要怎么做；在各种社交场合中，应顺其自然地表现自己，不要担忧人家是否注意你。当你与对方交谈时，眼睛要看着对方，并将注意力集中于对方的眼睛，这样可以增加你对对方的注意，减少对方对自己的注意。

二、勇于和别人交往

向经常见面但说话不多的人如邮递员、售货员等问好；与人交往，特别是与陌生人交往，要善于把紧张情绪放松。使用一些平静、放松的语句，进行自我暗示，常能起到缓和紧张情绪，减轻心理负担的作用。

三、讲究谈话的技巧

在连续讲话中不要担忧中间会有停顿，因为停顿一会儿是谈话中的正常现象。在谈话中，当你感觉脸红时，不要试图用某种动作掩饰它，这样反而会使你的脸更红，进一步增加了你的羞怯心理。想到羞怯并不等于失败，这只是由于精神紧张，并非是不能应付社交活动。

四、学会克制自己的忧虑情绪

凡事尽可能往好的方面想，多看积极的一面。平时注意培养自己的良好情绪和情感，相信绝大多数人是以信任和诚恳的态度对待自己的，不要把自己置于不信任和不真诚的假定环境中，那样，对别人就总怀有某种戒备心理，自己偶有闪失，或者并无闪失，也生怕被人看破似的，这样自己就会惶惶然，更加重羞怯心理。

交际中的大忌

赵 风

人际关系中，有许多不利交往的心理因素，诸如腼腆与怕羞，过分的自信、过分的严肃与谦逊等等。

腼腆与怕羞

在一次与护校学生关于培养自身的职业修养座谈会上，她们普遍承认这样一个事实：少女比少男要怕羞与腼腆。这是因为她们怕在别人面前(特别是生人面前)说错话，让人耻笑或讨厌，并以为腼腆与害羞是女性气质的一种表现，所以她们对班内个别大胆、泼辣的女同学不可理解，甚至送上“男性化”的美名。

少女怕羞与腼腆，虽算不得什么坏秉性，可是它会削弱少女的社交能力。一个性格坦率直爽的人，秉性即赋予她们交际的天才。人际交往主要是通过语言来传播信息的，任何人都不会与一个不向自己袒露心迹的人去交流自己的情感，因为人际交往本身是一种相互吸引。

王芬，长得不错，就是脸的左侧部有一块胎记，于是她总想到自己脸侧部不好看而害臊异常，怕别人看到她的缺陷。甚至乘公共汽车都成了她的一件痛苦的事。

肖雅，她相当聪明，也颇有风韵，可在同伴面前，她总是默默无言。她承认：“我害怕会说出蠢话来，由于自己像个傻瓜似地羞羞答答，所以谁也不知道我实际上是个什么样的人！”只有书本是她的好友。

由于过分怕羞与害臊，使她们变得孤独。在这种情况下，她们首先需要提高认识；其次需要自我调整，要知道，社交技能不是天生的，只有通过交往才能掌握它。

过分的自信

在调查中发现，出生于文化程度较高的家庭的少女，过分自信的性格较多。她们的父母都有这种想法：“就因为自己的孩子是女性，所以更有必要培养她的自信心。”他们总是培养自己的孩子要有自信心，她是家庭中之“最”，最漂亮、最聪明、最有能力。殊不知，带着过分自信的性格走出家庭，就会在接受与被接受的问题上发生梗阻。这种气质的姑娘，接受不了含有贬低自己特点的任何言语、声调、微笑，谁敢怀疑她的优点，谁就会被斥为心怀嫉妒的人。

友谊意味着坦率、诚恳，可是她们听不得半句真话，哪怕是只含极其微小的一点点批评。友谊意味着平等，可她们要求的只是一味的赞扬。

一位叫杨敏的姑娘，她带着过分

自信的性格走完了她19年的生涯。19年来，她虽有一批崇拜者，可没有一个真正的朋友，她也不以为然。她护校一毕业，踏上岗位后，便开始了编写“成年人”恋爱小说的历程。然而她的初恋失败了，一气之下吞了大量的安眠药，经及时抢救才免于一死。她为什么会因此寻短？她说：“既然他爱上了别人，他就不值得我爱。可我接受不了的是他首先提出与我分手。”

过分的严肃与谦逊

“谦虚使人进步，骄傲使人落后。”做父母的常用这句名言教育自己的子女。

李樱的严肃和谦逊的风度深得老师的赞赏。她的学习成绩不错，还写得一手好字，可是同学们却说与她交往很困难。假如有人指出她短裙的花色做连衣裙更合适，或者说她剪的发型不太好看，她立刻会说：“我知道，这是因为我长得丑。”如果有人对她的话持不同看法，她马上会说：“我脑袋太笨，说不出什么好的想法。”久而久之，同学们都视她为“怪人”，或说她太老于世故。

同学交往难题七问答

妮　妮

问：我把妈妈的20元钱借给了好友，好友言明一个星期还我，可一个月过去了她还没有还我，妈妈问我“朋友借的钱怎么还没还”。我不好意思向好友讨债，怎么办？

答：像你这样年龄，真不该与朋友有金钱方面借贷，何况那钱是妈妈的，不是你的。借钱还钱理所当然，不要不好意思向好友讨债。讨债时，你可如实说是妈妈的钱，说定一个星期还，如果好友一时还不出，你应向妈妈说清楚。如果好友已把这事忘了，你提醒她一下没有错。如果她存心不还，那个好友岂不是成了不义之友，那就不值得深交了。

问：我喜欢自己静静地做功课，而我的同学珍珍则喜欢和我一起做功课，我时常为了找不到理由而苦恼。我能不能对她说：“我不喜欢和你在一起做功课？”

答：“我不喜欢和你在一起做功课”，这样对同学说话太生硬，欠礼貌，因为她是你同学，所以更应关心、客气。不要太为自己着想，必须有帮助同学之心，否则就不是对同学的应有态度。一个人做功课不一定比两个人互相研究好，问题在于自己想“静”，那就对同学直抒己见，规定什么时间做功课,什么时间研究问题,不要相互干扰,要独立思考。如果你这样对同学讲,就不会伤害她,相信同学也会接受的。

问: 有位男同学约我郊游,说路远,要一天时间,早上6点去,晚上10点才能回来,你看我去不去?

答: 接受男孩子单独约会要考虑周到,那男孩约你郊游的时间太早太晚太长,如果去的地方偏僻,交通又不便,还是婉言谢绝为好,否则会招来麻烦,以至祸害,所以要非常小心。

问: 接到并不喜欢也不讨厌的男同学来信,要不要答复?

答: 按理,人家给你写信,你是应该回答的,不回复是失礼的表现。问题是男同学来信内容是什么?如是商讨学习,打听一件事,自然要及时答复,如是想和你交朋友,约你单独出去玩,要不要回信,怎样答复,就值得考虑了。既然你并不喜欢他,也不讨厌他,那么这种单独赴约是否有必要,绝不能含糊答应,回答的内容要坦率,字里行间要充分表达出你的真实心思,不能有暧昧之辞。

问: 有个男同学特别欢喜接近我,一次我被他的过分接近吓坏了,逃了!后来,这个男同学看见我就不理不睬,我怎么办?

答: 你的态度没有错。他的过分接近被你拒绝了,后来看到你不理不睬,可能有三种思想:一是经过反省,自觉行为有失检点,自己错了。二是并不觉得错,只是在见到你时害羞。三是恨你。有机会时,你应该诚恳地、宽恕地告诉他,男女同学相处应有礼貌和限度。如果这个男同学依然不肯倾听你善言规劝,那么你勇敢地拒绝他有失检点的举动是正确的。

问: 玲玲和倩倩都是我的好朋友,她们常在我的面前说对方坏话,我觉得很为难,不知该怎么办?

答: 首先,你要让她们知道你是她们的好朋友,再说出双方各自的优缺点,然后说哪些地方彼此有误会,让她们觉得你说话有理。这样做后,你再安排一个时间让她们见见面,你也参加,进行一次真诚、坦率地交谈,或许你可以帮助她们消除误会,三个人都能成为好朋友。

问: 放学回家途中,同学要我和她一起上咖啡馆喝咖啡,听说那种地方小姑娘少去为好,我拒绝了。同学说我不开化,以后见到我不理不睬,我不知道拒绝上咖啡馆做得对不对?

答: 正如你说的,小姑娘不上咖啡馆为好,一是很花钱,二是泡在那里浪费时间,所以你的拒绝是对的。如果你有勇气的话,也劝这位同学不要去那个地方。不能因为是同学,就不好意思拒绝她,而去现在还不应该去的地方。真正的同学好友,必须具有是非善恶的严格观念,决定自己的行动。

社交小诀窍

华 边

处于青春年华的少男少女，期望自己能走出家庭、学校的圈子，扩大自己的社交面，寻求更多的挚友，那么如何才能在社交场合如鱼得水，达到理想的效果呢？这里向你介绍几个小诀窍，不妨试试。

让人记住你的姓名

要使初次见面的人对自己产生强烈的印象，第一件事是让对方记牢自己的姓名。

假如，你的姓名叫“陈××”，与人见面时，光是说：“我姓陈，名叫××。”对方对你的姓名印象只是一晃而过，回过头来可能已是不复记忆了。

如果在自我介绍时这样说：“敝姓陈，耳东陈，炯炯有神的炯，一代英豪的豪，陈炯豪便是我。”给人的印象之深，当可数倍于前面的说法。

应该这样道“谢谢”

平时，我们在礼貌上，经常使用“谢谢”这句话，由于用得太“滥”了，所以，真正遇到要向对方表示出自肺腑的感谢而说出“谢谢”时，很可能就有较平淡的感觉了。

要使对方对你的这一声“谢谢”留下印象，就必须将这一句话加以特别化，即不要光是说“谢谢”两字，还要在“谢谢”之上冠以对方的名字。

“××先生，真谢谢您！”

这就跟一般的感谢有很大的区别了。

如果你初次跟人见面使用这一招，那么，你就会给人以深刻的印象，表示你非泛泛之辈了。

提早到达约见的地点

如果与人约会见面，你却迟到了，这时候你免不了要向对方赔个不是，而如此一道歉，你往往在心理上就有了“欠他什么”的感觉。尤其当对方若是素不相识的，或是传闻中很难交往的，或是有一定社会地位的人，一声“抱歉”就会使自己心理上形成“内疚”，在惶恐不安中，你的心情就会变得萎缩不堪，很可能使你在这次交往中失利。

一位老马识途的商人说：只要跟某位顾客约好见面的时间，他总是提早20分钟到达，然后利用早到的时间，对即将交谈的内容做最后的检查。他说，只要做到这个地步，任对方有多难缠，都会信心十足地面对他。

因为事前的准备如果周全，就有了自信，心理就产生一种优越感，人也不至于紧张、胆怯。要是对方迟到了，那你就在心理上占了优势，初次见面的主导权，便稳稳地握在手中了。

增添女孩魅力的秘诀

贝 琪

做个受人喜爱的女孩，是人人想望的事情，但要达到目的却不容易，这里告诉你一些秘诀，只要妥为运用，包你受益无穷。

利用害羞的本能

有哪一个女孩子处在男孩群中时，能够若无其事地放松自己？所以，当你无法放松自己时，就让自己羞人答答、手足无措罢。

你可知道，哪一种气质最使男孩子无法抗拒？天真无邪！这样的女孩才会使人心生怜爱，产生由衷的“信任感”。当你自然流露出羞羞答答的神情时，男孩子便会本能地觉得：“这是个可以信任的女孩……她胸无城府，不会伤害我或给我难堪。”

不要做大众情人

博爱的女孩，会使人敬而远之。人们称这种女孩轻佻、放荡、交际花……

当你对一个男孩子表示关怀时，他会考虑你是否真心，你是否经过选择。他必须确定，你是不是对他比较特殊呢？这种顾虑是一定会有的，将心比心，你会相信一个花花公子吗？当然，你可能会和他交个朋友，尤其是他长得英俊潇洒时。但你不会轻易开启心扉，不会和他太亲近，因为你担心他会玩弄你、伤害你。

当然，你可以也应该和不同类型的男孩交朋友，但当你决定要和其中一个男孩约会时，最好把全副心思放在他身上，以掳获他的心。

他追求什么样的女孩

谈到外貌，每个男孩的理想都不一样，而且理想和现实也不一样。因此，不管你的容貌如何，一定有人喜欢你，要对自己有信心。

男孩所追求的女孩，是要能和他共享日常生活经验，如一起做功课、上馆子、听音乐、运动；以及志趣相投的女孩，如阅读、写作、登山、集邮等。更重要的是，能够共享欢乐时光的女孩。但经验不同、兴趣各异，也不是就无法相处，你可以适应他或他适应你。

男孩追求友谊，他希望和你在一起时能完全放松自己，还他本来面目，谈他的不安、沮丧和恐惧。因为男孩也是人，他们也很敏感，有时甚至比女孩子还要多愁善感，他们的感情、思想、焦虑和梦想，也和你一样。

交女朋友优先考虑

毕竟，女朋友才是你生活的中枢，她们是陪你一起上馆子、看电影，而不致引起别人闲话的人。你不如意的时候，她们倾听你的细诉、拥抱你、安慰你；你有过错的时候，她们规劝你。女朋友是你最好的友伴。更要紧的是，如果你有许多诚挚忠恳的朋友，表示人人都喜欢你，这些特点会使得男孩更乐于亲近你，和你做朋友。

不要躲在人墙里

有一次参加舞会时，他遇见一个很特别的女孩，可是，每当他注视她时，总见她和三四个女朋友在一起。“我一直等她落单，想和她谈谈话，可是……她整晚都和朋友泡在一起！”

你永远不知道，有人在暗中注意你，希望能和你谈谈话。所以当你参加舞会时，不妨离开女伴一下，在学校的时候，回宿舍、上教室时，偶尔让自己落单，春暖花开之际，带本书或杂志到校园里看，或在校园里散散步。

当然，大部分时间你还是得和女同学在一起，但要记住留给男同学一线生机。

一技在身处处吃香

你的姿容秀丽，虽可让他留下深刻的印象，谈到感情时则未必如此。因此，你必须建立自己的形象和信心，培养一些属于你自己的风格或专长。

你可以参加长跑、慢跑，自己缝制衣服、编织毛衣，参加诗歌朗诵或演讲比赛，在报上投稿，或者学点烹饪、养花莳草等。

不要做个隐形人

不可避免地，有些场合会使人忸怩害羞，但千万不可因此做个隐形人。经历了你最害怕的事后，以后就再无恐惧了；因此，尽管你的胃在痉挛、手在发抖，还是得跨出第一步。不要画地自限，要勇敢地走出来，做个让人看得见的人。不要一个人吃午饭，不要一下课就离开校园，到餐厅、运动场、图书馆、舞会中……要积极参加学校的活动，如艺术展、戏剧展等，或者参加各种社团，如象棋社、数学社、文艺社、电脑社等。

从以上所谈的诀窍中，选择几个适合自己的，努力去做，自然会使人抗拒不了你的魅力，成为受人欢迎的女孩。

什么样的女孩子能使人有好感

亚 亚

有人说:“面孔难看的,体格不美的,功课普通的,男孩子看了讨厌。”

不对,男孩子对喜欢的少女,并不十分注重容貌或成绩,而是看其心地是否善良,性情是否温柔,是否有一颗仁爱之心。

什么样的女孩子能使人有好感,让我们一起来思考好吗?

1.喜欢运动的少女

喜欢运动的少女,因笑容能充分表示出她们的可爱,因运动能充分表示出她们的活泼、大方,对人也不会拘束。她们活力充沛,行动干净利落,体力超群出众,体格强壮健美,流出来的汗水,正象征着她们的胜利。

2.关心、体贴、助人的少女

有的少女平常不为人注目,但当别人有困难或发生意外事故时,她能友善地关心、体贴、帮助别人,有牺牲精神。

3.有幽默感并善于言论的少女

善于言论的少女,一般比长得漂亮的少女容易被人喜欢,因为她本身就具有聊天的魅力。

谈话富有幽默感的少女,能为男孩子所敬爱,因为幽默感来自个人的知识水平和修养。

4.以微笑待人的少女

受到“早安”、“再见”这样打招呼的人,心里一定会觉得很舒服。如果在礼貌用语之后再添上笑容,其笑容必定会使人感到你性格温柔,给对方留下美好的印象。不过,笑容应纯朴、自然,发自内心,如是虚伪,那是最令人讨厌的一种“笑”容。

5.稳重并有清洁感的少女

她所穿的衣服或许并不漂亮,但是非常干净整洁,这种类型的少女远胜一些爱漂亮或花枝招展的女孩子,因为人们喜欢真朴、安详、稳重的少女。

6.不过分区别男女意识的少女

在与男孩子交往时,如果老是想着对方是个男孩子,说话不自然,行为拘谨,扭扭捏捏,会使男孩子感到沉闷,产生不快。应该大大方方,交往坦然,互相尊重,当然言行不能过分。

7.能参加集体活动的少女

在集体活动中,话题丰富,能歌善舞,表现欢快,像这样的少女容易和人家打成一片,给集体增添欢乐的气氛,而且自己也可以与大家分享其中的乐趣。这类少女身边的男孩子会时时刻刻关心她,敬重她。

你想成为惹人喜爱的姑娘吗？

胡 扬

当大家夸赞一个姑娘多么有教养的时候，我们心里总是感到很舒服；相反，“没教养”这个词，我想大概谁也不愿意落在自己头上吧。

一个有教养的姑娘应该是有礼貌，很懂事的，也一定是招人喜爱的。

你是否意识到放学后回到家里，应该首先向爸爸妈妈问好呢？你发现自己的东西被翻动了，需要心平气和地询问这是怎么回事：“要找什么东西，需要我帮忙吗？”我想，这样一来父母是会给你解释清楚的。千万不要大声吵嚷发脾气，责怪家人。

在放学的路上你就已经感到肚子有点饿了，可跨进家门发现妈妈还没下班。这时你是否想到自己应该淘淘米拣拣菜，做点准备工作呢？而不要坐等妈妈回家就大声嚷嚷要吃饭。

你走在街上，远远地瞧见了老师，要有礼貌地停住脚步，向老师问好，发现老师拿着许多东西，更要主动帮助。

你审视过自己跟邻居的关系么？这是衡量你是否有教养的最好尺度。在楼梯间，或在院子里碰到邻居，你是怎么做的呢？低头而过？目不斜视，擦身而行？我想，最好是亲切地问声好，如果他（她）提着重物，你要主动相助。这耽误不了你几分钟时间，而你却赢得了人间最宝贵的东西。

经常会碰到这样的事，你在家里正做着功课，有一些与你无关的客人来了，你是在心里嘀咕着“真讨厌”，埋头不理会，还是赶紧先站起身问好，给客人端茶水，然后再继续做功课？不知你注意过没有，当你埋头不理时，父母会跟客人搭讪：“这孩子，真没礼貌。”那语调很尴尬。

在父母跟客人正讲话的时候，你不要随便打断他们的谈话，这样做，是对客人的不礼貌。更不能以客人为盾牌，向父母提一些平时父母明确表示了不能答应的事，这会使父母为难，更教客人难堪。当然，有些事非要在那一时刻需要父母解决时，则应轻声地请父母到另一间屋子，并向客人致歉。

在公共汽车上，你已经很累了，刚坐在一个空位上，一位抱婴儿的妇女上了车，你闭目装睡呢？还是让座？你终于站了起来，这时，你会突然发现自己没有疲劳感了，很轻松，你看到车上所有的人都在朝你微笑。

测一测，你是否可爱

小　雪

女孩子不是因为美丽才可爱，而是因为可爱才美丽。那么，你是否是一位可爱的少女呢？请作下面的心理测验。

①晨练时，一位陌生的男孩儿想和你一起散步，你会：

A、高声尖叫道："绝对不可以！"

B、委婉地拒绝他，然后走开。

C、大方地接受邀请，并且谈笑自如。

②下雨天，你打着一把伞回家，忽然看见一位同班男生在屋檐下避雨，你会：

A、假装没看见，径直走过去，并想："若是女同学就好办了。"

B、回家再拿一把伞给他。

C、微笑着对他说："我的伞很大，一起走吧！"

③你突然收到一张纸条，邀你下午去看电影，你会：

A、毫不犹豫地把它交给老师。

B、不动声色地收好它，并猜想它的主人是谁。

C、好奇心占了上风，如期赴约。

④你在与一群少男少女一起玩，一位与你较亲密的女友忽然说："你今天早起还没叠被子呢！"你会：

A、感到很尴尬，面红耳赤地与她吵起来。

B、什么也不说。

C、调皮地说："是呀！我连昨天的被子也没叠呢！"

⑤你不小心折了一枝花，公园管理人员要罚你5元钱，你会：

A、拒不交纳，找机会溜走。

B、付罚款后马上离开这个丢人现眼的地方。

C、对管理人说："呀，我只有2元钱！"然后作出痛改前非的模样。

总计分析：

其中A、B、C、分别为1分、2分、3分，然后把分数相加，得总分。结论：7分以下：很遗憾地告诉你：即使你是一个很漂亮的女孩，也只能令男孩子们望而生畏。你需要注意啦！8至12分：你是一个典型的东方少女，稳重而含蓄，男孩子会认为你比较神秘而暗暗注意你，其实你可以幽默一点儿。13分以上：你是一个现代派女孩儿，祝贺你！活泼开朗的性格会令你赢得许多朋友——无论男孩儿还是女孩！

人们讨厌哪些类型的女孩子

阿乔

在社交生活中，我们常遇到一些女孩子为缺点所累，使她们成为不受欢迎的人，她们这些缺点，就像那遮住明月的乌云一样掩盖了她们原来具有的美丽的皎洁的光辉。举例如下：

1. 总以为自己认识对，别人认识都不对的“自以为是型”；

2. 凡事总是非常神秘，生怕别人知道的“神秘型”；

3. 一不如意就向他人要性子的“任性型”；

4. 自以为了不起，常常干涉别人闲事，而专引人注目的“多管闲事型”；

5. 一问三不答的“害羞型”；

6. 凡事打不起精神，成天皱眉头的“消极型”；

7. 遇到一点不顺心的小事就哭鼻子的“爱哭型”；

8. 打扮得花枝招展且又庸俗的“花哨型”；

9. 目空一切，高傲地摆架子的“傲慢型”；

10. 喜欢谈论别人是非长短或别人私事的“好讲闲话型”；

11. 不爱清洁的“不洁型”；

12. 喜欢说大话，夸海口的“说大话型”；

13. 借东西不还，贪图小利的“自私型”；

14. 凡事不顺眼，处处爱吹毛求疵的“挑剔型”；

15. 爱打听人家秘密，问这问那的“乱打听型”；

16. 约好时间，老是迟到，每次浪费别人时间的“不守时型”；

17. 经常损害别人利益从中获取私利的“损人利己型”；

18. 嗲声嗲气装腔作势的“卖俏型”。

人们喜欢这种类型的女孩

娅 子

在本书中，有着阿乔写的一篇《人们讨厌哪些类型的女孩子》，引起了读者的思考。作为补充，我从正面写一篇《人们喜欢这种类型的女孩》，成为上文的姊妹篇。

1. 待人接物充满诚意，重视他人的嘱托与信赖的“诚实型”；

2. 乐为他人做些有益事情的“助人为乐型”；

3. 能把自己的想法和意见直率地告诉朋友的“坦率型”；

4. 平易近人，在大多情形下都表现出愉快情绪的“和善型”；

5. 听到与自己关系不好的人受到赞扬时，也能表示赞同的“实事求是型”；

6. 守约、守信于朋友的“守信型”；

7. 当别人失意时，能给予安慰、宽解和帮助的“关怀型”；

8. 在与朋友相处中宁肯自己吃亏也要搞好关系，能原谅他人在自己身上犯下过失的“宽容型”；

9. 帮助过别人不指望对方给予回报的“牺牲型”；

10. 同别人交谈时，不独自滔滔不绝，侃侃而谈，而能给别人留有均等发言机会的“平等待人型”；

11. 握手稍用力，谈话带笑容，表示友善，欢迎对方的“热情型”；

12. 遇事冷静，不冒失，不冲动，言行通情达理的“稳重型”；

13. 能把注意力集中在胜利和成绩上，任何时间都不放在失败上，并能在周围人当中寻找和学习他人长处的“进取型”；

14. 能很快忘记那些不愉快事情的“乐观型”；

15. 反应敏捷，头脑机智，办事不拖泥带水的“果断型”；

16. 在群众场合中不拘束，不忸怩，待人接物从容自然，与人交谈不卑不亢的“大方型”；

17. 对很久未见的新朋友，你会立刻准确地叫出名字和回忆起当初相识时情景的“亲切型”；

18. 一旦确立了明确目标，就以非凡的毅力去实现自己志向的“坚韧型”；

19. 不为一些小事与别人争吵，别人讲话刺痛了自己不回敬，对伤害过自己的人不报复的“大度型”。

当代少女的社交心理

南 珊

有那么一天，你走进了将使心理发生重大嬗变的“第二断乳期”，这时，你会讨厌人们再摸着你的脑袋，把你唤作“黄毛丫头”。你觉得，自己已经长大！伴随着这“长大”的感觉而日趋强烈的是自立和集群的意识。于是，再有那么一天，你不再习惯依赖父母、老师的庇护，不再满足于在他们构筑的安乐园里做一个“乖孩子”。你开始把目光更多地投注在周围的伙伴身上，期望在伙伴之间得到感情的满足，心理的支持。你发现，忧伤委曲的泪水很少在父母面前流淌，隐秘愁闷的心曲只愿对同伴倾诉，校园生活的“老师中心”渐渐转移成“同伴中心”，而双手正下意识地拆除着由家庭、学校围筑的栅栏……所有这些变化足以说明：社交心理已经在你心中萌生。

尽管你已经萌生了“社交心理”，但你对这种心理还是感到陌生和惶惑，毕竟它还只是“萌芽”状态。当你决定对社会和他人开启自己的心扉时，你应该而且必须对这种心理产生及发展的过程有一个大致的了解，才能越过种种障碍，在与人的社会交往中，成为一个可爱的女孩。

一 矛盾的选择

当代少女社交心理提前萌生的原因是复杂的，利弊也是显而易见的。少女产生社交心理并不是一件轻松的事，它是矛盾选择的结果。

1.不满和恐惧。少女对家庭安全感不满足，而对是否能凭借自己的能力去创造安全感亦无十足信心。虽然，外面的世界很精彩，但毕竟太陌生。她们犹如笼中之鸟，一旦笼门打开，她们只是惴惴地向外张望，并不急着飞出去。她们希望立足社会，但对涉足其间又惊恐不安，处于两难的尴尬之境。

尽管这种尴尬在同龄男孩内心也会发生，但少女的情况更糟一些，原因是女孩在童年时所受到的家庭照顾要多于男孩，对家庭的依赖感也比男孩强。另外，社会对少女的态度也是十分挑剔的。同样的错误，发生在男孩身上则无关紧要，而一旦发生在女孩身上，人们就会变得苛刻而不能容忍，这些都增加了少女对涉足社会的恐惧心理。

不满和恐惧的矛盾使少女异常苦闷，她们需要有倾吐的对象，有理解和依靠的朋友，以使自己得到力量，解脱困境。能满足这些要求的最佳人选莫过于同龄伙伴，于是，与同龄伙伴的交往就成了少女摆脱不满和恐惧这对矛盾的最佳方式。

2.羞涩和勇气。和前一对矛盾并存于少女内心的是，她们即使有追求新生活的愿望，又很难摆脱羞涩心理。当理智占上风时，她们勇气倍增；而当与生俱来的羞涩心压倒理智时，勇气锐减。这种羞涩与勇气的交织，令少女在二者之间徘徊。

事实上，少女在希望自己有勇气的同时，并不否定或是排斥天性中的羞涩心，即她们既希望勇气，又不愿丧失女性的羞涩。而要使这二者并存于一体，就必须获得一个平衡力。对少女来说，这个平衡力源于因社会交往而形成的同龄群体之中。

同龄群体之于少女既是矛又是盾。当她们需要进击时，在同龄群体的激励和支持下，自恃人多势众，挺起勇气之矛；当她们需要退避时，她们高举同龄群体之盾，互相遮挡，使自己的自尊和羞涩得以保护。少女在群体的调节下而表现得恰到好处。

二　少女同性之间交往的三阶段

由于朦胧的性意识使少女在社交的开始期对异性产生了疏远。所以，少女首先交往的对象是同性的同龄伙伴，按年龄大致分为三阶段。

1.初期阶段(11—13岁)。这一阶段少女社交心理的表现是为了满足结伴而行的需要。这是由于她们的活动范围由家庭转向社会以后处在摆脱对父母的依赖心理的过渡期及社会交往的适应期，急需结伴同行，既为自己涉足社会壮胆，又可转移依赖支点。

这一阶段少女对交往对象的选择较注重外部行为，只要能相处愉快，有一些类似的爱好就能成为朋友。另外,选择的范围虽较小,但少女对这一阶段交往结下的友谊却记忆最深,因为它是第一次由自己选择而建立的纯真感情,不夹带任何功利因素。

2.中期阶段(14—16岁)。这一阶段少女的交往显现了匹配原则。所谓匹配原则是指少女对交往对象的内在素质有了明确的要求,使之与自己吻合。如兴趣爱好的相同点增多,品德、才能、修养、意志力、价值观能互相借鉴、补充,对方的家庭条件、在群体中的地位、影响、作用、个人声誉和自己是否匹配;另外,是否能满足同情、理解、崇拜等心理需求也包括在此原则中。

匹配原则的出现使少女的社交里有了层次和小群体。少女一旦进入了小群体圈,就会产生较强的向心力和群体排他性,她将努力确立自己在群体中的地位,以免被孤立,而对群体之外的人具有较强的排斥性。当匹配关系确定后,她们则要求建立彼此间绝对信任的友谊。

3.后期阶段(17岁以后)。这一阶段少女的社会交往是一个较复杂的过程,这是因为,她们本身已趋向成熟,心理状态错综复杂,社交经验较为丰富,社交圈也日益扩大,而与此同时,对伙伴的适应面却变窄了。交往中的志同道合被无限夸大,因此,选择面变得极其狭窄,筛选亦极为严格。

另外,少女对异性的疏远和抵制心理到此阶段明显减弱,对异性的关注大大超过了对同性的关注。这种关注成了与同性交往的制约因素,淡薄了与同性朋友间的关系。这并非说有了异性交往就不需要同性友谊,只是此阶段的少女不再把同性交往看成是社交的唯一形式,而是当作补充。这是因为她们与异性一对一的交往多半在群体中不被欢迎,她们在与异性交往的同时,担心被同性伙伴孤立。另外,同性伙伴与异性交往增多以及自己被淡漠的概率也增大了。所有这些因素,导致了这阶段少女社交心理的复杂化。

三　少女与异性交往的几种类型

1.朋友型。这种类型主要存在于少女与同龄异性的交往中,源于对同龄异性的好感。

对少女具有吸引力的异性一般表现出较明显的男子气:勇武刚强,豁达开朗,积极进取,小有成就等。这种男子气是同性伙伴身上难以寻觅的。如果一位男生是体育爱好者、校运动队的主力,尤其是对抗激烈的足球或篮球队队员,那么他肯定是女生注目的中心,若是再具备相貌英俊、成绩优秀,无疑会成为女生心目中的“白马王子”。相反,如果一位男生性格温顺,文静细心,则会被女生戏谑为“娘娘腔”。由此可见,博得少女好感的是男性特征强烈、男子气质浓郁的异性。由于性别差异，这种男子气是女孩难以企及的，她们需要将此作为一种补偿，以填补同性朋友的不足。

2. 兄长型。由于少女的青春发动期要早于男孩2—3年，因此，就出现了少女与异性交往的一个普遍现象——年龄差，即少女乐于选择比自己年长的异性作为交往对象。

这种兄长型的交往，使认识能力和为人处世能力略逊一筹的少女理所当然地把异性视为保护者，而甘于将自己置于受支配的地位。这种兄长型的交往，使少女感受到安全感，获得处世为人的经验，加速完成"第二断乳期"。当然，这种种的便利与好处，也加强了有这种交往的少女的依赖性。

3. 师长型。这种师长型的异性间交往源于少女的崇拜心理。在中学阶段，这种现象常发生在师生之间，一是少女被老师的知识折服，二是为老师的风度、形象倾倒，而更为重要的是这种交往可以使少女解除戒备心理，摆脱因与异性交往而招致的外界压力。同前两种类型比较，少女在师长型的交往中表现得从容洒脱多了。

四　少女社交的心理障碍

健康有益的社会交往有赖于少女明朗纯正的社交心理，而要具备这种心理，又必须对造成少女社交的心理障碍的因素有清醒的认识。

1. 文化因素。我国传统文化一向对异性间的交往讳莫如深。这种传统文化经过长期积淀，形成了我们整个民族普遍的社会心理，进而集聚为对少女无形而强大的制约力量。今天，令少女倍感痛苦和压抑的多半是充当"道德君子"角色的家长和老师，他们那卑视、怀疑的目光，严厉、偏执的说教，使少女常常把正常的交往、健康的友谊也视为"罪恶"，自我抑制。

2. 素质因素。(1)自我封闭。在社交中，将内在的自我严严封闭，不肯轻易展露。她们期望交往，但这种期望多半是被动式，只有在绝对被认可接纳的氛围中，才愿慢慢开启心扉。这种被动常使她们苦闷，坐失良机。(2)扭捏拘谨。束缚于传统礼教而不敢贸然行事言谈。在课堂上，对老师的提问明明知道，却不肯举手，在集体活动中即便是"千呼万唤"，仍"犹抱琵琶半遮面"。与人交往，缩尾藏头，手足无措。这种小家子气的扭捏拘谨抑制了青春少女的活力，交往成了负担，要么逃避，要么矜持过度，或者忸怩作态。(3)缺乏自信。妄自菲薄，害怕被人瞧不起。这种仰视导致自我否定，在交往中人为筑起篱笆，望而却步。(4)嫉妒。具有这种心理机制的少女把社交看作是满足虚荣炫耀自己的手段，一旦满足无望，便妒意横生贬低他人。嫉妒是少女社交的大忌。

人际交往能力自我测试

火 编

你的人际交往能力如何？下面的30道自测题可供参考。请你根据自己符合的程度打分：凡符合者打2分，基本符合打1分，判断不清打0分，不大符合打-1分，不符合的打-2分。

1.我不喜欢广交朋友。-2

2.我去朋友家作客，总是问有没有我不熟悉的人也去聚会。如果有，我的热情就明显下降。2

3.我同别人的友谊发展，多数是别人采取主动态度。-1

4.我的文字表达能力远比口头表达能力强。1

5.我的朋友都是与我年龄相差无几的。2

6.我不习惯与别人聊天。1

7.在公共场合讲话，我不敢看听众的眼睛。0

8.我看见陌生人常常不知道该说些什么。2

9.我的要好朋友很少。2

10.在陌生的异性面前，我往往感到手足无措。1

11.我只喜欢同我谈得拢的人接近。2

12.到一个新环境，我可以接连几天不讲话。-2

13.如果没有熟人在场，我很难找到彼此交谈的话题。-2

14.我不习惯在大庭广众中讲话。2

15.如果在“主持会议”与“做会议记录”这两项工作中挑一样，我肯定只挑选后者。2

16.我很少主动到同学、朋友家去访问晤谈。2

17.领导在场时，我讲话特别紧张，结结巴巴，表达不清楚。1

18.参加一次新的集会，我不会认识多少人。1

19.当别人请求我帮助而我无法满足对方要求时，我常常不知道如何处理。-1

20.不是万不得已，我决不求助于

人，这倒不是我生性好强，而是感到难以启齿。

21．即使我觉得很有道理，也不善于去说服别人。

22．当有人对我不友好时，我往往找不到恰当的对策。

23．我不知道如何与嫉妒我的人相处。

24．我最怕在交际场合碰到令人尴尬的事情。

25．我不善于赞美别人，感到很难把话说得真切自然。

26．如果有人话中带刺讥讽我，除了生气以外，我别无他法。

27．我几乎没有异性朋友。

28．参加集会，我只坐在相识的人身边。

29．我不喜欢同比我地位高的人交朋友，我感到这种交往不自在，很拘束。

30．我最怕同别人打交道，不敢做接待工作。

以上自测试题计算总得分后，如果你的“成绩”在30分以上，那么很遗憾，你的交往能力是非常差的了；如果“成绩”在0—29分之间，那也不妙，你的交往能力还属较差；如果得分在－20—0之间，你便可以知道自己交往能力还可以；如果得分低于－20分，那么你应当高兴——你是一个比较善于交往的人。

测验一下你的人缘

姗　姗

你的人缘好吗？

有的人到处受人欢迎，因此，她自己也过得很快乐。在社会里，我们到处都碰到人，如果我们不喜欢跟别人接近，那恐怕随时随地都会遇见不愉快的事。

下列有些问题，我们可以拿来测验自己，看我们是否受别人的欢迎。请在每个问题下面写下真实的答案：“是”或“否”。

1．在晚间或周末，常常有人来约你出去聊天吗？

2．当你离开学校的时候，你的朋友真的感到难过吗？

3．你常常被人邀请参加舞会，或是别的社交活动吗？

4．你真正喜欢参加社交性的聚会吗？当你预先想象你在这些聚会中的情景时，你感觉到快乐吗？

5．当你临到假期的时候，你是否愿意跟别人一起共享假期的快乐呢？

6．别人是否常常请你安排舞会或野餐呢？

7．你对你朋友感到兴趣的事情也同样地感到兴趣，你愿意做你朋友希望你做的事么？

8．是不是常有人来找你谈话，大家都围绕在你的身旁，因此你很少有孤独的机会呢？

9. 是不是人们常常赞赏你的仪表、才能和品质呢? N

10. 你是否很容易适应别人的脾气和个性呢? N

11. 你是否能很快地跟你所遇到的各种人热络起来呢? N

12. 你能很快地记得别人名字吗? Y

13. 你觉得很多人都使你喜欢么? Y

14. 你觉得你所遇到的人,大多数都很容易接近么? Y

15. 当你遇见陌生人的时候,你认为他们喜欢你的可能性大过不喜欢你么? N

16. 你很少同别人争吵么? Y

17. 别人是否很少攻击你,很快地原谅你的错误? N

18. 当你想去找任何人的时候,你是否都觉得相当容易呢? N

19. 你是否很容易跟异性接近呢? N

20. 你的朋友是否很容易受你的影响,接受你向他们提出的意见呢? N

——答完了这些问题,看看你共有几个"是"。

每个"是"可以得到5分。

如果你的总分在70分以上,那你的人缘太好了。如果在60—70分之间,你也可以算是颇得人缘的人。如果在50—60分之间,你的人缘不能算坏。如果在40—50分之间,你勉强可以算是还有些人缘的人。

但如果只在40分以下,你的人缘就不能算好了。

"微笑社交"的自我测试

蓝　光

在现代社会,人与人之间要进行频繁的交往。而微笑,是社交成功的一个重要因素。

你善于进行微笑社交吗?请接受以下的心理测验。

①你早上到公园或学校的第一句话是什么?

A 我昨晚没睡好。

B 早安!

C 刚才搭车时碰到一件新鲜事。

②以下三句都是哲学家名言,你喜欢哪一句?

A 笑是对他人的不幸,感到好玩。

B 笑来自于优越感。

C 笑一笑,十年少;愁一愁,白了头。

③你认为在什么场合不可放声大笑?

A 要公园里。

B 在大街上。

C 在殡仪馆。

④人是会忍耐的动物,有时想笑却因为场合的缘故而忍住不敢笑出声

来，在这种情况下你会有什么感受？

A 这是种肉体上的痛苦。

B 没有什么感受。

C 贮足笑的原料，离开那场合便可大笑。

⑤你与什么人在一起时会无拘无束地欢笑？

A 与陌生人在一起。

B 与异性朋友在一起。

C 和同龄的小姐们在一起。

⑥遇到交通不畅时，你可能会说些什么话？

A 真急死人了。

B 今天一定会迟到。

C 看来当原始人还好些。

⑦你的一个好同学喊头痛或牙痛之类的病，一时找不到药物。这时，以下哪一句话可以起疗效？

A 不要紧，回家休息就好了。

B 来，让我教你医治的方法。

C 到时装街去逛一圈就能治好。

⑧你认为以下哪一句名言富有幽默感？

A 世上本无祸福，全在于你对它的看法而定。

B 人生就好像说外国话，大家彼此运用着不正确的发音。

C 如果人生能够再版的话，你将如何改正里面的错别字呢？

⑨当别人说笑时，你会怎么笑？

A 冷笑。

B 哈哈大笑。

C 微笑。

⑩你如果要饲养宠物，你会养什么？

A 1 只大狼狗。

B 2 只小花猫。

C 3 只小白兔。

其中，A、B、C 分别代表 1 分 2 分和 3 分，将你所选择的答案应得分数相加，看总分是多少？

10 分以下，你根本不进行微笑社交，一向缺乏幽默感，要改弦易辙，需有专家指导。

11 分至 19 分你有时是幽默的，但精神不好时表现不出来，所以你只算合格。

20 分以上，你是一个幽默家，善于进行微笑社交，你将获得成功。

你的心胸是宽还是窄？

云 反

如果你想知道自己的心胸是“宽”还是“窄”，请回答下列问题：

1. 当别人因不小心损坏了你的东西时，你是否连声责怪，使人难堪。

2. 当你和别人分东西吃了一点亏时，你是否耿耿于怀，闷闷不乐？

3. 当你和别人发生矛盾时，你是否主动解开疙瘩，消除矛盾？

你的气量如何？

彭　花

气量，又叫度量，是指一个人对事态的忍耐限度。俗话说：宰相肚里能撑船。气量大的人，历来受人欢迎。你想知道自己气量如何吗？不妨试试下列24个问题，回答“是”与“否”。

1. 你是否不计较别人对你讲话的态度？

2. 你是否对别人的批评尤其是在大庭广众下的批评耿耿于怀？

3. 你是否乐于看到与你关系不好的人取得成绩？

4. 你是否喜欢嘲笑或贬低与你意见不一致的人？

5. 你是否欢迎原先不如你的人如今超过了你？

6. 你是否忌恨才干不如你的人得

---

4. 当别人没经你同意便动用了你的东西时，你是否若无其事？

5. 当你的同学或好朋友和别人吵嘴时，你能否公正地进行调解和劝阻？

6. 当别人跟你学习某项知识而后超过你的水平时，你会嫉恨并后悔当初不该传教吗？

7. 当别人批评或指出你的缺点和错误时，你是否表面上装着接受的样子，而内心却产生不满情绪？

8. 当你自己觉得工作成绩比别人好，但没有被评上先进或受奖励时，你是否怨天尤人，消极怠工？

9. 为了集体或他人的利益，需要你作出一些牺牲时，你是否能欣然答应，甘愿吃亏？

10. 你被生活中的一些小事所纠缠，是否感觉到惆怅和烦恼？

11. 你能否很快忘记一些不愉快的而又无关大局的事情？

答案：

1、2、6、7、8、10 为“否”；

3、4、5、9、11 为“是”。

如果“是”多于“否”，说明你心胸宽广，相反则是心胸狭窄。

到重用？

7. 你听到有人讲你的坏话是否一笑了之？

8. 你和别人争吵以后是否经常越想越气？

9. 你是否容易原谅别人的过失？

10. 别人讲话刺了你，你是否一定要回敬对方几句？

11. 你经常在班主任面前讲同学的坏话吗？

12. 你与别人相处是否信奉“人不犯我，我不犯人；人若犯我，我必犯人”的原则？

13. 你尊重能力不如你的同学吗？

14. 朋友是否指责你为人过于敏感？

15. 你是否认为没有必要对伤害你的人进行报复？

16. 你一想起很久以前感情上受过的创伤仍会忿忿不平吗？

17. 别人对你的亲疏你是否看得很轻？

18. 你是否认为水平比你低的人对你进行批评是一种冒犯？

19. 你是否常常认为教师对你的批评是出于成见？

20. 你是否经常感到你在工作上的努力没得到赏识？

21. 你主张同学相处中宁肯自己吃亏，也要搞好关系吗？

22. 你得知挚友有些事应同你商量而没同你商量就自作主张是否大动肝火？

23. 你是否希望好朋友的朋友越少越好？

24. 你认为任劳任怨是为人的美德吗？

正确答案：

1, 3, 5, 7, 9, 13, 15, 17, 21, 24 为“是”；2, 4, 6, 8, 10, 11, 12, 14, 16, 18, 19, 20, 22, 23 为否”。

如果“是”多于“否”，说明你有一定的气量；相反，则气量小。对于后者，今后就得多多努力，培养自己宽容的度量。

2

仪表礼节与魅力

少女魅力与社交礼节

乔从娴

随着形势发展，少女参加社交活动越来越多，越来越频繁了。少女懂得社交礼节，时时处处彬彬有礼，才有魅力。以下介绍几种社交礼节，供参考：

装　饰

再漂亮的服饰只能打扮外表，并不能表现内在的品格。装饰漂亮，而言行粗俗的人，绝不会给人以美感。虽然服饰朴素，但有愉快心情和活泼的话语，也许更会受人欢迎。

神　情

社交场合，如果不考虑别人的喜怒哀乐，而随意表露与别人相悖的神情，那就会招人嫌恶。耻笑别人的不幸，为一点小事就板面孔，冷眼看人，没有比这些更会使人不愉快的了。爱人如己，不分贵贱相待，会获得大家青睐。

姿　态

走路时背部要伸直，脚步要轻快，举止稳重，显示出少女的气质。不妨时常问问朋友“我走路姿态好看吗？”

按照朋友的指点改正自己的缺陷，自然就会有走路的最好姿态。

坐在椅子上，不要把两只脚大幅度打开，最好使双脚整齐地倾横或拢合。跷二郎腿难看，一只腿搁在另一只腿上抖动，更欠稳重。坐在沙发上，以自然、舒展为好。夏天穿短裙，侧坐比正坐优美，但在答话时必须正坐，不可把两腿向外伸展。

同伴相遇，可以举手招呼或微笑示意。与对方握手时，必须注视对方眼睛。握手的力量是随着情绪而改变的，力量的大小，是很容易辨别一个人对友谊的态度。

在家用餐时可以随意挑选食物，但在宴会上就不能随心所欲。遇到不喜欢吃的菜，不必勉强吃，也不要三心二意要吃不吃，与其犹豫不决，倒不如干脆说："对不起，我不喜欢吃这只菜"，这也是合乎礼节的。人家为你盛饭，要用双手去接。吃饭的速度需要和大家配合，吃快吃慢都不好。

交　际

笑脸待人，是亲切、敬重人的表现。带着笑脸向人打招呼的女孩子，其笑脸必定会使对方觉得很舒服，也必定会使对方留下美好印象。该说就说，该笑就笑，不做作，不虚伪，就不会给人以死气沉沉、性格孤僻的感觉了。群体交谈时，要主动介入，不耐烦或显出不屑的神态，很容易破坏大家愉快的气氛，切切注意。与异性交往，心地要坦荡，不要过分地区别他是男，我是女。当别人有困难或遇到意外事故时，要真诚地安慰，友善地帮助。给需要帮助的人以帮助，而不泄露"我帮助过他"，这是做人的原则。

交　谈

交谈，也有礼节。说他人坏话，夸自己长处，自以为百事通，诸如这些，都违反了交谈礼节。谈吐之间若被人感到厌烦时，就应该即刻反省自己的缺点，因为长舌妇的坏习惯是大家最讨厌的。不谈别人缺点，只夸别人长处，讲到自己时谦虚些，这样就不会失去自己的优秀品格。三人以上交谈时，不要只做默默微笑的听众，而要勇于参加议论，才能显示自己的魅力。一个幽默的少女，比一个严肃的少女要来得可近、可亲。谈吐幽默的人，能给人带来欢快，使人忘却忧愁。对他人身上的缺点不要开玩笑，这很容易伤人家的心。无意中说出了不礼貌的话，必须马上向对方道歉，说句"对不起，请原谅"。

受　礼

别人送你礼物，最好不要马上打开看。如已经打开礼物盒，看到自己不喜欢的礼品，千万不能说"我不喜欢"，更不能喋喋不休地唠叨，这会有拂送礼人的美意，应说声"谢谢，我要好好珍惜"，才对。

做一个有礼节的学生

姗妮

上课下课

听课时，不懂要举手发问，听懂之后要表示“我懂了”。对老师的提问默默无语，是缺乏礼貌的一种表现。讲话过分高声，破坏课堂秩序，会使老师、同学头痛。

下课后，要和大家一起玩，不可只和一、两个特定的同伴嬉戏，搞小圈子。离群独乐，孤芳自赏的人，令人乏味。能带头做个游戏，既活跃同伴情绪，也联络了同伴感情，就会比较容易地成为同伴中受欢迎的人。

当然，过分贪玩影响功课，荒废学业的人是没有实力的。

接近老师

平时功课提问、班级问题、同学问题等，都可以找老师共同商讨。但不能事无巨细都依赖老师。要学会独立思考、独立工作。

不要因为不易接近的老师，就不愿和他们商讨问题。相反，而是应该鼓起勇气去找老师，也许经过几次努力，融洽了师生关系,会合作得很愉快。

当自己的意见和老师的意见不一致时，千万不要闹意气，最好掉转话题，让老师了解你的心理。自己以为正确的意见,不仅要有勇气表示,而且还要有勇气坚持。不过讨论之后，自己觉得错了，更要有勇气认错。知错认错,必能得到老师赞赏和好评。

老师托办的事,应该爽快地接受,并且要负责到底，使老师感到欣慰。若是老师托办的事接受不了，应该说明原因,向老师道歉。

关心班级

关心班级,因为班级是培养友情、发挥学习积极性、创立良好活动的一个最小团体。

不合作的同学,故意捣乱的同学,或破坏团结的同学，每个班级里难免会有几个。责备他们的缺点或是到老师面前告状，无疑会伤害感情。最好的办法是了解原因，诚恳地耐心地帮助他们。自己班级里出现的问题，要用自己的智慧和力量去解决。

应该积极参加班级活动，尽量发表一些如何搞好班级活动的意见，不要说怪话,泼冷水,扫大家的兴。游戏时,强迫大家顺着自己意思,不合自己心意就噘嘴、生气,像这种表现,就是破坏了班级的欢乐气氛。

开会要遵守时间，不迟到。会议开始了,你才满不在乎地走进去,是会引起人家反感的。

不要多管闲事，好像自己的知识很丰富,什么都是“我知道,我知道”。也不要百事不问,好像自己是局外人,什么都说“我不知道”。自己的意见希望别人重视固然对，但是别人的意见你也要十分注意去倾听，互相尊重才是重要的。

说别人坏话，用难看的脸色给自己不喜欢的人看,这样的人功课再好,也会被人敬而远之。

为大家服务的事要乐意去做，肯帮助大家的人，才是人们心目中最值得尊敬的人。

遵守校规

每一所学校都有校规，我们要好好地遵守。如果校规定得不合理，大家应该为改良校规作一番认真的讨论。未修改前，还是应该按校规执行。

节假日,如果借教室活动,必须先得到老师的许可。老师同意了，要遵守使用规定,使教室保持整齐清洁,第二天上课不受影响。

损坏了学校里的东西，要向老师报告,隐瞒真相,或弃而不管,有损个人品德,千万不要这样做。

放学后，忘记了应带的东西回校拿时，一定要向值班老师或传达室警卫报告后才能进去。默默地进去，有时难免引起误会。

注意教养的十条建议

忻素芬

在谈到对人印象时，我们往往喜欢用“这个人有教养”，来表示好感，而用“这个人教养不够或没教养”，来表示不喜欢的程度。有没有教养往往成了评论一个人好坏的第一印象。

少女的教养，是翩翩风度的内在表现，是温柔文雅的内涵，是活泼可爱的基础。教养，是一个人修养情操的综合反映，是文化水准高低的显现。良好的教养，是女性魅力的源泉，是端庄秀丽的花蕾。

教养，大多表现在日常的谈吐、举止、言行之中，虽是无形的东西，却能支撑着一个人行为的结构方式，表现为一定的素养气质。

我们现在的少女，都是要跨世纪的人，作为现代社会，很注重对人的现代化要求。无论是国内还是国外，在论述现代人标准时，总是把具有教养作为必备的条件之一。因为良好的教养是顺利完成任务和融洽人际关系的催化剂和润滑油。在日常生活中，人们喜欢同有教养的人相处，而对缺乏教养的人则投之以鄙夷的眼色，不论她长得多么标致艳丽。

一些心理学家和社会学家在归纳的基础上，提出了注意教养的10条建议：

一、具有较高层次的清洁观和打扮美学。穿衣戴帽要整洁大方，服饰同自己的身份、身材相符，给人以一种和谐美。邋邋遢遢，使人看了不舒服；油头粉面，会给人以油滑轻浮的印象；化妆过浓，也会失去原有的灵气。同时，还要照顾到你所参与的群体的习惯。譬如你去参加别人的婚礼，穿的衣服十分考究，比新娘还要显眼，那就过分了；自然，穿戴太马虎，那也不妥当。

二、出入公共场所和社交场合，言行举止要合乎文明礼貌的规范，不要不拘小节，因事小而失礼仪。例如，人家谈兴正浓，讨论正烈，你不管三七二十一，硬插进去，打断别人的话，就失礼了。听别人讲话，二郎腿跷跷，眼神不集中，毫无反应，也是不尊重人的表现。到陌生的地方去，不要东张西望，更不要随便翻阅人家的东西。遇到非礼行为，不要以牙还牙；说话带脏字，往往会使人同丑恶联系起来。

三、对别人能够体谅，能学人之长，也能补人之短，不当众揭人短处，或讲别人忌讳的事情。不背后议论别人，取笑别人的弱点，非但不道德，反而证明自己人格低下。

四、待人接物恰到好处，不卑不亢。不卑，就是不卑躬屈膝，做出一副讨好、巴结的样子，这是有损人格的。不亢，就是不自傲，不以老大自居，盛气凌人，自视比别人高出一筹，必然会引起别人反感。不论同谁交往，也不论对方地位高低，资历深浅，条件优劣，学识博浅，都要奉行不卑不亢，热情谦让，有礼有理的准则。

五、对自己有切实的认识，不懂不要装懂，世界上没有万世通才，人不可能什么事都懂。知之为知之，知一点就知一点，不知为不知，不要知一点说成知一片，不要不知的强为知。被人贻笑的总是那些天花乱坠瞎吹一气的人。

六、信守诺言，遵守时间。不随意承诺，答应了的事一定要办到，自己没有把握的事情，即使碍于面子不宜当面回绝，话里也要留有可能办不到的意思。为了奉承别人，把明明办不到的事情包揽下来，会弄巧成拙，失去信任。

七、不要做“包打听”，传播小道消息。不该自己知道的事情不要去问，多嘴多舌，旁敲侧击，常会引起别人反感。尤其是不要问别人难以启齿的隐私。别人告诉了自己的私事，不要凭此作材料，充当小广播，否则别人不会对你说真心话、知心话。

八、拜访、打扰别人要适可而止，拜访要讲究礼仪，有准备，尽可能事先约定好。即使有事打扰别人，一旦事情办完，要立即抽身离开，不要没完没了，让别人无端地陪伴你，这样别人下次会不欢迎你。凡事要知趣。

九、不要太敏感。有些话，对方出于无心，你过分敏感了，就显出性格的多疑与褊狭。有些事情，对方不是这个意思，你却想入非非，过于敏感，这是造成自我挫败的误区。

十、不做有失风度的事。注意小事上的规矩和礼仪。有些人吃东西喜欢舔手指上的沾物，看书习惯于用手指粘唾液翻纸；有些人说了对不起别人的话不懂得致歉；有些人借了别人的东西常常忘记归还，对于别人的隐私乐于传播；有些人当众抠鼻子、挖耳朵、脱鞋子；有些人对异性表示出过分的倾心，动作太轻浮。诸如此类，都是有失教养和风度的，应当注意纠正和克服。

要做到有教养，不仅是一个认识问题，而且是一个实践问题。从小事做起，从现在做起，从周围做起，从自身做起，这是走向教养的开端和希望。

少女的气质

杨幼华

一般来说，女孩子都爱美，喜欢别人夸她们美丽，但我曾就“美丽”和“气质”问她们愿意具备哪一点的时候，她们却先选择了“气质”，而将“美丽”撇居第二位。这是为什么呢？而气质又是什么呢？

“气质”这个词常与“风度”联系在一起，它是一种素养，一种不可触摸但却确实存在的东西。难以具体描述但却可以从一个人的言谈、举止、神情、打扮甚至步态、笑容等方面反映出来。

大凡气质好的少女性情温和、体贴，能较好地处理好同学伙伴之间的关系，不以自我为中心，不乱发脾气，不暴躁，纯真、活泼、自然，仪态大方，言谈举止恰到好处。不矫揉造作，不扭扭捏捏，不过分害羞，不闷声不语，不过分自卑或自傲。与她相处能给人一种如沐春风般的清新感觉。

少女的气质类型一般可分为：

①玉女型

思想单纯、天真可爱，爱小动物、喜欢小猫小狗等玩具。对老师和父母百依百顺。爱撒娇、怕羞。

②淑女型

举止端庄，说话慢条斯理。谈吐优雅，爱模仿大人的行为举止。爱穿深色服装。

③明星型

爱社交活动，喜欢唱歌、跳舞、郊游。喜欢在大庭广众之中过分表现自己。常谈论某某歌星某某影星等。经常哼流行歌曲。

④学究型

不追求外表，大部分时间花在学习上，功课较好，显得很有学问的样子，是老师眼中的好学生。

⑤林黛玉型

多愁善感、楚楚可怜。喜欢看悲剧小说、电影，幻想自己是其中的主角。常常被自己构思的悲剧感动得热泪盈眶。

以上只是对少女气质类型一个大致的划分，事实上有不少女孩的气质属综合型或交叉型的。

然而，少女的良好气质从何而来呢？一般来说是后天形成的。起初是通过模仿她们的父母、老师、同伴及小说、电影中的主人公的行为特征，而后逐渐把这些特征吸收而化为她们自己的行为。她们往往会通过别人对其言谈、行为等直接或间接赞赏和责备来调适自己的行为。

因此,要使少女获有良好的气质,必须注重:

①**家庭教育**

父母对孩子的教育必须避免溺爱和粗暴两个极端。过分溺爱会使孩子形成以自我为中心的盲目的优越感。易使她们变得孤傲、独占欲强;自私和妒嫉心强。但是,对孩子的不当行为采取简单粗暴的方式以及父母关系不正常、孩子缺乏家庭温暖,也易使她们变得自卑、胆怯。这些不良的性格会直接影响到她们的行为。

②**学校教育**

学校教育不可片面追求升学率而忽视学生全面素质的培养。不可对有缺点的学生采取训斥辱骂、留级甚至开除学籍的简单方法。而应根据学生的生理特点采取正确的教育方法。

③**正确交友**

少女自己在交友过程中应注意选择好朋友。因为根据心理学研究表明,朋友在交往活动中互相影响的作用很大,有时甚至超过父母和老师对她们的影响。

④**读书**

除了学好课堂上的课程外,还应注意阅读好的课外读物。好的作品可以使人开拓视野开扩心胸,丰富知识,增强判断力,规范自身的行为。

大方得体的举止言谈

君　君

落落大方,是少女内秀外美的本色显示,得体适度,是少女聪颖礼貌的特征表现。如果你能在姿态上给人以大方有致的印象,在举止言谈上给人以得体自然的感觉,那么你就可以得到别人赞赏的目光。

怎样做到大方、得体呢?

1. 在打扮上追求朴实、清新的风格。三分脸相,七分打扮,修饰自然需要,但过分、过浓的粉饰,不仅会适得其反,使你减弱魅力,而且会被人讨厌。整洁、素妆、朴实、雅致,应是少女打扮自己的宗旨。美是一种自然,无须重雕,只需淡妆。

2. 在交往上注重礼貌、谦逊的风度。趾高气扬,不能成为风度,只能成为“败笔”,用一种清高的口吻议论别人,用一种斜视的目光轻瞄别人,会在别人头脑中反而留下浅薄的印象,使别人难以接受。

3. 在心理上表现纯真、正直的素质。对外界的反应,始终保持在适度范围之内。不因为别人偶尔不慎冒犯自己而失态,也不因为别人心胸狭窄妒嫉自己而愠怒。做事讲究实效,谈吐发自内心。不虚伪、不欺诈、不圆滑。

4. 在自我陶冶上推崇高尚、善良的美德。心有追求崇高之意向，行才会有善良之举。每每外出，心灵要善良高洁，明亮如月，不做亏心事，该伸出温暖之手时，绝不因有所怠慢自己而放弃美德的培养。

5. 在遭受妒嫉上显示大度、谅解的态度。对别人的妒嫉之心，不计较，该露锋芒时，不畏畏缩缩，享受硕果时，想到别人，把妒嫉当成动力，原谅别人的过错，不学小心眼。

6. 在彼此关系上重视信任、理解的增进。能通过了解，主动把信任施予对方，能理解他人的心中甘苦，并予以切身体验。

活泼好动与疯疯癫癫

姗姗

热情奔放、活泼好动是少女的天性，也是具有青春活力的一种表现。但是，请注意，热情、活泼、好动都不应过分。

公共汽车上上来一群女学生，她们说说笑笑打打闹闹。汽车到站，一位少女准备下车，另一位胖姑娘伸出手一把抓住她的书包，拉拉扯扯，争争夺夺，直到售票员干涉了，书包才被放掉。车又到下一站，又一位少女要下车了，胖姑娘又伸出了肥肥的小手向下车者的书包抓去。这次除了受到售票员的呵责外，外加几名乘客的白眼：疯疯癫癫！

期终考试快到了，哥哥的几位同学前来复习功课，薇薇端上几杯茶，这是礼貌待客，客人们微笑着表示谢意，可是薇薇发现其中有一位擅长弹奏吉他，不由分说，从墙上取下吉他琴，一把拉住客人，要他教吉他弹奏，虽经婉言谢绝，仍然纠缠不休。以后径自弹了起来，哥哥和同学们的复习计划被搅乱了：痴头怪脑！

朋友，愿你做一个热情活泼而又适度理智的姑娘！

你会拜访吗？

平 平

少女像是扑花的彩蝶，好交际，渴望通过串门走户拓展视野，认识社会，却往往忽视社交礼仪，不知走户串门中内涵着许多做人的道理。

你出门拜访时，先要对拜会的对象稍作了解，随后才能根据不同对象的性格、年龄，来调整自己的外部形象。譬如，对方是有修养的，比较容易接受文雅端庄的外表形象，你的穿戴就得淡雅些。对方若是文化人，你尽可以打扮得时髦些。

礼物是表达心意的象征。眼下社会上送礼的规格不断地升级，其实大可不必。朋友之间重情义而轻财物，非厚礼所能传情。情深则礼轻情意重，情不真则礼厚也轻若鸿毛。拜见朋友，一本书、一束花，只要恰当适度就可以了。

选择拜访时间要适宜，在别人用餐和休息时辰，不宜拜访。因为此刻正是人家合家团聚和需要清静的时候。

上门拜访首先要在门外打招呼，不可唐突地往里闯，使主人毫无准备而陷于慌乱。

进得门后，要善于“察颜观色”，摸清主人是否乐意接待，要主动向主人问询是否有空叙谈，假如主人热情不高或是兴趣索然或有微词推托，遭遇此情就应该“见风使舵”，立刻告辞，改日再谈。告辞也要委婉，不要使主人尴尬。在主人家里要有自制力，不能像在自己家中那么随意。在与主人交谈中，对别人的家庭情况不要刨根究底。打探别人“私生活”是极不礼貌的。

作为客人，无论主人的身份高低，都要始终保持不卑不亢、落落大方的交际仪态，既不要轻浮高傲，也不要过于拘谨，要保持人格上的平等。

在拜访中要注意控制时间，有话则长，无话则短。

在告别主人时，要彬彬有礼，不要虎头蛇尾，留给人们不良的印象。

愿你做个懂事理、善交际的少女。

访友礼节

吉娅子

先联系　访友须先联系，在得到对方“欢迎欢迎”这样的回音后，你去拜访才是应有的礼节。如果你提出的访问时间对方因事不能接待，那就应由对方提出改期决定，不能强求，使人家为难。其次，有多少人，讨论什么内容，要作哪些准备，都必须事先联系好，这样才能使主人到时不会慌乱。

遵守时间　约定的时间，要绝对遵守。因重要事故不能按时赶到，一定要设法通知对方。要早一点出门，比所约的时间早5分钟敲门才是最好的时间。提前半小时一小时到达，是违反礼节的。为什么？或许对方正在匆忙准备中，那种局面会使双方都有些尴尬。反之，比约定时间慢10分、20分钟也不好。

进门时　到达目的地后，先轻轻地敲门或按电铃，然后就静静地等待，不要在门口高声叫喊。见人开门时，要说：“谢谢，打扰了！”如逢雨天，不要穿着套鞋进屋弄脏了主人的房间或客厅，须请问主人要不要换鞋。雨伞应放在主人指定的地方。要脱雨衣或外衣的话，先问主人放在哪里。被请入内屋后，要在主人吩咐后就座，不要一屁股坐在不应坐的位置上。在座位旁边随意放置的报纸书刊，可以拿起来翻阅。可是书橱里的书，只能看书目，不可以任意抽出来，若想借看的话，要等到访问结束后，以征询的口吻提出来。接受茶点时，要欠身轻轻地道谢。一面吃糕点一面说话是非常不雅观的举动，要防止。

互道问候和互送礼物　见到长辈出来时，要站起来请安问候。不可以坐在椅子上问候长辈，应该懂得那是非常没有礼貌的。互道安好之后，若有礼物，就可以拿出来奉献给主人。如果是家人叫你送的礼，一定要表明“这是妈妈送的一点薄礼，请收下。”如此亲切地表述，会使人家倍增好感，格外亲切。默默无声地把礼物拿出来是没有礼貌的，会给人以没有教养和诚意的感觉。

告辞　为什么来访问，要有一个明确的说明。谈话忘了时间，固然是欢快的聚会，但是太晚了会影响朋友特别是其他人的休息。事情办妥了，就应该告辞回家。

向主人告辞应站起来，把椅子放好，如坐沙发就不用了。在门口告辞时，对方如是长辈，不能举手道别，也不能去握对方的手，而要用行礼表示，说声“再见”。朋友之间，举手或握手道别均可，如是女友，还可拥抱、拍肩。

礼物是一片慧心

婕 子

送人一份恰当合宜的礼物，以表明你的一片慧心。

送一碗饺子给刚刚郊游归来的邻友当晚餐；送一只精美的书包给同学做升学纪念，这些都是得体的礼物，表示你能体会对方的需要，善解人意。

你离家在外，接受了朋友的款待，离开时送一份小纪念品，或送一束鲜花致谢，也恰到好处。

应邀去女友家度周末，事后写封谢函，再送些适合她家的用具或小摆设，不是也很得体么。

投其所好，送一些特殊内容的书、画、音带，最能打动人心了。

飞机起飞了，空中小姐代你送去一份祝她旅途愉快的小礼品；火车快开了，你赶到车站送给她一个小包，神秘兮兮地说："到家再打开，是祝你生日快乐的。"这是故意令对方惊喜的礼物，也很有趣。

完全不为什么而送的礼物也许是最可爱的礼物。把自己的收藏或偶尔在店里发现的小玩意儿送给自己的同学好友或心爱的人，有时也许只是在海边拾到的一颗漂亮贝壳，或是在深山拣到了一块奇石，你在精美包装之后再附一张纸条说："它使我想到你喜欢摆设盆景!"或说："我记得你想要这样一颗贝壳。"礼物就这么简单，重要的是表明你时时想着她。

如果你卧病在床，同学好友主动侍候你，你最好等到自己病好起床后再送一份礼品表示谢意，不要在病中急于送礼感激，以免使她觉得收礼不自在。

如果双方感情很深，可以随意送东西，不必多斟酌。丝巾、别针、手套、装饰品等等，价钱不很贵，都是以小处见真情。

父母兄妹之间，什么东西都可以送。若母亲45岁生日，你把母亲的零散照片按年龄顺序把它们一一贴进一本相册里作为礼品献给母亲，相信一定会得到母亲的欢心。

不要以为是祖父母、外祖父母、父母兄妹，不要以为你和对方是知心好友，送礼就可以免了。请记住：一件合适的纪念礼物、生日礼物，实在能使平淡的生活中增添色彩，使美好情意锦上添花。

闪闪的胸针

小彤

后天是飞的生日，为了给这个美丽可爱的女孩一份祝福，我决意送她一件礼物。涉足数间精品屋后，我选定了最为满意的一个乐谱形状的胸针，上面镶满了亮闪闪的水晶，显得璀璨夺目。

回到家中，忍不住要告诉母亲，因母亲最喜爱小装饰品。当她小心翼翼捧着胸针鉴赏时，我的心充满了得意之情：“怎么样？很漂亮吧？是送给我的同学飞做生日礼物的。”

母亲抬起头愣愣地看了看我。“噢，是送给你的同学的。”她似乎有点累，轻轻地讲道，“是，很漂亮。”就走开了。

我又细心地为这件礼物包上纸，扎好花。母亲始终在我旁边走来走去，没有再讲一句话。

几天之后，我与母亲为一件小事发生龃龉，父亲出差去了，没有劝解的人，我们之间很僵。过了一会儿，母亲轻轻来到我身边，用她温暖的手抚摸我，房间里很静，我的鼻子很酸，但心里却不可理喻地告诫自己：不要那么轻易就屈服。我强硬着心，不去理睬母亲，很久很久，母亲沉默着离开了。

第二天，父亲回来了。进门后休息不了一小时，他又急匆匆地出门了，一会儿，提了一个生日大蛋糕进门。望着它，我才猛然醒悟，继而心便越来越沉，越来越沉。飞的生日第二天便是母亲的生日，我怎么忘了呢？我怎么能够忘了呢?我冲出门去,瑟瑟的寒风吹落片片黄叶,轻轻打在我的脸上、肩上,抬头望望那缀满秋意的树枝,它沉沉的,一如我的心情……想到母亲的手轻轻抚摸着我,多么温馨,多么亲切;想到病时父母焦灼的面色,多么感动和幸福;想到家中的灯光,多么和美……这就是亲情,无论身处何地,它总是我避风的港湾。亲情是无私的,父母的鬓边银丝,不正是我所拥有的青春的代价吗?亲情是永恒的,它将伴随我一生。

而我,是否过于追求浪漫与时髦,沉湎于幻想了呢?什么时候才能够真正了解亲情的宝贵,将给予友情的心留一点给亲情呢?

我又精心选购了一枚胸针送给母亲,并且亲手将那闪闪的胸针别在母亲的衣襟上,"妈妈,你变年轻了!"我把母亲推到镜子前,镜子里的妈妈容光焕发,眼睛里闪着幸福的光。母亲在镜子前站了一会,忽然默默地摘下胸针。"怎么?妈妈不喜欢这胸针?"我诧异地盯着母亲。"非常喜欢。"母亲说着,拿出一块真丝绣花的手绢,将胸针包好,放到五斗橱最上面那个带锁的抽屉里——那是母亲放她认为是重要东西的地方,然后走到我身边,轻抚着我的肩淡淡地笑着:"不好意思戴到外面去。"

我明白,母亲在乎的并不是这一枚胸针。

怎样探望病人

芳　芳

看望病人是有讲究的。探望,目的是给病人以精神上的支持和抚慰,帮助其早日康复。而不能给病人增添烦恼。

一、人数不宜太多　探视者要有代表性,这样可以为病人创造宁静、舒适的环境。病人在医院或在家休养,是要安静地养伤治病。频繁的探视既不合医院的规章制度，牵涉病人家属过多的精力，又会打搅病人，使病人忙于迎送，影响休息。

二、交谈要适宜，讲究语言的艺术性 见到病人时讲的第一句话很重要，第一句话可以说："今天我来看看您，同学们要我代向你问好！"或者说："你今天感觉好多了吧！"切忌什么"你消瘦多了。"或"你的脸色怎么这样难看?"这样的见面话对病人的心理无疑是一种不良刺激，对疾病的治疗和康复都是不利的。交谈时，不要口若悬河，高声谈笑，这样会引起病人或同室病友的讨厌。对动过手术的病人，不能讲笑话，以防病人忍俊不禁而引起伤口疼痛。通常，应尽量少说话，话题应注意选择能引起病人轻松情绪的内容。

三、选择慰问品要讲科学 探望前，应事先了解病人患病情况，以便馈赠适合病人口味有利康复的食品，切不可千篇一律。譬如，肝炎病人，饮食宜清淡易消化，可以选择黄豆粉、藕粉、鸡蛋赠送；心肌梗塞病人可吃香蕉、桔子，但不能吃苹果、柿子。糖尿病人不宜吃含糖量多的香蕉、菠萝、荔枝；胃、十二指肠溃疡病人的食谱宜松软，可赠乳制品、禽蛋、鱼类及苹果、香蕉等水果；高血压和菌痢病人应吃苹果；孕妇要买山楂等含钙量多的水果等。

四、要尊重病人 探望时，进病房(家)时，应先敲门，听到"请进"，再进入，在病房里不能吸烟。在病人面前应像平时一样，热情打招呼、握手，并尽快坐到病人旁边，和病人谈话要表示亲切、自然，而且要看着病人的眼睛，千万不可东张西望。

五、探望要根据情况选择方式 一时探望人很多，可以推迟探望时间，不要"轧闹猛"。病人刚做过手术，不要急于探望。如果病人病情不太严重，在家里休息，可以通过电话表示问候，也可写信或传纸条表示慰问和祝愿早日健康。

六、对病人的病情应采取回避态度 可以和病人拉拉家常，谈谈自己学校的情况，切忌在病人面前对病状乱加评论。对癌症或垂危病人，既不能显出悲观的神态，更不能笑脸常露，这样会使病人感到你并没有把他放在心上而气恼失望。注意不要在病人面前与家属窃窃私语，这样会加重病人的疑心而感到不安。

七、进入病房前有规矩 注意不要把水果等物品随便放在病床上，不要吃病人送给你的水果食品，以防交叉感染。医生查房时，应当主动回避，更不要围观。不能随便翻阅病历卡，也不要去窥视其他病人的病情或私事，以防引起病人或同室病友对你的反感。

外出十知

吉娅子

一、在公共车辆上，你坐下了，看到老弱病残孕妇上车没有座位时，就应马上起立，尽快让座，多为别人着想，是做人行善应有的品德。

二、在车上，要保持安静，你如吵吵闹闹，必然引起别人厌恶。不要和同伴大声说话或指点某一乘客窃窃私语。也不能愚弄同伴或开过分的玩笑，图自己一时痛快，给别人以难堪。

三、坐的姿势也要注意，既不能翘二郎腿，也不能把两脚大八字地张开。携带的东西不能乱放，以至影响别人过路。更不能侵占别人的位子，能搁在膝上的东西最好搁在膝上。

四、长途旅行要对乘客有爱顾之心。开关门窗应得到邻座人的同意。自己觉得热，开了窗，使邻座人得了感冒，多不好。

五、在列车车厢里，各种各样的旅客都有，若把邻座人当作同伴，那么大家谈谈笑笑，不仅可以互助互学，同时也不会感到寂寞。但是有些人不喜欢说话谈笑，你就不能勉强他人。

六、住旅社，旅客不只是你和你的家人，所以不能随意大声吵闹，叽里呱啦地妨碍别人的安宁，或到处给别人添麻烦。除自己房间以外，别人的房间不能擅自出入。对其他客房，也不可以从缝隙中窥视。

七、参观名胜古迹，要珍惜、保护那里的建筑物或纪念物，不可以去乱涂乱画，更不可以破坏。游览风景区，既不能在树木上刻自己的名字留作纪念，也不能摘花、扳枝用来当纪念品。被禁止的事莫硬做。

八、陌路人向你问路时，要亲切地、详细地告诉他，不能含糊不清，更不能欺骗别人。自己不知道，就应该直说，但不能表现出厌烦情绪。

九、买东西时不要以为自己是顾客就摆架子，对营业员要客气。应懂得尊重人者得人尊重这个做人道理。

十、和同伴、男朋友一起去买东西，不能把所有的东西都让别人拿，依赖心强的女孩子是不讨人喜欢的。和长辈一起去买东西，做晚辈的应该帮助提东西，这才能体现出对长辈的照顾和关怀。

宴席上的你

柏树梁

我在宾馆工作，经常看到一些少女随父母一起坐在宴席上，有些少女在搛菜时，挑挑拣拣，见有个喜欢的菜，“筷子如雨点”，也不管长辈们是否都吃过，不停歇地往嘴里送。有的甚至把菜扒在自己碗里，全是一副馋相。

少女在宴席上，一举一动更加惹人注目。不要以为自己年少，礼仪礼貌是没有年龄划分的。

俗话说：坐有坐相，吃有吃相。坐相不好和吃相不好，都会惹人反感，说你“没有家教”、“没有教养”。赴宴时，如不能随父母一同前往，也不可迟到。你一人迟到，会使举桌不欢。进入宴厅时，要主动地向长辈们问候，不要乱坐，要听从安排。入座后，等主宾举杯动筷时你再动手，不要急吼吼的。

搛菜时不要过多，对爱吃的菜，待吃完以后再添，不可在自己面前堆积如山。或许长辈给你送上不喜欢吃的菜，要有礼貌的说明，不能无礼拒绝。

吃东西时要文雅，闭嘴咀嚼，不要发出声音。如桌上的汤、菜太烫，不要急于求吃，用嘴吹，这不太雅观。嘴里衔着鱼刺，切勿“噗噗”乱吐，引起唾沫四溅。当嘴中含有饭、菜时，不要说话。桌面上，长辈们在闲谈时，不要乱插嘴。若长辈对着你说话，你应有礼貌地有问必答，不能东扯西拉，胡言乱语。

宴会上出现互相碰杯敬酒时，作为小辈的也应同样起立举杯相贺。举杯饮酒时，切忌喝酒过量，喝酒过量容易伤害身体健康，甚至失态。有时不小心酒杯碰翻时，应沉着冷静，可轻轻地向邻座的说声：“对不起”，表示歉意。

当宴会结束后，要同主人、长辈说声再见。如果有些长辈比你先行，你最好要目送或随送到餐厅门口，不能无动于衷。不论什么宴会结束，都应同服务员说声谢谢，承蒙他们的热情服务。

饮食二礼

季妮妮

饮茶：

当主人把茶端到你面前时，你应立即起身用双手接过来，轻轻放在茶几或桌上。

饮茶时，轻轻把杯盖取下放在茶杯旁，然后端起茶杯饮茶，不要发出“呼噜呼噜”响声，也不要豪饮，慢啜为宜。

饮好茶，把杯盖轻轻盖好。

如主人托着茶盘，端给你的是咖啡或红茶，等糖、牛奶、柠檬放好后，轻轻用小汤匙去搅拌，然后把小汤匙放在茶盘里。

在宴席上：

上菜后，一般应俟主人和长辈动筷后再去搛食。你可以将自己喜欢吃的菜夹进自己的小盘里，然后尽情享受。

夹菜时，切忌用筷子在菜盘里翻来翻去，因为菜盘里的菜是大家享用的，不卫生的食用会使人讨厌。

汤和食物如果太热，不可用嘴吹，应该等到稍凉时再用，否则给人以穷急相。

席半离场不礼貌，如有急事，得向主人说明情况，表示歉意后，向本席客人点头示意离去，才是有礼貌的表现。

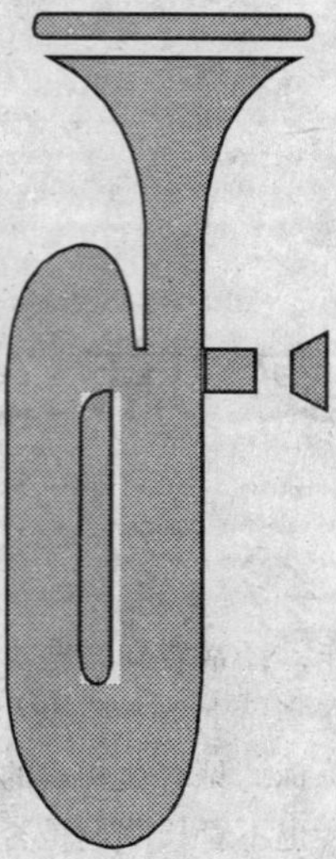

当你参加舞会时

乔从娴

参加舞会之前　参加舞会的服装要清洁整齐，适度的化妆可以增添少女的风采。

最好不吃蒜、葱、萝卜等带强烈刺激气味的食品，若是满口蒜、葱、萝卜臭参加舞会，对舞伴是不尊重的。

当你感冒伤风的时候，请不要勉强参加舞会，不然，你可能会感染别人，你连连咳嗽、打喷嚏，这对你的舞伴也是不礼貌的。

舞会进行中　男子邀请你共舞，你应表示同意，立即起身离座，并肩或跟随走入舞池，不要超越男子前行。

如不愿与此人共舞，可婉言辞谢。“对不起，我有点累了，想休息一下。”扭头不理或粗率拒绝，是不礼貌的。

已辞谢邀请，一曲未终，不要再同他人共舞。

保持良好的跳舞风度，要端正、大方、活泼，整个身子始终保持平、正、直、稳，无论进退移动，都要掌握好身体的重心。

自己的臀部不可撅起，不可挂在或扑在对方身上，使对方有不胜负担之苦。

脸带微笑，给人以欢乐感。

表情谦和，给人以美感。

自始至终，注意舞姿，忌出丑态。

一曲完毕，退出舞池，男子要把你送到原来座位处，待你坐好，并点头致谢再离去。

不要同人争抢舞伴，当别人邀请其他姑娘时，你不要表现不高兴，更不能制止其他姑娘接受邀请。

舞会进行时，不宜穿越舞场，应该顺边绕行。

舞会结束后 舞会结束后，可以与男伴互留地址和姓名，有必要可约定下次再见的日期。

在天色已晚的情况下，如果刚结识的男伴单独邀请你去呷咖啡、吃饭或看电影，一般要婉言谢绝。

在外宾面前

小 娴

接触

和外宾接触，要做到落落大方，不卑不亢。不要拘谨死板，也不要矫揉造作、装腔作势，更不能不拘小节随随便便，毫无检点。

交谈

与外宾交谈，要实事求是，不知道的事不随便作答。态度要自然和蔼，注意倾听对方的谈话。

表示

在公开场所遇到外宾向自己作友好表示时，可以自然地点头或招手致意，问好，不要羞于见人，故意回避。

注意

一要注意：外宾如出于友好要为自己拍照，或与自己合影时，不要故意跑开。如自己不愿意，可以摇手表示，或婉言谢绝。

二要注意：不要问人家的年龄，不要打听人家的工资收入，也不要随便问人家的衣着和携带用品的价格。

三要注意：不要当着外宾面前擤鼻涕，掏鼻孔，修指甲，挖耳朵。咳嗽、打喷嚏时，应用手帕捂住口鼻，面向一旁，避免发出大声。

家庭礼节

乔从娴

有些女孩对外人彬彬有礼，回到家中对父母兄妹就不讲礼节，还说什么：“自家人天天见面，讲什么礼节！”此话对吗？错了！对人要有礼节，谁也没有说过对一部分人要有礼节，对另一部分人不要礼节。诚然，父母兄妹是自家人，但也是人际关系，不过这是血缘关系，难道因为血缘关系就不要礼节了吗？

家庭是你休养情绪的好地方，你想要快乐地和自家人和睦相处，遵守家庭之间的礼节才是重要的。试想，一个缺乏修养没有礼节的家庭，能有什么相亲相爱，能有什么温馨！

那么，家庭生活中有哪些礼节，怎样才算有礼节呢？

①你的客人来了，是先向父亲介绍客人，还是先向客人介绍父亲？

按礼节，应先把父亲介绍给客人，然后再向父亲介绍客人。向客人介绍时，要说“是我爸爸”。向父亲介绍时，应说“她叫×××，是我同学”，或说“她是我同学的姐姐，叫×××”。

②接受妈妈为自己编织的毛衣，怎样表示才算有礼节？

穿上毛线衣很高兴。应对妈妈用夸奖、感激的语气，说：“妈妈，您辛苦了。”如温柔地再加一句：“妈妈，谢谢您！”相信妈妈一定感到更欣慰。

③爸爸要过生日了，送什么礼物呢？

爸爸平时最喜欢什么就送什么。问爸爸最近缺什么，按爸爸需要送。两种做法都可以。不过，最好还是和家里人悄悄商量一下，如果能让爸爸打开礼品时又惊又喜，那才是最好的生日礼呢。千万不要以为“妈妈已经买东西送给爸爸了，我不送了”。女儿不送生日礼，爸爸不会怪你，但会使爸爸失望的，或许爸爸也期待你的一份礼物，不管厚薄，只要看到你真心的祝福，爸爸是会十分高兴的。

④看到姐姐不用的东西，是不是可以随便拿来用呢？

不可以。因为不是自己的东西，所以一定要问过姐姐，得到允许后才能拿来用。“这东西姐姐很久不用了！”但不等于永远不用，说不定你刚拿去用，姐姐就想到要用了，到处找不到，结果发现你拿去用了，批评你，你会不高兴，不批评你，她心里也会有意见。姐姐的东西和自己的东西要加以区别，俗话说“亲兄弟明算帐”，就是这个意思。

⑤父母和自己有对立意见时，应持什么态度？

1. 父母关心自己，所以我什么都

听他们的。2.将父母的意见当成耳边风,“走自己的路”。3.父母的意见可以当参考,最后由自己来决定。

第一种认识有缺点。“关心”和“听话”应该区分来看,你要听的是正确意见,而不是因为“关心”就什么话都听。

第二种认识不对。“走自己的路”,有这样的自主性虽然值得称赞,但是听不进别人的意见就不可取了。人在成长过程中,要善于听取别人意见,修正自己的错误,不能因为和自己想法不一致,就把别人的话当成“耳边风”,一意孤行,这样会使自己“走弯路”,甚至犯错误。

第三种认识可取。“可怜天下父母心”,说的是天下没有不关心儿女的父母,但他们是站在父母的立场上看待自己小辈的,往往以过来人的生活体验教训儿女,所以身为小辈的少女要耐心听取双亲意见,尔后再决定自己的行为,这才是最重要的。

⑥做功课时,爸爸的朋友来拜访,你怎么办?

“我正在做功课,没有空招呼客人。”不对。

“爸爸的朋友跟我没关系,我不必要招呼客人。”也不对。

“是爸爸的朋友,我应该打招呼,点点头,笑一笑,叫一声伯伯或叔叔。”这才对了!

向客人打招呼后,你可以离开,不要坐在爸爸和爸爸朋友面前听他们谈话。只有爸爸或爸爸朋友叫你陪他们一起谈话时,你才可以坐在一边,如果你不理不睬跑了,表现无礼,是不对的。如果你功课没有做好,应该打声招呼,然后离开。客人告别时,你必须起身相送,说声:“叔叔(伯伯)走好!”

⑦同学、朋友初次上门,要不要向父亲介绍?

不要以为小字辈和父母辈是两代人,就不介绍。默默地把同学、朋友带到家中,对父母不声不响,会使双方都不愉快的。父母不知道来的客人是些什么人,客人也不知道自己是不是受你父母欢迎,弄得两相猜疑。只有作了介绍,互相表示后,大家心情才舒服,你们才玩得痛快。

⑧男同学来信,妈妈叫你拿给她看看,这时你怎么办?

“不给妈妈看”,这是一种态度。

“勉强给妈妈看,但脸上表现不满意”,这又是一种态度。

“乐意给妈妈看,并详细介绍与男同学是什么关系”,这是第三种态度。

妈妈坚持要看男同学给你的来信,说不定这是妈妈的不对。你坚持不给妈妈看男同学来信,结果弄得妈妈耽心、不愉快,那更不好。妈妈为什么要你把男同学来信给她看?你想一想,问一问也好。或许妈妈耽心你小小年纪就恋爱了,会影响学习,如果是这样,由你解说清楚不是更好吗!

电话机前

季妮妮

在还未普及电视电话前，电话只能“闻其声，不见其人”，那么声音、语气和声调，就成了对方心目中塑造你形象的重要因素。

听到电话铃响了，不知是谁打来的，你拿起话筒，就要用亲切、和蔼的言语来应对。

电话是打给爸爸的，就说“请您等一等”，赶快叫爸爸来听。但不可以手拿话筒，大声叫“爸爸，听电话！”那会使对方惊怪的。

倘若爸爸不在家，要说“刚刚出去”，或者告诉对方“大概几点钟回来”，并问清楚对方姓名、电话号码，要不要回电；爸爸回来时不可以忘记通知爸爸。若是对方说“我待会再打来”，同样也要告诉爸爸，让他了解谁来过电话。

电话打错时，一定要表示道歉，说声“对不起”。同样，对方打错时，你不要不高兴，要客气地问：“请问你打什么号码，你打错了。”

打给别人的电话，首先要问清楚是不是你要打给电话的人家，对方说“是”后，你就要说：“我是某某人，请问某某人（最好是全名全称）在家吗？请她听电话。”最好不要用简称，如“我找小周”，如果周家有两个以上姐妹，谁知你打的是哪个小周呀！

如无急事，最好别在很晚或很早给同学、亲友打电话，扰人清梦是不合适的。倘若你要找的人不在，也要问清楚接电话的人晚上9点以后可不可以给她打电话。如不是急事，最好等到明天再打，这样比较合适。

说话要简洁，有条理。拨电话之前，你不妨先想一想要说什么事，怎么说。据说，德国某地的公共电话亭里贴着这样的宣传画，上写：“想一想，是说三句，还是说两句。”这就是对打电话人提出的要求。

最忌用电话闲聊，你闲聊时，也许会有紧急电话打不进来，如是公用电话，后面还有人等着急于把电话打出去，打电话应该讲些简明扼要的事才对。

最令人不满的就是说话粗俗，口气生硬，拖长腔，语急调高，矫揉造作等等，让人听了不舒服，所以要注意声音形象，使对方感到你有修养有礼节。

自己打出去的电话，话说完了由自己来切断。对方打来的电话，要听到对方切断电话声音后，再放下话筒。

学会和亲人和睦相处

程　石

每一个少女都希望成为受人欢迎、带给人们欢乐愉快的快乐仙子，不仅在学校里，在社会上，在友人、同学间，而且在家庭里。请不要忘记一个家庭也是一个小社会。你应该学会和你的父母、兄弟姐妹和睦相处。你要有同情心，要体贴他们，关心他们。要知道魅力的关键是使别人以及自己的亲人时刻感到温暖。你希望在家庭里保持自己的魅力，那么请做到以下几点：

一、早晨起身梳洗完毕，请别忘了对你的父母、兄弟姐妹说声“早上好！”切勿对亲人板着脸，不理不睬，背起包扬长而去。俗话说，一年之计在于春，一日之计在于晨。早晨是一天的开始，带着良好的情绪去上学、上班，开始一天紧张的生活，多么美好。

二、每逢节日或你的亲人生日，请带给你的亲人一份美好的祝愿。至于以何种方式表示，你可以自由选择。最好你能事先了解一下他(她)的需要和爱好，有针对性的送些纪念品。礼轻情意重，表达你对他们最美好的祝愿，将会使他(她)激动不已。

三、当你的亲人患病或遇到不愉快的事情时，要格外给予关怀。雪中送炭，特别重要。有时你轻声柔语的安慰，会提高他们战胜疾病的信心。

有时你的几句分析中肯的语语，会帮助他们解脱忧愁和烦闷，使他们豁然开朗。

四、经常和你的亲人谈谈心，沟通思想，这是互相关心的关键。对长辈、对同辈，要经常了解他们在想些什么，也要让他们了解你。如果亲人们在课余饭后有一个谈天说地的机会，那将会促进相互之间的了解，使你和家人们的关系更加融洽。

五、当你在外面遇到不愉快或叫你发愁的事情时，你回到家是怎样表现的呢？一个人闷闷不乐，默默不语；还是向你的亲人莫名其妙地大发其火，发泄一番；还是坦开胸怀，与你的亲人一起商量，找到正确的解决途径。如果你采取前两种态度，就是一个懦弱的人。如果你采取后一种态度，那就不仅能有人分担你的忧愁与痛苦，而且还是表示对亲人们的信任。

六、你家中有客来访，他们可能是你家人的朋友，你是怎样对待的呢？你是彬彬有礼地与他们打个招呼，并为他们沏上热腾腾的香茶呢？还是带着与己无关的思想，不加理睬；或者喧宾夺主，把亲人撇在一边，与他们的朋友自顾大声说笑？我想，有礼貌的少女会采取前一种态度，这样不仅会博得来访者的好感，也会使你的亲人高兴。

请你记住，礼貌可以培养出高贵的感情。

你会运用肢体语言吗？

哲　边

我们的肢体常在自觉与不自觉中传递许多信息。有些给别人愉快、舒适的感觉，有些却在不自觉中得罪了人。

一个少女如果具备了优雅的肢体语言，不论是静态或是动态，都能令人赏心悦目，使人际关系和谐。

肢体语言和个人的生活、心理息息相关。它能一览无遗地反映一个人的情绪。长期学习紧张、忙忙碌碌的人，为了争取时间，不知不觉养成了走路快速，上半身前倾的姿势；心情颓丧的人，低垂着头，眼神黯淡，走路拖着脚后跟，步伐沉重；胆怯的人，眼光畏缩，说话嗫嚅；爽朗的人，嗓门儿大，手势也大；内心不平静、紧张的人，常有不自觉的小动作，如搔头、咬唇、扭手……可见，肢体语言展示着个人形象。如何运用我们的肢体语言，传达出优雅有礼的信息，是每一个少女应该知道和努力学习的。

肢体语言表达的原则是：一要灵巧均衡，行、止、坐、立，一举一动，力求轻盈、自然；二要端庄稳重，让人感觉到安定、平和、舒适、愉快；三要向上扬升，秘诀是背脊挺直、肌肉放松、横膈膜往上提、肩放平、腹部收缩。如是，就能使你的仪态显得从容，大方，稳重，优雅。

了解了肢体语言的重要，从而修习肢体语言的礼貌，让自己的心意在肢体动作帮助下和别人良好的沟通，也让自己的涵养和智慧藉着肢体动作流露出来。

那么，用肢体语言与人沟通时必须注意些什么呢？

注意之一 握手、交谈，眼光要和对方的眼光接触，因为眉目可传喜、怨、哀、怒各种不同的情绪。眼光接触，能促成情意交流，尊重、谅解、关怀等心意都可以藉着眼神意会，放射出温暖人心的火花，所谓“眉目传情”，不是说得很清楚吗。

注意之二 脸部要有表情。脸上的肌肉要放松自然，平日即养成唇角、眉梢微微上扬的微笑表情，散发出亲切、温馨的魅力。听人说话时，表情要配合对方话语的内容作恰当的回应。你看那优秀的营业员、称职的公关小姐，哪一个不是如此。僵硬，冷漠，面无表情，只会让人退避三舍，不敢亲近。

注意之三 善用身体方向增进亲和力。与人说话时，身体方向要正面对着对方，上身微微向对方倾斜，表示与对方亲近，说明对方具有吸引力。如果把身体的侧面或背面对着对方，或是转脸他望，这种不重视对方肢体语言，会被误解为傲慢、无礼。

注意之四 指人或示物，应伸右手、掌心向上，使人有被尊重的良好感觉。反之，用食指指示，那会给人轻率、不懂礼、不被尊重的反感。

注意之五 谈话时两手在腰腹前轻轻相握。这样，能让对方感到轻松、舒适。不自觉地抱着手臂和人谈话，容易使人有受压迫及被抗拒的感觉。

通信文明

季妮妮

书信，是传递消息、交流思想的工具。

通信文明，是说要了解一些通信知识，这对少女来说很重要。

基本格式

书信的基本格式是：先写收信人的称呼，后写正文，结尾写祝颂语，最后是署名、写日期。

先说称呼。平时怎么称呼，写信就怎么称呼，如：爸爸、妈妈，老师、先生，同学、好友、同志等等。

后写正文。把你想对收信人说的话说清楚。试举几例——

例 1：约同学好友聚会或旅游的信，要写清楚聚会的地点、时间及所要带的东西。告诉朋友旅游归来的信，要写出自己旅游中的所见所闻所感，使对方觉得如临其境。一个劲地说“十分”好玩，即使说上 12 个“十分”，别人也没法感受你的欢乐。

例 2：贺年片和圣诞卡上都有 Happy New Year 或者 Merry

Christmas 等印刷字体，这样寄出去并无不可，但在片、卡上各写上一两句话，把自己的情愫简炼地表达出来，此间的情谊就显得更重了。

例 3：祝贺好友生日的书信，要写得热切、真诚，使对方感受到远方好友的思念之情。

例 4：关于互通情谊的信，关于答复对方问题的信，关于向对方提出建议和忠告的信……都要照你心里所想的写，不要虚情假意，自欺欺人。

结尾写祝颂语。祝颂语应根据不同对象、不同情况，可以有不同写法。对老师写“鞠躬”、“敬礼”，对同学、好友写“握手”。对方近来心情烦恼，写“祝诸事如意”。对方面临考试，写“祝好运”。对方在病中，写“敬颂痊安”。也可按一年四季写“春安”，“夏安”，“秋安”，“冬安”。

最后是署名和写日期。署名要按照自己和收信人的关系来写，和开头的称呼相呼应。署名应写在祝颂语后下一行的右边。年月日与署名并列。

怎样书写信封呢？

信封应按照一定的规格写，应写明收信人的详细地址和姓名，以及寄信人的详细地址和姓名。也有寄信人“××寄”。

有些少女寄给父母、老师的信封上只写姓名，这样写，犹如直呼父母、老师姓名，不礼貌，应该在姓名之后加上“同志”或“先生”，但不要写“×××爸爸”或“×××妈妈”。如是同学、朋友，也应在姓名后面写“同学”或“小姐”。

书信来往中还要注意什么？

通信来往犹如对话，对方问话，你不当场回答，是缺乏礼貌的表现。所以，及时回信是通信中的重要礼貌。当然，对于一般问候的信，或是无关重要的信，可以稍迟一点回复。但是对方急盼你复的信，一定要及时答复，如有特殊原因耽搁要说清楚，并致歉意。

写信用的墨水以蓝、黑为宜，忌用红色，因红色表示绝交。

书写要工整，字写得好坏并不重要，但忌潦草，字迹潦草会影响对方了解内容。

别人写信、看信，未得到对方允许，不应该凑近去看，或询问信中写些什么，须知这是他人的自由。

私自拆阅别人信件是违法的，千万不要去做。

自己集邮，去撕别人信封上自己欢喜的邮票也不应该。

3

与人交谈的口才

愉快的言语交际

超 梅

每个少女都有向亲人、朋友诉说某些事件的愿望,考试的成功和失败;对某个人或事的爱好和厌恶;对班级或社会上某件新闻的议论等。这就是每个少女都会涉及的言语交际。怎样在言语交际中成为一个言语可亲、受欢迎的人,而不是出口伤人、可憎的人呢?请你注意以下几点:

平等的交谈 交谈是一种由双方或多方同时进行的交际过程,必须以平等的地位和态度来进行,切勿只顾自己一吐为快,把一场愉快的交谈变成单方的独白,不管对方对你所谈的内容有无兴趣。当然,有些单方独白是受欢迎的,譬如你获得了一条独家新闻,或看了一场内部电影,与朋友分享你的乐趣未尝不可,但毕竟这样的话题是少数。如果对方的表情流露出不耐烦的情绪,那就说明你的独白是枯燥无味的,那还是及早结束为妙。交谈,不仅要条理清楚,简单扼要的表达自己的思想,还要善于应答对方,谦虚地、仔细地倾听对方的谈话。这样的交谈,才能促进友谊的增长。

热情谦逊的语气 同一种意见由于表达的语气不同会引起不同的效果。请求、商量的语气比命令的语气更易被人接受。如果有不同的看法,以谦逊的互相讨论的语气,比以自负、武断的语气交换意见效果更好。后者会给人以"我比你高明"的感觉,不能使对方心服口服。

忍受唠叨者 在你的亲人、朋友中难免会有一两个爱唠叨者。比如,你的母亲要你上学时多穿一件外套,一个早晨她叮咛了三五遍,从天气说到你的关节,使你厌烦不已。你最好说:"是,妈妈。"推说要早些到学校而避开。或者说:"谢谢你的关心,我把衣服带去。"切莫粗暴地回答:"烦死了!多管闲事!"

马卡连柯说过:"要尽量多地要求一个人,也尽可能多地尊重一个人。"请你记住,在言语交际中,尽可能多地尊重对方,你才会受到尊重。

锻炼你的口才

修晓林

娉娉袅袅，豆蔻梢头，樱唇难启，面带羞色，这似乎是少女共有的形象模式。也许，她们在亲友面前仍无拘无束，有说不尽的话，道不尽的情，但是，当她们面对陌路人，或遭意外难题，又该会是如何表现呢？可以说，很多少女当然是语将言而嗫嚅，意欲表却畏怯，其结果自然是丧失一些机会，或许将来要用成倍的精力和时间，才能弥补不会说话所带来的损失。有的人会说“有谁不会说话”？也有的人认为，随着年龄的增长，自然而然就“会说话了”。但是根据成年人的经验，从特有的狭义而不是从普通的广义概念来讲，“会说话”是艺术地说话。在自己智力精力最发达最充盈的时候，努力学习关于说话的一些本领，一定会对将来那充满艰辛、遍布困难的人生之旅起到不小的作用。

中国历史上，从古代的孟子、晏子到现代的闻一多、鲁迅、周恩来；世界历史上，又有列宁、季米特洛夫、女记者法拉奇等；他们都是凭借“会说话”的本领，或使听众入迷信服，或化险为夷，或制服对手震惊满座。当然能够成为外交家的毕竟是极少数，但即使是面对生活小事，“会说话”也能够助己一臂之力。试想，当你巧妙地介入令人感兴趣的话题，又从对方口中探得自己想知道的信息，那心情该是如何兴奋？当你不用直率的语句而采用委婉语，既指出了别人的不是又不伤彼此间的和气，心中也一定是很得意的。至于将来在数以千万计的日常生活、人际关系中，“会说话”的重要性，往往是与一件事的成功与失败联系在一起的。几乎没有一个奋斗者是不重视说话的技巧和艺术的，因为它能迅速地检验一个人的家庭教养、文化程度、处世能力乃至音乐、逻辑、哲学的水平，依优胜劣汰的法则，将用心学习者推向使人羡慕的地位。

自信和勇气 有的人在家里说话泰然自若、谈笑风生，可是一到众人面前说话就期期艾艾、惶恐不安。这是初试者必须碰到的难关，这只有通过建立必胜的信心和多多练习的途径才能解决。有了勇气，闯它几次就不会害怕了。怕就怕不对自己施加压力，轻飘飘地一天天混日子，那样是很难有长进的。自信和勇气又是建立在善于体察人情人心和掌握丰富知识的基础之上。对既定情况不了解或不愿去作了解，不肯对别人的微妙心理去揣摩、猜想、理解，也不愿多问几个为什么，说出的话往往没有听众，得不到人家的认同赞许，如此多失败几次，只有认输的份儿；各种知识是锻炼口才的有力保证。一个知识贫乏的人，必将是“言而无文，其行不远”，主观上虽然努力，但说话空洞软弱，语言苍白无力，心有余而力不足，理想就会落空。只有具备求善求美之心和广博的知识，才能使意志努力有所依托。

技巧和秘诀　“事不以善小而不为”，只有以各种看似微小又漫不经心的细节，才能构成一种动人心弦的魅力，不致使初衷走形变样。声调就是讲述技巧之一。说话时能很好地根据所述内容，有高有低，有轻有重，变化适度，才能使别人听而不厌，反之，不注意音调的变化，就显得单调无味，容易引起对方听觉的疲劳；而正确运用停顿的讲述技巧，也能使说话显得生动有趣；说话人的表情如何也直接影响别人的情绪，说话前下意识地开动脑筋，将所述内容在大脑中过滤几遍，久而久之，就能达到出口成章、侃侃而谈的出色效果。因为思维就是“在脑中说话”，说话能力强，就大有助于内部语言能力的运用，因而也有助于思维能力的提高，帮助自己在说话时准确地使用概念，正确地判断事物，严密地进行推理，生动、形象地叙述和描绘客体。如此周而复始，循环往复，岂不乐哉？

节制和旁听　不要片面地认为“会说话”就是油头滑脑、轻口薄舌的代名词。其实，真正有本事会说话的人，很多时间倒是深深地沉默着的。因为他们善于思考。他们只是在需要时，才显露出其令人敬佩的才能，如果不将主要精力放在事业上，而经常乱串门、瞎聊天，那倒是应了句话，“为少说话而后悔的事情很少，为多说话而后悔的事情很多”。同时，对于涉世未深的少女们来说，还应强调点“旁听”的作用，有的人十分注意与自己家庭以外的年长者接近，或听报告，或请教问题，或参加某项活动，即使不开口，站在一侧倾听成年人的谈话，这也能够开阔眼界，活跃思想，学到不容易学到的待人接物，礼仪应酬，巧言善对等社会经验。有人称此为“偷艺”，说得颇为幽默。台湾金石篆刻书画家王孙说：“玩艺术要心狠手辣，要霸道。心狠，才下得了决心，手辣，才下得了手偷古代大家的精华，霸道，才不会被牵着鼻子走。”那么，对有志于掌握说话能力并借此锻炼意志的年轻人来说，这种“心狠手辣”的精神不也是很重要的吗？

未来在招手，引人入胜的说话艺术，是你的人生武器。

少女们，及早锻炼“会说话”。

与人交谈的技巧

吉 边

谈话，需要相当的经验，当你面临着各色各样的场合，面对着各色各样的人物，要能做得恰到好处，实在不是一件容易的事。

自然，亲切有礼，言词得体是很重要的。然而，做到这一点，也不能说就一定会收到良好的效果。这里向你介绍几种谈话技巧，或许有助于你社交友谊。

一、怎样打开你的话匣子？

从眼前的事物谈起——

假如你在车站、码头上与人初识，一时没有话说，这时最方便的办法就是从眼前你我双方同时看到听到感到的事物中找出几件来谈。在车站，在码头，耳目所及，也许是巨幅广告，也许是外国游客，等等。

如果你到了一个朋友家里，在客厅里看到一张女孩子的照片，你就可以和她谈谈女孩子的趣事；如果你朋友买了一件新衣裳，你就可以和她谈谈衣裳的色彩、款式；如果窗台上摆着一个盆景，你就可以谈谈盆景的栽植和装点……

凡是这一类眼前的事物，最容易引起人们的注意，也最容易发展谈话的内容。

围绕着一个中心——

倘若你不想东谈一点西谈一点，而想抓住一个题材把它谈得详尽深入一点，充分一点，那么，你就提出一个题材作为中心，让交谈双方的思想围绕着这个中心尽量地去想与这个题材有关的东西，然后再把这些有关的东西分门别类，整理出一个完整的系统。

比如，如果你们选择的中心题材是“诗歌”，那你们就可以谈到诗歌有律诗、绝句等等，现代诗有散文诗、朦胧诗等等。

这种谈话，能把题材分解出许多细节，而每个细节都可以用来发展丰富双方的谈话内容。

灵活地转换话题——

即使一个最好的话题也会有兴趣

低落的时候，这时善于谈话的人就懂得在适当的时机转换话题，不使别人生厌。

二、怎样造成交谈气氛?

无论你是多么善于及时发掘适合谈话的题材，你究竟也需要对谈话的题材有相当的积累。积累的这些题材要轻松、有趣，能够一下子引起别人的注意。

例如：

1. 自己闹过的笑话，自然是一些无伤大雅的。如，买东西上当啦，言语上的误会啦，或者是办事摆了个噱头成功啦等等，这一类笑话多数人都爱听。如果把别人闹的笑话拿来讲，固然也可以得到同样的效果，但不要伤害别人，否则对于那个闹笑话的人就未免有点不敬。讲自己闹过的笑话，开开自己的玩笑，除去能够博人一笑之外，还会使人觉得自己为人洒脱随和，很容易相处。

2. 惊险故事。特别是自己的或朋友的亲身经历的故事，最能引起别人注意。人们的生活常常不是一帆风顺的，忽然大祸临头了，或是被迫到一个很远的地方，路上可能遭遇到很多危险……怎样应付这些不平常的局面，怎样机智地或是幸运地在间不容发的时候脱险，都是一般人永远不会漠视的题材，都是既紧张刺激而又能够丰富人们经验的话题。

3. 健康与医药，也是人人都有兴趣的话题。谈谈新发明的药品，介绍名医，对流行病的医疗与护理，自己或亲友养病的经验，怎样可以增加体重，怎样可以减肥……这一类话题不但能吸引人的注意，而且实在对别人有很大的好处。特别遇到对方或家人健康有问题的时候，假如你能向他提供有价值的意见，那他更是对你非常感激。

4. 家庭问题。关于每个家庭里需要知道的各方面的知识，例如生活小知识，购物经验，长幼之间怎样相处，亲友之间的交际应酬，房间布置，等等。这一切，也是多数人会发生兴趣的。

5. 运动与娱乐。夏天谈游泳，冬天谈溜冰，其他如足球、排球、羽毛球、篮球、乒乓球，都能引起普遍的兴趣。娱乐方面像盆栽、集邮、钓鱼、旅行、音带唱片、电视录像、拍照摄像，怎样安排假期生活……这些也都是一般人有兴趣的话题。特别是有什么世界著名的音乐家、舞蹈家、歌唱家、足球队、溜冰团或马戏班前来表演的时候，或者是有特别卖座的好戏、好影片上演的时候，这些更是热门的谈话资料。

6. 轰动一时的社会新闻，也是热门的谈话资料。假使你有一些特有的新闻，或对某一问题有特殊的意见和看法，那是足够可以把一批听众吸引在你的周围。

使你语言更美些

平　平

"你好"，"对不起"，"请"，简洁，礼貌的语言，多么亲切，像春雨淅淅沥沥，多么美好，像早晨那样清新透明。美好的语言，既显现一个人的心灵，也能给人带来美的享受。如果你想在日常语言交流中给人留下一个好印象，请注意以下几点：

一、说话的口吻、语调

总的原则是说话时的口吻要符合自己的身份和当时的环境，语调要高低适中，和婉悦耳。

在长辈面前说话，口吻要严肃、谦恭，不宜高谈阔论，旁若无人；跟同辈人说话，虽然可以随便一些，但也不宜高傲放肆；同晚辈人说话，切忌以长者自居，用教训人的口吻。

讨论问题时，多用商量、探讨的语气，不要让对方感到你盛气凌人，少用做结论式的语气。对别人有所求时，要用恳请、乞求的语气。

二、说话的表情、手势

语言既是表意的工具，也是达情的媒介，因而正确地运用表情和手势是很重要的。

首先，表情和手势要和说话的内容相吻合一致。如表达肯定的语气，配合以点头颔首的表情，等等。

其次，表情和手势要文雅得体，落落大方，不要故意做作，或夸张失态。如说到高兴处，不要得意忘形，纵声大笑；说到气愤之处，也不要疾言厉色。

再次，要注意纠正一些说话时不甚雅观的习惯性动作。现实生活中，有的人习惯于一边说话一边用手梳理头发，或挖鼻孔，掏耳朵，有的人讲话时喜欢摇头晃脑，或有节奏地摇动腿部等等，这些都是不好的习惯性动作。

三、求雅与避讳

求雅是达到语方美的重要手段之一，为了求雅，有时就需要注意回避别人的忌讳。

生活中，有许多大家所不愿说或不爱听的字眼儿，就要选择雅致一些的字眼儿来代替它。比如，不说"死亡"，而说"逝世"、"仙逝"、"故去"、"病故"等等；不说"瞎子"，而说成"盲人"；不说"他是个瘸子"，而说成"他的腿脚不大方便"；把"拉屎"、"撒尿"说成"解手"等等。上述一些例子，虽然语义上完全一样，但语言效果却是很不相同的。

四、坦率与粗鄙

说话要坦率而力戒粗鄙，这是尽人皆知的。但是坦率并不等于不假思索，不分场合，说真话在大多数场合是一种美德，但在一些特殊情况下，有意隐瞒真情却也十分必要。比如，当你拜访别人时，正碰上人家在吃饭，或者快到吃饭的时间了，而你又不愿或不便在人家家里吃饭，这时主人请你或挽留你吃饭，你最好说：“我是吃过饭才来的。”又比如，当你去探望病人时，尽管你知道病情危在旦夕，也不能向病人吐露真情，而要尽量设法宽慰病人，要他（她）安心调养，早日恢复健康等等。所以，出于善意或客观需要的时候，说谎决不能笼统地一概作为恶德。

五、详实与罗唆

说话时，要根据不同的目的和要求，该详则详，该略则略。该详而不详，称为简陋；该略而不略，称为罗唆。简陋与罗唆，都是说话时应尽力避免的。

纠正罗唆首先要注意的是，一些重要内容的话，要事先多想一想，把主次理分明，条理清楚，免得说话时心中无数、漫无边际。

其次要学点说话技巧，注意提高自己说话的逻辑性和条理性。

再次要注意纠正一些语病和一些口头语。如“这个”、“那个”之类。

怎样的谈话态度受人欢迎

舒边文

我们常听到别人这样说：“不管他多么有学问，不管他的话多么有道理，如果他的态度不好，我就不愿跟他多谈。”这话道出了普通人的心声。一个人若没有良好的谈话态度，别人就会敬而远之，讨厌他，不愿和他谈话。

怎样才是良好的谈话态度呢？归纳起来有五点：

一、对别人表现得有兴趣 在别人讲话时，我们要注意望着他，如果你望天望地望别处，或是玩弄着小物件、翻弄报纸书籍等等，别人就会以为你对他的话没有兴趣，别人的心就不快。

在人多的时候，你还不能只对其中一两个你熟悉的人发生兴趣，你要把注意力分配到所有的人身上；对于那些话说得很少，或是神情不大自在的人，你更要特别留意，找机会特别关照一下他们。你的注意，你的关心，对他们是一种尊重和安慰，正好把他们从冷落中挽救出来。

二、对别人表示友善 如果你对别人表现出刻薄的神情，或者你对别人所谈的话表示冷淡或鄙视，那么对方谈话的兴趣也就消失了。

哪怕你不喜欢听他的话，或者你不同意他的意见，但是你对他本人还应该表示友善，不要因为他说了一句不得体不适当的话就否定了他的人格。你尊重他，并不妨碍你表示与他有不同的意见。没有经验的人，一听到不喜欢听的话，立刻就表现出不快和不满来，把彼此的关系弄坏、搞僵，而失去了继续交谈、深入了解的机会。

三、轻松、快乐、富于幽默感 真诚、温暖的微笑，是打开别人心灵的钥匙。人的心灵好像对温度有强烈的敏感，遇见抑郁的、冰冷的表情就凝结了起来，僵硬了起来，但遇见了欢乐的、温暖的笑容就柔软了，融化了，活泼了。所以，真诚的温暖的微笑，快乐的生动的目光，舒畅的悦耳的声调，就像明媚的阳光一样使一切欣欣向荣，使谈话进行得生动活泼，使大家谈笑风生，心旷神怡。

至于幽默感，需要慢慢地培养，它是一种兴致和机智的混合物，富于幽默的人，常常能使客厅中充满欢声笑语，有时一个笑话，或是两句妙语，就能驱散愁云，消弭敌意，化干戈为玉帛，变凶戾为吉祥。

四、能够适应别人 人是各种各样的，各有各的癖好，各有各的脾性，跟自己趣味相投的人在一起就舒服，话多得很，一遇见趣味不投的人就感到别扭，不想开口。但是，像这样依着自己的脾气去接近别人，真正投机的人就少了！

善于跟别人谈话的人，是很善于适应别人的。这种人总是多关心别人，重视别人的口味。有的人喜欢讲大道理，有的人喜欢高谈阔论，有的人喜欢娓娓而谈，有的人喜欢深思，有的人拙于应对，他都能够调节自己去迁就一下别人的兴趣与习惯。有满腹牢骚的，让他尽情地宣泄；守口如瓶的，由他吞吞吐吐。失意的，多给予一些安慰与同情；软弱的，多给予一点鼓舞和激励。假如对方对某一个问题发生特别强烈的兴趣，就让他在这方面继续发展，畅所欲言；假如对方对某一个问题不想多谈，就及时转换话题把谈话引到另一个方向。

五、谦虚有礼 谦虚有礼决不是一种虚伪的客套，决不是说一些不着边际的客气话，谦虚有礼是一方面真诚地尊重对方、关心对方的需要，尽力避免伤害对方，一方面严格地要求自己，对自己的意见与看法带着一种“可能有错”的保留态度，虚心地听取别人的意见，关心别人的感受和反应。

总之，好的态度有如磁石，吸引着朋友和听众。

开玩笑应注意什么？

苏 军

开玩笑，能给生活增添欢乐。生活不能没有玩笑。没有玩笑的生活是乏味的。

生活中到处有笑料，而玩笑正是生活乐趣的一种折射。人们在学习、工作之余，三五成群聚集在一起，或以幽默的语言使人捧腹，或以诙谐的比喻令人发笑，或以滑稽的动作使人动颜，这自然是一种好事。倘若彼此不相往来，一本正经，生活就会缺少生气，空气就会过于严肃、紧张，相互关系也就会因此而淡漠。

开玩笑，从自我和彼此愉悦的功能来看，无疑也是一种情绪调节和精神调剂。工作的间隙时刻，学习的空隙之际，大家说说笑笑，能使高度紧张的神经松弛下来，一句笑话，能使大家前俯后仰，活络筋骨。

再说，开玩笑，可以增进朋友关系，融洽感情，彼此接近，得到精神上的快慰。如果周围有一些心情开朗、乐观的朋友，并且善开玩笑，你就会感到同他们在一起很舒畅。

不过，玩笑毕竟是玩笑，有些玩笑是开不得的。比如，有位中学生一天闲得无聊，她突然想约一个要好同学出去玩，便打电话给那位同学，说这位同学的母亲现在医院急诊室，叫她赶快来，当这位同学急忙赶到医院门口时，她抱住这位同学说：“我就是你母亲啊！”弄得这位同学哭笑不得，怨言不迭。

因此，开玩笑应该注意：

第一，玩笑要引人发笑，但要笑

得有趣，首先要求内容健康。开玩笑不仅为了能引发一下笑的神经，而是要能够使人在不知不觉的笑声中获得启迪，增长见识，增进团结，互相激励。如果内容低级，即使能引人发笑，那开玩笑的情趣也不高，也难以使别人从心底里发出会心的笑声来。

第二，玩笑要引人发笑，但要笑得自然，这就要求看准对象。人各有其个性，有的人是乐天派，喜爱逗乐；有的人性情孤僻，寡言少语；有的人自尊心极强，不愿别人对他开玩笑；有的人兴致高时怎么都行，情绪低落时听不得半句话。如果不管三七二十一，一律对待，可能会闹得个不欢而散。

电影《十五贯》里的尤葫芦也爱开个玩笑，而他的养女苏戌娟却比较严肃认真。尤葫芦不顾苏戌娟的这个特点，对养女嘻嘻哈哈开玩笑说："已经把你卖掉了。"没想到，苏戌娟听到这话，一气之下便连夜离家逃跑了；真是无巧不成书，由于逃跑时忘了关房门，又给娄阿鼠潜入行窃提供了方便，以致酿成尤葫芦被杀，苏戌娟和熊友兰被疑为谋财害命而锒铛入狱的悲剧。显然，玩笑不看人，"戏言成祸，乐极成悲"呵。

第三，玩笑要引人发笑，但要看时机。有的人平时也爱与人相互玩笑、逗乐，但是当他在苦闷、烦恼或不幸时，他需要的是同情、理解和安慰。如果不顾他人的需要，一个劲地像平时一样打趣、逗闹，可能会闹得双方不愉快甚至发生争吵。

第四，玩笑要引人发笑，但要看场合。不能不分时间、地点，完全凭兴致到处开玩笑。别人在聚精会神研究问题，你就不要去打扰，否则会打断别人思路；在严肃的场合该保持肃穆就绝对不要去开玩笑，比如参加追悼会，在下面打闹逗趣，这是十分失礼的。

第五，开玩笑要引人发笑，但要有分寸。你戳我一记，我推你一下，这种玩笑虽无不可，但如果逐步升级，你撞我一下，我就打你一拳，你踢我一脚，我便蹬你一腿，不讨便宜不罢手，这种玩笑就可能酿成悲剧。

第六，开玩笑要引人发笑，语言要妥当。不以庸俗低级的言语来换取廉价的笑，不以带有挑衅、污辱的话来讨人家便宜。要通过自己良好的语言素养，使别人在笑声中陶冶情趣，得到美的享受和欢乐的感染。

第七，开玩笑要引人发笑，切勿"恶作剧"。开玩笑应以风趣说笑、和谐戏谑为前提，而不应该"恶作剧"。像吹牛皮式的开玩笑，以别人生理缺陷为话题的开玩笑，揭别人短的开玩笑都是开玩笑的"败笔"。

第八，用膳时，莫开玩笑。别人正在吃东西时不要开玩笑。因为吃饭时引人发笑，不仅有碍卫生，而且很容易因发笑而将食物误吸入气管，甚至导致食物堵塞气管而窒息猝死的恶果。

巧妙的借口

燕天纬

制造借口，在我们日常生活中或许很有用处。例如，在某个偶然的场合中，你见到了一个非常想见的人，是一位你倾慕的异性，或者一位名人，你很想再次见到他们，太直率地闯去，会令人反感。于是，你要设法找一个借口，比如，你在离开时，装着无意地带走了对方的东西，比方一支笔，或者一本书、一张照片，等等。在另一个时刻，再为此事赶去她的家中送还。你的粗心的性格，可以成为随便笑谈的话题。

说到借口，有许多种类型与风格：

在约会时迟到了，对方明显的不悦——你开始解释，用可能是真的理由也可能是假的借口，如“车太挤”，“我的表停了”，“老师正好有事找我商量拖了好一阵”等等。这种理由很传统，难以一下子消除对方的不愉快，因为这种借口太乏味平淡了。

“邻居老太太生了急病，我把她送去了医院，当时她那个疼呀，汗珠子跟蚕豆似的……”细节多，情节多，把对方的注意力转移开去了，这是有感染力的借口。

“怎么，我打电话给过你的好同学了的呀，告诉你我要推迟一刻钟来的，她没有转告你吗？”这是以攻为守的借口。

“对不起，我早就来了，不过我的

舅舅刚才就站在你旁边，也在等什么人，没注意到？就那个穿蓝衣服的，我急死了，他不走开，我又不好意思走过来……”这是出奇制胜的借口。

一个巧妙的借口，可以为我们日常生活起到润滑剂的作用。

比如电话就是很适用的一种，一个罗罗唆唆，但是又得罪不起的人在你面前滔滔不绝地说着废话，你没让她停下话头。那么不妨写张小纸递给身边人，“到隔壁打个电话给我”，几分钟后，电话铃响了。“什么？马上去？好吧！”你非常抱歉地送走了那个废话太多的朋友，而且也没有伤害她的自尊心与你们的感情。有一天，在无意中看到你的一位朋友，你突然想起居然忘记了她托付你办的一件事情，怎么办，实话实说肯定会伤害她，她推开你的房门时，正看见你对着电话说：“我答应过朋友今天下午一定要给她答复呀，什么，再过半小时？你已经拖延几次了，这次不能再失信用啦！”当然，电话听筒里的“嘟嘟嘟”忙音声你的朋友是听不到的。这样，那就丝毫未损害你们之间的情感与信任了。

借口不是欺骗。欺骗有害人利己的性质，而借口只是因为人性复杂，而有些事情是无法解释与阐述的，制造借口往往是对这种情况的逃避。

总之，世界的无奈，常常在你“灵机一动”中就变成了世界的精采。

聪明地摆脱尴尬处境

庄大伟

少女朋友，你急匆匆上了公交车，刚想掏钱买车票，发现没带钱，这时车已开动，售票员的视线也已落到你的身上时，你怎么办？

你和同学开玩笑，把同学反锁在教室里，突然教室里传出老师愤怒的声音时，你怎么办？

当着许多人的面，你的同伴忽然大声对你说：“喂，你的裤子破了个洞”时，你怎么办？

不少人大概都经历过一些令人尴尬的场面。怎样聪明地摆脱尴尬处境呢？你得注意几点：

首先，要保持情绪上的镇静，尽量不失常态。比如你在不恰当的场合，对一位不太熟悉而又比较古板不苟言笑的朋友开了个不适当的玩笑，对方勃然大怒。你可别以牙还牙。最佳 方案是保持镇定，保持沉默，或轻轻说声“对不起”。这样对方的火气会不再继续上升，而你也摆脱了尴尬处境。

当你遇到了无话可答的尴尬场合时，不妨点头称“是”。称“是”，并不意味着“承认”。声音拉长点，这个“是”便含有否定的意思；如果把语气放轻些，便有“算了，我不与你计较”

的意思;而把语气讲得重一些,就含有警告对方,不要再使人难堪下去了。比如,别人说你是“小气鬼”,说你“成绩好是靠死记硬背得来,不希奇”时,对此你点头称“是”,可能是最好的应付办法。

有时你还可以用某个中性词答话,应付尴尬场面,甚至干脆答非所问转移谈话的题材。比如女孩子们聚在一起喜欢评论某人的相貌、服装,津津乐道别人的一些个人隐私,你不愿参加议论,又不便贸然离开,用中性词对答也许是最好的办法。

当你身处尴尬场合时,有时还可采用自我解嘲的办法,求得解脱。有位名叫王皓的女同学,调皮的同学给她起了个绰号“耗子”,有的还开玩笑说她是“四害之一,人人喊打”,以此引起同学们的哄笑。王皓为此感到下不了台,恼羞成怒,少不了和同学斗嘴吵架。后来她采用了“自我解嘲”的办法。别人叫她“耗子”,她想:“耗皓同音,古代不是有孔子、老子、庄子吗?我就叫皓子”。还用皓子的名字在黑板报上发表文章。从此,同学们再叫她“耗子”时,她再也不恼火,还笑嘻嘻地应一声呢!渐渐地,同学们也不再以此和她开玩笑了。

少女朋友,愿你遇到尴尬场面时,能聪明地摆脱,这样,不仅不使你的朋友难堪,还融洽了人与人之间的感情。

别人嫌我说话罗嗦怎么办?

俊闻

《少女》编辑部

我是一个今年才15岁的女孩,性格比较开朗,但就是话匣子一打开就收不拢。周围的同学都嫌我说话太罗唆,不说吧,心里憋得慌;说吧,又怕别人讨厌。你们能帮我谈谈说话罗唆这个毛病吗?

叶霞

叶霞同学:

俗话说:“言为心声”。说话也是一门艺术。说话罗唆的人一般有以下几方面的缺陷:

一是概括力差。抓不住事物的本质,往往兜了一个大圈子才扯上正题。

二是语言表达能力差。说起话来重复循环,泛泛而谈,枯燥无味。

三是说话习惯不好。往往喜欢把新学来的词语套来套去,随意发挥。

当然,说话罗唆也不是什么大毛

病，你只要找出自己的缺陷，对症下药就行了，不必为此而苦恼。如果你是概括力差，就要勤思索多动脑，学会透过现象看本质；如果你是语言表达力差，就要加强词语的积累，但切忌生搬硬套；如果你说话习惯不好，这可要好好改改，要有“简洁”的意识。能用一句话表述的，决不去“画蛇添足”。在具体表述时，琢磨一下择词用语，不讲重复的话。在家里可以对着录音机，模拟一件事情，练习说话。

相信在改掉说话罗嗦这个小毛病的同时，你会增长更多的知识，有很大的收获。

你与人交谈的能力如何？

若 若

测试一下你与人交谈的能力。每题有3种答案(a.肯定，b.有时，c.否定)可供选择，然后计分评判。

1.你有否时常觉得跟他人多讲几句话无意思？

2.你是否觉得那些过于表现自己感受的人是肤浅的和不诚恳的？

3. 你与一大群人或朋友在一起，是否时常觉得孤寂或失落？

4.你是否觉得需要有时间一个人静静地才能清醒一下和整理好思想？

5. 你是否只会对一些经过千挑百选的朋友才吐露自己的心事？

6.在与一群人交谈时，你是否时常发觉自己在东想西想一些与交谈话题无关的事情？

7. 你是否时常避免表达自己的感受，因为你认为别人不会理解？

8. 当有人与你交谈或对你讲解一些事情时，你是否时常觉得很难聚精会神地听下去？

9. 当一些你不太熟悉的人对你倾诉他的生平遭遇以求同情时，你是否觉得不自在？

每道题选a作答案可得3分，答b可得2分，答c可得1分。

如果你得分22—27，这表示你只有在极需要的情况下才同别人交谈，或者对方与你志同道合，但你仍不会以交谈来发展友情。除非对方愿意主动频频跟你接触，否则你便总处于孤独的个人世界里。

如果你得分15—21，你大概比较热衷跟别人做朋友。如果你与对方不太熟悉，你开始会很内向，不太愿意跟对方交谈。但时间久了，你便乐意常常搭话，彼此谈得来。

如果你得分9—14，这表示你与别人交谈不成问题。你非常懂得交际，较易产生一种热烈气氛，鼓励人家多开口，同你谈得拢，彼此十分投机。

4

个性情态的洞察

生活中的积极心态

素 素

在前进的道路上，没有一个人是一帆风顺的，艰难曲折、挫折失败是每个人都会遇到的。如果你拥有积极的心态，也就是积极、奋发、乐观、进取的心态，你将顺利地通过各种关卡，达到理想的目的地。要是你内心软弱，那么失败会一个个接踵而来，使你陷入泥淖不能自拔。

那么如何来建立积极心态呢，这里向你介绍几种。

心存感激

在日常生活中，常常听到许多抱怨的话：孩子抱怨父母不理解他们：学生抱怨老师不关心他们；男朋友抱怨女朋友不够温柔，女孩子抱怨男孩子不懂体贴。反正生活中充满抱怨，而不是一种感激。如果你老是流泪，你就看不见美丽的景色。

许多人对现在所拥有的一切，不觉得珍惜，对父母的爱，朋友的关怀，以及美好的事物，不去体味和感受，嘴上习惯性地挂着牢骚和不满。对大自然中美好的东西，也熟视无睹毫不在乎，直到失去了才追悔莫及。

如果你内心存有一种感激的心情，你就会很珍惜这些东西，你也就会尽可能地利用这些条件做得更好一些。一个女孩因为她没有鞋子而哭泣，直到她看见一个没有脚的人。世间的许多事，常常因为我们没有珍视，而在我们身边悄悄溜走，这是人生的遗憾。

称赞别人与接受赞美

赞美是照在人心灵上的阳光，没有阳光我们就不能生长。在人与人的交往中适当地赞美对方，会增进这种和谐、温暖和美好的感情。在赞美声中，你的优点被肯定了，使你产生一点成就感。其实人性最深切的要求就是渴望别人的欣赏。

赞美具有一种不可思议的推动力

量，你要别人具有怎样的优点，你就要这样去赞美他，会使对方的行为更增加一种规范，为不辜负你的期望，他也会全力以赴。许多杰出的艺术家和运动员，多半是幼年表现杰出而受到赞赏，激发出一股自信和冲动而引发潜力的。

要学习赞美别人，同时也要接受赞美。当别人赞美你的时候，你也要高兴地接受，用不着谦虚或不自在，只要说一声“谢谢，我很高兴”，就相当得体了。

在生活中，我们应该以鼓励代替批评，以赞美启迪人们的内在动力，自觉克服缺点，弥补不足，这比指责和埋怨会有效得多。

喜欢你自己

你要学会喜欢自己，塑造美好的自我形象，建立自信力。一个人的自我观念是人格的核心，会影响人的行为，会影响人的学习、交友和找职业。不喜欢自己的人，很容易接受外界反面的暗示，认为自己无能无知，产生沮丧的情绪。这样的人性格会异化，喜欢吹毛求疵，无法容忍批评，很难成为别人的朋友。

有的人对自己的长相不满意，而自怨自艾，是没有任何意义的。如果你有丰富的内涵，照样能吸引人；内在美、知识面广、乐观风趣、富有爱心的人，是受到广泛欢迎的。要做到这些，你首先应该喜欢自己，丰富自己，适当地修饰自己，这是成功的一把钥匙。

具有爱心

在与人相处中，我们要具有爱心，对别人的举动应以一种体谅的心情对待，设身处地为对方考虑，这样的话，人际关系会单纯得多，猜忌、勾心斗角等等会减少。人与人之间应提倡直率的表现，我喜欢你就表达出来，我不喜欢你就少来往，直截了当，不虚伪，也不做作，这样就能活得自在一点。

常怀爱心，怀着体谅的心去对待每一件事情，世界会显得美好起来。有首《一颗爱心》的诗歌写得好：

我怀着爱心对待每件事情
我爱太阳，因为它暖和了我的筋骨
我爱雨露，因为它洗净了我的心灵
我爱灯光，因为它指明我的方向
我也爱黑夜，因为它显示满天繁星
我迎接快乐，因为敞开了我的心胸
我接纳悲哀，因为它开启了我的灵魂
我感谢酬报，因为它是我应得的
我也不排除困难，这正是对我的挑战

永远以爱心对待所有事，你会比以往更快乐，更受人欢迎。

亮出你的色彩

景 青

倘若你能细心留意你周围的人和事，就不难发现：有些人貌不惊人，甚至一无出众之处，但白于他(她)注意发挥自身的优势，亮出属于自己的色彩，在竞争激烈的大千世界中，最终找到了一块施展自己才华的天地，从而使人刮目相看。

有一位高二的女学生，因为身高不足1米50，长相一般，学习成绩平平，便采取“自我幽闭”的处世态度。渐渐地，原本比较开朗的她变得孤僻起来，任何集体活动或社交场合都不想抛头露面。于是，在各类集体活动中她常常成为“被遗忘的角落”。

一个偶然的机会，她的班主任发现她具有一定的音乐天赋，其音质音色与众不同，具有金属般的清脆。从此这位班主任无论课上朗读范文，还是文体活动搞赛诗歌咏之类，都有意让她亮亮相。渐渐地，这位女学生感觉到了自身优势的存在，从此不再幽闭自己，并主动地参与各种集体活动。半年以后，在一次全校性的歌咏比赛中，她的一曲《金丝鸟》在校内引起轰动效应。想不到平时默默无闻的她一下成了全校知名人物，许多人争着去认识她。这个成功既为班级争得了荣誉，也为自己提供了一个施展自我才华的新台阶。此后，大凡集体活动、社交场合，总有她的身影在闪动，她的笑声在荡漾。她整个儿像换了一个人，原先那迟滞的目光变得明亮敏锐，圆脸上常常闪烁着幸福、自信的光彩，学习成绩也由中等上升到良好。她一改以往的自卑，终于展示了属于自己的色彩，这色彩是那样的耀眼、夺目。

只要我们认真地审察一下自己，就会发现，每个人身上都存在着特有的，甚至足以令人钦羡的色彩。不是吗？有的同学相貌平平，学习成绩却遥遥领先；有的同学学习成绩不尽如人意，却能歌善舞；有的同学不善言辞，但写得一手好字，做得一手好文章；不少身患残疾但不甘沉沦的人，不一样也干出令人钦佩不已的业绩吗？

世界上没有完美无缺的人，但也未必有一无是处的人。我们正视自身的不足是为了不断地完善自身，而正视自身长处则是为了亮出自身的色彩，进而施展自我。

亮出自身的色彩，当然不是为了炫耀于人，目的是为了让别人认识你，重视你。对自身而言，通过自身色彩的反射，积聚克服困难的勇气，增强对事业对生活的信心，同时也有助于对自身弱点的克服，可谓两全齐美。就人生而言，谁都会遇到不尽如人意的地方，但谁都会有春风得意的时候。关键是看你如何对待。不尽如人意时，首要的是克服自卑，要以心理补偿的方法，不断地调整自己的情绪，努力使自己保持一种美好的心情，因为"一种美好的心情比十副良药更能消除生理上的疲劳和痛楚"。同时还应尽自己的努力去改变现状，勇敢地带着微笑面对你周围的一切，促使自己早日步出事业或生活的低谷。春风得意时，我们可高扬起生命的风帆，因势利导，扬长避短，在保持头脑清醒的前提下，充分而有效地亮出属于你的色彩，使人生到达一个崭新的境界。

为着纷纭的人生，多彩的世界，亮出你的一道色彩吧！

快乐就在你身边

张　瑾

看着镜子，一脸笑嘻嘻的样子，我就知道自己永远都属于那种乐天派。

真的，我认为身边有许许多多快乐之处。比如，看了一本好书是快乐，好好玩一天是快乐，和知心朋友谈谈也是快乐，甚至有空在家做做家务也是一种快乐。在我看来，"人生到处是快乐"，我就是这么一个开心的人。当然，人生不可能一帆风顺，但是，克服困难也是一种快乐。在日常的学习生活中，测验、考试成绩不好，心里会感到很难过。但是当我在下一次测验中取得进步时，哪怕只有一点，我也会觉得开心。有的人会不屑一顾地说："才这么点分数，与别人比起来差多了。"

可我觉得，一点进步毕竟是一个新的开始，好分数是“一点”、“一点”日积月累组成的。若对自己没有信心，整天愁眉苦脸，是无济于事的。

一个开心的人，常有开朗的心境。心中一舒服，常有想活动的愿望。所以，活活跃跃、蹦蹦跳跳是一个开心的我。体育课正是我最活跃的时候。挥挥手、跑一跑、打打球都会让我觉得浑身舒畅。打一会乒乓，玩一会排球，又去跳跳皮筋，再打打羽毛球，一节课什么都干了。艺术节、运动会我总是积极报名参加，每次劳动也差不多都有我。拿着抹布一边擦着玻璃窗，一边便看到一个活泼快乐的影子跃然“镜”上。

一个太活跃的女孩子，常会被人指责为“疯姑娘”。记得暑假中的一个雷雨天，我在家实在闲得无聊，就拿着雨伞出去蹓了一圈回来，衣服头发湿了大半，还直喊“过瘾”！给母亲大骂一顿，最后送了我一个“神经病”的雅号。或许有时我真会有那么一点莫明其妙，可是我却认为这能给生活带来一点意想不到的新意。

在我身边的人，常能听到我哈哈的笑声，因为我真的开心；在操场上常能看到我的身影，因为我确实活跃。无论身边发生什么事，我始终都是一个快乐的人。只要你和我一样在平常普通的生活中仔细寻找，快乐就在你身边。

少女的梦幻世界

龚维才

少女时代充满幻想，又称作多梦时节。少女的梦对她们的成长有什么影响呢？这就需要对少女的梦幻世界作一点探索。

睡眠时做梦是一种消极的不随意想象，梦中的情景虽然离奇古怪，却是中枢神经系统受到外界影响的结果。日有所思，夜有所梦。少女的生活和感情焦点往往会在梦中展现。《青春之歌》中的林道静梦见自己摇着小船颠簸海上，忽然看见一个穿长衫的男人朝他安然微笑，她恼怒地冲过去，却发现卢嘉川多情地看着她，两人都落入了浓黑的大海……林道静厌烦余永泽和倾慕卢嘉川。这种白天得不到解决的感情纠葛，却在夜间组成了一幅壮观的惊心胆战的画面。

《红楼梦》里的林黛玉寄人篱下，担心自己与贾宝玉的恋爱会被拆散，满腔愁绪便交织入梦。她梦见自己被继母许给别人作续弦。而宝玉还来道喜。于是她拉住宝玉定要问个明白，宝玉拿小刀挖心给她看，吓得黛玉大哭醒来。可见，梦乡是少女的避难所，在那里她可以无所顾忌地宣泄自己最隐秘的情感。

梦是睡眠的产物，可是离开睡眠仍然会有梦出现，即所谓的昼梦。它多出现于少女的儿童期之末与青春期之前。成年人有的不再有昼梦；有的却保持到老。白日做梦，实际上只是一些想象而已，因为它的内容和梦一样的不现实才被称作梦。精神分析学说大师弗洛伊德认为：昼梦中的情景和事件，或用来满足昼梦者的野心，或用来满足他的情欲。青年男子多作野心的幻想；青年女子的野心则集中于恋爱的胜利，所以多作情欲的幻想。当然，情欲的需要也常潜伏在男子幻想的背后。

少女正处于豆蔻年华，难免有情窦初开的怀春梦。但是，十几岁的女孩子，正面临着求知欲望、升学的考验和踏上社会的尝试。我国地域广阔，各地文化经济发展也不尽一致，人情风俗更是多彩多姿，因而各地少女自然拥有自己的梦幻色彩。都市城镇的小姐不会梦见戈壁荒原里的变幻风云；山村边寨的姑娘也难以想见大城市的高速节奏。只是在求学时代这一共同特征下，不同的少女几乎都会梦见“艰难的七月”，以及形形色色的师生关系、同学交往和父母情感等等身边的人和事。女学生家中的小屋或校园中的集体宿舍，甚至散步的林荫道上；旅游中的海滩边、山巅上，到处都有见花动情、睹物思人的少女情怀的踪迹。梦幻这个“幽灵”可算是与少女有着不解之缘。

充满梦幻的心灵比死寂枯索的心境更有活力。梦想尽管是一种幻想，但是想象力却可以转化为一种创造力。幻想如果与社会发展的规律相一致就能成为理想。什么也不想的人，别指望她将来会成为才智超群的女强人。上海的周励小姐初到美国留学，她梦想着有一天在纽约繁华的曼哈顿商业区的高楼大厦中，必定有一个窗口是属于她的。经过努力，这个梦想终于成为现实，她已经在曼哈顿拥有自己的公司和住宅，成为华人中较有影响的女强人。

校园中的学子何尝没有各自心中的美梦呢？诸如“我的大学梦”、“我的士兵梦”、“我的明星梦”、“我的白马王子……”迷人的花季,就有迷人的梦。一个女孩,正在走向成熟,然而生活环境还没有给她添上翱翔世间的羽翼;那么在悄无声息的世界里,谁能不允许她们有一方美好的梦幻天地呢?可以说,少女生活在地球上,而地球装在少女的头脑里,这既是诗意,也是现实。如果说男人是用理智来理解世界,女人是用心灵来感觉世界;那么,少女心灵的成长,正处于女子一生中最敏锐而富于变化的时刻。“少女的心,天上的云”。你要认识少女,就不要对她们的幼稚、冲动和浪漫心怀皱眉头。

少女多梦,可是少女终究要走出梦境。且不说那些恶梦象魔鬼一样啃噬着她们的心灵;就是金色的梦、玫瑰色的梦、甜美怡心的梦,也毕竟是梦——这个精神自由驰骋的产物。少女要真正的自强自立,赢得社会的赞誉,就必须训练理智的头脑,发挥自己的热情。在这一点上,犹如一首歌中唱道:“我的未来不是梦”。或者说,脚踏实地才能梦幻成真,实现你的美好理想。

今天的少女只有十几岁,几年以后,她们便是21世纪的接班人。现代社会呼唤着经济建设的新人,这种新人需要有丰富的知识、良好的心理素质和较强的创造应变能力。生活节奏日益加快,社会面貌日新月异,使少女们面临着非常现实的改造社会与改造自然,实现自我价值的一次次抉择。你要找到一个属于自己的位置,可以憧憬它、设计它,但不能老是沉溺于梦幻中去接近它。竞技场上的桂冠只能用汗水去换取,而不能仅靠一腔愿望去获得。在涉世之后,你将不再是爸爸妈妈身边的小公主,多愁善感的小姐脾气也许无助于你的人际交往。到那时,再重现“躲进小屋成一梦,管它烦恼与欢乐”的境界,就未免幼稚和不切实际了。

女大十八变,不仅生理上起变化,心理上也会有飞跃。当你做着前程似锦的美梦时,那是奇妙而幸福的;但如果醒来后发现现实并不是那么美好,就会感到痛苦。在痛苦面前,有人叹息,有人奋起;她们明白人生不是虚无缥缈的梦幻,未来要从现在描绘。塑造自我新形象的夙愿,还离不开一点一滴的创造性劳动。要避免黄粱美梦、南柯一梦的命运,必须不断调整自己的视角,把最大的身心能量投入到为当前改革开放施展抱负的实践中去,那样,生活才真正是比梦想更加充实和美好的呵!

少女心理探秘

亦佳

喜欢坐在后排的女孩

在学校上课时，如果没有排定座位，学生都会随自己的意到处散开坐。尤其是女生，一开始若坐定一个位置，除非有特别原因，否则就会习惯一直坐到毕业。

喜欢坐在前排的女生，乍看之下，似乎是个认真求学的好学生，在她的下意识里，也有向他人炫耀自己用功的成分。相反，若喜欢往后坐的，一般来说，都是很内向的，对于任何问题往往喜欢独自沉思。她们与异性接触，或在人多的场合，绝不会采取主动的态度。若想接近这种女孩，准备把她紧闭的心扉打开，命令式的语气是不行的，柔和的态度才是万全之策，否则只有弄巧成拙，使她更加远离。

爱说恭维话的女孩

有个原本与你不太熟的女性，有天突然对你说，“哎呀，你今天的领带太漂亮了！”类似的恭维话，这时，如果你马上回赞她一两句，她一定会非常高兴的。理由很简单，因为女性说恭维话，往往是想获得相应的回报，听到更多的恭维与称赞。

女性内心若存有某种自卑感，她主动恭维他人的目的，是希望能从对方回敬的话中，得到一时的满足，以消除心中的自卑。大部分女性对于自身的评价不能有客观的认定，于是只有从他人的评价中获得。

喜欢独自旅行的女孩

暑假将临，很多女孩都想以旅行度过这愉快的时光。

少女往往喜欢成群结队的旅行，但其中也有喜欢单独旅行的，这些人绝大多数是罗曼蒂克、逃避现实的。因为就旅行来说，是一种气氛的转移，脱离日常烦琐的生活，让身心均得以完全的解放。当你单独旅行时，这种“自由”的心情更为彻底。对单调的日常生活感到淡然无味，做事也不十分顺利时，这类女性就会带着简单的行李，逃避到一个风景名胜之地，而将不愉快的气氛完全置于脑后。

爱说“仅只一次”的女孩

普通女孩最常有的口癖就是“只一次”、“就这次”等等。说这话的人事实上并不是说只一次，而是其后还有很多次。其根源则是在孩子时代有了撒娇的要东西的习惯，常无限制地说：“就一次吧！”“以后不要了。”等等。喜欢说此类话的女孩尚存有幼儿心理，只全心全意地追求当时的欲望满足，把以前的纪录忘得一干二净。常说“只此一次”的女孩，往往不能克制自己，很容易做出遗憾终生的事。

称赞其他女性的女孩

常有这样的场景：一位女性在男士面前称赞另一位女性，说她是如何美丽高雅，如何有教养有风度等等；一位女性在女同胞面前也会极度称赞另一女性，在赞美的辞句上一点也不吝啬。这时你可能会认为，这女孩太富于友情了，对于比她好的女性一点也不嫉妒。

其实，女性对同性的赞美语气中含有十分复杂的心情，在这赞美对方的深处往往隐藏着十分强烈的“嫉妒心”。除了一些十分直率的女性外，一般的人都不会直接显露自己的嫉妒心，而是用曲折或相反的方法表现出来。她的嫉妒对象一定是跟她的条件差不多，或是比她较好一点的女性，跟她距离太大的女性，就完全不会引起她的嫉妒了。在称赞对方时，她往往下意 识地将对方赞美得高高的，高得使她只有羡慕的份，以从自我欺骗中求得安慰。

喜爱红色的女孩

喜欢红色的女孩，对什么事都喜欢走“极端”。她们本是领导者，但有时会一变而为煽动者。其性格特征：爱与恨，亲切与容忍在她心内共存，表面看来很文静，内心却充满精力与抗性，基本上是个乐天派的人。

不赶时髦的女孩

时髦而最新流行的时装，常是一般少女追逐的目标，但也有的少女超然不赶时髦，甘为“流行的落伍者”。其中有三类人。其一，是知识女性，她们自视清高，不屑于去追随时髦，暗里轻视那些赶时髦的庸俗女性。其二，是坚信自己所选择的服装是最高雅的，所以不轻易改变。这种女性有强烈的自我意识，个性固执。其三，是现实主义的女性，认为赶时髦是一种金钱上的浪费。

赶时髦的心理，是女性特有的“同调性”，所以是懦弱女子作为自我防卫的手段。不赶时髦的女性比那些赶时髦的具有个性。

溺爱宠物的女孩

女性中，对所饲养的小动物过于溺爱的人很多，谓之“宠物狂”。一个年轻女性，抱着一只狗，竟与它脸贴着脸，像哄婴儿似地，还一面跟它说话。

溺爱宠物的女性，大致可分两大类：一是由于没有对象足以奉献她的爱情，这种不满足的心理，就以宠物来治疗，从心理学观点来说，是一种“代偿行为”。将爱情转移到动物身上。

其二是那种只活在自己心中的女性，她们喜爱顺自己意的宠物，十分讨厌对人的交际。她们一定是在为所欲为而任性的环境下长大，养成了孤独感，于是在那不必像人类一样应酬的动物世界中，建立自己的心灵世界。

如何“自知”

波 编

人们常说:人贵有自知之明,这个“贵”字,既说明了“自知”的重要,也说明了“自知”的不易。

所谓“自知”,也就是认识自我,主要包括三个方面的内容:一是对自己生理状况的认识,称为生理自我。当然,相对来说,这是比较容易的;二是对自己的才能、兴趣、意志、情感等心理状况的认识,称为心理自我,这要比认识生理自我难一些;三是对自己在社会中的角色、地位、责任、作用等等的认识,称为社会自我,这就更难一些了。而对于我们来说,最重要的还在于认识心理自我和社会自我,特别是社会自我。

那么,自知之明,如何“明”起来呢?

首先,要通过自我分析来认识自我。古人注意修身养性,提倡“吾日三省吾身”;世界许多名人伟人也往往从年轻时起便注重自我修养,自订条律天天对照,以此分析自己的行为,并且加以改进,达到认识、提高自己的目的。我们可以学习他们的这些方法。

其次是通过与别人的比较来认识自己,美国社会心理学家费士汀格提出的社会比较理论认为:人们在缺乏客观标准的情况下,可以通过与他人的比较来估价自己。假如你懂得与周围的普通人进行比较,你就能认识自己在群体中的地位;假如你懂得与杰出的人物进行比较,你就能找到自己的差距以及努力的方向。但是要注意,在与别人比较的时候,你一定要选定恰当的而不是盲目的对照系数。

第三是从别人的评价中认识自己,避免一味的自我感觉良好,或不必要的自卑。古代有个周处,少年时横行乡里而不知为过。后来听说乡里人把他列为“三害”之一,才猛省自己原来与毒蛇猛兽无异,从而幡然悔悟。在很多情况下,人们可以从别人对自己态度的好坏、期望的高低、评价的真伪等方面,来认识自己在他人心目中的形象和在社会中的角色地位。

四是从实际生活和工作中认识自己。工作中的成功与失败,生活中的顺利与挫折,都会帮助人们重新认识自己。如果你觉得自己具有某种天赋或才能,那你不妨不失时机地发挥出来,以证实你的自我感觉是否正确。古今中外科学家、音乐家,由于“改行”而获得成功的不乏其例,成功的原因之一,即是在实际工作中认识自己的长短处后,及时进行了自我调整。

少年朋友们,让我们都来认真地、仔细地、正确地认识自己,尽量做到有“自知之明”,如何?

帮你了解“自我”

北　溟

是一个阳光透过窗子灿灿烂烂地洒了一地的早晨，还是一个夜雾迷蒙而又悠远的夜晚，总之，是有那么一刻，你突然十分强烈地感觉到，生命体内涌动着的青春热血，使生理急剧变化，你有了那让你震惊、羞涩的初潮，而你的胸脯也不再似小女孩般平坦。于是，你明白，自己已经长大，不再是孩子了。你开始把自己作为思考、认识的对象，越来越多地把注意力指向自己本身，以“我”为主语的问题不断产生，“我是谁?”“我美吗?”“我该怎么做?”等等。对自己的存在、行为、个性特点你也逐渐有了明晰的概念，这一切，其实都表明，你的“自我意识”开始萌生。

你知道吗?心理学家将“自我”分割成两种状态，即“主我”和“客我”。英语中的 I 和 me 就非常明确地显示了两者的区别。虽然，两个词都是表示“自我”，但是 I 作为主语使用，是自我的主体，me 是作为宾语使用的，是自我的客体，是被动的。

女孩的青春期由于自我的分裂会形成各种不同的心理机制，形成各种不同心理机制的原因是多种多样的，包括家庭教育、社会影响、传统习惯、文化熏陶、气质类型、个性特点等多种因素的作用。

那么，我们当代青春少女的“自我意识”是呈一种什么样的心理机制呢?答案不是唯一的，不能作出非此即彼的判断。但是，由于传统文化的影响以及我国特定历史条件的作用，强 me 和强 I 心理机制必定是当代少女中较有代表性和普遍性的心理机制。

你想知道自己是归属哪一类心理机制的吗？你想在对自己的归属确定之后，作一番自我调适吗？那就请你细心阅读下文，并和自己的作为作一个细微的对照，以期作出准确的判断。

一、少女的强 me 心理机制

具有 me 强 I 弱心理机制的女孩，总是十分敏感地关注别人、外界对自己的态度和看法，非常注重自己在他人心目中的形象，她们所做的一切是为了能得到别人的赞美或认可，起码是不受到批评和指责，同时，她们也极善于从外界的反馈中来调节自己的行为，自我的进退伸缩完全以外部世界为转移。

具有强 me 心理机制的少女在实际生活中的表现是多种多样的。

1. 虚荣心理。

少女的虚荣心多数呈隐性，其特点是“爱面子”。做任何事都谨小慎微，患得患失。为了通过考试或者获取高分，她们会拚命努力，一旦分数不理想，或作业做错，被老师批评，她们便会觉得大失脸面，暗自垂泪。这类少女对外界的舆论十分看重，习惯于随舆论调节自己的行为，在猜测、多疑、幻想中满足自己。

另有少数虚荣心呈显性的，其特点是言行举止夸张矫饰，企望得到更多的赞扬或引人注目。如一位高中女生为了表现出自己与众不同，每天在课桌上插一朵小花或摆一件工艺品，课间休息，做出不屑参与同学之间的活动或谈话的姿态，独自在教室前的草坪上散步，或捧一本书心猿意马地默读，表现出“天地间唯我一人”的气概。

2. 从众心理。

其特点是不假思索地“随大流，“趋同”，目是的减轻外界对自己的心理压力。

从众心理一般包括顺从、认同、内化三个类型。属于顺从类的女孩对周围态度的变化，外界的压力非常敏感，习惯于随外界的压力变化调整自己的行为，直至这种压力消除。认同就是以某一个人或某一类人为模式，竭尽模仿之能事，使自己和模仿对象相像。在初中阶段，母亲、女教师常成为模仿对象，到高中阶段，小说、电视、电影中的女性形象是热衷模仿的对象。而所谓的内化，就是把一种信念或准则融化到自己的意识中去，并以此来指导、衡量自己的行为。如从众的女孩缺乏自己的思想和主见，显得盲目和机械。

3. 怯弱心理。

这类女孩总是把“我”作为被动的承受者，想爱而不敢爱，想恨又不敢恨，欲争则怀疑自己的勇气和力量，遇到困难和挫折，她们只会唉叹命运不济；在人生转折关头，她们不是去积极争取，为自己创造条件，而是消极地听从“命运”的安排，盼望着出现奇迹。懦弱心理是强 me 心理机制极端发展的结果，这种“自我意识”中的 I 部分已完全萎缩，甚至丧失。

二、少女的强 I 心理机制

持有强 I 心理机制的女孩同强 me 型的女孩相反，她们不愿或者是不敢去顾及外界的舆论和压力，“自我”中的 me 呈萎缩状态，过分强调 I 极，通常喜欢说“我就是这样的”，“我喜欢这么做”等等，使反馈调节失去作用。

具有强 I 心理机制的少女常有这样几种表现：

1. 唯我是从。

她们的思想、行为总是以“我”为出发点，对事物的分析、判断也是以“我”为依据。她们不期望别人理解自己，也不愿去理解别人。这类强 I 型少女有主见，行事果断，顾忌少。但 I 部分过强也导致独断专行，自以为是，固执、自私、群体意识差以及集体荣誉感不强，并且，一旦遇上挫折和不幸，“自我”的防线便迅速崩溃，极易变得消极、颓废。所以这种强 I 心理表现并非是一种成熟的标志，因为她们的“唯我”成分中感情因素大于理智因素，往往是受自尊心驱使所致，因此，她们不善于把握自己。

2. 自我封闭。

具有这种心理的少女个性较强，不随和、不趋时、缺乏热情，她们常因自己的意见和主张与他人不一致而显得格格不入。久而久之，她们就养成了自我封闭心理，不愿接受别人的意见，也不愿暴露自己的观点。

这类女孩比较孤独，她们也清晰地意识到自己有孤独感，但是，她们又不想去改变这种状态，甚至乐于在孤独中满足自己、陶醉自己，追求“独与精神天地往来”的境界。在感情上，有明显的自恋倾向，喜欢自我欣赏，自我爱怜。

从上述对强 me 和强 I 心理机制的展示中，你一定十分清楚地知道：少女的“自我意识”中不论是 me(客我)过强，还是 I(主我)过盛，都不是理想的心理素质，因为任何一方的强盛，都会使心理功能发生紊乱，不仅于此，最终还会导致自我的萎缩。因为自我的成长与发展必须是由 me 与 I 两方面相互作用来推动的，如果失去了一方的作用，也就失去了自我成长发展的基础。鉴于此，每一个女孩在对自己的自我意识作出了归属判断后，必须对 I 与 me 进行必要的调适。

I 与 me 的统一、谐调过程是自我内部运动之过程。对少女来说，任何人都不能要求她们在这一年龄阶段就使两者统一、协调以达到比较完善的程度。她们的自我运动常常会发生左右摇摆，其摇摆的幅度取决于她们对自我知觉程度，对道德观、价值观、审美观的选择，以及家庭，学校的教育、社会影响等等。在实际生活中，我们很容易找到这样的例子：譬如初中的女孩可能将精力主要投注在学习上，关注较多的是“主我”即“我能不能取得好成绩”，“我能否成为好学生”，而对外界“客我”关注较少；进入高中后，她可能将腾出相当的精力来修饰自己、打扮自己，更多关心他人眼中的“我”，特别是男孩对自己的评价，这时强 me 心理又占了上风。这种左右摇摆不是什么坏事，她们正是通过这样的摇摆，才觉察到自己的分裂，并得以权衡两者的利弊，从而也就产生了自我统一、协调的要求。

当然，也不是每一位少女的自我运动都会发生摇摆。有些女孩的自我运动发展比较平稳，具有这种情况的女孩悟性极好，心理发育健康，受着良好的教育，而且客观条件比较优越。她们善于根据前人的经验、崇拜的偶像或同伴的教训中获取信息，感悟到自己的缺陷，进而不断地修正自己，使自我运动的发展比较平稳。这一类少女往往成熟早、智商高，才能出众，是少女中的佼佼者。

其实，只要你努力，不断地、有意识地调适自己，你也能成为一个可爱的、心智健全的、洋溢着生命活力的青春少女。

你有惰性吗？

王　娆

你有惰性吗？惰性会阻碍你成功的到来，使你遗憾终生。

克服惰性不是一件容易的事。但当你学会了“自我激励”，就能有效地控制和克服它了。

举个例子，考试前夕要克服的惰性是自卑感和缺乏毅力，一些同学总是说：“我好怕好怕，怕这门课程考不好，怕那样功课考不好。”

这就需要“自我激励”，写一张“自我契约书”来鼓励自己：

我将锻炼自己，使自己坚强、勇敢，在考试的挫败中自信而不气馁。

我将锻炼自己，勿使自己以愿望代替行动，认识自己的压力。

我将锻炼自己，勿使自己步入安适逸乐，使自己经历困难与挑战之磨练和激励。

——我相信这种态度是生命中能驾驭自己的唯一途径。

然后把“契约书”放在写字台上，每天复习功课之前默读两遍，并努力使自己相信，“契约书”上所写的，便是你此时此刻的真正想法，随后再信心百倍地打开书本，开始复习。只要坚持一个时期，就能收到好的效果。

自尊受挫之后

王国桢

自尊,作为一种心理素质,是每个思想健全的人所必须具备的。如果一个人没有自尊心,那么,他就会自卑、颓废、消沉,因而也就无所作为。少年时期,是一个人从儿童走向成人的过渡,由于逐渐意识到自己长大了,产生了强烈的自我意识,所以少年的自尊心很强。而由于女性矜持的特点,一般说少女的自尊心比少男更强。

生活不是一潭死水,当你在工作、学习和日常生活中遇到误解、不信任、指责、甚至歧视,自尊心受到损害时,该怎么办呢?

我曾经接触过这样几位自尊心很强的少女,她们在自尊心受到损害时,作出了以下的反应:

少女A是个好学上进的姑娘,刚进重点中学高一年级。她与一般女孩子不同,酷爱物理课,立志要当个物理学家。她最崇拜她的舅舅,因为他是位航天工程师,在事业上颇有建树。尽管舅舅远在北京工作,难得与外甥女见上一面,但小A经常给他写信,倾诉自己的理想和抱负,欢乐与烦恼。一次舅舅出差来沪到她家,小A高兴得不得了,一家人围坐一桌,边吃饭边聊天。小A的妈妈虽说十分钟爱女儿,但出于"望女成凤"之心,向自己弟弟数落了小A的一大堆不是。小A觉得妈妈在自己最敬仰的人面前出了自己的"洋相",自尊心受到了莫大的伤害,她感到无法忍受,一气之下扔下饭碗就离开家,躲到同学家整夜未回,把母亲和舅舅急得像热锅上的蚂蚁。

少女B是个活泼可爱的姑娘,她性格开朗,爱唱爱跳,深受同学们的爱戴,所以她被同学们选为班级文体委员。小B为同学们的信任所感动,她下决心要努力工作,要做出好成绩来报答同学们的厚望。不久,学校组织拔河和乒乓球比赛,小B全力以赴组织同学们训练,每次比赛都作了精心的安排,一心想在比赛中取得好成绩。不料,事与愿违,虽然花了九牛二虎之力,终因实力悬殊和球运不济,她们班在两项比赛中均名落孙山。小B

心里又急又难过，这时又听到班里几个同学的风言风语，她一下子变得沉默了，教室里再也听不到她银铃般的笑声和歌声。她整夜整夜地失眠，以致好长一段日子精神恍惚，情绪低沉。

少女 C 是高中二年级的学生，共青团员。还是个歌迷。一天晚上，她与几位同学在家看电视，电视里正播放几位当时红极一时的通俗歌曲歌手的演唱。小 C 的妈妈是个越剧迷，当晚另一频道的电视节目正是越剧。于是，母女俩为看自己喜爱的电视节目发生了争执。小 C 妈觉得通俗歌曲不正经，女孩子听流行歌曲不正派，她就把小 C 责骂了一通。小 C 没有看到自己喜爱的电视节目，还被妈妈无端地指责一通，感到十分委屈，又觉得在同学面前丢了脸，愤愤地冲出家门。夜深了，小 C 仍没回家，父母急了分头去找，亲戚家、同学处、学校里都不见小 C 的踪影。3 天后，黄浦江里浮起一具女尸，经验看竟是小 C。小 C 的父母万万没有想到，一通责骂竟酿成一场悲剧。

A、B、C 三位少女自尊心很强，但对生活中的波折估计不足，心理上缺乏忍受力，她们在自尊心受损后的表现都是不可取的。但究竟该怎么办呢？如何协调自己的情绪，消除心中烦恼和怨气呢？在此，我愿为少女朋友们提供一些简易有效的方法。

一是发泄法 当你自尊心受到伤害，内心有说不出的苦恼时，你可以找个无人的地方放声大哭一场，也可以关起房门引吭高歌一番，或猛跳一阵“迪斯科”。让受挫后的烦恼、抑郁、怨气随着眼泪、歌声、舞步飞散消失。这样你会觉得心情舒畅得多。

二是倾诉法 当你有满肚子的委屈时，你应该马上找你最亲近、最知心、最可信赖的人，向其倾诉你内心的烦恼和怨气。当你一吐心中的委屈后，你的情绪就会好转些。这时，你还能从知心人那里得到安慰和鼓励，从而排除你心中的烦恼。

三是转移法 当你遭受挫折、失败，你应该立即转移自己的注意力，把精力集中到下一个目标上，争取“东山再起”。因为你把注意力集中到新的目标上，前一次受挫折的情景就会逐渐淡薄，不愉快的心情也会渐渐消失。

四是分析法 这种方法适宜于意志较强的人。当你遭受挫折，自尊心受损时，你应该头脑冷静，静心分析失败或受挫 的原因，找出问题的症结所在。当你看到了自己的不足之处，就仿佛看到未来的成功和希望，你的心情就会随之而开朗，自尊心受损后的抑郁心情会逐渐消失殆尽。

少女朋友们，愿你们坚强地面对人生。

走出自卑的误圈

徐传德

在工作与日常生活中，有的人遇事常常会这样想："这件事我无论如何也干不了。我不是这块料。""我对这件事太没有把握了。"一件事在没做之前，就不抱成功的希望，没有追求的勇气，一开始就从心理上自己打击自己，这种自责自卑比其他任何因素都更能破坏你的生活，使你充实不起来，潇洒不起来，快乐不起来。

不知从哪本书上看到过这样一句格言："对自己说，我行。"

我们做一件事情，首先要对自己有信心，有信心便有热情，有动力，便会专注其中，倾力去做，那么，再难的事情也会取得成功。相反，你若认为连最简单的事也无能为力，你就永远不会办到。每件事都由信心开始，并由信心跨出第一步。

"对自己说，我行。"可能你会说：我实在说不出来。我就是感到不行。那么，是什么妨碍了你的自信，是什么压抑了你的勇气，我以为，有这么几点可以帮助你走出自卑的误圈。

一、追求成功，但不必苛求完美　一个人自卑，往往在于性格上不恰当的自我苛求。这种人谨小慎微，对自己明明懂得、会做的事情却总是不放心。在别人看来，这件事已经做得够好了，但他本人还认为不够理想，还非常懊恼地一会儿这样改，一会儿那样改。须知生活中十全十美的事是很少的，对每一件事都要求十全十美是不可能的，也是不必要的，这种苛求使自己对每一件事都不能满意，使自己始终闷闷不乐，陷于一种自卑的情绪。

二、不要过多地考虑别人怎么想，怎么看　一个深思熟虑的想法，一旦临场却紧张得不会表述，不敢表述；一篇精心而著的作品，因为怕人取笑，怕失面子而藏于抽屉，不敢示人。这种人一言一行往往太多地考虑别人的想法，而压抑了自己的能力与追求，使自己合理的思维和正常的创造在中途就夭折了。别人的议论你不必太在意，别人的想法你不必太过虑，以别人的想法和议论作为你行动的限制，只能缚住你创造的翅膀，只会带给你懊悔与不快。要知道，每个人都有权利照自己的方式思考与生活，每个成功的追求都有它独特的痕迹。

三、避免使用否定自己的语言　“我不行。”“我没什么用。”“我只不过是个办事员。”“我仅仅是一个学徒工。”你是不是会时常说出这样的语言，如果是的话，要知道，你是在进行一种负性的自我暗示，使自己的情绪充满失败感。也许你说这是为了体现一种谦虚，但“累积暗示效果”会使你产生自我卑视。至于对方会产生什么反应呢?或许一开始没有什么，听得多了就会想到“你是一个真正没用的人”，令你沮丧无比。要避免使用否定自己的语言，打开积极进取、乐观自信的思维大门。

四、要看到自己的长处　每个人都有自己的长处与短处，如果只看到自己的短处，经常用自己的短处比别人的长处。你就会经常情绪低落。在知道自己短处的同时，还要记住自己的长处。每个人都有自己的优势，每个人都有值得骄傲的东西，要时时用来鼓励自己，对自己有积极的评价，就能产生自信。

五、试试看，你就行　大着胆子在会上说出你深思熟虑的想法，你会惊异地发现，你也行。鼓起勇气，到台上献出你的拿手好戏，你会欣喜地听见，一片属于你的掌声。要相信自己的能力与价值，对一次发言，一次竞赛，一次属于你的机会，要积极自信地去做，去尝试，因为只有行动才是达到成功的唯一途径，退缩与回避只能带来自责、懊悔与失意。

让我们鼓起自信的风帆，扳动奋斗的双桨，你一定会发现一个生气勃勃的你，一个潇洒自如的你，一个成功的你。

少女常见的情绪障碍

周佩芹

情绪障碍是心理异常的表现，一般是指一个人经常有过分超越社会规范的行为。表现特征是为所欲为，难以自制，性格情绪难为一般人所接受。特别是少女，在人生第二次生长高峰即10至18岁期间，生理发育和心理发展急剧变化，而心理承受力还来不及适应这种急剧变化，常常容易引起情绪障碍。

少女常见的情绪障碍有以下几种：

过敏性：疑心重，易偏见，常嫉妒。

小艾和小佩姑娘同在某重点中学的一个班里。由于小佩姑娘关心集体，帮助同学，被选为班长。小艾在心理上承受不了，怀疑老师包庇小佩，就开始嫉妒她。看到小佩与其他同学说话，就疑心小佩在说她的坏话，认为小佩在疏远她。

抑郁性：沉默寡言，孤独自卑，悲观伤感。

性格开朗、十分活跃的小茜姑娘初中时是团支部书记。由于升学考试失利，从此精神一蹶不振，沉默寡言，既不愿意与老同学联系，又不喜欢与新同事交往，经常唉声叹气，偷偷流泪。

粘着性：情感固执粘着，不能融会贯通。

身材苗条，皮肤白皙的小丽姑娘，常常为自己的近视而苦恼。老师黑板上写的字她什么也看不清，各科成绩均不理想。她父亲知道后急忙为她配眼镜，可是她怎么也不肯戴，她怕戴了眼镜后会影响她的美丽。

淡漠性：不愿活动，对生活、对他人漠不关心，失去了一般青少年的兴趣爱好。

性情淡漠的小菲姑娘，在学校里什么活动也不参加。与她同座的小依姑娘看见她老是一个人坐在座位上，就主动招呼她一起去打乒乓。她说："我不会。"小依姑娘又邀她去散步，她说："没意思。"小依姑娘就说："看电影去好吗?"她又连连反对："太无聊!"她说："生活实在是没意思。让我一个人呆着，我就是喜欢孤独。"

易变性：见异思迁，反复无常，没有稳定的目标，行为常为捉摸不定的欲望所支配。

小瑞是一个爱虚荣、爱打扮、爱出风头的小女孩，但缺乏主见。一次在电视屏幕上看到女性男装化，认为很潇洒，就把自己的头发削成男孩子的游泳头。后来看到流行假发头套，马上又要母亲给她买。在兴趣爱好上更是反复无常，今天学打字，明天练跳舞；今天觉得为了出国留洋再深造应该学会英语、日语和法语，明天又觉得唱流行歌曲、卡拉 OK 能出名走红赚大钱。辗转数年，历经几次"洗心革面"，不仅一事无成，甚至连一般的基础知识都没掌握好。

冲动性：易受暗示，想干就干，自我抑制力差，挫折忍受力差。

小英姑娘受父母过分宠爱，养成任性、放纵的坏习惯，不爱学习，不爱劳动，却迷恋着跳舞和卡拉 OK 演唱，花钱大手大脚。有一次，零用钱花完了，擅自拿了她母亲放在抽屉里的钱。母亲发现后，问了她几句。"算了，我还不如几个小钱!"小英姑娘竟离家出走了。

攻击性：经常与社会发生冲突，因冲突而产生破坏性行为。

小华是一个泼辣的姑娘，一次挤公共汽车被人踩了一脚，她便泼口大骂。周围群众实在听不过去，批评了她几句。小华越想越气，越骂越凶，最后竟用长长的指甲向那个人的脸抓去……

情绪障碍是不健康心理状态的表现，如果不及时纠正将是十分危险的，会带来严重的恶果。

纠正情绪障碍的方法很多。少女朋友首先要树立远大的理想，开扩胸襟，陶冶情操；其次要关心集体，热爱生活，充分发挥主观能动性；再次要善于独立思考，善于控制感情，让心理特点与年龄特点相一致；最后要学会协调人际关系，完善人格，努力建立良好的心理状态，使自己的身心得到健康的发展。

成才的十大心理障碍

玲 哲

"理想型"心理障碍 沉浸在"理想王国"里，眼高手低，不愿脚踏实地干平凡的工作。

"自卑型"心理障碍 自以为事事不如人，遭到冷遇更受不了。总觉得自己是局外人，易郁郁寡欢、自暴自弃。

"闭锁型"心理障碍 有些人意识到自己的思想情感与别人不同，又不易为别人所理解，因而他们倾向于把自我体验封闭在内心，而不愿向他人表现。

"失意型"心理障碍 失意，是当人的期望不能实现，某种需要得不到满足时所感到的丧失信心的心理体验。它使有些人会产生不正常的自我评价和期望，于是便导致个人社会适应能力的失调。

"嫉妒型"心理障碍 这不但有碍于他人，而且害己，对人才的成长是极为有害的。

"唯分型"心理障碍 考试流于重本本条条的弊端，给成才者打下了"分数第一"的心理基础。

"怯懦型"心理障碍 这种心理过于谨慎，常多虑，犹豫不决，稍有挫折，就退缩，不想有所作为，有这种心理的人一般都气质脆弱，无所谓创新、成才。

"情绪型"心理障碍 一些人，尤其是青年人的情绪变化带有两极性，容易动情、喜悦、激动和振奋，同时也容易悲观、消沉、忧愁和苦闷。对这种正常的心理活动，重要的是在行为过程中加以正确引导，以减少其不良影响。

"习惯型"心理障碍 习惯是由于重复或练习巩固下来的并变成需要的行为方式。习惯的形成，一是自身养成的，二是传统影响的。

"厌倦型"心理障碍 一旦遇到波折、困难或不顺心的事，都要抱怨他人，感叹自己"怀才不遇"，对生活失去兴趣，这是成才的一个致命伤。

少女心理变态的识别

北 溟

就像我们赞美的火红的太阳中也会有几颗黑子一样，少女的变态心理，就是这样的“黑子”。如果我们对此毫无认识或掉以轻心，那就会使轻微的异变加速发展，以致产生精神分裂、人格变态等后果。这绝不是危言耸听。

少女心理变态的三个心理指标

1. 心理状态与客观环境统一与否。

一个人的心理状态与所处的特定环境是密切相关的，其产生的情感、意志和行为受着特定环境的制约和规范。雄壮的《国际歌》奏响时，庄严感油然而生；一段精彩的相声，则会使人忍俊不禁，乐不可支；而在欢乐的场合，感到烦躁和忧郁则是异常的。一位江西的少女在给某编辑部的一封信中，诉说了自己的烦恼：“我近来很害怕那种热闹、欢乐的聚会，我觉得一到那种场合，许多眼睛都在注视着我，大家谈笑的内容也总离不开我，这时我就会异常烦躁，满脸通红，像做了见不得人的事。咳！谁让我长得那么高，体态那么丰满，还在读初中呢！我真不愿意再上学。”这位少女信中所述的就是一种普通的变态心理。

2. 心理活动是否统一协调。

一位心态正常、健康的少女，她的认识活动，情感体验，意志行为应该是协调一致的，即如果她认为这件事物是美的或是丑的，她便会产生喜悦或是厌恶的情感，继之是做出择取或是摒弃的行为。反之，如果她明知行为结果的丑恶，却执意去做，并以此为乐，铤而走险，即是一种心理变态的表现。

如一位有偷癖的少女，她第一次是无意错拿了同伴的一本参考书，同伴为此急哭了，当她发现是自己错拿了之后，并未拿出来，这倒并不是怕人有误解，而是因为她看到同伴急哭时，有一种恶作剧般的快感，从此为了满足这种变态心理，她一发而不可收。她觉得“没事似地看着她们着急、愤怒的样子很有趣”。

3.行为是否受心理活动的支配和调节。

心态正常的少女，她的所作所为是受心理活动的支配和调节的，并且能自知行为的后果，具有一定的自制力。但是心理变态的少女她们的心理活动对行为的支配和调节常产生障碍，尽管能预知行为的结果，但却不能控制行为的发生。如一位少女在心中倾慕着一位男同学，有一种十分强烈的要和他接近的愿望，而那位男同学却浑然不知，于是，每次只要有可能，她都要装做无意似的碰碰他的手，或是和他撞个满怀，她也自知自己这样做很不自重，而且单恋极严重地影响学习，但就是控制不住。这位少女的心理支配和调节已产生了分裂，呈变态反应。

少女心理变态的主要特征

1.性格特征：个性不稳定，以自我为中心。

心理变态少女行为的依据完全凭主观臆断，外界的调节功能完全丧失，因此，心理活动极不平衡。这类少女性格孤僻，乖戾，视自我满足为最大的需要，以至不择手段来满足个人的欲求，有较强的破坏欲和损人利己的恶习。或者是懦弱、胆怯、内向、猜忌心重、心胸狭窄、患得患失，习惯以己度人，稍受挫折便一蹶不振，怨天尤人，自暴自弃，等等。

2.情感特征：情感不稳定，易走极端。

心态正常的少女情感的节制力是较强的，起伏波动内烈而外平。而心态异常的少女则不然，因为她们完全以自我的满足与否来释放感情，情感不仅脆弱，而且起伏剧烈，不能自制，并且伴有明显的歇斯底里症状，易走极端。一旦陷入个人的感情旋涡不能自拔，极端化的潜意识如自杀等便会占据上风。

3.意志特征：意志薄弱、消沉、颓废。

意志是人们自觉地克服困难去完成预定目的任务的心理过程，是人的能动性的突出的表现形式。意志对人的行动具有支配和调节的作用，一方面它推动人去从事达到预定目的的积极行动；但另一方面则抑制有背于预定目的的行动。心理变态少女的行动完全是感情冲动的产物。行动的盲目性大，自制力差。他们容易受偶然动机和本能的支配，产生冲动和非正常的意向活动，而这种活动一旦失败，她们就将一蹶不振。

少女心理变态的类型

1.偏执型心理变态。

以自我为中心，过于自负，处处要

凌驾于别人之上，容不得丝毫不同意见和批评。好妒嫉，好攻击，有时即便明知自己错了，也不肯承认，并且猜忌心重，心胸狭窄，报复心理强，很难容人及与人相处。

2. 自卑型心理变态。

对自己失去信心，总是受到“我不行”，“我反正就这样了”的心理暗示，自暴自弃，性格孤僻，相信天命，对前途悲观失望，容易产生轻生的念头。

3. 意志薄弱型心理变态。

优柔寡断，碰到任何问题都想依赖别人，经不起些许困难和挫折，容易一蹶不振。意志力弱，学习时难以持之以恒，独立性差，平时好幻想，总是寄希望于侥幸或等待别人的帮助，这类少女缺乏鉴别力，容易轻信和受人欺骗。

4. 猜疑型心理变态。

常常是无端地猜疑，风声鹤唳，草木皆兵，总是觉得所有的人都在和自己作对。如考试成绩不理想，便疑心老师存心整自己；个人的愿望未能实现，就怀疑是有人做了手脚；甚至当别人在谈笑时也会猜疑是在嘲笑自己，等等。猜疑心常使她们与别人格格不入，远离集体，并总想伺机进行攻击和报复。

5. 躁狂与忧郁型心理变态。

情绪极不稳定，躁狂与忧郁的情绪没有规律地交替出现，喜怒哀乐无常，往往会无故的忧愁、焦虑，悲观厌世，稍不顺心便会躁狂而难以自制，甚至会导致宣泄破坏行为，事后会后悔、自责，又还会再次发生。

6. 冲动型心理变态。

在家庭中过于受到溺爱的少女容易形成冲动型心理变态，因为在家庭中养成了“一切以我为中心”的心理定势，使她们在家庭之外无法满足而显得愤懑和焦躁，对别人态度倍加挑剔，而疑心又使她们变得十分敏感，于是，一有刺激，她们久积心中的情感就会爆发出来。

7. 轻贱型心理变态。

既想发展和保持自我，可是又缺乏信心，于是，就以取悦他人换取青睐；为了哗众取宠，举止轻浮、放荡、富有挑逗性；尤其在异性面前做一些同性伙伴不敢的、引异性伙伴注目的惊人之举。和性变态有区别的是，这类少女有性别意识，但没有明显的性意识，动机是为了满足不正常的虚荣心。

8. 反社会型变态心理。

表现为没有稳定的道德观念，心理行为反复无常，思想、信念、行为总是与社会发生冲突，语言偏激，态度消极。喜欢捕风捉影，恶语中伤，为人自私狭隘，对集体、对社会没有责任感，对生活的态度极不端正，游戏人生。这是一种危害性比较大的变态心理，潜藏着严重的犯罪意识。

使你聪慧的思维方法

龚康平

亲爱的少女们：

本文想从思维角度，向你们介绍在日常生活和学习中几种十分有用的思考问题的方法。

方法一：从不同角度去考虑问题

引导语：在日常生活或学习中，在你面前出现了一件事，你可以从它的正面（积极方面）、反面（消极方面）、感兴趣方面（对原先想法的疑问或与众不同的想法）各个不同角度去考虑问题，然后得出有价值的判断。

实例①　让我们考虑这样一个设想：取消学生的回家作业。

正面——学生感到高兴，因为减轻了负担。可以有很多的时间娱乐和从事自己的爱好。

反面——有些学生会放松学习，影响学业。家长们会反对，认为学校对孩子不负责任。

感兴趣方面——了解是否所有的学生都愿意取消回家作业。

实例②　学生可以不分年级，自由选课听。

正面——学生可以发挥自己的兴趣特长。

反面——容易出现偏科、知识基础不全面的现象。

感兴趣方面——对一个学校一个班级的同学进行可比性的调查研究，分析其得失利弊。

今后你不妨用这样的思维方法去对待你周围的一些“重大”问题，想想它们的积极方面、消极方面，还有感兴

趣方面，然后作出你的有益的判断。

练习题：

①禁止人们在家里吸烟。

②星期日邀请同学外出野餐。

强调：通过方法一的练习，你应体会到它的重要，如果没有该方法的指导，你就看不到一个你所喜欢的想法的消极方面。你往往会从个人的感情出发作判断，而不是以这个想法本身价值作基点，因而容易失误。

方法二：找出实现目的的最优途径

引导语：方法一着重指导你从不同角度考虑问题，但在实际中，“为什么”也许比“还有什么”更重要。也就是说，我们考虑问题总要有个目的以及哪些是实现目的的最优途径。如果你要掌握这方法，请看下面实例。

实例　一位年轻的朋友有许多爱好，听到广播里教日语的消息，她赶紧买书学日语；社会上掀起集邮热，她又丢下日语书，集起了邮票。三个月不到，看到朋友因参加知识竞赛，奖到了录音机，她的心为之一动，又钻进了图书馆，在书海里搜寻答案……最后，她终于一事无成。

这位朋友失败的原因很简单：做事没有明确目的，也未考虑达到目的最基本最重要的因素是什么，当然也就容易动摇了。通常你在决定某项行动之前，总有一个目的支配着你，但它并不一定就是你的明确目的，也许是一些次要目的掩盖或影响了主要目的。如果她根据实际情况认为学习日语是她必须达到目的的话，她可以排出下列实现目的的最优途径：

——订个学习计划，坚持收听广播，做练习。

——再看些其他日语书，请教老师。

——和日本人会话，翻译文字，在实际中应用。

这样她学习目的明确，方法正确，一定会学有所获的。

练习题：

①你开始集邮，目的是什么，怎样收集得更多更好？

②一种代替早餐的药丸被发现，广告应当怎样写？

③看杂志为了什么，如何达到目的？

强调：如果你知道要到达哪里，就更易达到目的，同时你在行动前还须注意它的近期效应和长远后果。

方法三：如何找到创造发明的钥匙

引导语：人们总希望事物成为理想之物，事物能够尽善尽美，而这些美好的愿望，大胆的幻想，正是创造性思维的基础。方法三就是帮助你在希望之中找到创造发明的钥匙。

实例① 当今社会日益现代化，人们对产品也提出了更高的要求。例如，人们希望携带雨伞方便，于是出现了折叠伞；人们希望雨伞不要阻挡视线，透明塑料布的伞就此问世；人们希望两人合用一伞，椭圆伞应运而生……

实例② 学校教科书上常常出现一、二、三套1、2、3，1、2、3再套①②③等，由于这些意思互不关联的点数太多，学生难以记住文章要点，因此，我们根据美好的想象，取消这些分点，而代之以段落，学生看完一篇文章，只要把每大段中的要点记住就可以了。于是，一种无分点而以意思组段的教科书就这样问世了。

实例③ 根据希望和想象的创造发明很多，现仅举几例：人们希望茶杯在冬天能保暖，夏天能隔热，保暖杯出现了；人们希望有一种在暗处也能书写的笔，有人就研制了装有电池的“照明笔”；人们希望不用钮扣、穿着方便的衣服，尼龙拉链衣服就应世了。

练习题：

①对于眼镜，你还有哪些更好的要求？

②你考虑过怎样才能睡得更舒服吗？

强调：方法三是由思维者根据理想的意愿从而提出各种新的设想，它可以不受原有事物或问题的束缚而进行自由想象。

创造性想象的乐趣

龚康平

创造性想象需要你进行丰富的联想，这次我给你提供一些锻炼创造性思维的练习。从这些练习中，你可以体会到摆脱习惯性思维，进行创造性想象的必要和乐趣。

练习① 尽可能地写出或说出回形针的各种用途。

例如，把回形针拉开，做成各种艺术造型；绑上一条线作挂钩；装在窗帘上代替小金属圈等等。

练习② 有一只瓶里装着水，瓶口塞着软木塞。你既不能打碎瓶子，又不能弄碎或拔出软木塞。怎样才能喝到瓶子里的水呢？

练习③ 有12只玻璃杯，左边5只内都装有同样多的水，右边5只杯子空着。现规定你只能动2只杯子，使这10只玻璃杯和满杯交错。

练习④ 有人说，他在某一天里要在河面上步行5分钟而不沉入水里。后来，他果然这样做了，你知道他是怎样做到的?

练习⑤ 目的:明确目标的价值。

材料:纸张和笔

过程:请你写出3个愿望,接着再查看一下这些愿望是为你自己还是为他人的。然后再写出3个愿望,其中一个愿望为自己,一个为他人,另一个为世上所有的人。当然,这些愿望必须是重要的,一般说来是能够实现的。

练习⑥

目的:通过创作故事,提高创造性想象能力。

材料:一些小纸条

过程:你将白纸撕成一些小纸条,并分为3堆。其中一堆纸条凭你的想象写上故事的一要素“谁”;第二堆写上故事的二要素“什么”;第三堆写上故事的三要素“哪里”。然后一次从各纸堆中抽出一张小纸条,按照“谁”“什么”“哪里”的顺序排列,这就形成一个故事的题目。参见以下列出的样句:

谁	什么	哪里
滑雪者	一个舞会	在学校
生气的母亲	电视节目	在城里
孤独的人	森林大火	商店里
教师	火山喷发	在校园
足球运动员	机场	天空
生病的小花猫	高楼	在汽车里
白马王子	海底	舞台上
驯兽师	太平洋	在医院

也许你抽到了样句中的第一句:“滑雪者去学校参加一个舞会”,那你就开始依据想象,大胆创作,构思你的精彩故事。做完这些后,你还可以打乱小纸条,重新排列组合。

练习②—④的答案

练习②你只要将软木塞推入瓶内,就可以喝到水了。而人们平时总习惯想到要将瓶塞拔出。

练习③你只要将左边第2只和第4只杯子里的水倒入第7只和第9只空杯内就行了。人们往往只是习惯地想到将杯子移动,而极少想到可将杯子里的水倒出来。

练习④那人是在结了冰的河面上走了5分钟。人们会习惯地将“河”与“流动的水”联想在一起,而忽略了河水结冰的可能性。

5

心理咨询与预测

怎样看待“星座”

龚维才

《少女》编辑部:

最近我们学校在一些女同学中传阅一种《你的1993年》小册子,不少人根据自己所属的星座,热衷于谈论书中所列出的各自的命运和每天的星命,对这种情况我应该怎样看待呢?请问我们少女的幸运之路到底在何方?

晓 宇

晓宇同学:

科学发展至今尚有许多难解之谜,其中天人关系就是一个重大问题。人类和星球都是物质存在体,共存于宇宙之间。天和人之间必然存在着某种联系,但是这种联系是什么?回答这个问题需要天文学、地球物理学以及生理学、心理学、社会学等方面的专家共同努力去研究,这里我们不展开论述。

天上的星座与人间的命运有无对应关系?或者说根据星座来预测人的前途、指导日常生活是否有益?这个问题我们是可以进行探讨的。

占星术在中国古代和西方古代都是存在的。中国的占星术根据“五行说”、“阴阳学”和“天人合一论”来牵强附会地推测人事吉凶祸福。西方的占星术发展到现代,较多地依据天文演算来预测人的未来。你提到的目前校园中流行的小册子,显然是属于西方星占学一类的读物。西方星占学的方法一般是根据某人的出生年月,确定所属的星座,然后提出具体的星命预言和忠告,内容涉及对财政、爱情、家庭、健康、职务、旅行等方面的预测。这种预测时间概念很强,它甚至列出每周星命和每日预言及忠告,有点像中国古代旧历书说的“黄道吉日”,所不同的是它涉及的社会内容较接近于现代人的生活。所谓的西方星占学是否可信?又是否灵验呢?

美国第40任总统里根的夫人南希非常迷信星占学,她总是征求星占学家嘉瓦娜的意见,来安排总统的日常活动。1987年2月,里根从医院回到白宫,按理应料理国务,但是嘉瓦娜的“星命日历”尚未送到,白宫办公厅主任唐纳德·里甘就不能安排总统工作日程,造成白宫内一片混乱。最后唐纳德·里甘不得不向总统提出辞职,他说:“所有的人都认为,错误出在我身上。但是,实际上我却是无辜的。错误来自星占!”当时的副总统布什听说里根将“美国的未来取决于费城观测的星象”,也十分惊讶地说:“天啊!竟有这种事!”我们知道,美国的崛起是由经济、政治、文化、科学等方面的高速发展带来的,它与星占学毫不沾边;美国的前途仍然决定于这些社会发展因素之中,而不是仅靠星占学的一纸预言所能左右的。

前几年校园里也曾流行过琼瑶热,这位台湾女作家认为:

“我相信命运。出生是一个偶然,相遇也是偶然,这些不可知的偶然,我统统称之为命运。

我更相信必须先尽人事而后听天命。”

我们从哲学中知道必然性存在于偶然性之中,偶然性为必然性开辟道路,所以偶然与必然对人的前途都有影响。琼瑶所言“先尽人事”的观点有生活哲理,只有“尽人事”,才能克服不利因素,才能开拓自己必然的理想前程。

鲁迅先生早年离家求学,在写给弟弟的诗中说:“我有一言应记取,文章得失不由天。”年轻的周树人(鲁迅原名)从破落户家庭走出,他没有去当达官贵人的幕僚,也没有走经商谋生的老路,而是选择了决定自己命运的新路——去寻求拯救中华民族的真理和文化科学知识。从当时一般人的眼光看来,鲁迅的选择是不合时宜的,但是从历史老人的角度去审视,鲁迅却是幸运的。他后来成为我国现代史上新文化运动的主将。

宇宙无垠,时间无限;但人的生命却短暂易逝;如果不趁少壮时多学点知识多干一点事业,而听凭苍天来安排自己一生,那么,其前途未免太渺茫了!

少女时期是走向青年时代花一般美丽的时期,少女对前途自然充满神往。由大陆迁台的女作家苏雪林曾经在谈到青春问题时说:

“当我带着书踱上讲坛,下望黑压压的一堂青年的时候,我的幻想,往往开出无数芬芳美丽的花:安知他们中间将来没有李白、杜甫、荷马、莎士比亚那样伟大的诗人?安知他们中间将来没有马可尼、爱迪生、居里夫人一般的科学家,以及朱子、王阳明、康德、斯宾塞一般的哲学家?学经济的也许将来会成为一位银行界的领袖,学政治的也许就仗着他将中国的政治扶上轨道;学化学或机械的也许将来会发明许多东西,促成中国的工业化、现代化。啊!青年的前途何等的浩荡无涯,何等的不可限量,但能以至此,还不是靠着他们这‘青年的精力’?”

是呵,靠着年轻人的朝气,寻觅人生的幸运之途。“敢问路在何方?路就在你的脚下。”今天的年轻人赶上了改革开放的时代，比起那大讲阶级斗争的年代要幸运得多。你可以走自己的路，也可以借鉴别人走过的路。世界上没有相同的两片树叶，更不会有完全一样的人生之路。那种把天底下所有同年同月同日生的人纳入一个星命框子里的预言，是把不同的人都想象成走在一条小路上，显然这条路是走不通的。譬如同样是生活在大江南北的年龄相仿的少女——有人在领奖台上接受鲜花与掌声，有人却在泪水中争取读书的权利；有人在刻苦攻克学习上的难题，有人却在儿女情长的琐事上缠绵悱恻；有人在旅途中陶醉于大自然的美丽，有人却在打工时品尝到人世间的艰辛；有人在不断重温儿时的旧梦，有人却在开始寻觅新的希望之路；有人老是想着怎样去做个时髦的小姐而尽情享受，有人却默默记着如何为赶上时代的步伐而贡献身手……如此丰富的少女生活场景，如同万花筒般折射出人生的幸福与厄运交织的画面，你要克服或避开厄运，追求幸福前景，就不能将自己宝贵的生命之线系在某个高不可测的星座上呵！

世界上有成就的女性，都是努力奋斗的女中豪杰。英国首相撒切尔夫人在少女时代，他父亲就鼓励她在事业上要有雄心壮志，以后她积极投入政治活动，成为一位“铁腕夫人”。菲律宾总统阿基诺夫人认为，“女人当政不容易，一定要尽最大努力来适应任何新环境”。上天没有安排女性当总统，但是女性却可以在人间找到自己合适的位置。美国女作家史沫特莱曾患有精神抑郁症，她顽强地写出壮丽的富有想象创造力的自传《大地的女儿》，结果疾病竟因此而痊愈了。从这些女名人印下的足迹里，我们可以感悟出：只有行动和乐观才是女性自强自立的真正救星。

星命预测并不是太空人发出的信息，它不过是地球某一端的陌生人杜撰出来的条文，其内容庞杂，模棱两可，甚至互相矛盾，令人无所适从。试想那些捧着星历过日子的人——他若禁忌重重，势必一事无成；他若盲目冲动，难免误入歧途；他若侥幸轻敌，将会一败涂地；他若信疑参半，似乎游戏人生……“尽信书不如无书”，这正是尝过信星命而误事之苦者的慨叹。“学好数理化，走遍天下都不怕”；熟读星命书，恐怕无助你越过“艰难的7月”。

少女的心灵比较天真，又比较脆弱，甜言安慰和恶语恐吓都不能使之成熟和坚强。只有将“听天由命”的观念变成“我”是自己命运的主宰，你才会坚强无比，聪明睿智，幸运之神才会降临。在勤奋学习、努力实践的路上不断前进的少女呵，祝您好运！

怎样实现人生的坐标？

姬　英

《少女》编辑部：

我发现成年人演讲或写文章，总爱说“为时代献身”之类的话。我想，一个人连“身”都献出了，他自己的人生坐标又在哪里呢？我觉得大人说话不实际，我愿永远保持15岁的纯真，永不介入成年人的行列。我这想法对吗？

一个拗女孩

拗女孩：

时光老人总要敲响一个又一个新年的钟声。你再拗，也不可能永远停留在15岁。不管你愿意不愿意，时光老人终有一天会不容商量地把你拽进成年人的行列。

你认为“献身”的同时会失去人生的坐标。对此，我谈点自己的感受好吗？

每次游香山，总为那满山的红叶激动不已。我想：正因为它把生命毫不保留地献给了太阳，所以它也自然具备了太阳的色彩。那么人呢？是不是只有献身时代，他身上才能跳动起时代的脉搏，从而找到自我实现的坐标呢？

不敢说“回答”，只能是“磋商”。

男女智力有什么不同？

傅安球

《少女》编辑部：

最近，我班为智力有没有性别差异争得不可开交。一些男生说男的比女的聪明，并列举诺贝尔科学奖获得者大多是男性；而女生多数不同意这种看法，可又说不清道理。难道智力真有男优女劣这种差别吗？

赛　珊

赛珊同学：

你班争论的问题有一定现实意义。迄今，不管从什么角度考察，都无法证明男性智力必定比女性优异，或者女性智力必定比男性优异。一个人的聪明才智并不完全是由性别遗传基因决定的，它还取决于社会环境的影响和教育的作用。但是，这并不是说男女在智力发展上毫无差异。任何事物都有差异，智力也不例外。我们知道智力是各种认知能力的综合，它包括观察力、注意力、记忆力、思维力和想象力等，其核心成分是思维力。智力发展的性别差异，是由于遗传因素和环境因素以及教育因素交互作用的结果。男女两性在构成智力的各种认知能力的发展上是不平衡的，并且各具特色。

例如作为观察力基础的感知觉能力，无论是听觉、嗅觉还是触觉、痛觉，女性一般都要比男性敏感，其原因很可能与女性的神经细胞膜的通透性较好有关。

而在视觉方面，女性就不如男性对视觉刺激的反应快。对于视觉的空间知觉，男性也优于女性。美国心理学家麦科比认为，对于像形态盘和积木模样测试那样的视觉课题，从小学开始一直持续到高中、大学，都是男生较强。

我们再来看看在作为智力核心成分的思维能力上，男女有什么不同？女性由于心理感受性较高，叙述事件常常带有浓厚的感情色彩；在社交中情绪的辨别能力比较敏感；在个性倾向性上更容易显示出“人物定向”，因而，其思维较多的是偏向于形象思维类型。不少女同学比较喜欢语文、外语、历史、生物等与人生密切相关的课目，并且容易取得良好的成绩，重要原因之一就是她们习惯和倾向于用形象思维来解决问题。中外杰出的女性，大多数集中在文学、艺术、教育、医学等领域。其中，在文学方面的成功率高于医学等自然科学，而在艺术方面的成功率又高于文学。这种情况表明女性的思维往往更多的是向人生方面发展，具有鲜明生动的形象性，善于用形象材料来反映事物的本质。

与女性不同的是，男性比较喜欢摆弄物体并进行思索，在个性倾向性上更容易显示出“物体定向”。他们言语的特点为逻辑联系占优势，其思维方式多是以概念定理的论证来进行，因而多偏向于抽象思维类型。男同学一般比较喜欢数学、物理、化学等课程，这与他们习惯和倾向于用抽象思维来解决问题相关。十五世纪以来的一些大科学家多为男性，这种现象虽然有其社会历史原因，但是男性思维类型的特点也是一个重要原因。

可见，男女两性智力发展上的性别差异是客观存在的，这种差异并不表示男女之间的智力有什么优劣之分，而是各具特色、各有优势。美国心理学家桑戴克指出，女性在语言表达、短时记忆方面优于男性；而男性在空间知觉——分析综合能力，以及实验的观察、推理和历史知识的掌握方面则优于女性。所以，如果人们把男女智力发展的不平衡性看作是男优女劣，那么不是误解就是偏见。

理解了智力的性别差异，女同学就应看到自己的智力优势，同时重视弥补自己的薄弱环节，使你们的智力不断得到完善而优异的发展。这样，谁能怀疑今天的少女，将来不能登上发挥聪明才智的社会大舞台呢！

怎样集中注意力

劳欣

《少女》编辑部：

我是一个初三学生，学习任务很重，每当晚饭过后面对着一大堆功课，真恨不得马上做完它，可是家里很乱，周围的电视节目声音总是使我集中不了注意力，这让我很是烦恼，您能指点我一些办法吗？

萧兰

萧兰同学：

你好！很理解你的心情。的确，一个人能否集中自己的注意力而投入到正在干的事情中去，往往是事半功倍还是事倍功半的分水岭，一个卓有成效者和一个平常人的区别也往往在此。我们都知道，牛顿正因为思想高度集中，而误将怀表放到了牛奶锅中；陈景润走路思考“哥德巴赫猜想”而撞上电线杆竟浑然不觉，可见他们注意力之高度集中。

那么，如何集中自己的注意力呢？这既牵涉到内因（如本人对事物的兴趣、动机等），也受制于外因（如环境影响等）。从你的来信看，你还是很好学的，注意力之所以不能集中，更多地是受到客观环境的干扰影响，对于这一点，你不要着急，看看下面一些方法是否能对你有些帮助。

一、选择最适合自己的环境和习惯

每个人在不同的地点和时间段上其效率是不一样的。有的人喜欢蜗居于斗室，有的人则习惯四周空旷舒展；有的人爱挑灯夜战，有的人则愿清晨研读。你可以静心想一想，在以往的经历中，自己在什么时间和什么地方相对注意力比较集中，学习的效率比较高些，则可以加以强化而常选择这些地方（如某张桌子）和时间（如几点至几点）。另外，学习时保持自己的某种习惯（如某种舒适的姿势）也是集中注意力的好办法。美国总统林肯读书时就爱将腿搁在桌上并自称此有助于思考呢。

与此相关的是，倘若日常生活环境实在太差，那么，远离这一环境而进入一个全新的环境以适合自己，也不失为一种方法。校园的草坪上、公园的树荫下、图书馆的书桌边，都与日常嘈杂的环境迥异，你不妨试试。

二、整顿四周的小环境

据说，蒋介石的办公桌上总是整齐洁净、井井有条，而毛泽东的书桌上总垒着高高的书，各类信件、文章叠床架屋，警卫人员稍稍收拾还会引起他的发火呢。这个细节除了说明两人的性格气质外，还揭示了他们所习惯的工作小环境对他们工作效率的影响。

大致说来，所谓整顿，一是将不必要的东西清理掉，以免它影响干扰自己的注意力。如与眼下干的事情无关的书籍、杂物，还有滴答作响的时钟等，都在清除之列。二是放置一两件自己最熟悉能激励斗志的东西，如家人的照片、自己喜爱的格言等，古人所谓的座右铭也就是这个道理。

三、调节声光效果

谁都知道，嘈杂的声响和太亮的光线往往干扰人的注意力，因而人们喜欢选择宁静的夜晚思考和学习。然而，事物都不是绝对的，且不说绝对安静的环境非常人所能具备（如你家就常受电视声影响），即便有也未必真好。古诗有“鸟鸣山更幽”之句，适当的音响对集中注意力不仅无害而且有益。你不妨在做功课时听听音乐（有耳机更好），我想是有助于抗干扰调节自身注意力的。当然，音乐宜选择那些曲调抒情节奏轻快的器乐曲（如轻音乐曲），而不宜听强烈的摇滚乐或有歌词内容的歌曲。至于光线，整体固然不宜太亮，但局部的明亮（如书桌上台灯应亮些）是可以有助于提高注意力的。

四、善于利用时间

“离亚运会还有××天”。这里，年月单位被“天”所取代。内涵未变，但给人的心理感觉却大不一样。这就是时间的化整为零法，你在学习时不妨一试。你给自己定一个计划：20分钟做数学题5道，20分钟温习外语2课，然后再花20分钟做数学题5道……而不是一上来就花40分钟去做数学题。由于20分钟的时间单位较小，常能够给你以心理暗示，逼迫你集中注意力，当然，倘你正文思汹涌，做某功课正顺畅时，则应顺其自然、一鼓作气而不必拘泥于此法。另外，注意零碎时间的利用，也是增强注意力、提高学习效率的好办法。古人不就有“马上、枕上、厕上”的“三上”学习法吗。

最后，还想提醒你的是，注意力的提高也是一个锻炼和循序渐进的过程，绝不是可以一蹴而就的。有时，困难的环境恰恰是锻炼自己的好机会。前乒乓国手、现国家女队总教练张燮林为了培养自己的注意力和毅力以打好削球，常常故意到喧嚣的球场上去读书，终于获得了“牛皮糖”的美誉，为我国乒乓球运动作出了贡献。我想，这也正是我们年轻人所要学习的。

但愿所说的一切能对你有所帮助，祝你学习进步。

怎样能使自己成熟起来

《少女》编辑部：

我是个即将初中毕业的女孩，爸爸妈妈平时总批评我不稳重不成熟，总拿我与邻居家的女孩比，说人家平时不声不响，显得特别沉稳有主见，他们要我学着人家的样子生活。我生性活泼，爱说爱笑爱唱，要是让我也一天到晚不声不响，我恐怕会生病的。你说，我应该怎样对待爸妈的批评呢？

晓 雨

姬 英

晓雨同学：

爸妈给你起了个动感很强又富有诗意的名字，但又不允许拥有这个美好名字的女儿弹奏她活泼的青春韵律，这多么不公平啊！

“爱说爱唱”与“不声不响”是性格区别而不是成熟与否的标志。一个人的成熟程度与生活经历有关，在不应该成熟的年龄故作深沉强装成熟，那就像不到收割季节便风干的麦穗，乍看上去鼓鼓的，实则里面是颗瘪粒。

在成熟问题上，你完全没有必要“为赋新诗强说愁”。

怎样驾驭情绪这匹烈马？

景 青

《少女》编辑部：

我们这群女孩常常把世界想象得特别甜美，每每做着玫瑰色的梦。一旦现实不尽如人意时，情绪便会产生激烈波动。在我们中间有这样一位女孩，她各门功课都十分优秀，其他方面也堪称出类拔萃，是老师的得意门生，又是同学羡慕的对象。参加高考填写志愿时，她拒绝师长的指点，一律填上自己喜欢的重点大学。谁知高考失利。她始而震惊，继而大哭大叫，指责命运之神因何对她如此不公，最后竟坠楼而亡。为了不使这类悲剧重演，请告诉我们怎样驾驭情绪这匹烈马？

一群女孩

女孩们：

处在你们这个年龄段的人对待理想、前途，对待学习、娱乐、社交、工作和家庭关系无不具有强烈的两极性。热起来像一盆火，冷起来又似一块冰；听了一句赞美的话兴味十足，听到一句逆耳之言就垂头丧气；高兴起来手舞足蹈，非让人跟着一起乐不可支，发起脾气来犹如脱缰之马，任十头牯牛也拉不回。

不少处于豆蔻年华的少女对自己反复无常的情绪深表痛绝，每每异常的情绪之波平息后，内心对自己反常的言行举止就会作深深的谴责，表示要痛下决心克服这种有伤自尊、有损体面、有碍于自身发展和与他人关系的不良情绪。然而事过境迁，又会故态复萌。于是整个青春期常常处在情绪波动的激流之中。

那么，究竟有没有办法去驾驭这匹情绪烈马、控制极易爆发的情感火山呢？回答这个问题，我们先得请教心理学家。心理学家认为：人的情绪是他对周围的现实和对自己本身的感受，它能创造人的对立体验，即快感——不快，欢乐——痛苦，赞赏——反感，信心——恐惧，平稳——激烈。心理学家又认为：既然人能制造情绪，他应当也有能力选择和控制情绪。

十年内乱，多少作家的长篇巨著手稿被付之一炬，其间凝聚了作家无法估量的精力和心血，可想而知，这对他们本身的打击有多大。但是他们并没有因此而万念俱灰，而是重新调整情绪，重砌炉灶，这需要具备多么坚强的毅力。科学家的某一项重大发明成功在即，就因为某一个不起眼的细节作怪而功亏一篑，倘若因此陷入深深的痛苦之中不能自拔，那么，人类的一切现代文明又从何而来？古往今来，又有难以胜数的仁人志士在人生的道路上经历了多少坎坷和风雨，但志向不渝，最后为人类作出了重大贡献，原因固然很多，但不能不说与他们善于自我控制情绪有着紧密的联系。

诚然，要驾驭情绪这匹烈马，单凭理智和意志显然还不够，有时候还需要宣泄，因为强行压抑有伤身心。问题在于要找到一个最佳的宣泄口和宣泄方式。当你受到极大委屈时，你可以找一个没有人的地方痛哭一场，也可以找一个值得你信赖的朋友一吐心中的委屈和不平，当然也可以去听一场音乐会、读一本自己欢喜的书、做一件自己爱做的事。有人以张贴条幅的方式时刻告诫自己在任何时候都需要有一种平和的心境、良好的情绪，这些都不失为有效方法。

提高控制情绪的能力还离不开自身的道德修养，一个善良、宽容、善解人意、顾全大局的人往往容易控制自己的情绪。

总之，情绪是一种内在的能量，而能量是可以转换的，关键看你怎样把握它。

为什么烦恼忧愁形影不离地伴着我

徐俊冕

《少女》编辑部：

救救我吧！

我是个孤身在外求学的姑娘，远离父母、家乡。我曾两次投考重点学校，不幸，以几分之差落选了。无奈进了现在的学校。但心里烦恼、忧愁整日形影不离地伴着我，几乎使我觉得活在世上没多大意思。

偏偏和我同坐一张课桌的又是个性格内向、心胸狭窄、脾气有点怪的同学，同桌两年，我受了她的影响，又变得多疑了。譬如我见到别人脸上没有笑容，我便想他生我气了，心里很不舒服，情绪低沉，学习也安不下心来。我怎样才能心情舒畅，过正常人的生活呢？请帮助我吧！要不一个没有任何生活能力的我如何走完生命的最后道路呢？

张　玲

张玲同学：

来信收到了。从信上所说的情况来看，你的心情十分抑郁，你诉说“心里烦恼、忧愁整日形影不离地伴着我”，“一个没有任何生活能力的我如何走完生命的最后道路呢?”我是个心理咨询门诊的医生，从你的述说分析，你可能患了情绪障碍，又叫做抑郁症。

情绪抑郁产生的直接原因是与你对事物的认识有关的。同一件事，由于人们认识、评价不同，可以产生不同的情绪体验。如科学实验失败，可以使一些人感到失望、灰心，责备自己无能；而另一些人却认为失败或挫折都是有用的教训，可以从中总结经验，找到成功的途径。你之所以情绪抑郁，首先是你对周围的人和事存在歪曲的认识，武断地下结论。譬如，你说“见到别人脸上没有笑容，我便想他生我气了”，这结论显然下得片面且武断，这位同学脸无笑容也许遇到某件不高兴的事，根本与你无关。再如，你是一个“没有任何生活能力”的人，这又是对自己估计过低了，以致对未来感到茫然。你远离家乡、父母，只身在外求学，这一事实就说明你是有生活能力的。医学心理告诉我们：人们对自己潜在能力的估计总是偏低的，更不要说情绪抑郁的人。

你之所以情绪抑郁，还因为你受过挫折，两次投考重点学校都未被录取。你没有积极地分析原因，总结经验教训，正确对待，却背上了沉重的精神包袱。加上你没有多少社会交往，远离父母亲友，心情不好无处倾吐，从而情绪抑郁，经久不散。

据此，我给你开的“药方”是：

一、要热爱生活、善于生活　人活着不仅仅是维持生命，更重要的是要尽自己所能，为人民造福。你完全不必为一两次考试失败而气馁。人活着总能为社会作出贡献，大小而已。

二、要学会驾驭自己的情绪　自我调节情绪，不听任不良情绪支配自己。人们常说“不如意事常八九”，一个人一辈子遇到各种大小不称心的事是很多的，一不称心就想不开，钻牛角尖，便会感到人生的路越走越狭，越活越没劲，甚至走上绝路。当你发现有这种“越活越没劲”的情绪时，不妨把自己的想法记下，想一想合理的认识是什么?和别人讨论一下，应该怎样对待。交几个知心朋友吧，多看到别人的长处，自己要虚心谦让，互相尊重和信任，互相支持和谅解，是建立友谊的关键。诚挚的友谊可以令人心情舒畅，有不快之事也可以对人倾诉，得到安慰和关怀。

还建议你培养一些业余爱好和广泛的生活情趣　包括音乐、图画和其他文学艺术，甚至手工编织等，这些爱好将充实你的精神生活，有利于你自我调节情绪。

只要你能这样去做，相信你的心情抑郁终将过去，你仍是一个性格开朗、愉快活泼的姑娘。

《少女》编辑部：

在父母眼中，我是家中的希望。可我羞愧难当，真想把“希望”的桂冠卸去。父母殚精竭虑地培养着原以为是奇花异草的珍苗，可我却是一棵狗尾巴草。

我很苦恼，学习的动力是三天来了，两天走了。成绩忽上忽下。编辑老师，问你一个问题，恒心、自信心这些可爱的东西是与生俱来的吗？如果我生来就缺乏，有没有可能再得到？

燕　冰

怎样树立自信？
怎样树立自信？

怎样树立自信？

王裕如

燕冰同学：

我从那么多的信中挑出了你的信，因为我觉得你信中所说的困惑具有相当的普遍性。我在咨询中心接热线电话时，有一半内容就是说考试考砸了，无颜见父母，甚至逃夜、离家。怎样对待父母师长的期待？怎样正确评估、合理接纳自己？怎样去寻找你合适的人生坐标？怎样在生活中发现、享受你青春的乐趣？我想，这些都是许多少女心中常想的问题。

从你的信中感觉到你是一个情感丰富的姑娘，而且语言生动，比喻贴切，是很有生活气息的。你说你学习缺乏恒心，这是你的学习动力成问题。如果仅仅是为了父母，这学习的动力太小。我想问你，你想成为一个智慧、美妙、心情开朗、气质不凡的优秀女孩吗？而这一切，都离不开学习。但是，学习是很艰苦的，如果没有这个艰苦的被“文化”的过程，你会一直很愚昧。当然，学习是要加紧的，求知应该是人类永远的任务。但是，对所谓的“成功”，还得比较坦然地去对待。如果你尽心尽力地努力了，但成绩却不很理想，就不要太沮丧啦。也许，你对书面知识的掌握并不是很有技巧，但你想象力丰富、形象思维发达，具有搞艺术的气质。那么你就研究自己，扬长避短，舍小取大，发展自己的强项。在学习生活中，还有什么比“胜任、愉快”更让人心情舒畅呢。

而在一个人的成长中，如果没有金色的童年，快乐的青春，她学习的动力确实会成问题的。父母的希望不该是你的负担，当你尽了努力，你也就抚慰了父母。当你寻到了自己合适的发展方向，长成一个健康、善良、能干的姑娘，就是报答了父母。不要把父母的期待当成阴影压在心头。99分的勤奋未必都会成为天才。而“成功”，永远不会属于所有的人。

我还想与你说一说学习的含义。书面学习是我们通常所指的一种主要学习。除此之外；还有道德评价，人情世故，心理保健，家政事务，公关技巧，服饰，审美，以及所有大千世界我们能感知到的一切。只有随时感受生活的变化，接受自然风光的馈赠，以及灵动的人心之微波，你才是真的聪明、健康又快乐。有多少“学习尖子”只会读书不会生活；又有多少“差生”成了大发明家、大艺术家。即使只成为一个随遇而安的平凡者，也会有着一份闲适随意的安详。

除人们都仰慕的那种看得见的“辉煌的成功”之外，还有的就是人生的成功。它是以健康的心理与健全的人格为基础的。

燕冰姑娘，正视你自己，接受你自己，让希望之光在你心中点亮，让父母的期待成为你的动力之一。轻松愉快地去学习、生活，既承受你父母的希望，也能承受所谓的“失败”。能进能退，你会更聪明。在排除了外界的因素之后，审视自己能做什么，想做什么，将会做得怎么样。在经历了挫折后又重新振作起来，你的自信心就建立起来了。

马虎毛病如何克服？

苏　军

《少女》编辑部：

每次考完试后我总是恨自己粗心马虎，曾暗暗下决心一定要仔细，但仍不见效，有一门课竟因马虎失去了20分。能告诉我怎样克服这个缺点吗？

树　英

树英同学：

造成马虎的原因是多种多样的，常见的是两种：一是思想上不重视，二是看不出毛病。看来你是属于后者。因为还没有炼就一双“堵塞漏洞”的“火眼金睛”，所以不可避免地会失分。

据我分析，你在思想上还是挺重视的，毛病出在“看”不出问题。送你一把钥匙：全面掌握基础知识。平时不放过一个疑问，不疏忽一个环节，把基础打得扎扎实实。有了实力，在考试时才会有清醒的头脑，才不致于似是而非。

「多疑」是一种病态吗?

姗姗

《少女》编辑部:

我近来变得很多疑，总觉得别人瞧不起自己。特别在人多的地方，好像许多人在注视我，议论我:人长得这么高，还在读初中……这时我就会烦燥起来，心慌意乱，满脸通红，像做了什么见不得人的事，恨不得钻到一个地洞里躲起来。有几次在路上遇到迎面走来一群人，又像都在窃窃私语地讥笑我，我一口气奔回家里，把房门紧紧关上，心慌得怦怦乱跳。这是不是一种病，该怎么才能治好?

章根英

章根英同学:

少女中较为常见的“多疑症”，是一种完全可以改好的病态心理。它的出现，同生理、心理发生的变化分不开。少年时期，感觉器官和思维器官逐渐成熟，变得敏感起来，对自身的存在和周围人们的态度，表现出十分关切甚至过敏，很计较别人对自己的评价，关切自己在别人心目中的形象。这种过敏反应，得不到适当调节，就会产生心理上的不平衡——自信心不足，猜疑心太重。这就是人们常说的:人大了，心眼变小了。

要治好“多疑症”，就要在心理的天平上增加“自信”和“他信”这两块砝码。

“自信”，就是增强自信力，不要只看自己的不足和短处。更不要把不是短处也看成短处，譬如你个子长得比较高，就不是什么短处，而且还是你的优势呢。因此根本不必也不应由此产生精神负担。我们要恰当估计自己的长处，而且要努力把潜在的长处和优势开发出来。不要过于计较别人对自己的看法和评价，重要的是，要自信、自尊、自重、自爱。

“他信”，就是对别人要有信任感。你常常猜疑别人在议论你、讥笑你，但你根本没有听到别人的谈论，怎么能断定是对着你的呢?这种瞎疑心、小心眼，就是因为你对人缺乏信任感，而且总是从不好的方面去猜疑别人。应该用信任感来替代猜疑心。对人信任，就能避免自扰。

让我们在集体生活中多多增强自信力和他信力。这样，“多疑症”就会离你远远的了。

心理门诊

尹 辑

问： 为什么我在人多的场合不敢讲话？有时为了发言得想好半天，别人的发言都听不见，光顾想我要说些什么，可是一张嘴，想好的词全忘了，我对自己真没办法。

答： 从心理上分析，女同学的敏感性很强，情绪体验深刻，特别注意别人对她的态度反应。因此还未发言就先自觉不自觉地意识到我在别人面前的仪态，表情的亮相和别人对我的印象，往往又怕亮相的失败，越怕越是紧张。自然一张嘴脑袋就成空白了，而一次没说好，第二次在人多的场合就更不敢说了，越来越自卑就成了恶性循环。

我们不妨与男生相比，他们就很少注意别人对自己仪态怎么评论，而且也不在乎这些，表现自然，表达流畅。所以我觉得女生首先应该克服自己的自卑感和自我意识，只有在“忘我”的情况下的表现才是最佳的。

问： 我们班上有个女生，不知为什么特爱自寻烦恼。

比如说，班上有个同学背后说过她一句坏话，其实这个同学也在背后说过别人包括我的坏话。但她知道别人说她就没完没了了。逢人便讲，而且越讲越气，闲着没事也总想这件事，越想越心烦。始终放不下这件事，越想越严重，常常无缘无故、无根无据地认为别人又讲了她什么坏话，总爱乱猜测。

其次，她太敏感，总喜欢小题大做，比如有人关门声音响了，她认为别人是在跟她过不去，于是好几天不痛快；偶尔考试分数低了些她得找半个月的原因，埋怨自责个没完。

我真奇怪她为什么总把不好的事放在心上，好事反倒很快忘了，不论干什么，总预感到不能成功，真的失败了却又六神无主。她就爱这么自寻烦恼，我真拿她没办法。

答：有许多人会因种种原因低估自己的力量，而夸大自己的弱点。

在下意识中，这些女孩子真正害怕的是得不到别人的欢心或喜爱，往往在得到别人的赞同才会心安理得，这时，必须记住：获得他人的喜爱并非是你获得个人快乐的唯一途径。

为什么她们永远快乐不起来？主要是她们对自己从来不感满足，有着难以达到的高标准。研究表明，不刻意追求完美的人，比追求完美的人更易成功，因为追求完美的人害怕失败，而造成了极大的焦虑情绪。

告诉你那位爱自寻烦恼的女友，她的忧虑是夸大了的，她完全有能力对付它。应该认识到，对自己价值的肯定，不一定以你的表现来衡量，重要的是你在努力，在行动，而不是消极地去服从所谓的女学生的特殊心理定势。

人的一生，不知要遇到多少困难，但最难的是战胜自己。歌德曾说："一个人要战胜自己，须付出高昂代价，即使这样，他也是幸福的。"对女孩子而言，战胜自身的怯懦自卑，有助于寻找到理想的自己。

怎样跨越生活的波折

姗姗

《少女》编辑部：

我是个中学生。读小学时曾偷过别人一本书，后来又一度接近过一个品行不好、名声很坏的同学。从此，有人处处躲开我，有人冷眼看待我，有人甚至冲着我吐唾沫。我用埋头读书，读出好成绩的实际行动，来表明改过的决心，同时也想改变别人对我的看法。没想到在审批我入团时，有人又提出我过去的事情，说我怎样怎样不好。我灰心了，绝望了。我用行动改正过失，为什么还得不到别人的谅解和信任？白天遭到同学、老师的白眼，晚上受到妈妈的呵斥，难道过去的过失要成为我终生的包袱吗？

陈曼曼

陈曼曼同学：

一个人在成长过程中，难免会有这样那样的过失，就像在学会走路时免不了有闪失一样。何况你是在小时候拿过同学一本书，还说不上是“偷”，算不上是什么过失。而你还是严格要求自己，用行动加以改正，这是值得称赞和欢迎的。

有的同学对你采取冷淡、疏远的态度，这就很不应该了。即使对于犯了错误，一度失足的同学，我们也要伸出援助之手，给以热诚的关怀和帮助，不让一个同伴掉队，更何况你根本不是这样的情况呢。

不过，从你自己来说，要豁达开朗，不要过敏于别人的一举一动。即使一时没有被人理解，以致发生一些不愉快的事情，也不要消沉苦闷，而要始终乐观舒坦。一碰到小小挫折，就情绪沮丧，甚至觉得天低云暗，前途渺茫，这不是太脆弱了吗？

在生活的道路上，谁都会遇到一些波折起伏。

我们要把波折当作砥砺自己意志的磨刀石，把起伏当作攀登新高度的出发点。

我们心间充满舒坦，光明就会在我们面前，有了不熄的热诚，就会有永不枯竭的力量源泉。你说对吗？

走出家庭争吵的阴影

姗　姗

《少女》编辑部：

当与我同龄的女孩子，还躺在妈妈怀里撒娇的时候，我就尝到人间的苦涩了。我生活在一个没有欢乐的家庭里，父母之间冷若冰霜，经常为了点小事吵闹不休，轻则相骂，重则扭打。当看到别人家庭和睦，我就心中不解：为什么我的父母老是吵吵闹闹，当初为什么要结合呢？我也想得到家庭的温暖和父母的疼爱，在家里，我小心地干活，可爸爸不时还拿我出气，难道我有什么对不起他们的地方吗？长此以往，我在学校里也变得小心谨慎，性格忧郁，不爱和同学们交往，造成心灵创伤，愿天下父母都醒悟过来，你们的儿女正窥视着你们的一言一行。

小 娟

小娟同学：

愿天下做父母的，特别是那些为了一点小事就争吵不休的父母们，都来听一听你出自肺腑的声音，想一想这个值得深思的问题！父母是子女的第一个也是终身的老师，他们的一言一行都会在子女的心田里刻下烙印。父母之间的冷漠、猜疑、争吵，会给家庭造成噪音，给生活带来阴影，影响着子女的学业、性格等身心方面的成长。

作儿女的，谁不希望享有父慈母爱，生活在一个温暖和睦、亲密的家庭里。但是，生活在像你这样的家庭里，父母间的不和、吵闹，应该由他们负责，你是没有过错的。如果条件许可，你可以尽一分力做一些劝说工作，也可以通过至亲好友或单位组织，促进父母间的谅解和睦。但如果这一切都无济于事的话，你完全不必为此而背上思想包袱。你应该振作起精神，到学校、社会上去寻找生活的乐趣，并努力培养乐观向上的志趣，活泼开朗的性格。家庭，固然是人的生活中的一部分，但毕竟不是全部。你得不到家庭的天伦之乐，但可以得到集体的温暖与关怀，你缺少父母之爱，但可以得到朋友之爱。

希望你：与其悲叹自己的命运，不如相信自己的力量。

心理咨询室轶事

苏　军

原来，我和她们是不一定认识的，尽管有人说这世界会变得如此狭小。可是当我在静穆的心理咨询室呆了几个夜晚之后，我发觉这些可爱而又一时迷惑的少女走进我的朋友圈是必然的了，因为心与心的沟通、心与心的探求，使得我们从各自的一端走向心理平衡的“中极”，于是引出了下面的故事。

(一)

头一个成为我咨询对象的是一对母女。那一天，我刚在咨询室坐定，一位中年母亲领着女儿便踏了进来：“老师，我的女儿学习成绩一向很好，可是不知怎么搞的，这几天她不想念书了，你说怪不怪，叫我怎么办？”

“慢慢说，别急。”当我听完叙述之后，将眼光投向坐在一边的这位女中学生，只见她低着头，闷声不响，手在不安地搓着衣服，从我掠过一眼之后，凭我的感觉她并没有多大问题，只是需要倾诉与疏导。

“你以前来过这里吗？这里的建筑很有风格呐。”我撩开话题，想创造一个宽松的交谈氛围。因为突破来询者的拘谨，让其产生一份亲切和认同，这是使咨询灵验的前提。果然，我这么一说，她眼睛一亮，似有想不到我会说这些家常话的惊喜，先前来的恐慌稍稍缓解，她撩了撩自己的前留海，抬起了头。

“你其实没有多大问题，只是有些心理压力过重了。既然你来了，让我们作为朋友好好聊一聊好吗?"我很想听听她本人的诉说。

"我现在区重点中学读高一,这学期刚刚测验了几次,我的学习成绩不理想,原来我在初中名列前茅的。老实说,我每天就是功课功课,从不外出玩耍,连星期天母亲叫我去看电影,我也以功课多推辞的,想不到竟然名落孙山。想到考试,我就害怕,心怦怦乱跳,我……"她断断续续地说着,脸上不时掠过痛苦的阴影。

"那么,你有没有业余爱好?"我问。

"业余爱好?"她听后仿佛发现了新大陆,露出惊诧的神色,"我……好像没什么爱好,就是读书。"

面对这位极其用功的女中学生,我还有什么可以责怪的呢,我倒为她"一心只读圣贤书"的苦读产生了怜悯之心。据我所知,因学习负担过重,压力过大而陡生苦恼的学生很多。过多的舆论压力,过重的家庭训导,过浓的竞争氛围,逼得她们喘不过气来,犹如整日绷紧的弦。而一旦不能如愿,就很容易滑向自卑与脆弱。

"你升入高中,同学重新进行了组合,测验成绩跌了下来,这不能算不正常。也许层次高了,也许你偶尔准备不充分,但无论如何不能因为一时受挫就完全否定自己呀。"我试图想从理性的高度开导她,"你过于苛求自己了,以致很痛苦。"她茫然的眼神告诉我,对这些话似懂非懂。

我发现,对她说理,不如帮她减轻压力,让她到一个更广阔的天地,走出小圈子。"如果你愿意,你可以找一个时间上我家来走走,看看有没有你要看的书,不过是轻松点儿的书。"当我开出几个"药方"疏导后,我径直发出了邀请,我不忍心像她这种原本欢快的年龄蒙上铅灰色的阴影,她临走时答应我照着我说的去试试。

目送她和母亲渐渐消失的背影,我不知道她们到底会如何,不过,从她频频而来的信中,我得到了一丝宽慰。

终于有一天,她揿响了我家的门铃,出现在我面前的是一位活泼开朗,又长高了些许的少女,一跨进门,就说,"我好多了,想不到在年级考试中,我还得了第一名,还是听你的话,即使得0分,也要去参加考试,不论结果如何,只要自己尽力就可以了。""好啊,一年不见,你变得富有弹性和哲理了。"我看着她有说不出的高兴,对她的"形象"重新定了格。

(二)

来信咨询的少女,一般都敏感、多思、忧愁,属于内秀的。但过于敏感与思虑,又将优点变成了心病。晓影姑娘就属此例。

她是在热线电话中,开始同我"单线"联系的。

那一夜，雨哗啦啦下得好大，当我起身去关闭窗户时，一阵急促的铃声响起，我一转身拎起听筒："你好，这里是咨询电话，你有什么要帮助吗？"一串习惯语向对方扑去，不过传来的是一个姑娘抽泣声："老师，……"我突然发现窗外的雨停了，忙打趣地说："你看雨都停了，你也该揩干泪水了，有话慢慢说嘛，我听着呐。"

"嗨，今天我倒霉死了，入团申请在团小组讨论时被否决了，可这是我1年来的努力呵。我怀疑是前几天与我吵了几句的同桌故意捉弄我的，因为下课时她还得意洋洋地嘲笑过我，她的一举一动都告诉我，她像一个拆台脚的人。"她一边说，一边还在发怒，从听筒那边传来的口气可以听出。

"噢，你为这事烦恼，那么你有证据吗？"我觉得她有些过于敏感。

"就凭直觉。"她回答得很干脆。

我想起来了，我曾经接待过一个少女，家庭环境、生活条件样样都好，但就是心眼小，处世过于敏感，只要别人在背后一说话，她就会认定别人在说她的坏话。过于敏感，这是少女心理健康的一个劲敌，陷入这个误区的少女还真有点"疑人偷斧"的味道，而且也非常痛苦。

想到此，我握紧话筒，认真地说："你听说过'疑人偷斧'的寓言吗？"尔后，又把我接待过的实例告诉她。

她开始有些不以为然，当我讲完整个故事后，听得出她有些醒悟了，她说时间关系就说到这里，改日再谈。

搁下电话，我才觉得处理过于潦草了一些，至少应该给她几帖"药方"呀。

就在往后几日为此事忧心忡忡时，她给我写来了一封信："老师，不瞒你说，我从小就是一个太敏感和忧虑的人，别人都说我很聪明，很会体察别人，可是敏感得对任何人都不会信任，中学里一个很要好的同学，就是因为我过于敏感、无端猜疑而不欢而散的。那一次，仅仅因为我穿了一件漂亮的衣服招来一些同学妒忌，我会怀疑她也加入了此列，因为同学们嘲讽的话，我曾在她说的话中听到过。一夜之间，朝夕相处的甜蜜一下子变味了。似乎过于敏感，才能满足我不安、喜欢猜疑的心。我知道过于敏感，活得太累，可就是无法克服，你能伸出援救之手吗？"

信写得很质朴，没有华丽的词藻，但内中的苦楚和欲摆脱的愿望是不难体验和觉察的。我抓住这个机会，亦为上次"不周"作弥补，一连写了几张纸，将平生收集到的和自己的切身经验来个竹筒倒豆子，什么"系统敏感法"啊，什么"交谈沟通法"啊，什么"宽宏冷处理"啊，反正我觉得有助于校正过于敏感的药方都给她了。

又是一个雨夜，她又打来电话，劈

头一句就是："我这不是过敏，而是触景生情，我现在好多了。我相信：摆脱了过于敏感，没有了那么多的自寻烦恼，换来的是别人难以享受到的快乐，谢谢你帮我要回了一个幸福的我！"听得出，她快变成"我是一个快乐的小小鸟"了，我真为她祝福。

过了几天，她又邮来了一大叠素材，说为我写作提供一些"边角料"，她又过于敏感了，不过这一次，我庆幸又多了一位难得的朋友。不过，直到目前，还是电话与信作为媒介，我和她未曾相识一面。"这可以保留想象的余地啊"，她的话一直萦绕在我的耳畔。

(三)

"老师，我今天来，不想听你说教，只想问你能否告诉我'你有没有早恋过'？"一副男儿打扮的但有着少女稚气和秀丽的她一推开咨询室的门，就直言道来，"还想问你是如何过来的？"

到咨询室好几年，每每想到的是如何"敲开"对方的嘴，如何使对方"坦白"抖出真心话，甚至悄悄话，可没想到今天这位"不善"者竟然先发制人，我面对着她勇敢而又充满期待的大眼，刹时有些懵了。

不过，没几秒钟，我的意识苏醒了，心理咨询，难道是单向的吗？在彼与此之间是平等的，只有双方交心，才会使咨询宛如和谐的旋律。

"好吧。"我尽量镇静自己，缓缓地说起了自己过去的感情历程，为了她，我却要重作一次痛苦又辛酸的回忆，重新回到早已逝去的那座校园，不过也是为了维护自己的真实。

没有曲折的经历，没有"柳眉儿落了"那份雅致与氛围，没有"爱得死去活来"那般执著与铁心，我的故事是平淡的，一切是那样不屑一顾。

不过，尽管这种平淡无奇的故事，还是让面前的她陷于一种宁静的空旷，她的思路已经被故事的主人公——我牵引了。

她是想证明人的感情的同一性，她是想印证多少人重复的劝诫有否超越时空性，怪不得她特别注意了结局和扭转被动局面的转折契机。

后来，她说，她没有这份体验，可是她的一个好友陷入了这种感情的僵局，她没办法说服她，是代她来咨询的，不过你的故事已明白无误，更为你的"生意"作了最好的广告，是值得信赖的。她的快言快语，我突然明白了她的用意。

几天之后，她和她的好友一块来到了咨询室。

一则我的故事，赢来两个年轻的朋友，博得两颗纯真的心，值得，值得。我更加坚信，咨询室的门，是通向少女，通向少女纤细而又丰富的心坎的。我为拥有这些叩求心理健康大门的"上门朋友"而陶醉和兴奋。

你是哪一类型中学生？

亦梵

学生的主要活动是学习活动和社会活动（即社会工作），中学生处理这两种活动所表现出来的态度不同，便形成三种不同类型：学习活动型，社会活动型，活动平衡型。

如果你想了解自己属哪一类型中学生，请回答下面的一组问题。请你用最快的速度，即以你的第一感觉"是"与"否"来回答。

1. 我常去三个以上同学家。

2. 她自告奋勇竞选班长，我看有点出风头。

3. 自修时如果有同学吵架，我才不去管，反正吵声大了，老师会来处理的。

4. 放学回家后，我的书包是哪里方便放那里，没有一个固定的地方。

5. 我很少去学校评比栏。

6. 我很少有丢三拉四的事。

7. 班集体工作，我做多些无所谓。

8. 如果有人说我闲话我会受不了，有时会去跟他(她)评评理。

9. 别人想说服我可不容易。

10. 我情愿回校看看有什么事做，也不愿意去啃那道可做可不做的数学难题。

评分：

第1、4、7、10题选答"是"的，每题得1分，选答"否"的每题得3分。第2、3、5、6、8、9题选答"是"的每题得3分，选答"否"的每题得1分。

分析：

24—30分：你属学习活动型。心理上的兴奋中心是学习活动，最明显的特点是认为学习高于一切。这类学生常常表现为学习勤奋刻苦、坚韧而有毅力，办事谨慎、有条理，待人接物矜持自制。好思考，感情体验细腻深刻，但有点自视太高，不易合群，交际能力较低。较固执，易激动，对小节看得较重，常常会发点小脾气。

10—16分：你属社会活动型。心理上的兴奋中心是社会工作，最明显的特点是：认为工作高于一切，明天要考试了，本来手头的事可以放到考试后完成，但却放不开手，非要马上完成不可。这类型的学生工作积极，组织能力较强，做事有魄力，善交际，待人热情开朗，直率诚恳，富于同情心，对人关怀备至，得失不会斤斤计较，有自我牺牲精神。但处事不够慎重，缺乏计划，略欠毅力和恒心，易激动和易受暗示，情绪体验较肤浅。

17—23分：你属活动平衡型。在处理学习与工作的关系时能分轻重缓急，有一定的变通性，办事点子多，肯动脑，为人豁达通情，待人随和，但做事缺少魄力，不够干脆，情绪易涨易落，自满情绪较多，给人轻浮的感觉。

你属于内倾型还是外倾型？

陆犇

心理学家和社会学家，经过长期观察和研究，发现人们的种种不同性格都来自于两种类型——内倾型和外倾型。内倾型的特征为“闭锁性”，外倾型则为“开放性”。内倾型者不愿把自己的欢乐与人分享，也不愿把自己的悲哀与人分担，把情绪埋藏在心中，不轻易流露出来；外倾型者内心藏不了波动的情绪，不吐不快，一定要别人与他共享欢乐、共担忧愁与悲哀，他们不愿意孤独地静坐冥思，而总想在各种活动中表现自己。

你想知道自己属哪种类型吗？请你对照一下吧——

1. 内倾型者在众多的场合易于害羞脸红、感到窘迫；外倾型者则较少自感脸红，当众说话坦然自若，笑声朗朗。

2. 内倾型者善于察颜观色，避免伤害他人感情；外倾型者则喜欢与人论高低，争个不休，直言不讳。

3. 内倾型者不善于言辞；外倾型者则能说会道，侃侃而谈。

4. 内倾型者为人严谨；外倾型者则比较随便，往往不拘小节。

5. 内倾型者交际“少而精”；外倾型者则“多而杂”。

6. 内倾型者节奏迟缓；外倾型者则敏捷迅速。

7. 内倾型者善于思考，但有时忧虑重重；外倾型者似乎无忧无虑。

8. 内倾型者容易伤感；外倾型者则不太看重别人对自己的说长论短。

9. 内倾型者谨小慎微；外倾型者则大大咧咧。

10. 内倾型者自尊心很强，冒犯不得；外倾型者自尊心也强，但易于平和。

11. 内倾型者受到赞扬时，会激发起更大的努力；而外倾型者则很少受到表扬的激励作用。

12. 内倾型者喜欢单干、独立“经营”；外倾型者愿意合作，喜欢群体活动。

13. 内倾型者善于做精细复杂的工作；外倾型者则厌烦琐碎，喜欢大刀阔斧地干。

以上所说，只是相对的。你也许会发现，两种类型的某些品质你都具有，因为每个人的性格类型并非绝对的，它是会随着时间的推移、个人的主观努力而发生变化的。

你看你偏于哪种类型？

你看你喜欢哪种类型中的哪些方面？

那么，你去追求你所喜欢的哪些方面吧。

你的意志如何?

肖 绿

你知道自己的意志强弱程度吗?认真阅读下列题目,选择一种答案:

1. 我很喜欢长跑、远途旅行、爬山等体育活动,但并不是因为我的身体条件适合这些项目,而是因为它们能使我更有毅力。(很同意、比较同意、可否之间、不大同意、不同意)

2. 我给自己订的计划常因自己的主观原因不能如期完成。(这种情况很多、较多、不多、不少、较少、没有)

3. 如没有特殊原因,我能每天按时起床,不睡懒觉。(很同意、较同意、可否之间、不大同意、不同意)

4. 订的计划有一定的灵活性,如果完成计划有困难,随时可以改变或取消它。(很同意、较同意、无所谓、不大同意、反对)

5. 在学习和娱乐发生冲突时,哪怕这种娱乐很有吸引力,我也会马上决定去学习。(经常如此、较经常、时有时无、较少如此、不如此)

6. 学习遇到困难时,最好的方法

是立即向老师、同学求援。(同意、较同意、无所谓、不大同意、反对)

7. 在练长跑中遇到生理反应，觉得跑不动时，我常常咬紧牙关，坚持到底。(经常如此、较常如此、有时如此、较少如此、不如此)

8. 我常因读一本引人入胜的书不能按时睡眠。(经常有、较多、时有时无、较少、没有)

9. 我在做一件应该做的事之前，常能想到做与不做的好坏结果，而有目的地去做。(经常如此、较常如此、时有时无、较少如此、不如此)

10. 如果对一件事不感兴趣，那么不管它是什么事，我的积极性都不高。(经常如此、较常如此、时有时无、较少如此、不如此)

11. 当我同时面临一件该做和不该做却都吸引着我的事时，我经常经过激烈的斗争，使前者占上风。(是、有时是、是与非之间、很少这样、不是)

12. 有时我躺在床上下决心第二天干一件要紧的事，但到第二天这种劲头又消失了。(常有、较常有、时有时无、较少、没有)

13. 我能长时间做一件重要但枯燥无味的事。(是、有时是、是与非之间、很少是、不是)

14. 我遇到困难情况时，常希望别人帮我拿主意。(是、有时是、时有时无、很少有、没有)

15. 在做一件事之前，首先想到它的重要性，其次才想到它是否使我感兴趣。(是、有时是、是与非之间、很少是、不是)

16. 生活中遇到复杂情况时，我常常优柔寡断，举棋不定。(常有、有时有、时有时无、很少有、没有)

17. 我做一件事时，常常说干就干，决不拖沓和让它落空。(是、有时是、是与非之间、很少是、不是)

18. 在和别人争吵时，虽然明知自己不对，我却忍不住说一些过头话，甚至骂他几句。(时常有、有时有、有时无、很少有、没有)

19. 我希望做一个坚强的有毅力的人，因为我深信"有志者，事竟成"。(是、有时是、是与非之间、很少是、不是)

20. 我相信机遇，好多事实证明机遇有时大大超过人的努力。(是、有时是、是与非之间、很少是、不是)

得分

1. 凡单序号题(1、3、5……)每题后的 5 种答案，分数依次是 5、4、3、2、1 分。凡双序号题(2、4、6……)，分数依次是 1、2、3、4、5 分。

2. 20 题得分之和与意志品质关系如下：

81—100 分：意志很坚强。61—80 分：意志较坚强。41—60 分：意志一般。21—40 分：意志较薄弱。0—20分：意志很薄弱。

女孩子精神健康自测

水 仙

随着社会向前发展，人们对精神生活方面越来越重视。为帮助了解自己的精神健康状况，下面专为女孩提供9道自测题。每道题后都有a、b、c三个供你选择的答案。请你在符合你平时习惯的答案上打上“√”，然后按后面计分方法算出你的总分，看你属于什么范围，以便了解自己的精神状况。

1. 你做事是否有条理？

a. 每晚都准备好明天上学要带的东西；

b. 家中所有的物品放得井井有条，需要时即可随手取来；

c. 每天晚上要花很多时间找东西。

2. 你决意做某件事是如何做的？

a. 耐心地去做，凡是自己能做的，决不推卸拖拉；

b. 遇到困难时，不勉强自己，但有时也会从头做起；

c. 拖拉、得过且过，常有“明天去做”的想法。

3. 当你失望时，反应如何？

a. 能控制自己的感情，冷静思考下一步怎么办，并立即行动起来；

b. 想起有些激动，但还能控制住自己，努力使自己不去想那不愉快的事；

c. 麻木不仁，或反应异常激烈，惊慌失措。

4. 你与家人、邻居、同学或其他人相处如何？

a. 互相尊重、相处和睦；

b. 与家人还可以，与其他人还说不上好坏；

c. 对周围人疑虑重重，甚至有些恐惧。

5. 你怎样度过业余时间和假日？

a. 事先就有自己的安排，或看电影，或上公园，或逛商店，或外出旅游等；

b. 根据即兴的想法度过业余的时间；

c. 业余时间大部分用来休息，很

少外出也不想玩。

6. **你的睡眠是否正常**？

a. 睡眠时间充裕，醒来后很舒服；

b. 睡得不深，易醒；

c. 有顽固的失眠症，常做噩梦。

7. **你是怎样对待学习的**？

a. 很有意义，学习愉快；

b. 习以为常，没什么看法；

c. 是一种负担，毫无兴趣。

8. **你生病时，是否去找医生看病**？

a. 立即去医院看病；

b. 实在难受才去；

c. 自己找些药服用。

9. **你的记忆如何**？

a. 同以往一样，不觉有什么不正常；

b. 忘记最近发生的事情；

c. 忘记过去的事情。

计分方法及简析：

a = 1　b = 2　c = 3

9—15 分：精神状况较佳，性格坚强，理解力、工作与适应能力、感情状况均佳。这能使你生活和谐幸福，为事业成功提供可能。

16—25 分：精神状况正在退步，对各种生活环境的适应能力正在减退，但还有可能得到改善。

26 分以上：精神状况欠佳，应及时采取一定措施改善，必要时请专科医生诊治。

女性人体秘语

庄　姗

(1)喜欢搔弄头发的女子，凡是涉及有关自己的事情时，她们马上会显得特别敏感。有人喜欢拉耳朵，有表示拦阻对方说话的意思。

(2) 说话时常常用手掩住自己嘴巴的女子，是有意要吸引对方。

(3)穿着不同社会习俗的服装，乃是怀有强烈优越感的表现。穿着比尺寸更大型的服装，这种人自我显示欲望很强。

(4) 有些女子沉迷于追求流行服

装，这种人很孤独，情绪也很不稳定。对于流行服装漠不关心的女子，个性很强，但缺乏协调性。

(5)女子用拔、刮、画等技术，使眉毛变得更细更长，是为了体现女性的温柔和妩媚，增添女性魅力。

(6) 脸颊是女性最可能流露真实感情的部位，会脸红的人一般是年轻、怯生和不擅社交的人。在复杂的环境中，除了显示天真与毫无经验之外，其实也没什么可引以为羞耻的事。脸红经常出现在与性爱有关的场合，一般来说，脸红基本上是人类显示童贞的颜色信号。

(7)大大方方地交叉着双足，大体上都表示对任何事情满怀信心。交叉双足幅度很小，表示心底怀有不安的意思。

(8) 有些女子非常想探听对方的真相，这是有意明白对方的缺点，期待更好地控制对方。有些女子对于别人的消息传闻特别感兴趣，这种人内心十分孤独，渴望着友情但难以获得真正的友谊。

(9)说话声调很高昂的女子，显示出她主观任性的性格。喜欢小声说话的人，主要对于事物缺乏信心。说话的抑扬反差大的人，属于自我显示欲很旺盛的人。

(10)在缺乏母爱家庭里长大的女孩，对人际关系表现得很笨拙；在缺乏父爱家庭里长大的女孩，对于工作没有责任感。

(11) 有的人一旦遭到失败，就表现得心灰意懒，这种人很容易陷入智力的退化状态里。

(12)对于别人的言语完全听不进去，这种女子眼光短浅、性格偏执，容易被别人的话所诱惑，这种女子被暗示性很强，容易受到伤害，思想集中力较差。

(13)喜欢单独一个人玩乐的人属于固执型。喜欢大家一块儿玩乐的人，则属于精神安定型。喜欢体育的人，在精神方面可以保持平衡。

(14) 初次见面不显生疏，使劲向对方握手的人，具有主动的性格和自信力。有些人一旦被别人注视的时候，会忽然将视线躲开，这种人大体有自卑、或相形见绌的感受。

(15) 年轻的女性，如果具有爱好古典音乐的兴趣，则属于神经质的类型；喜欢歌谣的年轻女性，多半爱好应酬；爱好爵士音乐的人，则属于感觉类型者；爱好通俗歌曲的年轻女性，大多属于平凡的类型。

(16) 有些女性虽然已离少女期，但也常常喜爱谈论“恋情”或“爱情”的事情，这表示在她内心隐藏着感情不满的事实。

(17)在女性那种冲动性的购买行为里，隐藏着欲求不满的意思。吝啬型的女性，很守信用，不谈感情，所以一切行为都很冷淡。

人为啥会自卑

金 译

人为啥会有自卑感?

请在下面找原因——

1. 早晨,照镜子后第一个念头是什么?

a. 再漂亮点就好了 (5分)

b. 想精心打扮一下 (3分)

c. 别无它想,毫不介意 (1分)

2. 你是否想到5年、10年以后会有什么使自己极为不安的事?

a. 常有 (5分)

b. 没有 (1分)

c. 偶尔有 (3分)

3. 你受周围人们的欢迎和爱戴吗?

a. 受欢迎和受戴 (1分)

b. 不受欢迎和受戴 (5分)

c. 不太清楚 (3分)

4. 你被朋友和小伙子起过绰号,挖苦过吗?

a. 常有 (5分)

b. 没有 (1分)

c. 偶尔有 (3分)

5. 老师发考卷了,同学们要看怎么办?

a. 把打分的地方折起来不让他们看 (3分)

b. 让她们看 (1分)

c. 将考卷藏起来 (5分)

6. 有过自己"反正不行"的想法吗?

a. 常有 (5分)

b. 没有 (1分)

c. 偶尔有 (3分)

7. 遇到寂寞和讨厌之事怎么办?

a. 陷入深刻的烦恼中 (5分)

b. 吃喝玩乐时就忘了 (1分)

c. 向父母和朋友诉说 (3分)

8. 如果碰巧听到别人正在说你所尊敬的人坏话时,你怎么办?

a. 断然反驳 (1分)

b. 担心会不会是那样 (5分)

c. 不管闲事 (3分)

9. 不管怎么努力学习,结果都输给竞争对手,你怎么办?

a. 继续挑战,加倍努力 (3分)

b. 感到不行,只好认输 (5分)

c. 从其它的学科上竞争取胜 (1分)

总分:

15—29分……A

30—44 分……B

45—60 分……C

61—75 分……D

判断：

A. **环境变化造成的原因：**

你平时没有自卑感，无论实际情况发展趋势如何，你是乐天派，并且很自信。你对自己的才能和外表风度充满自信和骄傲，极少自卑感。如果你有自卑感的话，那是环境起了变化的缘故。

B. **理想过高造成的原因：**

你有过分追求、理想太大的缺点，你不满足现状，想出人头地，这导致你去追求不合理的幻想。也可以说，你过于与周围的一切人计较长短胜负，过于追求虚荣，反而陷入自卑感中不能自拔。

C. **过早断定造成的原因：**

你在干事前就过早断定自己不行，自认为不如别人。主要是你不了解周围人们的真实状况，不清楚使你焦躁思虑的事情的本来面目，搞清楚的话就会恍然大悟，“怎么，竟是这样的事啊！”随之则坦然自如。

D. **造成性格懦弱的原因：**

易用消极悲观的眼光看待事物，这与你的自卑感有关。缺点是对自身体魄和外貌缺乏自信，光是看到不利之处。事前就自以为不行而转向消极。懦弱的性格是造成你产生自卑的原因。

你将来适合干什么

——预测考大学科系

王　娆

想了解自己的性格类型吗？想知道自己的性格究竟适合考什么样的科系，选择什么样的职业吗？

请准备一张纸，逐个回答下列问题，如果答案是肯定的，就将该题后面的英文字母写在纸上，如果是否定的，就什么也不要写。最后，根据你写在纸上的 A、T、G、M 四个字母的多少，告诉你适合报考的科系。

1. 你是否常常想知道别人的想法？(A)　A

2. 你是否曾经因为功课之外的嗜好而没有时间念书？(A)　A

3. 你是否常常在一个小时之内看很多不同科目的书？(G)

4. 你是否很在乎做一件事的价值？(G)　G

5. 你是否很喜欢精读课本而不太愿意看太多的参考书？(M)

6．你是否相信你的直觉感？(G)

7．你念书时是否非常讲求精确？(M)

8．你喜欢逻辑的判断远胜于联想吗？(M)

9．你是否喜欢读一点书后感想？(G)

10．你是否喜欢参与多人的交谈？(A)

11．你是否在乎老师关不关心你的功课？(G)

12．你做数学时是否常常犯计算上的错误？(G)

13．你喜欢独自念书远胜于和同学共同研读吗？(T)

14．为了了解某些事情，你喜欢先找资料远胜于先问人吗？(T)

15．做理化实验时，在等候实验结果出来之前，你是否想和别人说话？(A)

16．你对抽象的符号感兴趣吗？(T)

17．你是否常常喜欢想一些细节的问题？(M)

18．你读书时喜欢考虑实用性吗？(G)

19．你容易陷入没有固定目标的联想吗？(T)

20．你是否喜欢制造愉快的气氛？(A)

21．你是否常常希望有更多的朋友？(A)

22．你是否喜欢打电话？(A)

23．你是否经常把难题放在心里思考？(T)

24．读书时你是否会注意一些细微的差别？(M)

25．你觉得凡事要从小处着眼吗？(G)

26．你对于定理的证明感兴趣吗？(M)

27．你是否喜欢想一些实际上不存在的东西？(T)

28．你是否要求读书的速度要快？(G)

29．你是否喜欢动手做一些工具？(A)

30．你喜欢看大众化的杂志吗？(A)

31．你是否对个人单独工作比团体共同工作的兴趣要高？(T)

32．你是否觉得一段时间只能做一件事？(M)

33．你是否喜欢把思考限在一定的范围内？(M)

34．你喜欢只了解某些事情而不愿被人视为“万事通”吗？(M)

35．你读书时很讨厌别人问你问题吗？(M)

36．念书时，你是否会担心家里和学校的事呢？(A)

37．你是否喜欢某些思想上的“经营”？(T)

38．你的体力活动是否比别人

多?(A)

39. 你喜不喜欢户外的旅游?(A)

40. 你喜欢用大的观念来了解事物吗?(G)

41. 你喜欢做某些别人已经证明过的实验吗?(T)

42. 你是否觉得做了再说比想了再做要有意思?(G)

43. 你喜欢用自由联想来思考问题吗?(T)

44. 你喜欢课堂的时间远胜于课外活动吗?(T)

45. 你是否常常因为读书而忘记时间?(M)

46. 你是否能在比较长的时间只思考一件事?(T)

47. 你是否对不太清楚的事必须弄清楚再说?(M)

48. 你对于古籍文化有没有偏好?(G)

现在,计算一下你有几个A,几个T,几个M,几个G,可以告诉你适合考什么样的科系。

如果你有9个以上的T,说明你富于想象力,喜欢抽象的符号,喜欢独立思考,不喜欢了解别人的感觉,不考虑实用价值。**适合从事研究工作,哲学的思考和文学理论的探讨等。适合读政治学、社会学、文史、哲学等。**

如果你有9个以上的A,说明你喜欢行动,喜欢从事具体事物的操作,对人感兴趣,不喜欢抽象的东西,喜欢社会生活,喜欢做管理服务性的工作。**适合从事工商业、现场技术管理等。可选读化工、机械、建筑、航空、教育、心理、公共关系、图书管理、医学、护理、农学院、法律、企业管理、金融等。**

如果你有9个以上的M,说明你喜欢从小处着眼,喜欢精密逻辑性的东西,不喜欢笼统的观念,不喜欢直觉和自由联想。**适合从事逻辑强的研究工作或管理。可选读电脑、咨询、电子、机械、物理、化学、数学、生物、医药和法律等。**

如果你有9个以上的G,说明你喜欢从大处着眼,喜欢以大的观念处理事情,做事喜欢考虑实用性。对于复杂的管理设计有兴趣,喜欢从事服务的行业。**适合读建筑、工业管理、艺术、戏剧、文史、心理、教育、社会、公共行政、护理、家政、企业管理、经济等。**

如果你各个分数都低于9个,说明你的性格有弹性,适应性极强,因此,测验不能论断你有什么特殊的选择。但有一点可以肯定,**你不要去选择分数最低的字母代表的科系,那是最不适合你的。**

另外,根据概率,同时有两个字母在9个以上的情况是很少的。

衷心地祝你能根据自己的兴趣、爱好、能力选择合适的专业,充分发挥你的聪明才智,做一个对社会有用的人。

血型与自我导向

火　佳

朋友，你知道自己的血型吗？你了解自己的心理、气质、性格特征吗？你知道如何运用血型知识为自己开辟一条较为顺利的人生之路吗？日本著名的血型研究专家能见正比先生在对血型进行了30多年孜孜不倦的研究之后，就如何根据各种血型的特点，扬长避短，为自己创造出一条成功之路提出了如下一系列建议。

O 型

对O型来说，与其当一名万金油式的“万能博士”，不如专攻一门更为有利，因为在一些专业性的领域中，O型的学习及掌握本领比其他血型的人较易得到发挥。为避免除专业外对其他一无所知，O型应注意专业外知识的吸收，但程度不必过高、过深。

在职业选择方面，O型应选择目的既明确，又较具体的职业为宜。如以吸引顾客、推销商品、赢利为明确目标的经营性行业。调查表明，国外财团巨头中O型的比例明显大于其他血型。

O型的伙伴意识较强，多数都对他人持积极态度，加之大多具有较强的独立性和对他人的指导欲，因此O型在经营企业时，成功率较高。

O型还具有较强的政治投机倾向，在政治家中，O型比例明显较高。

O型的表现力较为丰富，制作能力，尤其是造型能力较为突出，故可在文艺、工艺、美术等方面获得较大成功。但在需要综合及组织能力的制作业中，成功的比例相应较低。

O型若对公安事业有兴趣时，则以从事刑警为好，如对新闻、出版事业有志时，则以采访、取材、选题方面较为适宜。O型竞争性强的倾向能使其在体育界大显身手。O型好为人师的倾向也适于他们去从事教育事业。

A 型

A型因富有组织协调性、能尊重社会秩序和习惯、办事认真细致等气质适宜在政府部门任职，但A型如对人过于苛求，或责任感过强，在这些部门中容易遭受挫折。

有些营业部门要求职工有当机立断、速战速决的气质，而A型由于循规蹈矩，故在初期阶段往往难以打开局面。但时间越长，A型的诚实作风越能赢得别人的信任和好感，取得成功。

A型具有各种职业都需要的共同气质，即对技术的改良和应用技能，在行动方面的实用性、现实性，以及制订周密的计划，并付诸实施的气质等。A型的职业适应性比其他血型更强，如A型的细致可使他成为卓越的工程技术人员，也可成为出色的教师。而他对人的服务性和下结论的慎重性也能使他成为很好的医生。

A型在职业中往往呈现出大器晚成的倾向，因此，A型应对自己充满信心，并以坚持不懈的努力去争取获得事业的最终成功。

B型

对B型来说，只要自感在自由方面受到过多的限制，他的主动性和积极性就难以得到发挥，意志也可能变得消沉，其能力也难以充分表现出来。因此，从事自由度较高的工作对发挥B型的特长较为有利，如调查研究、计划设计、开发研究，以及新闻采访等领域，都是B型可任意驰骋的天地。基于B型具有感觉较为敏锐的特点，在文艺、美术领域也可大显身手，但在这一领域，多集中于实用性较强的门类，如编剧、商业美术、服饰设计以及音乐等。如要从政，那也以具有综合性质的机构较为适宜。但不管从事哪类职业，由于B型不精于算计，往往又轻信于人，故应启用一些精明的作战参谋或经营参谋。

从学生时代开始，B型对学校的课程就有较明显的好恶倾向，从而造成感兴趣的课程热心钻研，不感兴趣的课程就弃之不顾的情况。这种学习态度及方法会影响基础知识的吸收积累，影响将来事业的成功，要注意克服避免。对B型来说，充分注意养成人际交往的技巧可能要比其他血型付出更大的努力，因为，由于交际的不得法而使自己受到挫折的例子在B型中是屡见不鲜的。

AB型

AB型虽然体质较弱，易疲劳，不耐艰苦的努力，尤其不善死记硬背，但仍能以其机敏、聪慧，以及善于综合、融通的能力，在知识的领域里获得成功。就具体职业而言，基于AB型的特长，不少以综合、融汇为主要手段的工作，如计划、设计、编辑、编导之类的工作都是可大显身手的领域。文化艺术界也是其活跃的良好场所，此外，AB型对创造发明之类的工作也是颇为得意的。

AB型具有待人亲切、和蔼，善于协调人际关系的倾向，适于从政或从事经营性事业。如经营百货、饮食、旅馆，或从事代理商、中间商等。

AB型一般对社会都抱有较大热情，对人也较亲切、诚恳，如能适当控制对人的冷峻和挖苦，一生可望较为顺利、快乐。

AB型虽然巧于处理人际关系，但也有人常感人生艰难，苦于世间斡旋而灰心丧气，个别人甚至因此厌世轻生。对于这些人应很好运用血型知识，自觉地控制并避免这种情绪。

西方流行心理自测三则

姚 莹

(1)你是否具备运用机会的才能

假如在行路时有人向你问路，而恰好你们方向相同，你会如何呢？

A. 告诉他方向相同，可以一起走。

B. 很详细地告诉他，等他起步后，再从后面跟去。

C. 默默地带他到目的地。

D. 告诉他走法，自己走另一条路。

结论：

A."人生何处不相逢"，这是一种缘份，你能借此同行，可说是个善于利用机会的人。你做事负责，有涵养，懂得尊重人。

B. 你把自己的事和别人的事分得很清楚。你喜欢跟在人家后面求安全，也许是这个原因，使你得到许多成功的机会。

C. 你是个独立性颇强的人，你不善于表白自己，并且不善于体谅别人的困难。你容易树敌，但因为你的强硬，也有不少人会跟着你走，你是属于政治家型的人。

D. 你生性软弱，内向，自卑，常怕人低估自己。你缺乏运用机会的才能，一旦有人请托，则觉得负担，感到厌烦。你没有意气相投的朋友，也没有敌人，是个较为孤僻的人。

(2)对数字的反应看你的性格

下面ABCD四组数字，你会选择哪一组？

A.3、5、7。

B.2、6、8。

C.1、9。

D.0、4。

结论：

A. 你很热爱生活，对美很敏锐，是个细腻但有点神经质的人。你喜欢装饰艺术，追求一种动态的、富于变化的美感。

B. 你对事物有着相对性的看法，把生活截然分成对内和对外两种。在外面反应灵敏，而在家中很温和。

C. 你有野心，好奇心也强，对自己的事业很自傲。你平时不肯轻易听从别人劝导，有点主观。你的科学常识较缺乏，是个浪漫型的人。

D．你对事物有合理的看法，颇能运用机遇。你的意志坚强，选定目标后会勇往直前。

(3)**你是否吝啬**？

如果你在朋友家闲谈，发现最后一班车已经走了，而回家须走10公里路。这时你会选择以下哪一个方法？

A．给家里人打电话，告知今夜住朋友家。

B．坐出租车回家。

C．慢步走回家。

D．不在意留在朋友家。

结论：

A．你生性属于节约的人。你很善于判断情况，受朋友欢迎。在社交中，你常以举止合宜而获得成功。

B．你有自我牺牲的精神，愿为人服务，但若得不到感谢，会很生气。表面上你很浪费，事实上是个精打细算的人。

C．你一有钱就想花，就算以后每天吃速食面也没关系。有人向你借钱，就随便借给人，反之，也会毫不客气地向人开口。你是个像孩子般没有经济观念的人。

D．你很注重自己的看法，讨厌别人干涉你。你看到喜欢的东西，袋中无钱也会借钱去买。你的经济观念是自由的。

6

少女的身体奥秘

女大十八变

励 岗

小凤在镜子前面照来照去，忽然发现自己胸脯有些异样，伸手摸摸自己那微微隆起的乳峰，这才体味到了妈妈常说的“你长大啦”的含义。

小凤妈妈是市六医院内分泌科的主任医生，常对小凤说些生理、心理方面的知识。小凤记得，自己第一次来月经时，吓得不知所措，莫名其妙，惊慌之中告诉了妈妈。妈妈却笑吟吟地说：“小凤，你大啦！”小凤这才知道，长大了，来月经是正常的。

小凤记得，妈妈对她说过，人在青春期，身体全面发育，外部呈现出的如身高、胸围、体重等形态的变化；内部的生理结构如呼吸、消化、神经、分泌等系统，也逐渐趋于完善。女性的显著变化是第二性征的发育——变声、月经的出现、乳房隆起以及女性体态的形成。进而，伴随性意识的发展，在与其他人——尤其与异性的交往中，开始异常地注意起自己的体态、脸型、容姿。此时，少女由于意识到自己身体的变化而产生一种不安感、好奇心。在这个时期，少女的生理成熟感已经很强，所以竭力想摹仿成年人的生活形态。但在这个阶段，她们实现成年人的生活形态的具体能力远远不够，因此，即使有了喜欢的异性，也多是单相思，自己苦恼自己，要么独自想入非非，要么以极端的自我显示以期引起对方的注意，但最后几乎都是不了了之。

小凤为自己有这样一位明白妈妈而感到自豪。她很感激妈妈，每当想起妈妈对她说的这些话，她会情不自禁地为自己顺利地度过“危险期”而庆幸。妈妈不只一次地告诫她：少女时期潜伏着种种危险。少女时期，由于她们在生理上的变化，由于性意识的萌发，性机能的成熟，由于心理上的好奇，往往会不自觉地走向错误。她们高三班就有一个绰号叫“大浪漫”的，不久前犯了错误，就是在好奇心役使下发生的。许多事实表明，在生理方面缺乏知识，对自身缺少认识的少女，往往会发生一些本可避免而未能避免的事情。小凤想到妈妈在这些方面对她进行了有意识的灌输，才使自己得以健康地成长。她不由自主地在心里喊一声：“妈妈万岁！”

乳房的奥秘

贝　琪

没有人能够斩钉截铁地告诉你：女孩的乳房从什么时候开始发育。有的时候，小女孩在8岁左右就开始了；但是有的时候，女孩子过了16岁，甚至更晚，她们的乳房才开始发育。

大多数的女孩则是在9岁到14岁之间开始发育乳房。乳房发育得比一般女孩早或是晚，并不代表你有哪里不对劲。这只表示你的身体正以你自己的速度在成长。

对于乳房开始发育一事，几乎人人都有不同的感受。有的姑娘对自己的乳房开始发育感到很兴奋，觉得自己真的长大了。有的姑娘很为自己两个乳房发育的速度不一样而担心。一个乳房比另一个发育得早；或是一个乳房比另一个发育得快一些，这种情形很常见。尽管有一个乳房先开始发育，另外一个终究也会发育的。一个姑娘发育完成的时候，她两个乳房的大小是相当接近的。即使稍有差别，除了她自己，别人是绝不会注意到的，不要为此多生烦恼。

有些姑娘发现自己的乳晕附近长出了细细的毛，就用镊子把它们全都拔掉了，但是它们随后又长出来了，真不知怎么办才好。虽然，大多数的姑娘并不长这样的细毛，少数姑娘会有这种情况。细毛并不影响什么，拔掉细毛并不能彻底消除，可能会造成感染，使你乳房发肿、发红和发痛。

也有姑娘在乳房发育时，一个乳头向外突出，另一个乳头却没有向外突出，怕是有什么问题。其实有许多女子的乳头都呈逆陷，这种情形并不会造成任何问题。逆陷的乳头会产生问题，是指本来并未逆陷的乳头突然之间逆陷了；或是本来逆陷的乳头突然之间又不逆陷了，这种情形最好找医生检查检查。

有些姑娘之所以担忧，是因为她们发现自己的乳头偶尔会流出一点点液状物，这属于正常的，这是你的身体使乳腺管保持畅通的方法。这种液状物也许呈白色、透明，或有些发黄或发青。如果是很多，或呈黑褐色，或其中有脓，就得快去看医生。因为这是感染的迹象。

除此之外，有的姑娘乳房比别人早发育，就感到难为情，用绷带将自己隆起的乳房裹起来，让自己的胸部看来平坦。也有姑娘为自己的乳房比别人发育慢而不安，以为自己一定出了严重的毛病，譬如，也许是男的，而非女子。这种种的担忧都是不必要的，对待自身的发育，顺其自然是良策。

双乳不对称怎么办?

白　鸽

《少女》编辑部:

我今年15岁，乳房已经开始发育。我发现两个乳房不一样大。这是不是生了什么病,应该怎么治疗?

凌　元

凌元同学:

你可能对自己的身体变化特别敏感。一般来说,女孩进入青春期,双乳是同时发育的，大小也差不多。但正像人的双眼、双手不可能完全同样大小一样，双乳也不可能一点差别都没有。你是否夸大了这种正常的差异。

另外，也确有一些人双乳不同时发育，一侧较早发育，另一侧较迟发育；或者双乳对雌激素的反应性不一致，可以引起一侧乳房比另一侧大一些，这也没有什么关系。随着身体的逐渐发育成熟,这种差异会渐渐缩小,双侧乳房会慢慢变得对称起来。

只有双乳明显不对称，比如一侧比另一侧大出将近一倍,甚至更多,或者乳腺中能触及明显肿块的，这才是不正常情况,应及早去医院诊治。

凌元姑娘,你正在发育阶段,不必着急,观察一段时间再说。

丰满的胸部,圆润的乳房,使女孩形成了特殊的曲线美。佩戴乳罩不仅对乳房有保护作用,而且能托住乳房,防止过早下垂。

女孩什么时候戴乳罩好呢？一般认为，17岁左右戴乳罩较好，这时乳房发育基本定型,戴上合适的乳罩,不会影响乳房的生长发育。如果戴得过晚，乳房下垂后就起不到应有的作用。也可以用乳房大小来衡量戴乳罩的时间，测量乳房大小的方法是用软尺从乳房的上缘经过乳房头量到下缘，如果距离大于16厘米，就必须戴乳罩,要养成戴乳罩的习惯,不要怕麻烦。

选购乳罩时要根据自己的喜爱以柔软、简便、美观、舒适为宜,大小要和自己的乳房相一致。夜里睡觉时可解下乳罩,以免影响呼吸和睡眠。

少女要养成戴乳罩的习惯

超超　边疆

怎样使你的胸部更健美?

朱全梅

有不少读者怀着羞涩的心情给编辑部来信，诉说自己因为没有一个丰满的胸部而感到烦恼。

其实，体弱瘦小的女孩普遍存在着这种烦恼。不错，作为女孩，有个丰满富有弹性的胸部，能衬托出女性美，富有魅力。任何衣服穿在这种女孩身上都会得体有风度；相反，一个女孩如果胸部扁平，女性感就会显得不足，也就减少了女性的魅力。这些女孩常常为此感到遗憾。在这里，我介绍一些如何使胸部健美的方法。

进入青春期的少女，由于内分泌功能的作用，使皮下脂肪增多、变厚，胸围增大，其乳房随着发育而逐渐突出隆起，这是正常的生理现象；少女乳房的发育过程一般都是相同的。乳房是由脂肪和乳腺组成，支持的只有结缔组织，是分散的少量的平滑肌纤维，没有大束肌肉，这种组织弹性不足，所以乳房本身无支托力量，久而容易下垂，尤其当营养不良、体弱多病、劳累过度、精神受刺激或抑郁以及过早过紧地束胸，就会影响乳房的发育。因此，乳房的发育程度因人而异。如果胸肌不发达的瘦弱女孩，在上述诸因素存在下更会显得胸部平坦。尽管人的体型是天生的，但也可以通过后天的锻炼及合理的乳房保健，弥补原有体型的不足。

要积极参加体育活动，加强胸部的肌肉锻炼，以扩胸、收胸动作为主。可以每天清早或晚间挺胸站着做胸部深呼吸，每次10分钟左右，使胸肌发达，乳房平滑肌纤维能更有力地支托乳房挺勃。

走路时，要保持背部平直，乳房也就自然挺起突出；站立和坐着时，也应保持挺胸姿势；睡觉时，以仰卧姿势为好，侧卧或俯卧都要压迫乳房，对乳房发育不利。

避免用热水刺激乳房，如常用热水刺激，会使乳房的软组织松弛，引起皮肤干燥。故在洗澡时，水不要过热，更不要长时间浸泡在过热的浴水中。洗澡完毕时，用稍冷的水冲洗乳房，以促进血液循环，增加乳房弹性。

饮食不宜过于强调忌脂肪类食物和糖类食物，尤其是见了肥肉就皱眉的瘦弱的女孩不妨每天进少量的脂肪食品，可使体型胖些，胸肌也会相应丰满些。有些女孩怕胖了不苗条，又不肯锻炼，于是用减食来达到减肥的目的，结果因营养严重不足，产生各种疾病，已经发育的乳房也会萎缩。

经常游泳对乳房发育、健美大有益处。游泳时，流动的水对乳房是一种良好的按摩，又能使胸肌更为均匀发达，乳房更富有弹性。

还要注意乳房的卫生和保健。最有效的方法是合理使用胸罩，不仅使乳房得到支持和抚托，使乳房血液循环通畅，有利于乳房发育，并且能保护乳头免受擦伤和碰痛。不仅如此，佩带了胸罩，乳峰更加挺勃，还能显出曲线美。在选用胸罩时应选用布料，质地柔软、大小合适，不可过紧；随着身体发育，乳房增大，要相应变更胸罩的大小；勤换洗，保持胸罩清洁；晚上睡觉时要放松胸罩。另外，对乳房要经常进行自我检查，如平时自感不舒服或发现异常肿块，要进一步请医生诊治。如全身发育正常，仅是乳房发育不良，还可以反复自我按摩，按摩时应轻缓顺势，切不可用力过猛。

只要进行合理的营养调节和科学地锻炼身体，定能把你的体型塑造得更健美。

关于乳房系列问题解答

朱全梅

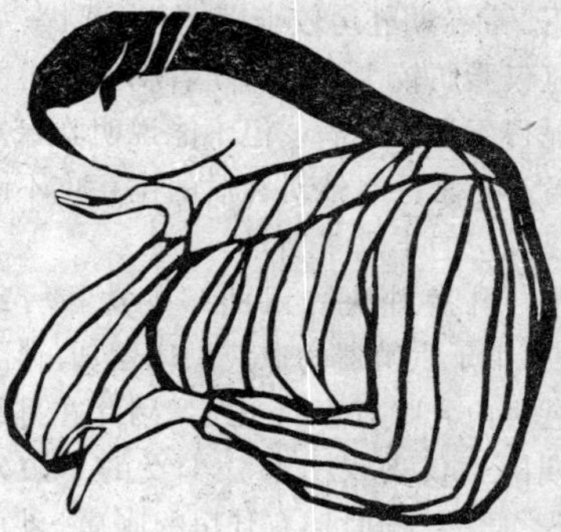

有些女孩，发现自己乳房长了“肿块”，感到十分紧张；有的已到了发育的年龄，全身发育很正常，唯独乳房不如其他女孩丰满又产生了烦恼；更有的发现自己的乳房双侧不对称等等……现从医学角度作些解答。

正常生理特点 女性以月经来潮为青春期来临的标志，此期由于丘脑下部和垂体的促性腺激素的分泌量增加，作用加强，使卵巢增大，卵泡进一步发育，并产生性激素。在性激素的作用下，使女性的内、外生殖器官逐渐发育，并出现女性的特征，医学上称第二性征，表现为骨盆宽大，皮肤细腻，皮下脂肪增多，乳房增大，发声音调变高等特点。

乳房结构 乳房由乳腺和脂肪组成，而乳腺是由导管和腺泡两部分组成，乳腺之间有不少结缔组织和脂肪以及少量的分散的平滑肌纤维，因这些组织弹性不足，所以对乳房无支托力量而容易下垂。在雌性激素的影响下，青春期乳房较丰满，呈半球状，如仅仅脂肪较少者乳房随着胸部平坦而显得不那么丰满，但不能说明乳腺发育不正常，当然对往后的生育也不能以乳房的丰满来衡量。

乳房肿块的识别　少女在行经期，由于生殖器的血液供应增加，伴随乳房内乳腺血管的充血，因此在月经期间不仅表现一部分少女的下腹发胀，腰酸，同时伴有乳房的胀痛，乳房似有软性的条索状的肿物，这就是充血的乳腺组织，大都会随着月经结束而自行消失；有的女性（多见于20～30岁）在乳房发现肿块，表面光滑，可以活动，这一般是良性的，我们常称的"小叶增生"或者是乳房纤维腺痛，只要在医生指导下药物治疗，或作手术摘除；还有的女性(多见于40～60岁)在乳房发现肿块不痛不痒，表面不光滑，质地较硬的小肿块，边界不清楚，活动性差，一般为乳腺癌，是妇女常见的恶性肿瘤。对于乳房的肿块，有良性也有恶性，但不必害怕，只要早发现，早治疗，是根本措施，最好方法是学会自己检查乳房。

乳房肿块的自我检查法　平卧在床上，先将右手举过头，使右侧乳房平铺于胸壁上；再用左手手掌平放在右侧乳房上，由一处开始，逐处按摸乳房，随后换右手用同样方法查左侧乳房，检查时应注意不要用手指捻捏乳房，否则很容易误将乳腺组织当作乳房肿块。如果检查中发现有肿块，自己无法定性质的，则不要害怕，更不要胆怯，及时到医院请医生作进一步检查。

少女乳房的保健　每个女孩子都要知道如何保护自己的乳房。一般讲少女在乳房发育期，应加强多种营养，特别含蛋白质丰富的食物如瘦肉、牛奶、豆制品、鸡蛋等；少女的乳房发育一般是两侧对称的，但也有先从一侧开始发育，这时可能出现两侧不等大现象，这不足为怪的。什么情况属于不正常？两侧乳房明显不等大，甚至出现一侧发育不良，或完全不发育情况，这时应该到医院看医生了。少女乳房随着月经来潮，逐渐变得丰满而富有弹性，有些少女易产生一种羞涩感，走路时常常含胸弓背，长期下去会影响胸廓、乳房、脊柱的正常发育，更会影响体型的健美。因此乳房正处于发育的少女走路时，应抬头挺胸，并且乳房增大到一定程度时必须及时使用合适的胸罩，以免乳房的过多摆动和过度下垂，以及阻碍乳房的血液供应，所以佩戴胸罩不仅保护乳房，更显示了胸廓线条美的作用。平时应多注意体育锻炼，使身体的整体素质提高，可更显示出青春少女的魅力。

月经来得早会影响长高吗？

白 鸽

《少女》编辑部：

我是一个13岁的女孩，身高1米50。不久前，我来了月经。听人说，早来月经的女孩都长不高，所以我挺担心的，尤其来月经时心情更紧张。我真的长不高了吗？

静 兰

静兰同学：

你的担心是多余的；如果你再这样紧张下去，倒反会影响长高。因为人的身高是受多种因素影响的，保持乐观向上的情绪，是一个不可忽视的精神因素。

人的生理往往受到心理的制约和影响，你越怕长不高，潜意识中的负信息就越制约你的生长发育；你经常强化正信息，合理地安排自己的学习和生活，任其自然发育，倒会有意想不到的结果。

月经期的自我调理

马莲梅

月经是女性的特殊生理现象，伴随着从青春期进入更年期，可以称得上是“老朋友”了。每当月经来潮时，身体总有些不适感，如何调整好这一特殊时期的生理状况，对我们的生活学习很重要。以下介绍它的几种症状和处理方法。

情绪异常 有些少女在月经来潮前一周左右会出现情绪异常，有的急躁、易怒，好与人争吵；有的抑郁寡欢，沉默少言。这是经前紧张症的表现，是月经期间激素平衡失调、钠水潴留和抗利尿激素过多之故。可以服些谷维素，症状过分明显的用些镇静剂或抗抑郁、焦虑剂。

嗓音改变 经期声带充血、水肿，以致嗓音有变化。所以月经期间应注意声带休息，不要过度用嗓子，发音时间不宜过长，发声也不要过响，以免损伤声带。

浮肿 有些女孩在月经期间出现

浮肿，程度和部位因人而异，但以眼睑较为明显，有肿胀、沉重感，严重时发亮光，外观象"蚕宝宝"。面部浮肿者有面部绷紧感觉。手指浮肿时有不灵活感。脚的浮肿，使人感到穿鞋较紧，用手按足背及踝部皮肤时，有凹陷出现。若腹壁和腹腔脏器水肿，便会出现腹部膨胀、体重增加、尿量减少现象。胃肠道水肿时，会有食欲减退。盆腔脏器水肿，可引起下腹疼痛或下坠感。这种种症状在经前达到高峰，来经后尿量会增多，浮肿就会逐渐减轻。防治的方法是，菜肴偏淡，还可服一些利尿剂，增加尿量排出以减轻水肿。

月经疹　于月经来潮前1～3天，在面部、躯干和四肢可出现皮疹，经净后1～2天内消退。表现为红斑、疱疹、荨麻疹、紫癜，眼圈周围色素沉淀，有时口腔和外阴粘膜还会出现溃疡，个别女性还会有全身性疱疹型月经疹，症状严重者，常伴高热和全身不适。月经疹的发生，可以服乙烯雌二醇，或一些抗过敏药。

还有些女孩在月经期间口角、鼻孔周围出现单纯性疱疹，这是由于平时潜伏在上呼吸道和口腔里的病毒趁月经期间抵抗力下降之际兴风作浪而引起的。月经过后会自愈。

在这些症状中，有些可以不治自愈，有些则需要治疗。了解这些知识后，就可以帮助你自行调理了。

少女月经期的卫生保健

朱全梅

来月经时所用的月经带、月经垫子、专用毛巾都要勤洗勤换，并在太阳光下晒干消毒；卫生纸柔软、清洁，经过消毒而又吸水，千万不可用破布、乱纸、旧棉花。要保持外阴清洁，每天用温水洗净外阴，以防经血刺激皮肤，发生湿疹。月经期洗澡应当淋浴或擦浴，不能坐在浴盆里，更不能坐在小河沟、池塘里洗澡。洗澡用水不要用冷水或热水。洗冷水可使月经突然停止；用热水会使子宫充血，造成经血量增多。月经期要注意保暖，不要受凉。因为寒冷刺激容易引起子宫、盆腔内血管过度收缩，会导致痛经或月经失调。

月经期可以照常学习，但应避免剧烈的体育运动，以防流血过多。一般说来，经期进行一些缓和的、运动量不大的体育活动，可以促进盆腔血液循环，使经血畅流，如果激烈运动会使盆腔血液流速加快，造成经血不容易干净，经血量增多。

月经期间需要精神愉快，心情开朗，避免情绪波动、忧郁或发脾气。注意饮食，多吃蔬菜和易消化食物，不吃生冷和酸辣等刺激性食物；在月经期，铁的需求量更大，所以少女在经期应多吃些瘦肉、蛋黄以及动物的内脏如肝、心、肾，以防因缺铁引起贫血疾病。

恼人的痛经是怎么一回事？

朱全梅

有些少女在月经来潮期间或多或少有些不适，程度因人而异。有些女孩仅有轻微的腰酸、下腹坠胀、乳房胀痛、头痛、神经过敏、精神抑郁、容易疲劳等。这些出现属正常生理现象，不影响生活和学习，对健康无影响。

但也有些少女每逢月经来潮，犹如大难临头，会产生难以忍受的下腹痛、腰痛或会阴部痛，有些女孩还伴有恶心、呕吐、尿频、腹泻等症状，疼痛常持续数小时或1～2天，一般在经血流畅后腹痛才逐渐缓解。此种情况，属于生殖器官无明显器质性病变的月经疼痛，称为“原发性痛经”，大多发生于13～19岁的女孩，痛经始于月经初潮后不久，以后年年加重，直到结婚生育后可自愈。

引起原发性痛经的原因很多，总的来说，它与精神因素、体质因素及子宫痉挛性收缩等有关。出现痛经的情况有以下几种：身体虚弱、有慢性疾病、精神紧张及感觉过敏的；子宫颈口狭小、子宫过度屈曲，使经血不能畅流刺激子宫收缩的；子宫发育不良、子宫肌肉与纤维组织比例失调，造成子宫收缩不协调的；子宫内膜大块脱落，使排出不畅而使子宫收缩增强的。以上情况，必须通过各种方法检查，找出病因，才能对症治疗。

痛经发作期间应卧床休息，轻的可服些生姜红糖汤或益母草膏，也可用热水袋敷于下腹，如仍不见好转，可适当服止痛片以缓解疼痛。平时适当体育锻炼，增强身体素质，注意经期卫生，生活要有规律，劳逸结合。为了消除痛经因素，在月经期应避免剧烈运动，过度劳累；还应避免生冷寒湿，不要淌河，洗冷水浴；饮食方面忌食生冷；精神方面消除一切恐惧、焦虑及精神负担。如发现身上有其他疾病，应积极请医生治疗。

和女孩谈谈月经初潮与周期

朱全梅

人体各种器官的发育成熟过程一般都是悄悄地、缓缓地进行的，但女孩的月经初潮却不然，她具有宣告青春期来临的意义，是女性成熟的一种标志，因此“月经”成了女性的专利。编辑部收到大量的来信要求解答与月经有关的一些问题。月经初潮的年龄，经血量的多少，月经周期的长短，月经期间该怎么办等。这些问题使少女们陷入困惑之中，往往还会影响学业。下面我谈谈有关月经的问题。

(一)月经初潮

月经初潮，是指女性生长历程中的第一次月经来潮。初潮的年龄一般在12～15岁之间，平均14岁左右，初潮的年龄早晚受遗传因素，健康状况、营养、环境和气候条件影响。

在较寒冷的地带，初潮的年龄可推迟到15～17岁；生长在较温暖地带的女孩11～12岁便来月经。但是为什么有些少女月经姗姗来迟？原因甚多。有的可能儿童期患有各种慢性病如寄生虫病、肺结核、肾炎、肝炎以及中毒感染或营养不良等。这些都会使生殖器官发育延缓，甚至损害卵巢的机能，影响初潮的来临，有些少女进食很少形体消瘦，也会使月经初潮推迟。非洲大陆因饥饿在死亡线上挣扎的少女，月经初潮年龄均延晚，有的停经或不育。有些女运动员和舞蹈演员为了减肥，过分节食，使体重下降，也会引起初潮推迟或停经。据专家研究表明，女性月经初潮至少要有占体重17%以上的脂肪积累，而要维持月经和生育则必须要有占体重的22%的脂肪积累，才能提供能量，维持内分泌系统的正常功能，所以对消瘦型少女，应纠正偏食，设法多进食物，尤以摄入多些蛋白质，脂肪类等营养品，使体重增加，有助于性成熟，有助于月经正常。

在读者来信中，有广西的张兰，广东的文岚，云南的晨微等女学生，有的14岁，有的已16岁，还没来月经。你们不要担心，只要没有其他疾病，平时改善饮食结构，适当增加体重，多参加些文体活动，保持心情愉快，你们的苦恼就会很快消除。当然如果到18岁还不见月经来潮，就应当请医生检查，找找病因，是否有先天性疾病或妇科病或其他慢性病。

没有任何病理因素而直至18岁以后才来月经叫“晚发月经”，可能与遗传有关。因为有人发现，妈妈或家族中其他女性亲属初潮时间晚，女儿初潮时间亦偏晚的可能性较大。早于9岁来潮的月经，称为“早发月经”，这往往是性早熟的表现之一，应当及时到医院进一步检查。

(二)月经周期

月经周期是指两次月经相隔的期间。在读者的来信中,有山东婉儿,湖南的张少华,黑龙江的小雪等女同学,她们由于月经初潮后,已过去了好几个月,未再见月经来潮,于是整天忧心忡忡,害怕而担忧,怕自己得了什么病,疑神疑鬼的,影响了学业。其实青春期卵巢发育尚未成熟,功能尚未稳定,所以在月经初潮后一二年内,月经周期常常不规则,不一定按月来潮,可相隔两三个月,或数月半年,甚至更长时间再来月经,以后才逐渐趋向有规律,一般相隔 28~30 天左右行经一次。因此一些女孩在月经初潮后 1~2 年中,如果月经周期不甚规则,不必紧张,无须多虑,其周期长短也有个体差异。短者可少于 20 天,长者可达 45 天左右,正常行经 2~7 天,多数为 3~5 天。

对于少女来说,即使建立了规律的月经周期,也不像成熟妇女那样稳固,容易受到某些因素影响而失调:如过度紧张,恐惧,忧虑;气候骤变、生活环境突变,经期受寒。全身性疾病,如严重贫血、营养不良、慢性肾炎以及其他内分泌疾病等。因此,增强体质,提高健康水平,防止过度疲劳,避免精神刺激,注意经期卫生等都是很重要的。

消除经痛有良方

小　羽

伴着少女身体的正常发育,月经开始定期地拜访了。随之经痛也经常侵扰着少女,给无忧无虑的少女生活增添了一丝烦恼和痛苦。为什么会经痛?有什么办法可以减轻痛苦呢?

每一位少女几乎多多少少都有经痛的经验。经痛通常是在月经来以前或月经来潮时发生。经痛可能只是一种微微发酸的感觉;但也可能痛得剧烈而严重。

如果你为经痛苦恼,有些法子不妨可以试试。

(1) 用手按摩你的小腹,或用热垫、热水袋来做热敷,帮助你消除经痛。

(2)去医院看看,严重的经痛有时可能是你身体有某些潜伏病痛的讯号。同时,医生也可开一些比成药较为强劲的止痛药或抑制荷尔蒙的药给你吃。

(3)以运动减痛。

运动之一:俯卧,慢慢地把头和胸部抬离地面,双手平放身体两侧,无需加力,使上半身抬离地面。这时,再以双手撑地,把上半身往上抬高,使背部呈弓曲状。如此反复做几次。

运动之二:俯卧,两手往后伸,握住脚踝往头部的方向拉,轻轻地做前后摇摆动作。如此重复做几次。

运动之三：俯卧在距地2～3尺高的长桌或平台上。双手放在前方的地面上，双膝弯曲，并把脚踝往臀部收拉，再以平缓持续的动作把两腿踢出去。如此持续做6分钟。

（详见图）

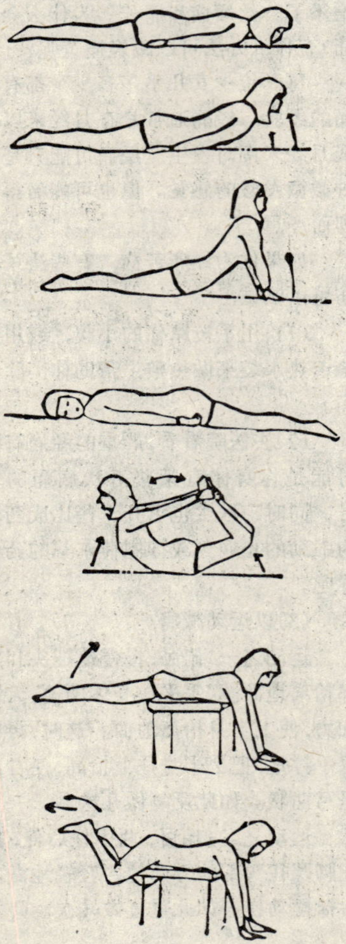

月经时能长跑吗？

李医生

《少女》编辑部：

我爱好长跑，长跑使我有充沛的精力去学习，可是妈妈不让我月经来潮时跑步，她说这样会生病。我解释说：“女排大姐姐每天都进行大运动量锻炼，她们的身体可棒了。”妈妈仍旧不让我长跑，这可苦了我。没有充沛的精力学习不说，身体很快地发胖，每月中止跑步五六天，会胖好几斤，我很害怕；但又不能说服妈妈。和我一起晨跑的同学也有同感。我想知道妈妈的话是否说对了。我该怎样对待月经来潮时的活动？

朱黎莉

朱黎莉同学：

关于女性月经期体育锻炼的问

题，正是许多少女关心的事。

月经是少女进入青春期重要特征之一，也是心理变化的重要时期。行经期，内生殖系统各脏器都有不同程度的充血，并有部分血液流失，全身处于抵抗力较低的时期。另外，少女月经初来不久，尚不稳定。各脏器都处在生长发育阶段，一切尚不成熟。因此，如月经期作较大运动量的锻炼，会给身体带来不良影响，如痛经、感冒等病。

因此，我建议你和你的同学在月经期不可作长跑。但并不是完全不可以锻炼。可改用其他方法作小运动量的锻炼，如小跑步、床上仰卧起坐、广播操或健美操等等。这样同样也能达到锻炼的目的。

你母亲的看法是有道理有根据的。因此我希望你和你的同学能接受我的建议。

来月经能游泳吗？

金　逶

《少女》编辑部：

今年暑假，我下定决心要学会游泳。于是，去报名参加了一个为期半个月的游泳训练班。才学了三天，收获还挺大，蛙式、踩水都能来两下子，谁知正在兴头上，却偏偏碰上了倒霉的例假。一起学游泳的伙伴有的说不要紧，有的说不行，我一时没了主张。你们能告诉我该怎么办吗？

宜　静

宜静同学：

每到酷暑盛夏，对于爱游泳的女孩来说，来月经确实够麻烦的，但千万不能掉以轻心。月经期间盆腔血循环淤滞，子宫颈口微开，子宫内膜有创面，加上这时人的全身和局部抵抗力都减弱，极易受外界感染。在月经期特别要注意保暖，尽量避免冷刺激。如果受到突然的或过重的冷刺激，子宫及盆腔血管收缩，就会引起经血过少或痛经，一旦感染上细菌，还会引起各种妇科疾病，这可是一辈子的事。

你想想，不管是海水、河水还是游泳池的水，水温一般都低于人体温度。人一入水就会哆嗦一下。明白了以上的道理，我想你该不会同自己的身体开玩笑了吧。当然，你参加了游泳训练班，要跟老师讲清原因，一个星期后再去补上脱下的课就行了。

何谓「石女」

子慰

小嫚今年17岁了，出落得楚楚动人，俨然是一个青春勃发的少女了。

一天正在上课，小嫚忽然感到下腹部有些痛，不过疼得不很厉害，她就忍着，忍了几天也就好了。

以后的几个月，小嫚总有几天要忍着腹痛上课，而且一次比一次疼得厉害。在母亲的再三劝告下，小嫚终于去医院检查。

内科、肠道科、外科都查了，没发现什么异常，最后到了妇科。医生发现小嫚已明显进入青春期，凡属青春期少女的身体变化、发育，她都很正常，就是月经没有来。经过进一步检查，医生找出了小嫚每月腹痛的原因。原来小嫚是先天性处女膜闭锁，也就是俗话常说的“石女”。

女孩子外生殖器的阴道口内缘附着一层特殊的薄膜，就是处女膜。完整正常的处女膜中间是有小孔的，有的人只有一个，有的人则有好几个。每个处女膜孔的大小、形状，薄膜的厚薄、弹性都各不相同。这些小孔对女孩是至关重要的，因为它们是经血排出体外的出口。小嫚的身体虽然处在正常发育阶段，但是她的处女膜上却没有孔，卵巢的成熟必然使女孩有了月经，月经形成后找不到出口，经血便在阴道里积聚。这就是小嫚每月总有几天下腹疼痛的原因。

亏得小嫚妈妈带她去医院，也亏得医生检查仔细，要不，“石女症”发现得越晚对少女的危害就越大。月经血排不出去就会在阴道里积聚，成年累月越积越多，以后会向上扩展到子宫腔和输卵管，甚至通过输卵管的远端开口，倒流到腹腔里去，使输卵管破损，肠子粘连，后果相当严重。

小嫚的病发现得较早，在做了处女膜切开手术后，再也没有定期腹痛过。

腋下长毛怎么办？

晨 昏

《少女》编辑部：

我是一个14岁的女孩，近来腋下长起了毛，我真是苦恼极了，整个夏天不敢穿无袖衣衫，唯恐别人看见了笑话我。想用脱毛霜，可妈妈说小孩子不能用。您能告诉我怎么办吗？

梦 琪

梦琪同学：

你来信谈了你的烦恼，其实这是正常的生理现象，不必为此担忧。14岁的年龄正处在青春发育期，你会发现身体各个方面正在一点一点地发生微妙的变化，对你来说，每一天都是新的，与昨天不同。随着发育的成熟，人身体的某些部位开始长出毛发，你也不例外，所以不必为此苦恼。至于脱毛霜，我想14岁女孩皮肤比较幼嫩，如果使用不当，可能会造成伤害。最好去医院请皮肤科医生鉴定一下，千万别贸然行事，以防不良后果。

今夏的街上穿无袖裙衫的人很多，但是，我想每个人因按自身的条件来着装。比如你觉得腋毛不雅观，又不便于用脱毛霜，那就不必非穿无袖衫。有袖的T恤、衬衫同样能显示青春少女的风采。今夏已过，明夏你看着办吧！

脸上长粉刺怎么办？

边 铎

“粉刺”又叫痤疮，是一种皮肤病。患病者要注意以下几点：

1.痤疮主要是由于皮脂分泌过多，排泄不通畅造成的，因此要多用温水和碱性小的肥皂清洗，洗完后不要用油脂擦脸，也不要使用含油的药膏；

2. 不要用手挤压痤疮，用手挤压容易感染，愈后留下难以消退的黑褐色瘢痕；

3. 不要吃刺激性食物，少吃脂肪类食物和糖，多吃新鲜蔬菜；

4.保持大便通畅。

粉刺奏鸣曲

孙未

小时候曾听到相声里说起什么“青春美丽嘎嘣豆”，又看见路上时髦女孩子额头上不乏“蹦”出一两粒红得透亮红得耀眼的“豆”，也吃吃地笑了好一阵。可不知怎么的，一过14岁的生日，我的脸居然也成了粉刺的一大产地。

看那粉刺，一片片似雨点飘落，一点点如鲜花盛开，就像总有喜事盈门似的，每天肆无忌惮地在我脸上张灯结彩，红灯笼连着彩球随处可见，把我的五官装点得一派节日景象。每每我的同学们叽叽喳喳地围住我，或惊诧不已，或忍俊不禁，有的还别出心裁地把我的脸比作一首歌——《在那桃花盛开的地方》。

望着镜子，心里又恼又恨却没有办法，后来突然灵机一动，去理发店剪了个大刘海，每天梳得低低的，把额头低低遮住。这下可好了，我对着镜子看了又看，讨厌的粉刺总算全被盖在刘海里面了。可是，走在路上，突然一阵大风，“伪装”纷纷飘起，一颗颗红彤彤的粉刺又顽强地探出头来，向着路人招手。更糟的是，自从有了刘海，不但额头上的粉刺更猖獗了，而且我的鼻子上、两边脸颊、下巴上也都有了粉刺的“根据地”，真所谓“满园春色关不住，一枝红杏出墙来”。

看来这种消极的办法是不可取的，要消灭粉刺，还得采取积极主动的态度。于是我花了整整一下午的时间，跑遍了整条淮海路，终于觅得了2瓶粉刺露。回家后，又费了一刻钟，在所有大大小小的粉刺上都涂上了粉刺露。过了一会儿，只见粉刺一颗颗变得史无前例地又红又亮，通体都透着红光，简直可以唱《红灯记》了。好不容易挨到第二天，“红灯”似乎就要褪下去了。可是在它们周围却又“蹦”出了一颗颗新的红灯，对着我一闪一闪，像是示威。我只好再用粉刺露“镇压”。就这样，此起彼伏，此伏彼起，粉刺露没有少用，粉刺的总数也并不见得减少。倒是我疲于奔命，差点儿气疯了。

报纸上正推销一种美容霜，口号是“要青春不要痘”，正合我意。是啊，怎么能让美丽的青春埋葬在粉刺堆里呢？我兴冲冲地来到商店，一问价钱把我吓了一大跳——18元8角——我可从来没有想到我的粉刺能值那么多钱！愤愤然，我转身就走。几天以后，我在路上偶遇一位小学同学，寒暄了几句，我们不约而同地发现彼此的脸上都布满了那种“青春的故障”，顿时觉得分外亲切。

“唉，你知不知道呵，我的脸几乎没有一天是光滑的……”她苦恼的神情转而变为神秘，“不过，刚才我听人说，吃维生素E很有用的，我正想试试呢。你不一起试试吗？”

就算“死马当活马医”，也不该辜负了老同学这份心呀。当天，我就从药柜里翻出4瓶维生素E，一天10粒认认真真地服用。果然粉刺渐渐少了一些。我欣喜若狂，正想打电话告诉她这个好消息，没想到她倒先打电话来了。

“真对不起，我想你没吃多少维生素E吧？”她的声音充满了歉意，“我上午看了一份杂志，上面说大量或长期服用维生素E会导致老年性痴呆症……”

“没关系，没关系，我还没吃多少。”嘴里这样回答着，我的心里却早犯了嘀咕。如果她能早一星期告诉我该多好，那样，我兴许还有希望安度晚年。我已经把4瓶全吃下去了。唉，满脸粉刺已使我魅力受损。少了魅力，岂能再没有智力？看来维生素E也不能再用了。

迄今为止，我长粉刺的历史已有4年了。有时，“随风潜入夜，润物细无声”，一夜之间，粉刺又布满了我苦心经营而稍有收敛的额头；有时，为参加一个舞会而涂了一脸的粉底霜，可又往往“粉底遮不住，春风吹又生”，有时恰巧额头正中一颗、鼻尖上一颗、下巴正中一颗，三点一线，看上去煞是滑稽有趣；有时正好鼻子两边各长一颗，远远望去还以为长了四个鼻孔。

不过，事情终于有了转机。一次，我得了重感冒，妈妈不知从哪里找出个偏方，说是要醋熏。于是她拿了锅子，烧了一锅醋，让我把头俯在上面，吸醋的蒸汽。谁知，熏过以后，我的感冒并没有什么变化，满脸的粉刺却竟在一夜之间好了大半，真叫人惊喜不已！第二天早晨，我带着一张光洁的脸和一份无比骄傲的心情来到了学校，满心企盼着同学们的赞美。

“嘿，你一定病得很厉害吧，你的脸色好像不大好。”同桌一脸郑重而忧虑的神情问我。

“是啊，你今天看上去有点病恹恹的，似乎心情也不怎么好，是吗？”

同学们七嘴八舌地围了上来，研究了半天，终于发现原来是今天我的脸上没长粉刺。

“怪不得呢，我想怎么今天你的脸灰蒙蒙的，挺没精神。”

“我说，你还是长粉刺好看，不长粉刺看上去好像太老气，五官也不怎么对劲了。”

“你知不知道啊，有的影星，还特地在脸上点雀斑，可以使自己显得既俏皮又活泼，还能调整五官位置呢。”

我愣了……难道我千辛万苦消灭的粉刺还要再绞尽脑汁让它们再长出来吗？——也许，粉刺这可爱的小东西已理所当然地成为我18岁生命中不可缺少的一部分了；也许，粉刺带来的小小苦恼正是我灿烂而快乐的生活中不可缺少的调味品；也许，如诗般平缓流畅的生活真的需要一些小小的趣味来使它变得丰富多彩……

哦，我的粉刺——杂乱无章而又生机勃勃，你可是青春的音符？

“红面孔”怎么办？

朱全梅

《少女》编辑部：

我是一位18岁的少女，我的脸一年四季都是红色的。不知用什么方法能治，请帮我解除烦恼。

雪飞

雪飞同学：

你的脸特殊，一直呈红色，可能是血液循环不好，特别是末梢循环血流不畅造成的。国外研究认为，红脸膛是由于摄取动物性脂肪和蛋白质过多所致。

防治方法：(1)经常对红的部位多做按摩，使血液流通畅快，同时经常洗澡，加强血循环流通。(2)在食用含动物性脂肪和蛋白质食物时，一定要辅以含大量叶绿素的蔬菜，如菠菜、芹菜、莴苣等。

答一位脸有暗疮的女孩

伟迪

《少女》编辑部：

青春期过后，我脸上的粉刺也退了，可仍留有点点疤痕，这到底是怎么回事呢？请你告诉我。

王 娜

王娜同学：

说到脸上的疤痕，美容专家提出，这得视各种情况而定。有一种是油脂未清：表面看上去只是一般的疤痕，实际上下面仍有油脂聚集因而堵塞着毛孔，有些甚至仍然在内部发炎化脓。这就需要找医生处理干净油脂脓液，消除炎症，然后采用中医药物和食疗的方法。

现介绍一种海马瘦肉粥 它有补肾、净血、治疗身体内的热毒，致皮肤净滑；还有利于女性内分泌的均衡。

材料：选海马一双约五钱，瘦肉半斤，红枣六枚去核，鸡汤适量，油盐、葱适量。

制法：将所有材料洗净，瘦肉切成块，用油盐腌过，将这些材料与鸡汤共煮粥。

每周服用两至三次。

暗疮疤痕不褪还有一种情况：由于身体虚寒，血液循环不佳，加上脸部按摩不够。这要从内部调养、补虚，增强血液循环，多运动，营养适当充足。

专家对此建议采用糯米红豆鸡粥食疗法：

材料：糯米半两，红豆一两，共浸半小时，鸡肉半斤切块，放油盐、葱、酱油腌过以后与大米适量同煮成粥。食后可保养胃肠、消化道，还可补血补虚，促进血液循环。

保护好你的嗓音

阿良

近来，小芬为自己的嗓音沙哑感到不安。她爱好歌唱，喜欢演讲，朗诵还得过学校奖呢。可是近来，总觉得喉咙有些不适，自己那银铃般的声音消失了。她犯愁了，失去了金嗓子，今后如何唱歌，怎样朗诵？

她去就诊，医生对她说："你已经进入青春发育期了，随着身体各器官的变化，和体内性腺激素的影响，喉腔增大，声带组织也在增长、增宽，声带粘膜充血、肿胀，分泌物增多，甚至会发生声带粘膜下出血。在发音时，你会感到高音上不去，容易走调，讲话较吃力，持久力差，声音变得低沉、粗糙，甚至沙哑。不过，这些现象是暂时性的，你不必着急……"

小芬听医生这样一说，心情平静了许多。

医生又告诉她，为了顺利地度过青春期，必须注意以下几点：

1. 劳逸结合好，保证有充足的睡眠时间，不可劳累过度。

2. 有节制地使用嗓子，不可长时间地朗读、唱歌，不可大声叫喊。

3. 伤风感冒时，尽量少说话、不唱歌。

4. 不吃刺激性过强的食物，如辣椒、大蒜。

5. 少吃冷饮，避免和减少对声带的刺激。

6. 在月经期间，也要减少发言和唱歌。

如果在变声期不注意嗓音保健，将会使你的嗓音变成难听的"沙喉咙"而后悔不及。

别忘了吃早饭

尹　辑

女孩子向来不把吃饭当回事，尤其是早饭，最能凑合了。晚上睡得晚必然早上起不来，就把早饭免了；或者觉得早上刚起床，没有饿感，不吃也可以；也有的认为，省去一顿早餐，既能减少麻烦又能保持苗条身材，岂不一举两得？

可是你知道不吃早饭的危害吗？豆蔻年华的你，正处于长身体长智力的关键时期，学习任务也很艰巨。许多不吃早饭的同学坚持不了上午的全部课程，会感到头昏脑胀，注意力不集中，理解力和记忆力明显跟不上。

长期不吃早饭会对消化系统造成损害。正常情况下，晚餐所吃食物经过6小时就从胃部排入肠道。第2天不吃早饭，胃酸及胃里的种种消化酶就会去“消化”胃粘膜，会造成胃溃疡及十二指肠溃疡等消化道疾病。一些同学总感到胃口不好，这和不吃早饭有很大关系。

至于吃早饭怕发胖，这个想法太荒谬了。人体每天对热量、营养的要求是有标准的。就最佳饮食而言，早饭应是一日中最丰盛的一餐。起床1小时之后，热量消耗得比夜晚快。事实上，早饭不吃势必会加大午饭和晚饭的进食量，而晚饭后，一般学习活动量小，倒是容易造成脂肪积累进而导致肥胖。

你甚至不会料到长期不吃早饭，会对大脑的发育造成损害的吧。人脑组织重量虽只占体重的2～3%，但脑的血流量约为800毫升/分钟；耗氧量约为5克/小时，正处于发育期的脑组织，血、氧、葡萄糖的需求量比成人高。血糖过低，脑意识活动就会出现障碍。长期如此，势必影响脑的重量和形态的发育。

总之，吃饭是为了获取营养，而营养好坏直接影响身体的发育成长。据调查，二次大战期间，日本由于缺少足够的动物性食品，青少年的生长发育大受影响。12岁学生的平均身高只有137.8厘米；战后，由于食品结构的迅速改变，1970年的调查结果：12岁学生的平均身高增至147.1厘米，平均增高近10厘米。同时营养对大脑思维的重要性也是毋庸置疑的。

可爱的姑娘们，谁不希望自己有着健康的体魄和聪明的大脑。所以奉劝各位再不要轻视吃饭问题，那些为了减轻2公斤体重而不惜牺牲聪明大脑的姑娘，是不是有点得不偿失啊？

深腹部呼吸

水 贡

空气里有我们生命中每一秒钟向无数细胞输送能源的燃料，它含有清洁我们的身体的化学物质。我们身体中的细胞获得多少能量，以及我们身体的清洁怎样，有赖于我们呼吸的方式。

有一位名医曾经为无数职业歌手检查健康。他发现，歌唱家很少患高血压病。这种情形，看来与深的、有节奏的呼吸有关。毫无疑问，现在也希望你学会腹部呼吸法。

如果可能的话，你把身上的全部衣服除掉，不然的话，起码把身上的每种东西，特别颈际和腰部的东西松开，然后躺下来，放松全身肌肉和神经，现在，你缓慢地通过鼻子呼吸——要自然，不要强迫自己；要柔和，不要急促。然后，你缓慢地用口呼气——你呼气的时候嘴巴哼着英文字母 uo，把呼吸的时间尽量拉长。这时，你会创造出一种意想不到的感觉来。

在你作深呼吸的时候，请注意不要强迫挺起胸部；相反的，想及你的“腹部”，把气吸进腹部去，然后让它从腹部吐出来。

为了把“从鼻孔到腹部的呼吸法”学到手，你要每天这样呼吸 5 次、10 次、20 次以至无数次。

你呼吸一段时间之后，你就能够随时随地使用这种方法呼吸了，包括坐着时、乘车时、散步时。

可是你要记住，不要犯猛烈而费劲地呼吸的错误。作“深腹部呼吸”的要诀是：放松神经，动作柔和。

口臭可以防治吗？

白 鸽

《少女》编辑部：

我是个 16 岁的女孩，可我却很孤独，整天愁眉苦脸的，话不多。因为我有口臭，一说话就会让人讨厌。我该怎么办？

一位苦恼的女孩

苦恼的女孩：

有口臭的人在社交活动中往往会令人讨厌，但不要烦恼。引起口臭最主要原因是口腔不良卫生习惯以及口腔疾病。不经常刷牙或刷牙方法不正确，临睡前吃糖果、点心等，都会

倒卧的好处

永 兴

人一生中的三分之一时间是在床上度过的，因而懂得倒卧的好处十分重要。

你的床不应该是凹形的。睡在软的床上，能够使一个人的精力得到最大限度的恢复，但是床也不应太软，太软使身体不易转动。另一方面，你的床也不应该像木板一样坚硬。

一个简单的放松身体的方法，是使身体处于倾斜状态，这个方法要用一块使身体倾斜的板，这块板 1.5 英尺宽，长度则比你的身体长一点。要使这块板的一埠高于另一埠，但高度不应超过 1 英尺。人倒卧在这块板上，和“倒立法”一样有功效，但比“倒立法”更简单和更安全。身体处于倾斜状态，就会使脊骨伸直，以及使背部平直；通常较为紧张的肌肉这时松弛下来。大腿和小腿平时处于血液积聚状态，人倒卧在倾斜板上，可以使大腿和小腿解除这种状态。使下巴、喉部和脸颊的血液更自由地流动。增加身体的血液循环，也对一个人的肤色、头发和头皮有好处。每天倒卧在倾斜板上 2 次，每次 15 分钟，时间在起床时和休息前，如果是在放学回到家里，全身疲劳不堪时则更佳。

为此，建议造床的人制造附有身体倾斜板的床。这块板，用时可以拿出来，不用时可以在床下收藏起来。身体倾斜板与床一同出售。这块板，是每一个人都应该购备的。

使口腔或牙缝中长期滞留食物残渣，经细菌分解后产生硫化氢等物质，发出臭味；如有深度龋齿存在，使食物残渣存留在龋洞内，也会分解而发臭。

另外，邻近器官的疾病，如慢性鼻炎，鼻腔干燥而结臭干痂；慢性扁桃腺炎，经常会分泌出带臭的分泌物，这样也会引起口臭。

要避免口臭，最主要的方法是经常保持口腔清洁卫生，早晚要坚持正确刷牙，睡前不吃食物，饭后要漱口，及时去除食物残渣。牙隙间可用丝线拉锯式去除残渣。对有龋齿或牙周病的需及时治疗，使口腔经常保持清洁卫生，口臭就会消失。

睡眠的时间

王润源

有一个实验说明，每夜能睡上7到8个小时的学生，有16%的人在白天有5分钟时间感到昏昏欲睡。研究者们据此断定，这些学生都属于丧失了睡眠时间的人。

如果他们在一星期中能比通常早1个小时甚至90分钟时间上床睡觉，那么他们就会在健康方面得到益处。如果人们每天都用闹钟来唤醒自己的话，这无异是在剥夺一个人的自然睡眠时间，就是没有得到足够的睡眠时间。

为了对睡眠不足有个估价，研究者们曾通过心电图和行为试验对试验者进行了测验。例如在不到5分钟时间内对他们进行数列的加法计算或请他们记忆读过的一篇短文，从中发现，如果他是一个睡眠不足者，就会出现行为缺陷的病状：他们的短期记忆行为有所降低，意志集中力和判断力削弱，这些人对时间的敏感和思维的广度也有缺陷。所以得不到充足睡眠的人很容易影响学习。

夜间睡眠不足的人会影响白天的精神，因而对于从事脑力劳动者会失去办事效率。更坏的情况是，睡眠时间的失去是渐增的（积累的）。长时间，每夜睡眠量少于他的必要量90分钟的人在星期五那天比星期二那天会感到更困乏。在5天中你失去了7小时30分的睡眠时间，实际上损失了一整夜的睡眠时间。要知道，在长期睡眠不足的情况下，要改变到获得足够的睡眠时间，需要数星期的努力。

大多数人每天需要7到9小时睡眠。专家们建议，首先要确定最适度的睡眠表，然后用10天以上时间系统研究睡眠时间是否得当。如果你感到每天早晨都精力充沛，并且在白天也能集中精力学习，那么这个每夜睡眠时间的平均数就是你较为理想的睡眠时间。

如果你要用闹钟来掌握时间、或者在做一件反复的、安静的或不繁重的工作时感到有些困倦，那么每夜就需要多睡30到90分钟时间。如果你不能天天这样做，就需要在周末时多睡一会，用以弥补失去的睡眠时间。

专家们曾忠告过人们就寝时间与其迟一点还不如早一点好。如果你办不到这一点，那么就在星期六或星期天下午用1小时或不满1小时的时间打个瞌睡。

利用等待之机健身

艾里诺·罗维

公司总裁要等待，汽车推销员要等待，存货管理员、计算机操作员和家庭主妇也要等待。每个人都要等待。我们每周都要把几个小时花在这个毫无效率而又枯燥乏味的等待上。结果是，我们必然感到：无聊、失望和无法计算的时间和精力上的损耗。

但是，有一个解决办法：等待的时候运动。它可以解除你等待的烦恼，而且还使你心情舒畅、感觉良好。

以后在队伍里、汽车里、电话机旁，以及无论在哪里，只要你等得难受的时候，就做做这些简单运动。

手腕扭动

买电影票要排很久的队时，就做这个练习：

1. 握拳，然后伸展五指；
2. 左、右方向旋转手腕；
3. 上、下弯曲手腕；
4. 舒展双手。

好处是：促进血液循环，增强手和腕的力量和柔韧性。特别有益于持拍类运动和打高尔夫球。

电视节目中断

电视里出现令人讨厌的商业广告时，你就利用那没完没了的几秒种做如下姿势：

1. 舒舒服服地坐在椅子里，同时要把下脊椎骨压靠在椅背上，手从后面抱住脖子；
2. 抬起右膝，用左肘去碰触。左膝和右肘也反复这样做。

好处是：使你有一个肌肉结实、平坦的腹部。

自然的红光

当你等待生活中的男人或女人时，这是一个供你打发那漫长的几分钟的好方法：

1. 弯腰，使上身轻松地垂向地面，

并那样坚持一会儿；

2. 慢慢起来，同时要脖子不弯。

好处是：使你满面红光，并使背脊放松。

巧妙接电话

如果你要接一会儿电话，你可用那只闲着的手做一些举重练习。你可以举举电话机、压纸器、电话簿。或者，买一个3磅的砝码放在电话机旁。

坐在椅子里，连续多次做这些练习，每次举的重量视你的情况而定，但必须两臂交换着举，渐渐地增加反复的次数和砝码的重量。

1. 把砝码垂直举向天花板，然后再举到脑后既远而手又能舒服地达到的地方；

2. 直接把砝码摆到身体的一侧，接着手臂前后绕几圈；

3. 砝码摆到一侧，再从前面放到你的胸脯上；

4. 砝码慢慢斜着放到地上。

好处是：使上身协调。

花样步法

这也是在接电话时候做的。你不穿鞋子，脚板来回地滚动一只可口可乐瓶子，随着它与地面的摩擦，这种瓶子的突起部位就能够发出音乐来。其他像小猫玩的橡皮球这类有突起可滚动的东西都可以使用。

好处是：使双脚放松，促进血液循环。

碎布玩偶

这个放松运动做起来很不显眼。无论是在牙科候诊室，还是在情报记录部的旁听室里，任何等待室里都可以做。

1. 先紧张，而后放松身体的各部位，每个部位用5秒钟；

2. 在放松身体每个部位同时，要集中放松自己的情绪并想着这个部位。走出等待室，也要保持这种放松情绪，使身体紧张的部位重新放松。

好处是：不紧张，可大大减轻痛苦，保存体力，保持内心清静。

付帐离开

在结帐台前排队时，做做这些静力锻炼肌肉练习：

1. 把手放在推车手柄末端的垂直支架上，斜着反方向拉开推车，而后又推拢来；

2. 松紧交替地用手握推车杆架；

3. 双手并齐放在手柄杆上，一只手用力推，另一只手用力拉，彼此方向相反。

好处是：协调和增强你上体、臂、手和腕的肌肉。

美　容

打电话等受话人的时间里，最好

做简易面部肌肉运动：

1. 嘴张成椭圆形，双唇尽力盖住牙齿；

2. 同时还要闭眼、扬眉；

3. 使嘴处于紧张状态，上颊肌肉拉动嘴角，露出笑容；

4. 渐渐放松；

5. 再噗地鼓起你的双颊，好像吹一个气球，坚持几秒种，再放松。

好处是：消除嘴和下颊周围的皱纹，增强面部肌肉的弹性。

红灯拥挤

以后当你红灯前停车，或困在交通阻塞中时，你就做收腹运动，努力坚持，直到红灯变绿或交通畅通为止。

好处是：使腹部平坦，减少红灯刺激。

飞舞的大折刀

当你在等水温升高再晨浴的时侯，下面是一个使你清醒的办法：

1. 从背后握你的手，手臂要指向地板；

2. 吸气，同时肩膀往后拉和扩胸；

3. 吐气时，身子慢慢朝前弯曲，尽可能把你的手臂举过头。努力使你的头贴近膝盖，如果觉得双膝紧张，就轻轻地弯曲。

好处是：除了不断提神外，还可以减少脖子和肩膀的紧张和僵硬。这是开始新的一天的好办法。

测验你的体力年龄

今 辑

少女朋友，可能你已十七八岁，或许只有十三四岁，可是，让你参加一些体力活动以后为什么老是气喘吁吁？要你向前弯腰，手指又为什么不能触地呢？我要警告你：你的体力所呈现的年龄可能比你的实际年龄已经老得多！究竟是否已开始老化，请你做以下的一些小测验，就能知道：

1. 双手叉腰，单腿站立，张开眼睛，从左到右、再从右向左的转动颈子：

a. 任何一条腿都能站稳，不发抖。

b.只有右腿可以站得稳。

c.摇摇晃晃,站不稳。

d.完全做不到。

2.脱裤袜或脱短袜的习惯是:

a.经常是单腿站立着脱。

b.一边摇晃一边脱。

c.都是坐着脱。

d.一定要坐得很舒服才脱。

3.上楼梯时,是步行或乘电梯:

a. 三楼以上都是一口气走上去的。

b.只有行李多时才乘电梯。

c.上楼乘电梯,下楼则步行。

d.连三楼都乘电梯。

4.过去的半年中,一天之内走最长的距离是多少?

a.20 公里以上。

b.10—20 公里。

c.5—10 公里。

d.不到 5 公里。

5.向后跳远能跳多远?

a.像身高一般长的距离。

b.身高的三分之二。

c.身高的一半。

d.不及身高的一半。

6.坐在地上起立时:

a.不必用手撑就能轻松站起。

b.单手撑地借反作用力站起。

c.双手撑地才能起立。

d.站不起来。

7.伏地挺身的状况是:

a. 双足并拢俯卧撑能做 3 次以上。

b.双足张开才能挺起。

c.可以伏下去却挺不起来。

d.什么都不能做。

8.仰卧起坐的状况是:

a.双膝伸直轻松起坐 3 次以上。

b.起来时双膝不能伸直。

c.起来时双腿会跷起。

d.完全做不到。

9.跪坐再向左右横坐(臀部着地)时:

a.向左右两边都很轻松。

b.膝盖抬起才能向左右横坐。

c.用手支撑才能做到。

d.会跌倒。

10.向前弯腰时:

a.双掌能贴着地面。

b.只能指尖触地。

c.双膝稍屈,指尖才能触地。

d.完全不能触地。

11.双腿张开站好(宽度与肩齐),双手于颈背交叉,向左右弯腰:

a.手肘能触及膝。

b. 双腿要张开大些才能触及膝。

c.肘部只能及腰。

d.肘部只能弯到腋下。

12.双手做抛球游戏时:

a. 双手抛 3 只球可持续 10—20 秒。

b. 单手抛 2 只球可持续 10—20 秒。

c．双手抛 2 只球可持续 10—20 秒。

d.无法持续 10 秒钟。

13.像动物那样四肢着地行走：

a.能够右手左脚、左手右脚或同侧手脚交换行走。

b．只能右手左脚、左手右脚行走。

c.只能同侧手脚同时行走。

d.无法手脚同时行走。

14.脚尖互相能击向旁跳：

a.跳得很顺且能单脚着地。

b.两脚着地。

c.向左能跳向右跳不起来。

d.跳起来时脚尖不能互击。

15.用脚趾捡手帕递给手来接：

a.10 秒间能做 3 次以上。

b.10 秒间做 2 次。

c.10 秒间做 1 次。

d．脚趾可以捡起来但不能递给手来接。

16.每次慢跑能跑多久？

a.1 小时以上。

b.30 分钟以上。

c.15 分钟以上。

d.15 分钟以下。

17.长长地吸一口气，能忍多久不吐出来：

a.60 秒以上。

b.40 秒以上。

c.30 秒以上。

d.不到 30 秒。

18.单手骑自行车、游泳 100 米以上、双线跳绳等 3 项运动：

a.以上 3 项都会。

b.能做其中 2 项。

c.只能做 1 项。

d.都不会。

19.日常更衣、用餐之后：

a.立即动手整理、洗净。

b.慢慢吞吞才动手。

c.先做别的事，拖拖拉拉完成。

d.把善后事丢一边。

20.能挺胸、缩下巴，精神气爽地走路吗？

a.可以。

b.慢慢走才能挺胸。

c.拖拖拉拉的走路。

d.走路时弯腰驼背。

自我诊断分析：

计分法：a：4 分，b：3 分，c：2 分，d：1 分。把以上 20 题的得分加起来，就是你的体力真实年龄。

20 岁以下(80—60 分)

你的平衡感很好，身体健康。70 分以上的人体力相当好，给人的感觉是年轻、旺盛，弹性好，体力充沛。

30 岁以下(59—40 分)

你的体力只能应付日常生活，很需要锻炼身体，加强体质。

40 岁以下(39—30 分)

你的体力太差，不注意改进，将影响你的仪容外表，为防止你的提早“衰老”，必须多进行运动，提高体力。

你知道多少人体生理常识

贝 贝

下列各题中的A、B、C，其中有一种回答是正确的，请你判断一下。

1. 男人平均比女人长得高，这是因为：

A. 雄性激素对抑制骨骼生长的作用较小；

B. 男人能较好地利用食物中的蛋白质来使骨骼生长；

C. 男孩从小就比女孩运动量大，因而长大后长得高。

2. 人手和猴手在解剖学上的区别在于：

A. 猴子的手指较长；

B. 人的大拇指能旋转；

C. 人的大拇指较长。

3. 人哭时，眼泪大量产生，夺眶而出。然而在不哭时眼睛内也不断地有眼泪产生，但这时的眼泪：

A. 数量极少，可予忽略；

B. 流进了鼻内；

C. 流入嘴里。

4. 当一个人刚死时，呼吸动作的最后一个状态是“呼气”，这是：

A. 因为从呼吸机理来说，吸气需要肌肉做功，而呼气则不需要肌肉工作；

B. 因为死亡时，肺完全衰竭了；

C. 题目错了，大约有一半人以呼气告终，另一半人则以吸气告终。

5. 长期饥饿的人，眼睛常显得凹陷，这是因为：

A. 肌肉萎缩了；

B. 颊骨突出，使眼睛凹了下去；

C. 眼球后面的脂肪消耗了。

6. 假如你请一位男子和一位女子同时将手臂向下伸直，进行比较，你可以发现，女人的手臂在肘部略朝里弯，而男人手臂的肘部较直，这是因为：

A. 女人的骨盆较宽，手臂的外偏角生得较大，就能方便地越过骨盆；

B. 男人的肩膀较宽，因而显得肘部直；

C. 女人的手臂肌肉和男人稍有不同。

7. 大家知道，将物体悬置在液体内，就构成了一个有效的防震系统，人体内就有许多防震系统，使器官免遭震伤。请问，下面几种人体组织，哪一个不是悬置在液体内：

A. 脊髓和脑；

B.胎儿；

C.肾。

8.男人声音低沉，女人声音尖锐，这是因为：

A.男人的喉器（发音器官）所处部位较低；

B.男人的喉器长而宽；

C.女人的声带绷得较紧。

9.螺丝钉通常总是设计成顺时针方向旋进的，这是因为：

A.由于前臂骨骼解剖的特征，用顺时针方向旋进，操作起来比较方便；

B.由于右手臂肌肉的解剖特点，顺时针操作方便；

C.完全考虑物理上的原因，和手臂的解剖特点无关。

10.人在呼吸时，能提供给气体交换（吸进氧，呼出二氧化碳）的肺叶，总表面积大约是：

A.像乒乓台那么大；

B.像网球场那么大；

C.像足球场那么大。

11.人体血液中的红白血球在工作时，老的细胞不断衰亡，新的细胞不断产生，这种新陈代谢的速率为：

A.每秒250万个红细胞；

B.每分250万个红细胞；

C.每天250万个红细胞。

12.触觉最敏感的地方是：

A.耳垂；

B.手指尖；

C.脚底。

13.由肌肉操纵的最精确的随意活动是：

A.眼的活动；

B.唇的活动；

C.舌的活动。

14.一天之中，人的身高是：

A.早上比晚上长；

B.晚上比早上长；

C.始终不变。

15.几个月大的婴孩，经常流唾液，这是因为：

A.婴孩唾液的分泌量比大人多；

B.婴孩舌咽唾液的能力差；

C.婴孩饮食的顿数比较多，因而经常想吃，表现为常流唾液。

答案与分析：

1.（A）。人体的高矮取决于骨骼的发育，人到了青春期以后，随着性激素水平不断提高，骨的生长速度不断减慢，最后停止生长。但是雄性激素对骨骼生长的抑制作用较小些，故男人比女人一般长得高。

2.（B）。人的大拇指能够旋转，使拇指垫能与其他四个手指垫接触，这是人手能方便地抓取东西的主要原因。

3.（B）。平时，眼泪经过鼻泪管流入鼻腔，当我们还没有感觉到时就挥发掉了。然而，当眼泪增加时，我们就会“抽鼻子”了。

4.（A）。

5.（C）。

6.(A)。

7.(C)。虽然肾脏内有液体,但肾腔却是悬置在脂肪之中，脂肪象软垫一样，保护肾脏不致震伤。胎儿是悬于羊水内，脑和脊髓悬于脑脊髓液内。

8.(B)。男人喉器的平均长度为44毫米，平均宽度分别为36毫米和41毫米，因而男人的声音比较低沉，这就好比大提琴比小提琴有较大的共鸣腔，因而声音比较低沉的道理一样。另外,女人声带比较短,这也是女人声音尖锐的一个原因。

9.(B)。在旋进螺丝的动作中,右臂大二头肌起主要作用。同样，将螺丝旋出,则用左手较为方便。

10.(B)。呼气时,肺部的工作面积为30平方米左右，吸气时，工作面积为100平方米左右。

11.(A)。

12.(B)。

13.(A)。

14.(A)。两根骨头之间有一层软骨，当人睡在床上时，关节之间很松动,软骨层会吸收较多的体液而增厚,一早起来,人尚未活动,这时的身体较高。人一天活动下来，关节间由于一直受到重力的压迫而收缩减薄，人的身体也就缩短了。一般，晚上比早晨矮1—2厘米，如果干了重活，走了长路,常常会缩短4—6厘米。

15.(B)。

7

女孩的自我保护

跨越敏感的交往区

苏 军

摆在我桌上的一封信，引起了我的注目，从那纤细又有些扭捏的字迹来看，这是一封少女的信，果然不错：

“我是一个刚刚跨入妙龄区的少女，天性活泼，长得也惹人喜欢。可是漂亮的脸蛋和活泼招来了麻烦。在中学里，许多男同学愿意和我交朋友，男教师还挺喜欢我，然而同男性交往的分寸很难把握，稍不注意，就会遭人非议。老师，你能告诉我一些好方法吗？……”署名为晓倩。

晓倩的信提出了交往中的一个难点，即少女如何同“男性”交往相处，在这里，我愿意对此谈些体会与方法。

少女与少男相处
——讲究分寸、公开大方

“上课时，我朝旁边的男同学多看上几眼，下课时同他谈了一会，有时借给他小说书看看，同学们就说我对他有意思，难道男女同学就没有友谊吗？”一位少女在气呼呼地对老师诉说。

异性相处，似乎比同性交往增加了一层神秘的色彩。问题并不在于能不能相处，而在于如何适度地相处。

少男，对少女来说，是通向人类社会、了解人自身的另一极。同少男友好相处，不仅可感受到异性的特有的气质，也可以增加交往的阅历。现在有些少女之所以在这个问题上苦恼很多，除了其他原因以外，没有把握相处的节奏、分寸，可以说是一个原因。

既要把少男当作少女一样来看待，去寻求同学间的友谊，避免矜持和害羞，又要把少男看成是同少女不一样来对待，在交往上持慎重的态度，尤其是涉及到情感、两性的问题。

比如，你把你的眼光长久地停留在一个少男身上，你把你的思维空间留给了一个占据了你的心灵的少男身上，你把你的情感完全寄托在撩乱你心思的少男身上，这就容易出偏差了。

你要堂堂正正地同少男交往相处，以下几点要注意的。

一是扩大交往的圈子，不搞“定向”。在班上，所有男同学都可以接触，形成梯次结构的交往圈，不把过多的情感赐予某个特定的少男。

二是不搞单独活动，免得无事生非。少男约你看电影，如果是他约你一个人去，你可以谢绝。单独活动被人撞见，即使很正常，也容易引起风波。

三是保持自己的姿态，不献殷勤。含情脉脉的眼睛不要落到少男身上，异性接触时切勿故作姿态，应保持镇静。要学会控制自己的情感。

少女与男教师相处
——讲究自重、彬彬有礼

老实说，女教师喜欢男同学，男教师喜欢女同学，这似乎是学校中的常见现象，这大概同异性相吸有关吧。

男教师站在讲坛上传授知识，少女对男教师有一种崇敬感，又由于男教师往往能说会道，少女自然成了倾听者，彼此相处的时间长了，容易在师生关系中注入感情的成份。但相处不适当，也会给少女带来痛苦。有一位少女同年轻的物理教师很谈得拢，常到他办公室闲聊，有时谈得比较晚，其他同学在背后就说她难听的话，她知道后伤心地哭了。

我说，作为少女在同男教师相处中，既要注意维护师生纯真的关系，又要不失仪态的严肃，因此了解一些忌讳是需要的。切忌举止轻浮。尊重不是献媚，不是不善控制，同男教师站在一起要注意仪容姿态，举止大方，不必靠得过近，也不必离得甚远，坐下交谈时，不要坐得过分拢，头不要一直低着。在同男教师对视中，要注意眼光的平和，穿着打扮要有学生味道，袒胸露背不足取。更不能动手动脚乱开玩笑。二忌随意吐露感情。不可乱用“喜欢”“离不开你”的字眼，当男教师心潮起伏时，你千万要保持平静，即使对男教师正当的好感，也不要以一种爱的方式表达，以免误会。三忌交谈过晚。找男教师聊聊未尝不可，但无限制地交谈过甚，容易撩起感情的帷幄。四忌以爱相报。当男教师给予你学习上的帮助、政治上的指点时，应牢记师长的教诲，但不能以爱相报，以情相送。

当男教师对你有好感，有可能超出师生关系时，你要自重，并采用既不伤人又体面的办法来摆脱困境。一曰提醒法：“老师，我是尊重你的，但这种尊重是一个学生对师长的情感，而不是其他的情感。”通过暗示性的语言提请教师注意。二曰回避法：每当谈起此种话题时，有意用其他话题来转移，使对方觉得你对此无兴趣，或减少接触次数，使师生友谊不超越允许的范围。三曰书信法：如果当面谈不便，可写封信谈一谈。有些有经验的少女，为避免发生类似事情，采用不单独同男教师见面的办法，有事找男教师，常常是两人，这也不失为一个好点子。

当然，极个别男教师行为不轨，作风不正，在同你相处时，做不光彩的事，你完全可以制止。因为这是自重，也是对男教师的爱护。

思春期的烦恼

爱平

一个女孩14岁了，月经已经开始，心里老是想着男孩子和性。这样正常吗?诸如此类的问题，是处于思春期的少女经常碰到的问题。

一般人都以为性只是和别人发生行为，其实，亲吻、恋爱、觉得某一个人对自己具有吸引力、有性或浪漫情感的念头或幻想，这些都是性的一部分。

对某些人来说，这表示与日俱增的自慰行动；或是做性幻想的时间更见增多。对另外一些人来说，也许会觉得某人对自己有强烈的性或是感情的吸引力，或者想象跟某人陷入热烈恋情的幻想，日益强烈。

类似这种性的念头和浪漫的幻想会很强烈，令人心情纷乱，让人觉得满脑子都是性和浪漫恋情。有些女孩子陷入过深，整日心慌意乱。

你应该明白，这种现象完全正常，许多跟你同年龄的人也都有类似的情形。当然，并不是每个人在思春期，都会体验到强烈的浪漫幻想或是性的念头。有些人把自己投注在学业、运动、音乐、工作或生活的其他方面，以致于性和浪漫幻想对他们来说根本无足轻重。不过，由于思春期身体的变化常会激发我们对性和浪漫情感的兴趣，许多年轻人都会对这类事情感到好奇。

许多女孩在经历思春期的过程中，常会有迷恋某人的情况发生。发生迷恋，可以使人为之神采飞扬。只是惊鸿一瞥，你就会对某人神魂颠倒，使你一整天都兴味盎然，你也许会花好几个小时美妙地想象自己跟那个人的浪漫情节。这样的爱恋是安全而健康的，由此经验浪漫幻想和性的吸引力。

有时候，女孩常常会对一些极不可能有感情回报的对象产生迷恋——如电影明星、摇滚歌手、学校里的老师等,这样也没什么不好。不过,对一个遥不可及的人产生爱恋也可能会造成许多痛苦。

有一年，有几位女孩子对某位摇滚歌手很着迷。她们在自己房间的墙上贴满了这位歌星的照片，把介绍歌星的杂志读得滚瓜烂熟，她们彼此之间也因分享各人对这位歌星的感觉，而觉得蛮愉快的。

自然,当这位歌星结婚的时候,她们多少会有点失望，其中有一个女孩还不只是失望，她简直为此而沮丧不已。她对她的梦中情人陷入太深了。因此，这位歌星的婚讯对她来说是一种幻灭。

如果你发现自己对某一位遥不可及的对象产生了严重的迷恋，就该不时地提醒自己：你的这份迷情非常不实际，你的那位梦中情人不可能对你有感情的回报。

并非所有的爱恋都不可能成真。你也许会对某一个跟你年龄相仿的人，通过学校或其他团体的接触而认识，因而陷入情网。如果那个人对你也有兴趣，这种爱恋就特别令人振奋。但是,即使这个人是你认得的,整天想着一个不会对你的感情产生回音的人,也是很痛苦的。

如果你发现自己对某人的爱恋或性的念头引起了困扰，应该去找一个人——朋友,父母,老师,某一位成年的熟人或是辅导人员谈谈这件事。

就大多数人而言，我们的第一次爱恋都是非常特殊，只要我们不抱有希望，这样的情愫会是我们成长过程中美妙而有贡献的一部分。

尽管思春期为我们带来层出不穷的问题，它却是我们一生当中生趣盎然的一段年华。就从这个时候开始，我们逐渐成为真正的自己。

圆桌上的敏感话题

苏　军

前不久，我和妻子请一批今年刚毕业的中专生来家吃饭，表示对她们4年支持的谢意，表达惜别之情。

自然准备了丰盛的菜肴，十几个学生围坐一起，很有温馨的氛围。饯行的宴席刚过一半，突然几位女生竟大胆地提出，要请我们谈谈“感情”问题，而且其他人也随声附和，望着她们光采又企盼的眼神，我们一下子读懂了处于青春浪漫时期的少女感情的密码，看来这顿比桌上菜肴还要津津有味的“爱情晚餐”非端出来不可了。我和妻子一古脑儿地被围进了爱情泊。

1

说真的，我们已知道围坐在这张圆桌边的好几位少女，已经在马路上携手相搀她的男友了，有的走得更远。你听听——

“像我们这种十七八岁的年龄，已经有了爱情的情愫，是跨出去一步好，还是缓一下为佳；是应该掩藏起来，还是公开表白?”梳着长辫的晓倩夹着一块鸡腿，神情严肃地“一步到位”。我注意到她对“情愫”这两个字咬得很准，似乎表明她对这些牵涉“情”的词语已经驾驭自如了。

爱情的确是一个魔方，每一个人都会被不由自主地旋转进去，而且这魔方似乎对少女更有诱惑力。这几年，女生比男生更早地考虑起这种感情问题，已成为不容置疑的事实。

“其实，爱情这个东西并不坏，本身的存在是天、地、人之需，只有伪君子才会把它掩藏起来。爱情就像桌上的菜，各有各的味道，只是吃得太早过分，吃得太多过腻。”我趁势作了一个动作，着意想深化这个主题。

“那么，现在想找一个有恋爱性质的男朋友，好不好?”一位闷声不响的女生甩过头来突然问，她似乎对我模棱两可的回答不过瘾。

“请注意，爱情产生没有时间的规定性，倒有偶然性，不过处于花季般的年龄，有一点爱的萌动是十分自然的。”我刚脱口，晓倩的脸色告诉我：有点飘飘然了。

“但是，爱情萌动并不意味着你们现在是最佳年龄和最佳时机。在萌动面前，任凭感情发展，这是有情者，但不一定是理智者；当然也不一定是成功者。”我的话竟使十几位少女沉默在各自的思考中。

我趁热打铁：“在萌动面前，最需要驾驭和理智。最早跨入爱情的人，不见得有最好的结果，越早在感情的区域里翻江倒海，越容易成为日后的麻烦者。”

坐在我身旁的白敏眨巴着大眼睛，似乎有一些迷惑，于是我举了这么一个例子：

一个非常漂亮的女孩，原来应该有很多的倾慕者，然而熟悉她的男孩都躲避了，为什么？原来男生找伴侣，需要情感专一、忠诚的，而这个女孩在校外已经有了“交际花”的称号，太会玩感情了，所以男生对她敬而远之。当她了解此情后，稍稍成熟一点，就意识到在感情上“施放”得过早过滥了。

当然不能使一切少女明白这个道理和领悟这个故事，我不知道她们是否听出了弦外之音。

“在感情最需要对应的时候，也就是最需要冷静和理智的时候，过早地跨出一步，忧大于喜。”

2

“苏老师，我问你，当一个男朋友用非常手段来表白时，这是真是假？即使两人无法在一块时，保存这份情感就够了，这种说法对不对？”很有个性的晓田从旁边捎来这句话，只是旁人都想听故事，所以她讲：

原来有一个少女看上了在上海借读的一个新疆男生，明知这位外地男生毕业后要返疆，将来不会有什么结果，可是这份感情难以割舍。就在分离前，女生问男生：“爱不爱我？”男生二话没说，就用刀子割左手腕，划了三寸长的刀口，鲜血直流。女生为男生的真情感动得睡不着觉，对同伴说，她的感情已经给了他了，即使分离了，有这份感情也就足够了。

我对这位男生“以血作证”不敢苟同，当然用这种方式表示内心情感也并非少见。这样做，是不是就完全可靠和真实？很难说。客观地讲，此时此刻此地，可以说他对她的感情是真的，但这种表达似乎也太痛苦了。当我说完这层意思时，不少女生颔首表示赞同。

“不过，你说的少女也痴情得过迂了，看来她被血镇住了，她的有些想法很单纯，有点感情至上不及其余了。”当我说到这里，自然想起以前在心理咨询室碰到的几个来询者。

记得有个来询者诉说了感情受到欺骗的过程。当对方跪在地上求她相爱时，她以为他是真诚的，然后就全身心地投入和付出，对方心满意足了，但是也永远离去了。她落得一个尴尬的境地。

对这个故事，这些女生似乎不信。“轮到我，我决不会这样，我不会这么糊涂。”晓倩在桌边嘟囔着。

“唉，少女就是这样，当别人看重她时，她有本能的幸福感，以为爱情就是这样，这种心理往往使她失去应有的防范。有时又对幸福的感情过于神化，以至于将热情投掷于此，陷入难以自拔的地步。正因为如此，这种年龄不适宜谈情说爱。”当我想重重地为这句话打上一个感叹号时，忽然一位女生又发出了不同的声音：

“假如我确实喜欢一个人，怎么办?”

“很好办，用你们的话说，爱情是可遇不可求，实际上双方真正相爱，凭感觉是不难体验的。如果在校时确实泛起这种情感，那么是不是可以让它先朦胧点，做点基础工作，根扎得深一些。与其让爱情像个爆炸筒，不如让它做个蓄水池，爱情更需要绵绵渗透。”我也不知哪来这种俏皮话，拈手即来，张口即出。

夜幕里，外面的风将薄薄的窗帘撩起，一轮月光从外面折射进来，我突然领悟到什么：“你们看，窗上糊的纸虽然看不见外面世界，但可作种种想象，可是一捅破就没有多大意境了，太露了就没滋味了。爱情也一样，过早捅破这张窗纸，终究意味不足。”

对我这种比喻，她们能接受。

3

围在一起，一边品味着菜肴，一边聊天，这种氛围或许对双方敞开心怀是最有利的。

一位已经恋爱的女生说出了不是自己的故事：

有位小伙子对一位姑娘颇有好感，一连写了 100 封情书，而姑娘每次给小伙子回信，只是信中夹了一张白纸，小伙子接到 99 封信时见到的仍是白纸一张，又写了一封，姑娘又回了一封，小伙子想肯定又是白纸，没拆封，径自找别的女孩子谈恋爱去了。可是当他结婚 3 年后，偶尔去拆这封信时，突然白纸上露出两行清晰的字，“我的嫁妆已经准备齐全，我决定嫁给你”。这下小伙子傻了。此时此刻，小伙子该怎么办呢?

“这是你自编的小说。”没等她说完，已经有人作出判断了。

“不是小说，是真的。”说者极力

争辩。

也许她是托着这个故事，来询问一个尖端问题。我坐在桌旁心里在暗暗地想。因为碰到这种事已经不止一次了，不少人是用“他人”来说自己。

不过，少女碰到棘手的事多着呢，我曾经就收到过这样一张纸条：我已经爱上了一位有妻之夫，而且我俩感情很好，我知道这样不好，但又摆脱不了，请问怎么办？当时我对着话筒只问了一句，假如另外一个女孩爱上了你现在的男友，你怎么办？就这么一句问话，居然博得满堂掌声。她们已经明白了我的意思。

当我说完这则“花边新闻”时，桌边的几位女生都开始交头接耳，想必她们各自也有一种认定。

如果菜肴源源不断，时间没有限定的话，这场桌边对话可能还会持续下去，但也不可能一次解决她们的“爱情方程”，于是只好作罢了。

末了，我还是借用这次聚餐，留下了我和妻子自认为有价值的话：

感情，犹如菜肴，各有各的烧法，早烧的未必味道好。

恋爱，犹如烹饪，各有各的技艺，掌握要领，才能驾驭自如。

少女，你刚刚可以撑开“圆台面”，还轮不上“下锅烹饪”。

但愿你能读懂，就不枉费此举“饯行”了。

得体拒绝的技巧

郑国棠

社交活动，作为人们美好生活的一个重要部分，已呈现越来越活跃的趋势。“鸟鸣嘤嘤，其声求友”。对一个少女来说，社交活动显得既神秘又有吸引力。舞会上欢快奔放的旋律，咖啡馆里典雅轻松的氛围，家庭小沙龙中的炽情畅述，都能帮助初涉人世的少女确立自我形象，寻找胜任的社会角色，满足强烈的求知欲望。

然而，少女们在社交中，难免会遇到这样那样异性的纠缠，但因为缺乏社会经验，往往会出现不知该如何拒绝那些本该拒绝的事，或因拒绝得不得体，使双方陷入窘境。的确，在男女交往中，得体的拒绝是不易做到的。现在，我们来听听几位聪明姑娘的经验介绍，也许对你会有帮助。

1. **含蓄式** 活泼开朗的虹姑娘说，含蓄的拒绝使她一次又一次地摆脱了尴尬的境地。她舞跳得很好，每次参加舞会总有很多男子来邀请她，并热情地和她谈这说那。每当她准备离开舞厅时，常常有人彬彬有礼地请她去喝咖啡，她便微笑着说："谢谢你的邀请，可是我更喜欢独自骑上车去呼吸新鲜空气。"她的拒绝既礼貌又无可指摘，那些男子只得和她"再见"。

2. **平等式** 钱姑娘在中学时，被新任命为团委文体委员。因为缺乏经验，她常主动请教前任一位男同学。通过他俩的共同努力，活跃了同学们的文体生活，受到表扬的她，从心底里感激那位男同学，有什么心里话也愿意对他说，把他当作好朋友。可她发现他错把友情当成爱情了。该怎么处理呢？她诚恳地对他挑明说："我把信任赋予团委中的每一个男同学。也衷心地感谢给予我信心、帮助的各位同仁。"渐渐地，那位男同学明白钱姑娘对自己并无特殊感情、心理恢复了平衡。至今，他们还像老朋友常来常往呢。

3. **转移式** 装修一新的美琪大戏院里，那天座无虚席。上海舞蹈学校毕业班学员的汇报演出，赢得了观众热烈的掌声。李娜在欣赏之余，突然感到杨炎的一只大手轻轻地放在她裸露的手臂上，继尔抚摸起来。如果此时李娜猛地抽回手，定会扫了双方的兴致。而李娜则聪明地引出个转移他注意力的话题："刚才那个大跳表达的是什么意思？""舞蹈有其特殊的语言……"杨炎十分高兴有机会显露一手，他连比带划地侃侃而谈，很快，他的注意力转移了方向。

4. **进攻式** 体态丰满的阿敏考上区重点中学后，上学要乘3站车。车厢是一个缩小的社会，每天在这儿可以看到听到许多事，阿敏觉得很高兴。可令她头痛的是有些人利用车挤，暗地"吃豆腐"，使她欲躲不能。她的大姐告诉她："这种人欺软怕硬，光躲是不解决问题的。"从此，她遇上这种事就睁大眼睛看着对方，以目光这种独特的语言，宣泄着自己的愤怒和蔑视，吓得那做贼心虚的人落荒而逃。

5. **理智式** 聪明伶俐的茜茜，刚满17岁，正是情窦初开之时。在学校组织的文学沙龙上，她经人介绍与小张相识了。小张英俊潇洒，而且颇有建树，已发表过几首小诗。由于志趣相投，两人一见如故。有一次，小张帮助茜茜改诗，由于两人挨得紧，他突然冲动地强行索爱。茜茜虽然也感到意外和激动，但少女的矜持很快使她冷静下来，她不愿意发生这种事，但又不愿伤他的心，于是真诚地说："我喜欢你，因为你的诗能引起我的共鸣和敬意。我愿你比你的诗作更完美。"带有清凉剂的潜台词，缓冲了对方一时的躁动。双方的沟通理解尽在无言之中。

在社交中遇上一点麻烦不足为奇，大可不必杯弓蛇影。只要你学会得体拒绝的技巧，相信你通过社交，定能找到友情的共鸣。

《少女》编辑部：

一年前，有3个男同学给我寄来了求爱信，当时我觉得我才16岁，离谈情说爱的日子还远着呢，我都婉言回绝了。经过一年来的交往，我发觉自己喜欢上了其中一个男同学。前不久，他再次写信向我“表白”，我被他征服了。……我想与他断绝来往，免去烦恼，可是又舍不得。我不知道该怎么办？

时侃琦

时侃琦同学：

一个人从幼年、童年到少年，随着生理机能的发育，逐渐进入青春期，开始出现对异性敏感和兴趣，往往会不由自主地萌发一种对异性爱慕之情，这是一种很自然的生理和心理现象。这种感情是自然的、纯真的，怎么能说是“可耻”的呢！更不应有什么“犯罪感”。

不过，少男少女间的这种感情，又是朦胧的、幼稚的。少年的生理和心理，都还处于发育成长期，对人生的理解比较肤浅，对人对事的判断比较天真，对异性对象容易看得完美无缺。所以，这时出现的恋情，带有一定冲动和盲目性，它是真挚的，但又是模糊的、浅薄的。对于这种朦胧的恋情的胚芽，需要注入理智的养料，才能使它健康成长。

少年时代，正是开发智力，吮吸知识，培养能力的黄金时期。要把同学间的感情，导向相互鼓励，相互帮助，更好地把精力集中在增长知识、认识生活方面，使德、智、体、美得到全面的发展，为今后一生打下坚实的基础，如果对这种天真的情意，不从理智上加以引导，就有可能陷入痴迷，以致荒废学业，荒唐行事，铸成莫大烦恼，这样说，不知你能接受吗？

早恋是道难解的题，需要少女自己正确对待，更需要家长、老师和社会共同关心和引导。把早恋简单的斥之为“不正经”，采取堵截的方法，只会使早恋转入地下，产生压抑、逆反的畸形心理，这不是好办法，需要的是多倾听和理解少女们的心曲，给以热情的关怀和正面疏导，帮助她们在步入青春期的时候，做好理智上的准备。

珍惜你的黄金时期

姗姗

男孩约我郊游去不去?

沈 坚

《少女》编辑部:

我是一所重点中学的初三学生,担任班长。一个假日,班里的一个男孩约我和他一起去郊游。他也是班干部,各方面都挺不错。我很想和他一起去,但又怕老师、家长说我们早恋,心里矛盾极了。你说我去还是不去?

珊 茜

珊茜同学:

看得出你是位有理智的女孩。有一位好男孩约你去郊游,打破了你平静的心,这是正常的,不是什么早恋,只是青春期发育中出现的异性间的吸引和好感而已。为了防止出现早恋,又不要使自己心理负担过重,我建议你征得他的同意后,多约几个同学一起去郊游,你的感觉会更好,心情也会放松,不知你意下如何?

我为什么会被人看成早恋

白 鸽

《少女》编辑部:

有件事令我百思不得其解,事情是这样的。一天去参加同学的生日聚会,我特意解开"马尾巴",留了披肩长发,换上一双姐姐的高跟鞋,还化了淡汝,戴上奶奶送给我的珍珠项链。这番打扮,完全是出自对同学的尊重。没想到,回家的路上遇上了麻烦,有个年轻人一直不紧不慢地跟着我,快到家门口了,他突然拦住我,提出要和我交朋友。我吓得快步冲进家门。当我把这个小插曲告诉父母、姐姐和朋友时,他们竟异口同声地说我早恋了。其实,我这个人平时很保守,与异性交往很谨慎,我才15岁,怎么会早恋呢?我真的不知怎么会遇上这麻烦事,你能帮助我吗?

小 君

小君同学:

你的家人和好朋友确实误解你了。你之所以遇上麻烦事,原因就在于你那天的打扮。尽管你才15岁,可是你的那身装束一下子使你长大了,难怪会引来那个年轻人。修饰打扮要和学生的身分相符合,这既是一种社会的要求,也有助于保护自己。你说对吗?

致一位琼瑶迷

姗姗

《少女》编辑部：

我今年16岁，是江苏省宜兴县某中学的一个女学生，我的学习成绩很好，还是班长、团干部，是个外表文静的好学生。但我却没有一个知心朋友。我很爱读琼瑶的小说，每当我孤独、寂寞、烦闷和失意时，我就从琼瑶的书中去寻求安慰。我还特别崇拜琼瑶式的恋爱。去年夏天，我认识了一个男孩，当时我15岁，他18岁，我读初二，他读中专，他长得很帅。开始，我们断断续续地通信，春节里，我们相遇了，有过一段交往，增进了我们的感情，就这样，我们从相识到相恋了，完全按琼瑶小说中写的那种模式进行，充满了罗曼蒂克。有一段时期，我整天捧着琼瑶的小说，学着写“琼瑶情诗”，我写了无数的情诗，无数的相思，但没有给人看，也不愿给人看，最后全烧了。我常常因一件小事就导致几天不说话，我时而欢笑，时而沉默，时而热情，时而冷漠，同学们都说我是个“怪人”。我甚至学会了抽烟，这也是从他那儿学来的，有一次我和他在一起，闻到了烟味，我问：“你抽烟了？”他回答我：“是，我抽烟，烦闷时抽，想你时也抽。”我好奇了，烟是什么东西？能驱走寂寞吗？于是，我也学着抽，从不会抽到学会了鼻中喷烟。现在，我已有了半年抽烟史。

编辑老师，我把我心中的烦闷都告诉你了，你能给我来信吗？

小　亭

小亭同学：

读了你的信，眼前似乎出现了一位少女的倩影，她长得秀丽，但有点孤芳自赏；她聪明好学，但不大合群；她时常捧着心爱的琼瑶小说，张着一双迷惘而又朦胧的眼睛。她，是否与你有点相像？你在班上是个好学生，由于没有知心朋友，感到孤独、烦闷、寂寞，便到琼瑶小说中去寻求安慰和寄托。琼瑶的小说是很抒情的，她往往把小说中的主人公进行了超人的美化，她或他都一律的富有而豪爽，执著而通达，俊美而痴情，故事情节也充满了和美温软的柔情，往往还留有一个很受软心肠的女孩子喜欢的大团圆的结尾。据一位专业作家调查，琼瑶小说的青少年读者远超过成年读者，而青少年读者中，女青年又大大超过男青年。这是因为成年人有较多的社交活动，他们有机会在广泛而公开的场合获得友谊和爱情；青年们已开始有了强烈的青春意识，但他们所处的环境，无论是家庭、学校和社会都较多地限制他们有正常的公开的社交活动。因此，许多青少年往往只能从梦幻的世界中去寻求心理的平衡，琼瑶小说描绘的一切恰恰满足了他们的需求。

你目前是否也处于这样的梦幻世界呢？一旦你的生活中闯入了一个男性，他的某一方面，外形、性格，甚至某一举动与你梦幻中的恋人有一点相似之处，你就把他完美化，很快陷入了迷恋。梦的世界终究是虚幻，终有一天要回到现实中来。如果你以现实的眼光重新衡量一下你的男友，他的品德、气质、志趣、爱好诸方面，是否真值得你爱呢？再说，你两人都还年轻，正处在精力最旺盛、记忆力最好的学生时代，把握住这段宝贵的时光，让自己在学识上充实起来，这也是现实生活的要求。

青年的青春意识，从性心理和性生理上说，都属于冲动性的，如果能理智地对待，把主要精力集中到其他方面，这种冲动很快就会过去的。至于写琼瑶式的情诗和抽烟都是不可取的，写情诗只能浪费你宝贵的精力，而抽烟则有害于健康。

建议你多参加一些群体活动，在群体活动中去寻找友谊，寻求安慰，早日从你的梦幻世界回到现实中来。

钟情舞台上的演员怎么办？

黄修纪

有个少女给编辑部写信，说她在观看一次歌舞表演中，喜欢上了一个舞蹈男演员。信中说：“他那奔放、粗犷、潇洒的身影给我留下了不同寻常的印象。他好像具有磁石般的力量，把我给征服了。晚上，只要闭上眼睛，他的身影，他舞蹈的每一个动作就会出现。第二天，更是犯了单相思，懒洋洋的什么也不想干，家里的人和自己说话，也嫌烦，直想大哭一场。就这么悲伤又寂寞地度过了好多天，还是抹不掉他的影子，这种苦处向谁说呢?”

这个少女过去从未遇到这样的事，这回可真是“一见钟情”了。

少女到了十七八岁，对自己喜欢的某种类型男子常会有爱慕之心，这情况很正常，但是要处理得好。像这种“单相思”，别人无法理解，自己陷入“感情的河流”之中，只会影响自己的学业、工作，或弄坏自己的身体。再过多少年后，自己长大成熟，会觉得可笑，不值得。

我有一个要好朋友，她在少女时期也犯过“一见钟情”的毛病。那是许多年前的事，她未满18岁，还在师范学校读中专。那年在一所中学举办一个教育展览会，她担任讲解员。在上班途中，无意间她注意到在僻静的小路旁，幽幽的小河边，那条绿色的长靠椅上，常坐着一个医科学校的大学生，瘦长的脸，高高的鼻子，穿一套浅黄色的卡叽衣裤，显得很漂亮很潇洒，而且他总是坐在那里沉思，孤独而英俊。她每每经过他的身旁，总要看他一眼，慢慢地便不能忘却他了，白天吃不下饭，晚上睡不好觉，做梦也会有他的影子，人消瘦了许多。而她却没有半点勇气去和他说话，或打听他的姓名。后来，展览会结束了，她没法再看见他。

生活总算给了她一点厚爱，展览会搬到北京去展览的时候，又挑选她去做讲解员，新的环境，繁忙的生活，帮助她从痛苦中解脱出来。她的那份思念渐渐地淡了，以后慢慢地恢复了正常。

这件事已经过去许多年了，但是她和我说起这件事时，总是带着甜蜜的微笑：“幸好我从这件事情中拔出来，不然发展下去，是不堪设想的。还有，这毕竟是我第一次初恋，虽然，我不知道他的姓名，也不知道他的脾气和爱好，我只是保留了一个完美的他。就让这种美好的感情伴随我一辈子，在我的生活中，留下一份美丽的回忆。”

听了她的话，我是很受启发的，在少女这个年龄，是很容易被外表的“相貌”迷住的，但未必他就能成为你生活的伴侣，或者深入了解以后，也未必是你理想的伴侣，因此在这不了解，保持距离之中，更具有诱惑力。碰到这样的情况，像给编辑部写信的这位女孩子，就要学会爱护自己，尽快从痛苦中摆脱出来。充实自己的生活，让繁忙的学习和工作来打发日子，也可以和自己平时要好的朋友出去玩玩，散散心。

对于心中的“积郁”，可以给编辑部写信，可以和自己信得过的朋友或长辈谈心。在这种情况下，朋友和长辈不要对她耻笑、责备，而要善意地分析、解释，帮助她摆脱困境。不然，事情会适得其反。

做自己情感的主人

王裕如

在心理咨询工作中，我留心注意了一下，发现有相当数量的门诊、信件，以及青春热线电话，都属于少女的情感把握问题。

一

前一时期，我经常接到一位15岁女学生打来的电话。她告诉我，她虽然学习成绩优良，被老师视为好学生，但是她对学校、老师、同学、父母都保持着距离，一点也不喜欢与他们交往，说他们都虚伪、俗气、无聊。唯一令她崇拜的人是台湾残疾歌星郑智化。她可以几十次几百次地聆听郑智化的歌，看他的录像。她特喜欢听郑智化的一曲《水手》。她曾在电话里念给我听《水手》的歌词：“如今的我生活就像在演戏，说着言不由衷的话带着伪善的面具，总是拿着微不足道的成就来骗自己，总是感到莫名其妙的一阵的空虚……只有在远离人群的地方才能找回我自己……”她已经给郑智化写了7封信，其间倾注了她的困惑、她的赞美、她的迷恋与崇拜。但这却是7封无法寄出的信。有一次电视台采访郑智化，问：“你有女朋友吗?”郑智化耸了耸肩，说：“有很多女孩对我有好感，也有一些女友在交往，但是没有一个人谈到婚嫁。”这位女孩告诉我，当时她也听了，就对着电视说：“我愿嫁给你!”妈妈在一旁说她是“花痴”。她却不在乎。现在街头巷尾整天有人在唱郑智化的《水手》，她说：“好没劲哦，郑智化应该是我的专利。”

她在我值班的时候经常来电话，她谈郑智化，我与她谈人生、谈生活。我说，你可以崇拜你心目中的青春偶像，但不应该不理解同学、老师、父母。我们总这样一来一去的讨论，却总也没有见过一次面。我受她青春与

热情的感染，用我的经验与爱心帮助她，她渐渐地接受了我的一些看法，而变得随和、开放了一些。通过这个例子，我想告诉很投入很会迷恋别人的女孩，你要管住自己的那份狂热，如果说迷恋是一种境界令你愉快，那么清醒与理智是一种力量，让你舒畅。可不能顾此失彼，掉进“崇拜”的泥坑，昏昏然分不清天南地北，而搅乱你的学习和生活。

二

我收到过一张照片，一位姑娘，她依在一块灰白的巨石前，拿一支紫罗兰色的小花。后面有一首小诗《四月的纪念》：第一次放飞就碰上雨/ 雨水打湿了羽毛/ 沉重的翅膀也忧伤了你的心。

灰色是一种落漠，紫色代表忧郁。姑娘，你这样的年龄，在这样的季节应该只属于希望和嫩绿。或许你因为初恋的情感受到了挫折，然而，对你而言，陷入情网是否太早了？即使到了恋爱时节，也用不着为失恋而沮丧。爱与不爱本就是双向的选择。射偏的丘比特之箭仍可以收回来重射。

三

我还收到过一封信。这位女中学生对于自己的情感虽经过波折，但能够通过自己的感悟、思索而走出困惑。她告诉我：偶然回首，望见一双幽深的双眸，嫣然一笑，从此两心相依。他潇洒的外表、独特的个性、幽默的谈吐，使姑娘的敬佩与日俱增，不知不觉中，那伟岸挺拔的身影已占满心灵。

一个月光淡淡的晚上，他们相约去散步。月色朦胧像害羞的少女遮上了一层面纱，走在静静的小路上，谁都没有讲话。晚风吹动长发轻吻着面颊。终于，小伙子停下脚步，对姑娘说：“你还小，做我的妹妹吧。已有一位姑娘把她的爱系在我的心上，我不能喜欢你而把她舍弃。人除了爱还应有理性与良心。爱，不能自私，做我的妹妹吧。我像大哥一样地疼你。”

霎那间，姑娘眼前一片模糊，理智使她点了点头，禁不住泪流满面转身而去。姑娘虽然遗憾，却也接受了这份友谊，心情舒坦。

青春的情感最真诚最纯洁也最感人。但青春的情感不能放任自流，要多约束。约束不等于压抑，压抑是外部的限定。约束是理性的疏导。处于身心发展中的少女尤其不能被情感所累，不能让情感影响生活、学业。能约束自己的人，才是有力量的人。有情有义，有爱心，同时也有毅力。有理智，才是一个完美的人。

少女朋友们，愿你们都能做自己情感的主人。

走出崇拜和迷恋的误区

傅安球

《少女》编辑部：

我是一名初中女学生，近一段时期我一直在经受着一种从未有过的感情上的折磨。事情发生在看完一场电影之后，不知怎么我突然对在影片中扮演主人公的一名30多岁的男演员产生了一种莫名的激动，以后便是日夜思念。我真想写封信给他以表明我对他崇拜、向往、迷恋的心迹，但我又没有勇气，他毕竟是个有家室的“大人”，而我只是一个小女孩。我该怎么办呢？我是否已陷入了“爱情”的漩涡？请您帮助我。

一位羞于署名的少女

羞于署名的少女：

我想你不必为此过于烦恼和痛苦，至少你的这种感情是可以理解的，是一个人处于青春发育期间有可能发生的一种思春心态。

一般地讲，处于青春发育期的青少年，其性意识的表现和发展大体要经历疏远期、爱慕期和恋爱期等三个阶段。其中爱慕期通常始于少年初、中期，终于青年初期的中、后阶段，是青少年在性意识表现和发展时间最长的一个阶段。

少女爱慕期往往是以情感吸引和实际接触需求形式表现出来的，其特点一是显示，喜欢在男性面前表现自己，以引起对方的注意并对自己表示肯定；二是感情隐秘，在与男性接触时的感情交流是隐晦的、含蓄的，常常以试探的形式进行；三是对象广泛，既可能是周围的同龄男性，也可能是生活中的年长男性，如著名的影视演员、歌唱演员、戏剧演员、作家、诗人以及才气横溢或仪表超俗的教师等，对他们产生强烈的喜爱、向往、崇拜甚至迷恋的倾向，而爱慕的对象并不一定是特定的男性，带有不确定性。

显然，你目前正处于性意识发展的爱慕期，对某电影演员的超乎寻常的亲近感情正是在爱慕期阶段有可能发生的向往年长男性的爱慕倾向的一种表现。这种爱慕倾向，心理学家称之为“英雄崇拜”，从性意识觉醒的角度讲，又称为“牛犊恋”。应该说，这种向往年长男性的“牛犊恋”，只是一种正常的异性吸引，而不是严格意义上的“恋爱”，因而大可不必奇怪和紧张。但是，如果过于沉湎于这种感情，无论是隐蔽的，仅仅秘藏于自己的心灵深处，还是外显的，频频向自己向往的年长男性写信，以表示自己稚童式的心迹，甚至向对方“求爱”，都有可能使自己过早地产生“恋爱”意识，过早地进入“恋爱角色”，从而诱发追求异性的神秘感和狂热性，使自己造成不必要的精神痛苦和心理伤害。这是不利于自己身心发展的。

从来信所述看，你似乎已经自觉不自觉地使这种感情达到了临近“沉湎”的状态，而这是需要认真对待的。对待的方法通常有两种，一种是冷处理，一种则是热处理。所谓冷处理就是转移视线，调整兴趣，使自己逐渐淡化和忘却这种情感。你可以有意识地扩大人际交往，也可以有目的地去参与各种自己感兴趣的课余活动，还可以在相当长的一段时间里自觉地不去看这位男演员演的影视剧。……有一点你可以完全相信，向往年长男性的“牛犊恋”是不可能永无止境地延续下去的，随着时间的推延和性意识的日趋成熟，这种在爱慕期中发生的独特的幼稚“痴情”，最终是会被逐渐摆脱和消除的。所谓热处理就是干脆把这种感情疏泄出来，但疏泄时必须注意和讲究恰当的途径和方法。例如你可以把这种“相思”之情尽情写在日记上，而后销毁。销毁后再写，直至“情急词穷”。当然，在这种单向式的疏泄过程中，既会有满足，也会有痛苦，但随着心理的发展，时过境迁，这种感情就会烟消云散，回过头来再作品味，就会感到荒唐可笑。

必须指出，无论是冷处理还是热处理，你都不应该忘记自己所处的社会角色。你是一名在校女中学生，而中学阶段正是一个人长知识、增才干，各方面都将有所迅速发展的重要时期。如果在这个阶段热衷于男女之情而花费过多的精力和时间，不但不应该，而且也会造成性意识发展中某些意想不到的心理失衡。

因此，在处理这种感情时还应该借助于意志的力量，通过自我控制、自我监督、自我调节来平息这种“自作多情”的感情风波，以利于自己的健康发展。

少女崇拜偶像的缘由

苏 军

也许，人们对第4届上海电视节期间在锦江饭店出现的数百名少女昼夜等候阿伦的痴情场面记忆犹新；也许，人们对一些少女纷纷拨打电台电话向文艺记者索讨影星演唱会票子感到惊讶；也许，人们对少女花去上百元看一场表演、一睹明星风采不理解。但是，你不得不承认，以影（视）星、歌星、球星和作家“三星一家”为对象的“青春偶像”，已成为少女感情世界中一道迷人的风景。

青春偶像，以不可阻挡的诱惑和前所未有的攻势，一下子占领了少女的心灵空间，成为少女倾心的对象和热衷的话题。看来，是有缘由的——

浪漫情怀的驱使

“纯洁痴情的追星生活，是一种青春浪漫的冲动，就让它在我们十六七岁留下一抹灿烂，一丝甜蜜，让今后回味无穷。”一位女中学生的表述，把她们附在青春偶像上的浪漫情怀勾勒了出来。

有人认为少女才最有资格做梦。的确，梦幻般的浪漫，只有在少女中间才能找到它的美丽。

洋溢在青春偶像上的浪漫故事、浪漫情怀、浪漫举动，是一根深入到少女内心深处的魔棒。一些少女看一部书就会做一个浪漫的梦。一位很漂亮的女孩说，黄昏时分，她喜欢静坐在草坪上，面对燃烧的夕阳，默默地品味偶像作品《爱的絮语》。这种美妙境界，本身就是一首美得令人心旌摇荡的诗。

浪漫情怀，是少女欢快年华的精神巧克力，使许多过了这段年龄的人无法咀嚼和体验。

这种浪漫情怀，与少女所处的年龄和所能感悟的事物以及对社会的理解相关。因为，少女不用为涨工资而计较，不用为孩子的入托而头痛，也不用为柴米油盐而牵肠挂肚。她们有理由做任何一个好梦，有理由把人生和未来设想得五彩缤纷。她们想尝试一切，拥有一切。她们可以和陌生人一起唱歌、跳舞、赏月、踏青，可以不遗余力地去做别人并不一定理解的事情，也可以对着青春偶像倾注热烈的情感，从中感受到生活的温馨和滋润。

如果我们不加歧视的话，浪漫情怀并非是一种轻浮的东西，它是纯真的，对于调节人的心情有催化作用，同时也可以获得欢乐。倘若生活是一个湖，浪漫情怀就是湖中泛起的浪花。

少女的浪漫情怀，往往“一见钟情”，一经接受，使得青春偶像“长驱直入”，“安营扎寨”，从而为她们的青春增添了一份活泼，拥有一份黄金时代的野趣。

少女的浪漫情怀，也是一种未经洗炼的“情感原材料”，由于它的幼稚和过分热情，使得这种浪漫涂上了一层彩色外衣，显得“先天不足”。而由追求过分浪漫所导致的盲目迷恋和一味模仿，也给这种情怀增添了一些负性因素。

少女的浪漫情怀，又总能“无私”地奉献给自己的偶像，把偶像拉入自己的怀抱，那狂呼乱叫的场面，那不顾一切的亲吻，足以说明这一点。

成功梦幻的诱惑

能作为青春偶像的，大抵都是风光人物；能作为风光人物的，大抵都有一条成功之路。

可以这样说，在青春偶像身上有着功成名就的光环。而任何成功，对少女都有一种无穷的吸引力。有一个不知自己是否有歌唱特长的少女，在她的作文中这样披露心愿：每当看到一个自己钦佩的人时，就希望自己也成为那个人，例如看到电视中港台歌星那精彩的表演，心里就会升腾起要当一个歌星的梦。很明显，青春偶像的功成名就，对渴望成功的少女就是一道“特殊晚餐”，使得她们也想分享乃至自己也拥有。

在青春偶像身上，有着她们想做而未做成功的“梦幻”，因此，通过崇拜来填补自己未实现的梦，这是为数很多的少女走向偶像崇拜的一个缘由。青春偶像的年龄与少女的年龄非常接近，处在同一年龄段，他人已成为光彩夺目的亮星，有了成就，而自己还是“一无所有”，于是，一古脑儿将自己的梦寄托在偶像身上，甚至产生偶像就是我的幻觉。为偶像的成功高兴，同时为自己有所依附欣慰。这种使自己暂时圆梦的天真，只能出自具有强烈梦幻意识的少女。在一时无法实现自己梦想时，她们就有一种让自己偶像替代的幼稚想法，崇拜就增加了。一位女中专生说：“为什么要树立自己的青春偶像呢？无非因为在青春偶像身上有自己所追求的气质、个性以及自己所欣赏的某些东西。”这番话道出了有一定层次学生崇拜偶像的缘由，有普遍性，它糅进了崇拜者的追求。

功成名就的青春偶像，对正在盛开理想之花的少女不啻是一抹“阳光雨露”。比较清醒的人，对偶像内在气质、才华的器重远胜于对外表的关注。尤其进入90年代后，少女的表现欲、参与欲、成就欲更为旺盛，在她们的心灵天平上，已经将砝码放在了对未来成功的盘子里。“出人头地”，“成为一流人物”，她们渐渐脱去了羞涩的外衣，亮出了自己的心声。这种心态，使得她们对功成名就的青春偶像有着更深的触摸和期冀。

可以说，少女的成就欲与青春偶像的功成名就，在同一条征途上各自找到了“亲家”。“在这片充满竞争的土地上能够出人头地，想必不是庸人吧！”“没有一身本事，是放不出明星之光的。”这些出自少女的肺腑之言，很能表现她们从敬佩明星到渴望自己成功的心态。

随着欣赏水平的提高，随着价值观念的改变，青春偶像身上的成功个性和事业佳绩，会成为少女投掷热情的一个聚焦点。

尽管少女梦幻的追求有着过于天真烂漫的一面，尽管少女的成就欲望有着操之过急的无奈，但青春偶像确实让她们牵到了一根“有用的天线”，可以架设起自己的“人生电台”。

怎样对待『偶像迷』？

苏军

《少女》编辑部：

我和班上5个同学特别要好。但她们都是清一色的台湾歌手苏有朋的歌迷。自从苏有朋第一张专辑《勇气＋大摊牌》出版后，她们简直迷得发狂，除了吃饭睡觉，谈的尽是苏有朋，听得我都厌烦了。因此，我常常在她们面前说苏有朋的“坏话”（缺点），想使她们“梦醒”。可是招来了她们的攻击，把我的好心当作恶意。更令人气恼的是，当我对她们的盲目崇拜提出看法时，她们竟用一种怪异的目光看着我，说一些非常刺人的话。现在我们的关系越来越疏远了，我不知道怎样使我的朋友们从盲目崇拜的泥潭中摆脱出来，使我们的友谊恢复如初？

妍梦

妍梦同学:

来信提出了目前在少女中较为普遍存在的问题，即怎样摆正自己与崇拜偶像的关系，保持清醒和理智的头脑，走出狂热痴迷的误区。

其实，你的同伴出现迷苏有朋的热劲并非罕见。当一个包装精良又借助宣传媒体推出的歌星、影星、球星“轮番地”“全景式”进入你们生活圈时，是很容易打动你们稚嫩的心的。你们有许多梦幻，许多辉煌的企盼，似乎能在青春偶像身上找到某种慰藉。于是，许多女孩怀着美好的虔诚的心寻找精神的绿洲，将偶像看成自己理想的体现。

你的5位好友都喜欢苏有朋，并形成一道“统一战线”，这大概是她们对苏有朋有一种年龄上的亲近感和相貌歌艺上的迷恋。少女期崇拜某一偶像是很正常的，并非是坏事，有些还可以激发起一个人向上进取的精神。但不能失之偏颇，走向极端。你的5位伙伴喜欢上苏有朋未尝不可，但正如你担忧的，有点过了头。也许她们的确陷得很深，过于痴迷，以致于把苏有朋看成是一个没有缺点的完人，把偶像当作神明来对待了。据我所知，在“追星族”里这种情况确实很多，有的甚至发生争执或互相攻击，闹出不愉快的事来。

依我看，你的5位好友之所以这样，可能与她们对待偶像的不正确看法和不妥当的心态有关。她们以为我拥有的偶像就是最好的，谁说了自己偶像的“坏话”，等于说了自己的坏话，这样的推断显然是不正确的。另外，把偶像推向极端，“情有独钟”，也不利于兼收并蓄各家各派之所长，反而会使自己狭隘起来。

使你愤愤不平的是，她们竟然对远在他方的苏有朋宠爱有加，而对你——近在眼前的同窗学友冷眼相待。实际上这也不难理解，她们已经无意识地把对苏有朋的“态度”当作亲疏与否的“准绳”了。在这种情况下，“话不投机半句多”就非常自然了。在她们解不开偶像的情结、走不出痴迷的误区时，对你的“不敬”也许还会发生。

从你的信中可以看出，你比较珍惜与5位好友的情谊，并发自内心想帮助她们摆脱出来，这是完全正确的。既然如此，我看你不妨从以下几个方面作些努力:

一、理解她们的言行，相信她们会走出盲目崇拜的泥潭 盲目崇拜，这是少女期心理从幼稚走向成熟的一块“跳板”，每个人在“跳板”上所呆时间长短不会是一样的，因为各人的“过渡期”不同。所以不能以自己的“清醒”，也要求别人同你一样。你们毕竟是同龄人，还是容易互相理解的。

二、在规劝时注意方式方法，用事实说服人 当她们说得十分起劲时，不要用尖刻的话语去刺痛她们，也不要用嘲笑的口吻抨击她们的痴迷行为。有时可以讲讲自己“走过偶像”的切身体会，比较委婉地提出自己的看法，以帮助她们摆正与偶像的位置。

三、不要计较她们一时冲动的态度，而要予以宽容地对待　有时候由于过分崇拜，情绪容易激动，头脑一下子转不过弯来，会有相抵触情况发生。对此，你要宽大为怀，看在朋友情谊上，不要计较。

总之，尽量避免正面冲突，避免发生不愉快　经过努力，相信你的朋友会明白你的真挚关怀和爱护的，你们的关系也会好起来。当然也有可能你的朋友对你仍存有成见，那么也只好听其自然，因为你已经努力了。

写给一位受侮辱的姑娘

姗　姗

《少女》编辑部：

我是一个16岁的少女。10岁那年，我被坏人奸污了。由于不懂事，害怕，没有把坏人抓到，也不敢告诉父母。13岁，我懂事了，妈妈看到我快来月经了，就教给我一些生理知识，还一再叮咛我，不要和男人打打闹闹。她说：“姑娘失了身，你爸，还有村里的老人，就要把你装进猪笼，沉到海里喂鱼。”我听了，如同五雷轰顶，吓得脸无血色。

今年，我高中毕业了，马上要参加大学入学考试，升学是要体检的，听说失过身的女性一查出就不准参加升学考试，听到这消息，我独步江边，痛哭失声，天哪！今后的路我该怎么走下去？

汪玲英

汪玲英同学:

我一口气读了两遍你的信。你真是一个纯洁、上进的好姑娘啊!

说你"上进",你会同意的,因为从小学到中学,你一直热爱学习,自强不息,而且是在背负着沉重心理包袱的情况下。这不算短的岁月,充分显示出你有一种难能可贵的信念。

然而你一定会奇怪,怎么上述评语中竟然还有"纯洁"二字?是的,这正是我要着重强调的。你在7年前遭受到坏人污辱,失了身,这当然不是一件好事。但是在这件坏事中,你没有任何过错,你纯属受害者。对过错,需要批评或处分;对受害,却需要同情和关心。无论如何不可以把污辱者与被污辱者混为一谈,就像不能将小偷与被偷者,强盗与被盗者等量齐观一样。你读过英国近代作家哈代的小说《苔丝》吗?农村姑娘苔丝受到资产阶级少爷的奸污后,在那个失去了正义的社会里到处遭白眼,哈代就猛烈抨击了这种黑白颠倒的道德观,公正地称苔丝为"一个纯洁的女子"。所以,对于你来说,任何自卑、内疚的念头都是毫无必要的。

还有,从来信看,你周围某些大人包括你的父母对所谓"贞洁"的说法,也有作一些分析的必要。他们关心女儿、女学生的健康成长,告诫她们别被少数坏人引诱,出发点无疑是对的。做晚辈的,做学生的,应当从少女时学会在各个方面严于律己。问题在于,用恐吓性的语言来作出告诫,并且告诫的内容又过于绝对化——不分清责任属谁,一次失身,就成为罪人,甚至活该装猪笼,沉海!我认为,这些对女孩子的恐吓,是不妥当的,将会给少数由于种种原因已失过身的女孩子造成极大的心理伤害。

我这里想说明两点:

一、什么叫"贞洁"?对爱情忠贞不渝,始终如一,这就是贞洁。即使一个女子由于 外界暴力而失过身,只要她在恋爱问题上是严肃的,她就依然是贞洁的女子。

二、即使有个别失身的少女,她们个人如确有责任,也不宜把她们看死了。人是会变的,错误是可以改的。一个原先不爱劳动的人,他改好了,我们可以选他当劳动模范。一个原先捧起书本就头疼的人,他发奋学习了,也会成为学者、教授。同样,原先不贞洁的人,改了,也即是一个贞洁的人了。我很赞同哈代的话:为什么动物的机体在伤害后都有复原的机能,唯独女人的贞洁就不可以复原了呢?

你马上就要进入高考阶段了。但愿我这些分析能有助于你解除思想包袱,轻装上阵。还有,据我所知,高考体检是体格检查,并不作妇科检查。

有了手淫怎么办?

朱全梅

《少女》编辑部收到不少自暴自弃、困惑羞愧又难以启齿的少女们的来信，诉说着自己染上了手淫的苦恼，又听了老人讲手淫是坏孩子的恶习，伤害身体，甚至影响将来婚恋生育，更是愁上加愁。

进入青春期的少女们，充满着活力，精力旺盛，随着性日趋成熟，性欲便产生。可就在这时开始了手淫，起初只因好奇玩弄生殖器，发觉舒服后，于是渐渐地沉缅于手淫而无法自制，由于过度，弄得精疲力竭，使一些少女整天忧心忡忡，上课思想不集中，学习成绩退步，又听人说有手淫的人会引起许多疾病，因而烦恼痛苦。

事实上，“手淫有害”这个问题，在现代医学观点中已被否定，手淫不是恶习，有手淫的也不是坏孩子。

手淫不仅在青少年中十分普遍，在成年、已婚的男女中也会发生。据国外资料调查：15 至 18 岁男女青年中，约 90％的男青年和 50％以上的女青年均有过手淫，国内专家估计与国外统计基本相仿。

从大量临床和实验研究证明：正常的符合生理需要的自限性手淫是无害的。手淫伤身体的说法没有科学依据，但是为什么有些青少年手淫后感到不适、疲乏呢?这很大程度上是由于以往对手淫的不正确宣传造成心理压力而致。

当然任何事情都是相对的，在理论上任何事物总应寻求平衡，强制性自我抑制需求，违背人们的心理平衡固然不好，但另一方面，如过度手淫失去节制，对身体便有害了，这就是辩证认识手淫问题。

当然手淫并非是必须的生理习惯，已存在有手淫的少女，应该设法控制和制止。首先要正确看待这个问题，建立有规律的生活制度，早睡早起，注意劳逸结合，不看黄色淫秽的书籍和录像，随时警惕并抑制自己不健康的思想意识和引起淫念的幻想。晚上睡觉时不要穿紧身内衣内裤，盖的被子不要太厚，最好侧卧，不要仰卧或俯卧，以免生殖器受到压迫，摩擦、诱发手淫，平时加强体育锻炼，心情舒畅，和参加社会活动。

要不要揭发继父的罪恶

姗姗

《少女》编辑部：

我是一个年满17岁的姑娘，父母离婚后，我随母亲和继父生活。可是继父对我不像一个父亲样子，他的言行使我难以忍受。我不敢告诉母亲，怕母亲伤心，眼泪只能往肚里流。谁知继父利用我胆怯心理，在一天夜晚，趁母亲外出，强奸了我。我想死，怕给善良的母亲带来新的打击；想揭发继父，又怕给刚刚建立的家庭带来更大的灾难。为了家庭，为了母亲，我想还是让我把这一切埋葬在心底吧！可是这不幸的事始终折磨着我，不知如何才能摆脱，请你们救救我吧！

小　雪

小雪同学：

看了你那充满痛苦和矛盾，饱蘸着泪水写来的信，我的心紧缩了。我同情你的遭遇，恨你继父，还怕这不幸的事会将你摧垮。我深切期望你能早日摆脱这苦痛。

少女时期是人生美好的时期，充满欢乐的时期，可是，你的一切都被可恶的继父破坏了。你不能背着这沉重的包袱，继续压弯你的脊骨，因为这不是你的过错，你是一个受害者，你的心灵是纯洁无辜的。面对已发生的不幸事，你必须将事情经过告诉你的母亲，取得她的支持，然后通过组织给予继父以必要的惩处。继父的丑行将会给你善良的母亲带来新的打击，以至使刚建立的家庭破碎，但隐瞒结果又怎样呢?纸包不住火，不能长久。二是虽然隐瞒一时，暴露后只会加重母亲的痛苦，早揭露可以使母亲早认识你继父的丑面目。三是隐瞒顺从，必将后患无穷，为了避免更大不幸，你不能再顾虑了，犹豫带给你的将是无穷的痛苦，现在，需要及时果断勇敢地站起来揭发你继父的罪恶，这对于你的前途、继父的服罪改造，对你的母亲生活，都是有利的。

怎样对待这样的恶人？

姬 英

《少女》编辑部：

有件事让我十分苦恼。一年前一天晚上，住在我家胡同口的一个中年男人叫住我，求我帮他抬一下桌子。谁知我一进屋，他先拿水果让我吃，接着就动手动脚，还强行脱我的衣服。由于我拚命挣扎，才没形成严重后果。事后，司法部门判了他一年劳动教养。谁知劳教期满后，他非但不痛改前非，还到处散布流言，胡说是我勾引他。我为此事苦恼极了，真不知该怎么办？

李晓丹

晓丹同学：

你遇上了一只狼，一只挨了打受伤仍不知反省却咒骂猎手的恶狼。要想不让他嗥，除非用“猎枪”敲掉他的下巴。

你应当把他的行为报告当地派出所，不要去与他当面理论。狼的话，除了东郭先生之外没人会相信；当东郭先生一旦觉悟时，狼也就失去了最后一个听众。

撞见坏人干坏事怎么办？

姬 英

《少女》编辑部：

一天我去上厕所，正撞上大院里一个退职工人在强行糟蹋一个女孩。那人拿出一叠钱给我，叫我不要传出去，还说那女孩是乡下来的哑巴。我连忙扔了钱，吓得跑回家。

现在我矛盾极了，不揭发坏人良心上过不去，但又怕遭报复，真是左右为难。

梁 子

梁子同学：

送你一句话——在邪恶面前，嘴保持沉默的是懦夫，心保持沉默的是帮凶。

你愿做懦夫和帮凶吗？

可以报复恶棍的女儿吗？

姬 英

《少女》编辑部：

最近我碰到一件要活没脸，要死不甘心的惨事：一天我正在午睡，我的邻居——这一带有名的恶棍郝某，推开窗户闯进我的房间，堵上我的嘴，奸污了我。我痛不欲生，想一死了之。这时，恶棍的老婆还放出风声，说我不是正派姑娘，勾引她男人。话传到我耳朵里，气得我四肢冰凉，双眼发黑，我真想拿刀斩了这个恶魔。可又一想，这样杀他，太便宜他了，不如以其人之道还治其人之身。他有个未成年的女儿，我打算买上几瓶酒、几包烟，请邻村的坏孩子把恶棍的女儿调戏一番，以解我心头之恨。我认为这叫以牙还牙。请告诉我，这样做可以吗？

一个悲愤交加的少女 苗 禾

苗禾同学：

我给你讲个故事，你便知道"以牙还牙"是否行得通。

有两个猎人在树林里打猎。第一个猎人被毒蛇咬了，他疼痛难忍，便大叫一声扑向毒蛇，想咬毒蛇一口，结果被毒蛇击中头部，没几天便死了。另一个猎人也被毒蛇咬了，他迅速地挤出体内的毒液，然后高举起打蛇的棍子，将毒蛇打死了。

法律之剑是会惩处一切坏人的，关键在于你会不会运用它。你目前应该做的，是迅速到当地司法部门控告这个恶棍，用法律保护自己人身权利，让法律之剑斩断这条毒蛇。千万不能像第一个猎人那样铤而走险，当旧伤疤上再添新伤痕时，后悔就来不及了。

怎样对待男生骚扰？

白 鸽

《少女》编辑部：

我是一个十分胆小懦弱的女中学生，从不和男生开玩笑。一天课间休息时，班里的三四个男生聚在走廊里嬉笑打闹，我从他们面前走过，没想到他们推出其中的一个来撞我，我躲闪不开，这个男生就乘势把我搂在怀里。他们还在一旁拍手叫好。我哭着奔回了教室，怕他们报复，我就忍了下来，也没去告诉老师。谁知自从那次以后，这几个男生越来越放肆，经常有意无意地撞我。我害怕极了，不敢告诉同学，怕被她们瞧不起；不敢告诉老师，怕老师批评我不好；不敢告诉父母，怕父母不理解反而责怪我轻浮。编辑老师，请帮帮我吧！

一个胆小的女孩

胆小的女孩：

看来你是碰上了麻烦，你一定要尽快地学会保护自己，要改变软弱，勇敢起来。教你几种方法不妨去试试：

一是抵挡 当你闪避不开时，就要敢于出手推挡向你袭来的人，这表明你的抗拒态度。你第一次胆小忍让，反而助长了他们的越轨行为，使他们更大胆地欺侮你。

二是斥责 因为这些男生毕竟是你的同学，他们的行为是青春期性心理发育过程中的一种偏差，他们也有一定的理性。你义正辞严地斥责：“你们像个男子汉吗？”“欺侮女生算什么本事？”一般的男生会很尴尬，会收敛些。但是，用词一定要讲究，不要骂他们“臭流氓”、“不要脸”之类的话，那样反而会刺伤他们的自尊心。

三是报告老师 在学校里发生这类事，一定要告诉老师。这不仅是为了保护自己，而且也为了帮助教育那些男生。

最后还有一点劝告对你来说是很重要的，你要注意自己的心理调节。从来信中可以看出，你觉得羞辱，又怕别人说三道四，这种恐惧心理和消极情绪对你的学习一定会带来影响，还会影响到你青春期的身心健康，长此以往，你就会形成与异性交往的恐惧症，这种症状严重时会影响你未来的生活。要清醒地告诉自己，在这类事件中，你没有错，你是值得同情的，你唯一的弱点就是胆子太小。

用我教的方法试试，相信你会勇敢起来，成熟起来。

上司故意刁难怎么办？

姬　英

《少女》编辑部：

6个月前，我顶替妈妈，当上了话务员。上班后不久，电话班班长向我求爱。我才17岁，就婉转地拒绝了他。没想到他从此对我的工作故意找碴，处处给我难堪。在学校时，我把社会看得十分美好，走上社会也怀着满腔热情。可这件事使我心灰意冷，甚至产生了悲观厌世情绪。我知道这样下去很危险，拉我一把吧！

袁　静

袁静小姐：

我的表弟是位飞行员，在接到你来信的时候，正巧他在我家作客。我问他："如果初次航行便遇到云遮雾障，你会从此就否定丽日蓝天吗？"他说："决不会。云雾只是暂时的，云开雾散之后便是晴朗的天空。"

我想，人生的天空大概和自然界一样，"乌云"和"阴天"只是暂时现象，云雾不可能永远遮住天空。只要心灵的空间不被云层挡住，那么暂时的风雨坎坷就不可怕了。

最近，有关方面给我转来了几十封少女的来信，都是受辱失身，或是被不相识的人暴力胁迫地奸污了，或是被邻居，亲友欺骗而强奸了。她们的年龄都在十三四岁至十六七岁之间，这个年龄正是花的季节，梦的旅途，人生最美好的时光，可是那可怕的事件使她们如同做了一场恶梦，而这恶梦的阴影似乎一辈子也不会消除。于是，她们生活在痛苦和泪水之中，向社会发出呼喊：救救我，我该怎么办。

首先，应该吸取教训，增强自我防卫意识，这不仅是对受害者而言的，也是对所有的少女而言的。因为一旦受害，后悔也晚了。不少少女之所以被

少女受辱失身该怎么办？

刘达临

奸污，往往是相信了某个男人的话，例如“到我家去看一本有趣的书啦”等等。去了，对方把门一锁，就可以为所欲为了。还有的少女到人家家中以后，喝了放有安眠药的饮料，昏迷不醒而被奸污的。许多惨痛的事情都告诉人们，不要单身随便到一个不熟悉的地方去，也不要在自己没有援助的情况下随便吃人家的东西。有些事情的发生并不是事先无端倪可察，无痕迹可寻的，有的男子过分的关心、热心与殷勤，不怀好意的目光或言语，对此都要敏锐地注意，提高警惕。

如果一旦坏蛋、罪犯已经扑上来了，就要敢于反抗，斗争到底，懦弱是要付出惨重的代价的，而且会为此后悔一辈子。有的坏蛋是用花言巧语欺骗的，例如“我是真心爱你”啦，“一定娶你”啦，“就这么一次”啦，千万不要相信，如果对方真心爱自己，为什么要不顾自己的死活强迫自己做这种事？有的强奸犯是用刀逼的。“你不听从我，就把你杀了！”其实这是吓唬人的，他们也知道杀人的后果是什么，如果女方坚决反抗，他们最后也往往只好狼狈逃窜。当然，在女方反抗时，如果拚力气是不行的，而要用嘴咬，或用力对对方的薄弱部位以猛力的一击。例如用手指猛戳对方的双眼，或用力捏对方的睾丸，对方一下子就不行了。

如果不幸地使对方的暴行得逞了，那该怎么办？从来信看，许多受害者都因为怕丢面子，怕被别人看不起而忍气吞声，“打落了门牙往肚里咽”，这样往往在客观上助长了罪犯的凶焰，使他有恃无恐，更加胆大妄为。有好几封来信都反映出这么一种情况：被害者忍气吞声，不敢声张，而罪犯反而以“你不听我的，我就把这件事张扬出去”相威胁。从而对女方一奸再奸。女方实在痛苦极了，真想一死了之。其实，人生大不了是个死吧，如果连死都不怕了，还害怕和罪犯作斗争吗？如果不给罪犯以应有的惩罚，不仅在自己的心理上永远得不到平衡，而且会使他继续伤害其他姐妹。所以要告发他，以法律来惩罚他（而不是离开法律去搞个人报复）。有关部门对这类案件是会严格保密的，这也是个职业道德问题。

在以上这些事结束后，就应该重新扬起生命的风帆，继续前进了。在人生的道路上，什么挫折，什么不幸都可能发生，这种事只不过是自己被疯狗、恶狗、色狼咬了一口，自己是无辜的，要挺起腰杆做人，不要陷入“一辈子不能做人”、“今后不能结婚”等等思想负担之中。社会是在不断发展进步的，人们会越来越理解与同情这种受害者，真正爱自己的男人也决不会因此而失去爱，一棵有顽强生命力的树在霜欺雪虐以后，还会绽放出更加鲜艳的花朵来！

失身心理种种

郭　振

笔者从工读学校和少年管教所了解到，失足少女中80%以上犯有两性罪错。失身对于少女的身体和精神都是严重的摧残，失身又往往是失足的前奏。有些少女怎么会轻易失身的呢?她们大多是出于幼稚无知，受了坏人的诱骗或其他各种影响。但是，也与少女当时的心态有关，正是这些不正常的心理活动，使少女丧失了自我保护的意识。据笔者调查，少女失身时有以下种种心理状态：

知音难觅心理　怀春少女小姜活泼多情，一次舞会上她结识了一位青年工人，他英俊、潇洒、舞姿优美，而且对小姜关怀备至。小姜觉得他就是自己心目中的“白马王子”，是难得的“知音”。一天晚上，小姜到他家去，当他们拥抱亲吻后，他提出了非分的要求。小姜不从，但当他威胁如不从就一刀两断时，小姜动摇了，她觉得觅到这样的“知音”不易，为不失去他而屈从了。

知恩图报心理　小陈姑娘活泼健壮，酷爱武术运动。她每天上学途经人民广场时，总要观摩别人练武。一位男青工对她表示关心，介绍她参加练武，并拜了师傅，男青工便成了她的师兄。师兄不仅帮她练武习艺，还在生活上、学习上帮助她。小陈觉得师兄是个大好人，简直是个恩人。一个星期天的下午，小陈的父母上班了，小陈邀师兄来家玩，在阵阵迪斯科音乐声中，师兄突然抱住了小陈，并进而做出非礼举动。小陈虽然感到恐慌，但觉得对有恩于自己的师兄怎么也不忍心拒绝，于是轻易地失了身。

好奇窥探心理　某中学初二年级学生小金，是个天真的姑娘，一天晚上她倒垃圾时，在暗弄内看到一对男女正在做不堪入目的动作。小金感到十分惊奇，睡觉时一直在想：“他们在干什么?”她觉得新奇而神秘。不久，她又在街头小报上看到对两性问题的露骨描写，更刺激了小金要了解两性秘密的欲望。一次，当邻居一青工用黄色画报引诱她时，本该拒绝抵制的她，竟因好奇而同意一试，铸成了大错。

无所谓心理　年仅15岁的少女小史因为结交了几个坏朋友，又受了“性开放”、“性自由”思潮的侵袭，使她觉得“男女就是那么一回事”。这种无所谓心理，使小史不仅轻易失去了贞操，而且在不到一年的时间内，先后与5名男性有了关系，堕落成为女流氓。

同情心理 在职业学校读书的小丁姑娘结识了一名男青年，这男青年的父亲已病故，母亲改嫁了，家里仅剩他孤身一人。小丁十分同情他的处境，常去他家帮助料理家务，照顾他。一次，男青年竟要与她发生性关系。开始，小丁拒绝了，但当男青年装出一副可怜相，哀叹“世界上没有一个人了解我、同情我”时，小丁竟然心软了，居然因为“同情”而失去了少女的纯洁。

从以上少女失身的种种心理活动看，关键是这些少女缺乏自我保护的意识，因而不能正确地对待异性和对待自己。我们必须看到，社会环境是十分复杂的，尽管在现实生活中有利于青少年健康成长的积极因素是主流，但妨碍和干扰青少年成长的消极因素也不少，其危害是不能低估的。

已经颁布的《上海市青少年保护条例》，是我国第一部保护青少年的地方法规。在规定家庭、学校、社会对青少年保护的同时，还专门规定了青少年的自我保护。要求青少年不仅接受社会和他人的保护，更要自己保护自己。而要保护自己，必须具有自我保护的意识，并不断增强自我保护的能力。只有这样，才能在复杂的社会环境中保持清醒的头脑和健康的心理，从而抵御各种不良影响。

少女应如何保护自己？

郭 振

在现实生活中，少女由于幼稚、无知而受骗上当受侵害的例子并不少见。本市某工读学校曾对104名女工读生的失足原因作了调查，其中受骗上当而失足的竟有87人，占了84%。

生活是多色彩的，社会是复杂的，大千世界，无奇不有。少女的日常交往中，不可能只有鲜花和微笑，我们也要警惕有些微笑背后的冷笑，提防披着各种伪装的“狼”。一个人仅有善良、单纯是不够的，还需要一点“戒心”。少女的成长，除了依靠国家、学校、家庭的保护外，还必需具备少女自身的保护机制。也就是说，少女应该自觉增强自我保护的意识和提高自我保护的能力。

少女究竟如何保护自己呢？这是

个现实而且严肃的问题。本文愿提供些建议给广大少女朋友们作参考。

首先，应该有心理上的准备 也就是要有自我保护的意识。少女无论在学校学习，在娱乐场所活动，以及日常交往中，应该具有一种戒备心理。任何时候，任何场合都不容许别人侵犯自己，不管侵犯自己的是谁，即使是自己最亲近的或最敬仰的人也不行。始终保持清醒的头脑，才能识破各种各样的假象，不致受骗上当受欺侮。

其次，应该要有认识上的准备 生活中有正义，也有邪恶，有些复杂的社会现象，使阅历较浅的年轻姑娘难辨真伪可否。在此帮助少女作点认识上的准备，划清一些必要的界限，将有助于少女增强识别力，提高自我保护的能力。在认识上划清哪些界线呢？第一，要看到社会上存在的现象，并不一定都是合法的。不要以为社会上流行的，或别人在做的，自己也就可以仿效。例如，倒卖外烟和票证，未成年人经商或做工等等。第二，要认清即使是合法的、允许存在的事情，也不一定适宜少女去做。例如，营业性舞厅、音乐茶座，酒吧和通宵电影场等，尽管这些场所都是合法经营，但显然不适合少女涉足。

最后，还应该做好行为上的准备 应该有怎样的行为准则呢？首先，遇事要分析——不盲从。在生活中会遇到各种各样的事，无论遇到什么样的事都要保持清醒的头脑，要冷静地分析，要有主见，不要看到有人这样做，自己就这样做。盲从，常常会使人陷入泥坑。冷静地分析，才能使自己立足于不败之地。第二，遇人要谨慎——不轻信。少女与人交往时要谨慎，不要轻信甜言蜜语，不要被假象所迷惑。对于异性，特别是陌生的异性，或虽相识但不知其底细的人尤其要谨慎。有些不怀好意，品质不良的人，常常利用少女的单纯、热情，用花言巧语或其他手法来诱骗少女。根据以往的经验，少女与异性交往中必须掌握住三个“不”：即不随便接受异性的礼物，不与不熟悉的异性单独交往，不让异性抚摸自己的身体。第三，遇到矛盾或冲突——不冲动，头脑要冷静。少女的情绪易波动，一旦遇到矛盾或冲突，容易激动而控制不了自己，可能做出不理智的事，使自己受到损害。因此，在遇到突发情况时，要学会控制自己的情绪。此外，少女一旦受到不法侵害后，应及时向学校或公安司法机关报告。有些女孩子胆小、害羞，往往不敢大胆揭发，这样不仅放纵了不法分子，而且可能使自己再度受侵害。因此，为了有效地保护自己，少女要有勇气，敢于与不法行为抗争，维护自己的一切合法权益。

愿少女朋友们都成为生活中的强者，用自己的力量保护自己健康地成长。

8

塑造你的形象美

怎样获得形象美？

慧 慧

为什么有的人长得并不漂亮，却楚楚动人？为什么有的人本身挺美，却并不使人觉得她美？这关系到整体造型。

优美的造型是形体、性格、气质与美感的结合，是外在和内涵的组合体。

一、衣着、发型与化妆

天性爱美的少女们都希望把自己打扮得漂亮一点，于是乎，"时髦"成了抢手货。不少姑娘，只要看到时髦的衣衫、时髦的发型，统统照搬，结果不但破坏了原来的美，反而弄巧成拙。

选择衣服一要分寸，二要协调。款式、色彩，因人而易，并同自己所处的环境协调一致。

假如妈妈买了一块和你的年龄、个头、肤色都相称的丝织品，请不要盲目寻找时髦的模式，也许，不加任何饰物、褶子，而用最简单、明快的线条做成一条连衣裙，反而更有神韵。

简洁是美的最高境界。衣着之美，不在于华丽和材料的昂贵，而在于合适于自己。潇洒型的姑娘一件衬衫扎进牛仔裤，便更潇洒了；而温柔型的姑娘也这样装扮，却会破坏了自己原有的气质，显得不伦不类。

发型也是重要的，能为各种脸型扬长避短。梳理是一种情趣，良好的技法还可增添风采。

当你站在镜子面前，应该认真审视一下自己，倘拿不准，可找理发师作参谋。盲目效仿演员、明星的发型是愚蠢的。运动式、童花式、披肩直发式、各式各样的辫子等会给少女增添青春的秀美，不适宜少女的发式只会使少女失去独特的魅力。

化妆的目的在于弥补面貌的缺陷。不同的肤色，对化妆品的选择应用有所不同。

脸宽的人，扑粉前在两外侧打颊红，脸窄的人颧骨外略多打点粉。假如眼皮厚肿，可在上眼皮上用眉笔略涂一下。

涂口红要有立体感，棱角分明。显示出你的个性。可先画轮廓，再细心抹匀。过薄，给人刁滑的印象；过厚，也会令人觉得俗气。

化妆的浓淡也要注意，平时应淡妆，参加社交活动可浓妆。

二、情感、分寸与仪态

只注重人工化妆，对于外在的形象的修饰很欠缺，它会令人感到苍白、粉饰气，而大方、自然的仪态，才能使一个人的外在形象真正趋于完美。

微笑便是一种自然、平和的表情。微笑具有亲切、温暖的力量。质朴纯真的微笑，不但能反映出良好的教养，并能有助于自己轻松自若地待人接物，消除距离感。社交场合，微笑能体现高雅、彬彬有礼。故作惊讶，或仰头大笑，都有哗众取宠、故意卖弄之嫌，是有损自己形象的。

表达自己的感情要有分寸，适当的手势能增加形象感，但如果你与别人交谈后，留下的评价是“指手画脚”或“眉飞色舞”，那未免太难堪了。有必要做手势时，幅度要小，要柔软。碰到熟人，老远就用手指，这也是不雅观的，应微笑着向对方点头。分手时，后退一步，或向旁边迈一步，再转身离去。

行走的姿势，男性化的大踏步前进和夸张作态的扭腰碎步都不适宜少女。收腹挺胸，轻提大腿，小腿弯曲不要太大，步幅50厘米左右，脚尖先着地，这样的行姿，亭亭玉立，轻盈飘逸，视感愉快。有意起伏以示轻飘，有意扭摆以示娇媚，或故作傲气，表现出对周围的人不屑一顾，或东张西望，都是不可取的。

除了行姿，注意修正自己的站立姿势和坐势，也不是多余之举。

优美的站姿应该是重心垂直，一条腿直立，另一条腿向旁移出几厘米。把身体的重心倒向一边，或两腿同时叉开，都是不雅的。

坐，要有精神，不要懒散地半倚着，或两腿伸直、叉开。介绍几种正确的坐姿：

一、直腰挺胸，右腿里90度垂直，左小腿向里微收，脚尖支在右腿跟旁；

二、两脚并拢，略斜在一边；

三、一条腿轻压在另一条腿上，注意跷起的腿不要抖动，那样会显得很轻狂。

如果穿裙服，落座要轻、慢，注意压好裙子后摆，然后拉开前摆，盖在膝部。

其实，在日常生活中，每一举动，都影响着我们的外在形象，影响着别人对我们的视觉评价。有意识地养成优美的姿势和身态、文雅的举止仪容，对每一个真正爱美、表现美的少女来说，是非常重要的。

微笑，形象美的要素

梦　岚

我喜欢微笑。

记得我还是一个头戴大蝴蝶结、胸前别着花手帕的“小公主”，妈妈就教我微笑。当我任性地噘嘴哭鼻子，她会不失时机地拿一面镜子照照我：“哎呀，快瞧小岚岚，嘴上可挂油瓶喽!”而当我微笑着做一个有礼貌懂道理的孩子，她又会一次次将我送到大镜子跟前，于是那晶亮的玻璃体就使人欣喜地映现出我漂亮可爱的面容。笑比哭好，微笑比板着面孔好，这个原则从小在我心田里生了根。

稍稍长大，进了幼儿园，我爱看老师微笑的脸。回想起来，那位小老师大概与我现在的年龄相差无几，刚刚从幼儿师范毕业。她很活泼，带领我们唱歌跳舞，为我们弹奏钢琴。她笑起来，脸上有两只醉人的酒窝，这使她更加美丽，也更加可亲。在她的影响下，我们那个班的孩子都彬彬有礼，而且都喜欢微笑。

有一次，我生病发烧，医嘱打针。刚刚念小学的我，见到注射器就吓得发抖。一个脸蛋红扑扑眼睛水汪汪的护士见我动作慢吞吞的，十分生气，铁青着脸对我吼道：“你到底打不打针?

真烦死了!”这个可怕的形象居然一直保留在我的记忆里，使我不寒而栗。我发誓不以这种态度对待别人。第二天，一个胖乎乎眼睛不大的护士为我注射。我依旧怯生生地注视着她手中的“凶器”。她轻轻地对我说:“这么大了,连打针都怕难为情吗?”她戴着口罩,并不迷人的眼睛里充满着笑意,有责备也有鼓励。至今我还认为，这是一个美好的形象，尽管她实在长得很一般。

如今，我长成大姑娘了。微笑常常出现在我的脸上。面对着自己的师长、同学和朋友,我从不吝惜自己的微笑。

我的同学沪生不爱学外语，特别害怕口语练习。每当课堂上老师要求用外语回答问题，他总是窘得满面通红,死也不肯开口。老师无可奈何,把这个“顽固分子”交给我承包，因为我是外语课代表。

我硬着头皮接受了这一艰巨的任务，请沪生放学后留下来“个别辅导”。一连两天，他死死地盯着课本，一言不发。第二天，我不得不采取强硬措施,命令他看着我的脸,看我如何发音,是什么样的口形,然后跟着说。为了帮助同学,我一个女孩子不害羞,他倒脸红了,真没出息,但也说明他很老实。我尽量耐着性子启发他开金口，微笑着鼓励他抛开胆怯。他见我既不生气,又不厌烦,大概觉得不好意思再固执下去，终于克服了“难以启齿”这一关。不论他的发音如何可笑，他的学习进度多么缓慢，微笑始终停留在我的脸上。一个星期过去，沪生居然敢在课堂上用外语回答问题了。啊，是微笑，给了同学外语会话的勇气。

我的好朋友莉莉腹部发现肿块，必须开刀。手术前我去看她，将一束鲜花放在她的床头柜上。莉莉眼泪汪汪,神情沮丧。她以为自己得了癌症，医生也并不排斥这种可能。我安慰了她半天。离别时,我走到病房门口,转过身来挥手再见，同时给了她一个明朗的微笑。后来医生为她摘除了良性肿瘤，恢复了原来那个白白胖胖的莉莉。她对我说:“岚岚，真要感谢你那个微笑。你的微笑是那么灿烂，使我觉得我绝对不会是不治之症。我记住你的话:只要配合医生治疗，有信心、有意志,我一定会好起来。”啊,是微笑,给了朋友战胜病魔的信念。

微笑是生活的本能，既不需要下苦功去学习,也不需要花钱去购买;既不会因过多给予而匮乏，也不会因过分吝啬而积累。发自内心的微笑，是春风,是阳光,是鲜花,是蜂蜜。我想,如果人人都在微笑，那么这个世界一定充满温馨，充满爱意。让我们都拥有微笑吧!

如何美化自己

雯 珊

在社交场合，人的外表对交往的成败有着重要的作用。特别是初交,一位少女可以给人留下“看上去很舒服”的印象，也可能给人留下“看上去不顺眼”的印象，所以少女参加社交总要对自己美化一番，给人留下美好的印象。但是，如何美化自己,这就很有讲究。

一般人对美容的定义只限于保养皮肤、化妆这些小局面上。其实，美是整体的。皮肤保养得好，妆化得适宜，只完成了部分。如果你的衣饰没有搭配好,头发没有梳理好，或是穿了双不雅观的鞋子，都会破坏整体的和谐。

一个人的精神、思想、动作、心理，无一不与美有关。美就是由生活、心理、内在、外在的条件组合成的。如果你觉得追求美很麻烦，那么你已经把美拒绝在门外了。为此，你先要有一个整体美的造型观念。

首先找出自己的优点与缺点，再使优点变成别人视觉的焦点 举例而言，一个人脸部的轮廓并不漂亮，但有一双动人的眼睛，别人一定会注意她的眼睛。但如果这个人的眼睛并不漂亮，轮廓很美，人们却不一定会注意她的轮廓。因为眼睛有情感，能透露信息，所以是视觉的焦点。同样的，就算人长得不美，但皮肤很白，看起来清秀干净，一样能吸引人。所以注重皮肤保养与眼睛化妆，强调眼睛的"表情"是很关键的。

怎样打扮，使自己看起来可爱呢？最重要的是不要让缺点变成视觉的焦点。例如，你的身高只有156厘米，你要使别人不觉得自己矮，就要在服装上补短，使别人一眼看到你并不觉得矮。不穿蓬裙，不把自己往"横"的方向拉，这样，在别人的视觉上，你就显得高多了。

说到化妆，如果你天生丽质就不必化妆。如果你的眼睛、皮肤都不出色，不妨化点妆，所有艺术品都是由色彩、线条组成的，所以化妆不是虚假，要懂得艺术的表现，否则就很俗气。化妆就是把自己当成艺术家，化妆后的你就是艺术的结晶。

不论你怎么打扮，一定要使自己的精神与外表结合 如果你化了妆，心里又时时觉得这是化了妆的，你的表情一定很难看。穿了美丽的外衣，心里却不觉得美，这才是"表里不一"的了！

选择造型，要视自己的条件而定 例如，你较矮，就不适合潇洒型，高个子才帅，才潇洒得起来，所以你应把自己塑造得花俏娇小。有时候缺点却可以变为特点。例如，有的人皮肤较黑，浓眉大眼，头发浓密，看起来很粗犷，这时如果配上大耳环，穿上尼泊尔味道的衣服，穿双小牛皮靴，整个健康美的韵味便表露无遗了。

人要学着推销自己，就像婴儿以哭声引起妈妈的注意，你也要以自信的表现赢得别人的注意 如果你是个胖子，倒不如接受它，做一个快乐的胖子。其实，胖也有胖的美，如果一脸挫折感，垂头丧气，才使自己看起来很难看。

人生在不停地成长，在这成长过程中，你必须不断接受新知识、新信息，才能充实更多内涵 内在美要靠不断的积累才能自然地秀于中形于外，使你身旁的人感受到你的内涵。

有了内涵，气质自然高尚。美丽可以看到，气质却靠感觉。真正的美女不仅视觉上可以看到，更应使人能用心感受到她的举止仪态与内在的表达。

护发与病发处理

史 成

秀发垂肩，乌发如云。头发生长在人体最触目的头部，对少女的仪态容貌有着重要影响。怎样才算是美丽健康的头发呢？一般应从五个方面衡量：一是清洁、整齐，没有头屑；二是头发光润，丝丝可见光泽，具有弹性；三是不粗不硬，不分岔，不打结，有柔软的感觉；四是头发疏密适中，尤其发根要疏密匀称；五是没有病发，色泽统一，没有出现斑、白、黄、棕等颜色混杂，头发没有异味。

要达到这五个要求，有一头美丽的头发，必须学会护理好自己的头发，护发可从三方面着手：

一、擦发 有些少女以为清洁头发就是洗头，其实不然。每天早晚用梳刷擦头发几次，也是一种清洁方法。容易为少女们忽视的是，临睡前的擦发。空气中有许多灰尘和细菌，附在头发上与发脂腺混合在一起，便会成为头屑和污垢，不但有碍美观，且会造成脱发和病发。每天早晚，用刷子轻柔地擦头发3分钟，约100次左右，这是保持秀发柔美润泽的好方法。擦发能对头皮造成轻度刺激，使血液畅通，促进新陈代谢，保持活泼的生机，皮脂得以充分分泌。

二、按摩 每天应按摩头皮一次，按摩头皮可以刺激毛发血管及毛囊，有助头发的生长，和调节头皮的分泌作用，并对油性和干性皮肤有治疗作用。按摩的方法是张开两手手指，按在头皮上，作压、捺转动。

三、病发处理 由于新陈代谢的作用，每天有少量脱发（50根左右），早春秋末更多些，不属病态。但如果频频掉发，有时一天多达100根左右，就须注意了。如果脱下的头发发根粘粘糊糊的，可能是新陈代谢不佳，必须增加按摩头皮的次数。最常见的病因是脂溢性脱发，精神过度紧张或过多吃含脂肪多的食物都会促使皮脂分泌过多。头屑过多的原因有两种，一是皮脂太多，皮脂干了就成为细屑状，叫干性脂漏；另一种是皮脂太少，头皮细胞角质脱出，粘在头皮上，叫头部粃糠疹。头屑过多者，可适当洗头，干性发质者每周一次，油性发质者每周两次，洗头时可用药性洗发剂。

岔发断发和头发变黄变白，也是病发中较常见的。当头发过长或健康状况不佳时，常会发生发尾分裂而散乱的岔发或断发现象，这是由于发根分泌油脂失调或不能滋润长发末端的原因。

处理岔发的方法是将分岔部分剪掉，在距离分叉处2厘米的地方进行平行剪，并使用少量发乳按摩 头皮，以滋润头发。

头发变黄变白除遗传的因素外，多数是由于营养缺乏或不均衡引起。黄头发的产生，主要是血液中有酸毒素存在。除了由于食用甜食太多，糖分过剩引起外，体力和精神过度紧张疲劳也会产生酸毒素。头发摄取营养成分不足，便易出现黄、白发。除了保持安定、乐观的情绪和劳逸结合的生活规律外，可以多吃些海藻类食物，如紫菜、小鱼和贝壳类，这类食品多含碘质、钙质、硫黄质和蛋白质等。

美发小诀窍

艾丝

人说青春离不开美发，哪个女孩不希望自己有一头光亮润泽的秀发，那是健康与青春的象征。以下介绍几种简单易行的护发方法，可供朋友们在日常生活中借鉴：

茶水护发 在洗完头发以后，再用茶水冲洗，可使头发乌黑柔软，富有光泽。

啤酒护发 先将头发洗净、擦干，然后将啤酒均匀地涂搽在头发上，并进行按摩，使其渗透发根。10分钟后用清水洗净，这样不仅使头发光亮，而且能防止头发干枯脱落，促进头发生长。

醋蛋护发 先在洗发液中加入少许蛋白，调匀后洗发，并轻轻按摩头皮。然后洗净，用蛋黄调入少量醋，使其充分混合，顺发丝慢慢涂抹，用毛巾包1小时，再用清水洗净，头发乌黑发亮。此法最适宜干性和发质较硬的头发。

葱泥护发 先将圆葱捣成泥状，用纱布包好，用它轻轻拍打头皮，使圆葱汁均匀地敷在头皮和头发上。过几小时后，再将头发洗净，这样能消除头屑。

蜜蛋油护发 用一茶匙蜂蜜，一个生鸡蛋黄、一茶匙植物油、两茶匙洗发水和适量葱头汁放在一起，充分搅匀，涂沫在头皮上，戴上塑料薄膜帽子，再在帽子外不断用湿毛巾热敷。过一两个小时，将头发洗净。如果每天一次，过一段时间，可以缓解头发稀疏症状。

柚子核护发 用柚子核25克，开水浸泡，将其汁涂于发根，也可配合生姜涂搽，每天二三次，可以治疗秃发、发黄，加快毛发生长。

陈醋护发 取陈醋150毫升，加温水1公斤，搅匀。用此水每天洗头一次，能去头屑止痒，防止脱发，还能减少头发分叉。另外，在理发吹风前，往头发上喷一些陈醋，可使发型耐久，并使头发柔软润泽。

头发的故事

杨青青

●我很想对别人讲我头发的故事，可是没人愿意听。有一天傍晚，路灯亮起来，爸爸摇着蒲扇在竹床上乘凉，我搬个小圆凳到爸爸跟前，对爸爸说："爸爸，讲头发的故事给你听，要不要？"爸爸说："讲吧！"我就讲了。一看爸爸他睡着了，打着呼噜。原来他也不爱听，我再也没对人讲过了。

●我常常喜欢把头发束起来，在耳朵上方，这样子头发垂下来像耳环一样荡来荡去的，再在头发上扣两个小彩球。这样年龄显得很小很小，有比自己小好几岁的感觉，15岁那年，我考大学，当我走进中央戏剧学院考场时被一个老头赶了出来。“喂!小孩子外头玩去，现在考大学呢!”我拿出复试准考证给他看，他放我进去了，进去以后还听他在嘟哝着：“看上去很小，还扎着两个小球。”考完了，才知道那个老头是中央戏剧学院马文海教授。

●15岁那年，我报考了6所艺术院校，中央美院已来了复试通知，我不想向父母要钱，自己又没钱，正在这时，一个人找上门来要买我头发，我犹豫好久，终于眼泪汪汪答应了。正巧外婆串门来这里，把我大骂一通，悄悄给我200元钱，拿着它我到北京上海广州跑了好些地方，考完了6所院校。

●学校上发型课，王国英老师教我们勾织毛发。做假发套是很麻烦的一件事，特别见功夫。我从小喜欢缝缝补补之类，做起来自然得心应手。王老师叫我在教室示范，教教同学怎么勾发，但是我喜欢一个人到操场坐在石凳上一边勾发一边晒太阳。温暖的金色的阳光照在我的头发上，我自己的头发上有光泽，而我勾的假发是没光泽的。

发丝飘去

小 梨

我的头发越来越长了，在背后飘呀飘，那感觉总让我觉得自己是个小仙女。可惜我体质差，一张脸总是青黄不接，虽说头发勉强留长了，却又黄又枯，发梢都开了叉。黄黄的发梢在风里翻飞，凄凄凉凉的，再也没有小仙女的感觉了。狠狠心，我坐上理发店的椅子。

于是我的头发再也飘不起来，刚披到肩上。两侧的头发老是不听话地晃到前面，遮住了大半个脸。我挺喜欢那种自由自在的感觉，索性将原先“一边倒”的刘海也剪成童花式，任所有的头发都自然地垂直着。

剪剩的这部分头发发质还算好，我也颇为得意。虽然长辈们看不惯头发将我的脸遮得愈发瘦小，可我却依旧满不在乎地甩着“蓬头痴子”般的头发到处晃悠。

终于也有人为我的头发叫好了！

伟杰说一开始他就注意我了。我那张瘦瘦黄黄的脸，衬着那头发，有种说不出的神秘感。又说当我开怀大笑时，头发在肩头跳动，充满了青春活力，有点“城市少女”的味道。

我听了喜滋滋的，却依然板着脸，故作老练地说：“你对每个留这种头发的女孩都这样说么？”

“哪里！我认识的女孩中就你留这样的发型。”他瞪着眼一本正经地解释。

于是我再也忍不住得意地笑了。

一天晚上看完电影，伟杰送我回家，两人走在没有路灯的小马路上。月儿镶着淡淡的光晕，静静地悬在半空。清风徐徐，树叶轻摇，发出细碎的声响。我心里有一种说不出的快乐和满足，吹着口哨，像麻雀似地一跳一跳地走着。伟杰牵着我的手，默不作声地紧紧跟着我。

沉默着的伟杰忽然猛一用劲，捏紧了我的手，在他有力的大手中我无力挣扎，痛得我脸都变了形，直蹲下去。

“想不到你一点力气都没有!”伟杰慌忙中松了手，把我扶起来。我直抽冷气,竟想不出词来骂他。

“你真是个孩子,一点儿戒心也没有。”伟杰并不急于安慰我,也并不想解释刚才那莫名其妙的举动，只是自管自说着。

“其实你不该让我这么轻易牵住你的手……”

伟杰说这话时我的手还握在他的手中,我一时辨不出他是什么意思,只气恼地一把挣开。

手已经不太疼了，可心忽然痛起来。我把他撇在身后,疾步走着……

“哎哎！你和谁比竞走？你能不能听我把话说完？你呀，跟你的头发一样,太简单了。”

我愤愤地回头，瞪了他一眼。的确，我从头到脚，从开始到现在，都是简简单单的。

“不过，也蛮惹人喜爱的。”我听到他微微地叹了一口气。

那一夜我怎么也睡不着，有点好奇，也有点害怕。

从此，伟杰好象渐渐变了。和我在一起时不再用那种调侃、揶揄的口气跟我说话。他说我不是个做游戏的女孩，所以他也必须改变自己对我的态度。

也许是我的某种气质感动了他，也许简单的我就如一面镜子，让他照见了自己的缺陷。

我的脸不再那么黄，渐渐白净起来，有时还泛着淡淡的红晕。我的头发又长了，不黄也没开叉。面对日益逼近的炎夏,我终于忍受不住了,将头发结成一条粗粗硬硬、结结实实的辫子。出乎意料，伟杰并不坚持要我保持原来的发型，甚至也不关心我现在的辫子。

这些并不证明伟杰对我有所冷淡。相反,他成了我的影子,寸步不离地跟着我。他说履行他的职责——保护我。好几次面对伟杰欲言又止。请他别那么小心翼翼地守着我。我需要的是一盏明灯,而不是一根拐杖。

天转凉了,我拆散了辫子,将头发恢复成原来的样子。所有的头发都自然地垂直了，安安静静地披在肩头。只是我不再那么肆无忌惮地飞扬着长发到处乱闯，也不再有人来欣赏我的发型了。我真的没有明确地对伟杰说过分手的意思,我只是不看他的脸,梦呓般说了一大通颠来倒去的话。记不清那天我是怎么说的，只记得伟杰像个做错事的孩子，一直低着头，末了猛点一下头:“我懂!”说罢,头也不回地走了,没再回头。

剪出一份美丽

吴红梅

要不是我早早考虑又考虑，要不是我有一意孤行的决心，要不是我已经走进了那理发店，我也许会“临阵脱逃”。

可那位女理发师热情地迎了上来，那样子我似乎是她很久没有见面的老朋友 。

“剪发，还是烫发呀?”

“剪!”我不忍心说出那个“发”字。真盼望她态度恶劣，这样我就找到借口，留下我的宝贝长发了。令我失望，她仍然好脾气地对我笑笑：

“剪个什么发型?”

“随便。”她热心周到，我却不领这份情。

可是，她不厌其烦地向我一一介绍各种发型，还说了哪几种发型与我的脸型比较相配。

如此服务态度使我很感动。看着镜中我那张阴沉的脸顿生歉意。难道还要人家为你“整容”?一点风度也没有!

待情绪稍稍缓转，我说：

“剪个最简单的吧。”

从镜中，见那一缕缕黑发正无可奈何地随着移动的剪刀跌落，不由得十分心疼。

无数个日子我骑上单车，披着一头秀发，宛如飘忽不定的云，悠悠荡荡。长长的黑发，飘逸的岁月，别了!我闭起双目，一副心死情灭的模样。

“好了。”

我不敢想象，失掉长发的我是啥怪模样。

“哇!”我差点儿没有喊一声“好漂亮”。没想到，一个发型使我大变样。那齐耳的短发，整齐的刘海，看上去更给我几分清雅、几分纯真，如果没有这场“悲壮之举”，我岂不是埋没了自己这份美丽?

独特的卷发

温小秀

我有一头独特的卷发。

妈妈说，我一生下来头上就长满了小卷儿。这得怨我爸爸，爸爸的头发也是天然弯曲的，“女承父业”。

小时候，我很不喜欢自己的卷发。它们总是那么调皮，我把它们梳到一起，不一会工夫，它们就散开了。

因为有了一头卷发，称呼也就变得五花八门，妈妈叫我“卷儿”，爸爸叫我“卷毛丫头”，姐姐叫我“卷发妹”，邻居叫我“外国妹”，还有人干脆叫我“洋娃娃”，而我那颇秀气的名字却常常被遗忘了。

最使我感到伤心的是出门了。在街上，总会有人盯着我，那目光就像看动物园里的大猩猩。

后来我发现，湿漉漉的头发显得比较直。于是每回出门我总忘不了在头发上抹几把水。走在马路上，自我感觉良好。有一天偶然向街边的橱窗一瞧，脸猝然皱得像苦瓜——不知什么时候，头上挂满了一根根“弹簧”！

伤心地跑回家趴是床上惊天动地地哭，直到妈妈无可奈何地拿起剪刀“咔嚓”“咔嚓”把我的头发剪了一半。满以为可以因此而过上几天太平日子，没想到第二天一早照镜子。又看到满头的小卷儿纷纷向我问好，那样子比长发还要有生气。

不知想了多少办法来对付卷发，但每次都是它们治服了我。在与卷发进行的“拉锯战”中，我上了中学。

这时候，已经流行烫发了，我的卷发因此有了许多同伴，每天接受的惊奇目光也减少了，我对它们的憎恨也淡了许多。

只是在开校会校长说到“中学生不许烫发”时，我的卷发就会成为全场的中心，同学们的目光频频向我射来。

多年的学生当下来，书念得多了，思想自然产生变化，我渐渐懂得了如何“接受自己”。

我开始善待自己的卷发，把它们清洗得干净黑亮，梳理得光滑整齐。我第一次发现它们是那么纤细柔软，那么美丽动人。

有时，我用粉红色的带子扎一个高高的“马尾”，卷曲的发尾就像瀑布溅起的小水花，走起路来，它在我脑后快乐地跳呀跳，粉红色的带子飘呀飘，几分飘逸，几份潇洒，引来多少羡慕的目光。

而披肩长发又是别一种情调。松软的头发均匀地起伏，像大海涌起的层层波浪，令人遐想万千；又像一首悠扬的青春之歌，时起时伏，妙不可言。

原来，自己的卷发具有这般魅力！原来，拥有这样的卷发是如此美妙！

每天，带着这心爱的卷发出门，面对别人的惊讶，我浅浅一笑；面对别人的赞叹，我轻轻说声“谢谢”。

我善待头发，头发也给我带来风采，成为我独特形象的一个重要组成部分。

从卷发上，我明白了一个道理：接受自己的独特，才能欣赏到那一份与众不同的独特。

化妆技巧

陈　薇

化妆

早上化好的妆要想保持一天不变样，需要以下一些小诀窍：

1. 开始化妆前用一片柠檬擦脸。

2. 或者化妆后喷一些凉矿泉水。

3. 当人的脸色显得苍白时，在耳垂处搽一点粉红色脂粉就可使整张面孔增加光辉。

卸妆

每天晚上都必须卸妆，而且卸妆后最好抹一层营养香脂。为了使其更好地吸收营养物质，可在脸上敷一层热毛巾。

口红

要想使描出的口红不变样，化妆时要注意下述几点：

1. 嘴唇应很干。

2. 往脸上打底色时，也应往嘴唇上打底色，并扑上一点粉。

3. 描上一层口红后，再扑上一点粉，然后再描一层。

4. 为了固定颜色，可用人造冰块抹一下嘴唇。

指甲油

1. 使用之前应摇晃装指甲油的瓶子，可以防止指甲油形成气泡。

2. 与其等待指甲油变干，还不如把手指泡在凉水里。

教你做颜面操

赵薇妮

我从小学一直念到师范学院都在上海求学。从进小学起，就一直学习唱歌、舞蹈、表演等，毕业后当过教师及上海电视台的节目主持人，后来又拍摄了电视剧。1986 年我赴日留学，出入于日本影视界。过去我以为“颜面体操”是职业需要，现在我认为对脸部的训练不仅是演员的需要，而且对一般女孩子也是具有普及意义的美容、健康的方法。于是我开始研究和创作了一套颜面体操。我的一个同事女儿曾做我的实验对象，一个月后她便考取了演员，并因为她的表情丰富而当上了主角。颜面体操有消除疲劳和美容的效果，它会使人显得更加年轻可爱。

颜面体操包括伸展操、下颏操、颜面操、舌操、耳朵操、眼球操等。这里介绍一套颜面操，可供少女们练习。

做颜面操时最初由于肌肉僵硬，一般人不能很好完成。但随着肌肉变得柔软，就能做各种脸部表情。下面是三种基本模式，除此以外的请自己多下功夫，关键在于肌肉的伸展、收缩，然后是不断地松弛。一定要记住这三要素。

一、金刚脸

1. 面朝正前方，然后除鼻子外，其他所有肌肉都向外拉，做出表情；

轻轻咬住牙齿，嘴周围的肌肉向外侧拉，眼周围的肌肉张紧，眉毛向上吊，眼突出，脸颊的肌肉向上提；想象一下你生气时候的脸。

2. 该表情保持 10 秒。(见图)

金刚脸

二、梅干脸

1. 与金刚脸正好相反，脸部肌肉以鼻子为中心聚拢起来，收拢嘴巴，眉毛下垂，脸颊的肌肉有意识地向下拉；

2. 该表情保持 10 秒。(见图)

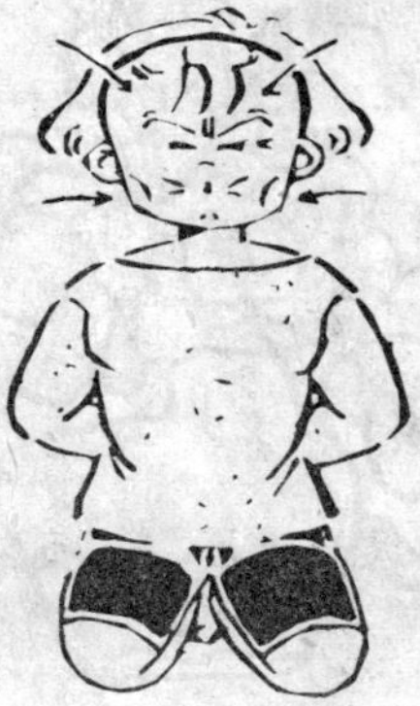

梅干脸

三、能面脸

1. 脸部肌肉放松，这是做能面的表情的体操。

慢慢地深呼吸，眼睛安静地闭着，口自然地稍稍张开，脸部的所有肌肉都放松；

2. 保持 10 秒。(见图)

以上是连续的颜面体操，按金刚脸、梅干脸、能面脸的顺序重复三次。该用力时尽量用力，该放松时尽量放松，这样才能发挥作用。

颜面操包括了脸部肌肉的要素，欠缺的是表情的要素。因此，我建议女孩子可以照着镜子，欣赏着各种表情来进行。做出表情就是在表演，请

能面脸

利用这样的"演技"，把积聚在心中的喜怒哀乐都宣泄出来。

例如，做"金刚脸"时，就要仿佛看见那个你憎恶的人，这样，愤怒的情绪就自然地流露出来了。

做"梅干脸"时，就可以把心中的悲痛排解出来。

我在做"金刚脸"时，心中常常在骂某件令人不快的事，而后放松"金刚脸"的同时也忘记了愤怒。这样，感情就非常轻松愉快了。

当然，与愤怒相比，欢笑是极好的心境，在别人面前随意地放松表情，自己很开心，虽然别人也许觉得你疯，但也足够高兴的了。你也许很吃惊"我能做出这样的脸"，或者尝试着"能做出什么样可怕的表情"，就在这个重新认识自己脸的过程中，少女们将越来越喜爱自己。

脸上有痣怎么办？

张医生

《少女》编辑部：

我是一个刚满18周岁的少女，生活、学习、人际关系，样样都好，事事称心，只是我脸上生了许多小黑痣，使我好生烦恼。每当我照镜子时，看见这些大失雅观的小黑痣时，心里会涌起阵阵痛苦的波澜。对于一个少女来说，实在是苍天的恶作剧，我怎么办呢？

朱珂

朱珂同学：

关于脸上黑痣的问题，我的看法是：若是一到二颗，确实影响美观或是在心理上极不好受，可考虑作整形手术切除。但如果痣太多，则不宜一一切除。因为这样不仅痛苦太大，且术后疤痕也影响美观。至于用什么药方、秘方，私下治疗，则千万不足取。因为这些所谓能去痣的药，都带有腐蚀剂，弄得不好，会使皮肤烧灼得不成样子，将使你后悔一辈子。请你千万不要轻易使用。

随着年龄的增长，痣可能会淡化。并且会因为生理和心理上的不断成熟，对于脸部痣的自我感觉也不断改变。不是人们常说“美人痣”吗？这就是黑痣的点缀作用，使女性脸部更具媚力。

希望我短短一席话，能对你有所帮助。

少女要注意皮肤美

英 辑

学会保持皮肤的青春美，这对于少女的美丽是至关紧要的，下面介绍一些皮肤的保养知识。

一、皮肤美的四点标准

少女的皮肤要始终保持湿润，这是皮肤光滑滋润的前提，是年轻、美丽的象征。一个少女的皮肤，含水量约占人体含水量的20%，皮肤缺少了水分，就会变得干燥、起皱。

皮肤富有弹性是少女免于出现皱纹、防止皮肤松弛的先决条件。为使皮肤富有弹性，就应该使皮下脂肪丰富，新陈代谢旺盛，这是少女年轻、美丽的又一象征。

皮肤以白为美，或认为晒黑后才是美的，都可以，但要求皮肤细腻却是皮肤美丽的一个共同前提。皱纹重叠、黑斑遍布，就与年轻、美丽无缘了。

此外，还必须注意皮肤的健康。皮肤的健康是皮肤美丽的基础。皮肤健康欠佳，皮肤疾病便会产生，使皮肤的湿润、弹性和细腻化为乌有。

二、皮肤的保养

每个少女要使自己的皮肤具备湿润、富有弹性、色泽细腻和健康这四个标准，就需要重视护肤的科学方法：

首先，要保持皮肤汗腺和皮脂腺分泌的畅通。皮肤不清洁，堵塞毛孔，皮肤膜就得不到新陈代谢，就会使皮肤失去滋润和光滑。

其次，清洁皮肤有五种方法：

第一种，用水洗脸的普通清洗法。一般可用温水清洗，也有的用温水和冷水交替清洗，增强皮肤的呼吸和促进血液循环的活跃。用冷水清洗，可以增强皮肤弹性，延缓皱纹出现。

第二种，摩擦淋浴。先在手掌上擦上肥皂，然后摩擦脸和肢体的皮肤，促进血液循环，增强皮肤的呼吸能力。摩擦方向以自下而上地摩擦为宜，摩擦程度掌握在摩擦完毕后，以皮肤表面没有发红、发热的现象为好。

第三种，浸浴清洗。浸浴有高温的，即40～42℃，对皮肤有镇痛和兴奋作用，使皮肤得到充分的运动；也有微温的，即34～37℃，利于皮肤的休息和解除疲劳；冷水浸浴对皮肤有收敛作用。

第四种，药物浸浴。有酸性水浸浴，可起到滋润和光滑皮肤的作用；有米糠水浸浴，有明显的滋润皮肤和保暖作用；还有温泉水浸浴，对健肤和抗病能起一定作用。

第五种，发汗清洗。用蒸气浴发汗，可清除堵在毛孔中的脏物，促进汗腺和皮脂腺的分泌，对防止皮肤疾病很有好处。

愿你玉肤常驻

贝 琪

姑娘，你想使自己的玉肤健美吗？

皮肤之美，标志着青春之美。少女的皮肤玉洁冰清，透发着青春的韵律和活力，要留住青春，就必须注意保护好你的皮肤。

有的人以为皮肤是爹妈给的，天生的。这在认识上有偏差。现代医学认为，皮肤的衰老与否，关键取决于后天的保健。如果先天赋予你一身漂亮皮肤，然而后天保护不当，青春的魅力就会因皮肤的衰老而黯然失色。

有些少女缺乏护肤知识，往往过分地擦洗皮肤，喜好在自然环境里暴露皮肤。这是一种不良的习惯，实际上已经使皮肤在不知不觉中遭受损害。皮肤最忌刺激，构成对皮肤的刺激因素无非是擦洗和自然界的风吹雨淋。擦洗皮肤需讲究选用肥皂。皮肤干燥者适用多脂型或甘油型肥皂；皮肤属脂溢型的则宜用药皂为佳。一般来说，选用肥皂要掌握一个总的原则，即要用味淡，不含香料的。

太阳光是皮肤的大敌。因为太阳光中有着大量的紫外线辐射，能使皮肤丧失弹性，以致老化出现绉纹，变得粗糙。人们只要比较一下自身暴露部分与遮掩部分的皮肤就会发现，腹部和手臂内侧皮肤比面部、颈部、手掌背面相对更嫩些，更富有弹性。此外，过分地晒太阳还易患皮肤癌。据分析统计，美国有45万皮肤癌患者都是“晒棕褐色皮肤”的恶果。由此看来，少晒太阳是保护皮肤的一个方法。

要使自己的皮肤光滑如玉，首先要注意健身锻炼。健身运动能增加皮肤血液的流量，改善皮肤营养状态，对皮肤很有裨益。其次，还要控制皮肤的温度和湿度。皮肤太热或太冷都会使皮肤大量失水而导致焦枯。再次要增加食物营养，多吃含有“抗氧化物”成分的食品。

搽用霜类护肤用品，运用得当，可增强皮肤的营养。但是这只是外来的补给，皮肤吸收营养的渠道主要来自于食物，食物中的营养通过血液输送到皮肤细胞。多食用蛋类、蜂蜜和富含矿物质、维生素类，都有助于皮肤的健美。

目前市场上推出的营养面膜是保养皮肤的一种佳品，它能将皮肤表层老化了的灰暗细胞清除掉，使皮肤保持光洁新嫩。不过，经常使用面膜代价偏高，为节省起见，我们不妨自己动手，用燕麦粥渗入柑橘汁拌制成膏，作为剥脱剂，用毛刷涂在脸上，替代面膜，同样具有面膜护肤的功能。这种价廉简便的方法，效果并不逊色哩。

苗条身姿哪儿来？

凌宇

十七八岁的少女，对美的追求欲望呈现出一个高峰。往往非常关心自己的身材，希望有苗条俊俏的风姿。

苗条俊俏，亭亭玉立，大都成为女子美的赞誉词。谁不为之心动？然而，一些少女为追求苗条，盲目地节制饮食，饮减肥茶，减少睡眠，不仅得不到健美，反而坑害了自己。许多少女原来体型还可以，完全属于健康型，但风靡一时的减肥风使她晕头转向，缺乏科学知识，反而弄美为丑了。我在妇科门诊，见过这样一些少女：因血糖过低晕倒在马路上的；因长期节食引发厌食症的；因追求苗条导致青春期乳房萎缩的；因盲目节食导致严重营养不良、极度消瘦引起月经停止的……

正常情况下，人体内应保证一定的脂肪量，它在调节女性的生育功能上起着不可忽视的作用。脂肪的多少会直接影响月经周期和激素代谢。一般来说，正常女孩在10岁前后的身体脂肪量约为5千克，10岁以后迅速增长，当体内脂肪蓄积到16千克左右时，就为妊娠和哺乳提供了条件。如果身体内的脂肪丧失1/ 3时，就会出现下丘脑机能障碍，导致闭经。特别是少女，卵巢功能尚未完全发育成熟，就更容易出现闭经现象，一旦闭经时间过长，就可能影响今后的生育能力。在国外已有人根据体重、身高、年龄这三项指标，来估计女孩的性发育水平。所以女孩子们不要通过盲目的节食以求达到减肥的目的，真正应该减肥的姑娘要在医生的指导下进行。

这里，还须说明的，盲目追求苗条的少女，是她们的审美观有偏颇。她们有的认为，苗条才美，片面喜欢白皙的脸蛋，纤细的双手，富于线条的身材。而把丰满匀称、饱满厚实当作肥胖了。其实，身材美是各种各样的，既有苗条之美，也有壮实之美；既有玲珑之美，也有魁梧之美。人们对体型美的欢喜也是各有层次的，瘦弱羸羸、弱不经风的女子虽有所谓苗条的身材，但并不健美，更不健康，缺乏少女应有的风韵。

盲目减肥，追求苗条，是有害健康，自我糟蹋。

我们应该通过锻炼而获得健康美，唯有健康美才是我们应该追求的。

苗条体形十知

草禾

一、三餐定时定量，其他时间不吃零食和点心。

二、绝对不用美食来犒赏自己。

三、看电视，读书报时，绝对不吃零食。

四、应酬时，多与人交谈，忌大吃大喝。

五、少吃没营养、高热量的奶油、冰淇淋、饮料等，少吃油炸或勾芡等含热量高的食物。

六、不要使自己成为剩菜剩饭的垃圾筒。

七、吃饭时，细嚼慢咽，吃完饭马上离开餐桌。

八、选择喜欢的运动，并持之以恒。运动后，忌大喝冷饮。

九、平时养成宁走不坐车，宁站不坐，宁坐不躺的习惯。

十、多做家务活，消耗体内多余的热量。

减肥药有没有副作用？

姬英

《少女》编辑部：

我们有个共同的问题请教你：

由于我们三个身体都开始发胖，很想用一下口服或外用的减肥药。目前社会上生产的各种口服与外用减肥药不少，众多的广告告诉人们，这些药的效果都很好，并且没有任何副作用。可是最近我们又听说有的药服用后引起恶心、头晕、乏力等，还有的说服药会影响内分泌。请问，内服与外用减肥药到底有没有副作用？

肖潇、林丽、王燕

肖潇等三少女：

各类口服与外用减肥药，按广告所言，都没有副作用。但显然我们不能只相信广告，早已有诗为证：

商品宛如待嫁的姑娘
广告犹如媒人的巧嘴一张
媒人说出的每一句话
不一定都符合新娘的实际情况

如果相信媒人，就不要怀疑新娘；如果怀疑新娘，就不必理睬媒人。最可靠的办法是找与“新娘”打过交道的人了解一下。

腿部健美徒手操

葛尔丝

共五节：

1. 仰卧，两腿并拢，绷直，左腿慢慢抬起，到和身体垂直为止，放下，连续做5次后换右腿，再连续做5次。(图1)

2. 上半身俯卧桌子上，两腿悬空，上下交叉摆动，幅度要大，连续做10次。(图2)

3. 站立，两手握一小木棍，放在颈后，左腿先迈出成弓箭步，膝盖尽量向前移，后腿绷直，肩向前伸，和后腿成一直线，还原。重复做5次后，换右腿迈出，再连续做5次。(图3)

4. 仰卧，两腿像骑车一样前后蹬动，连续做10次。(图4)

5. 侧卧，一手放头下，一手叉腰，两腿并拢绷直后慢慢抬起，尽量延长在空中停留的时间，放下，休息一会儿，再做。连续做5次后，换在另一侧做，同样做5次。(图5)

1

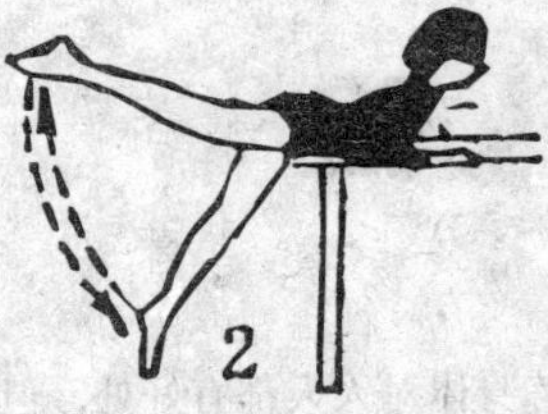

2

3

5

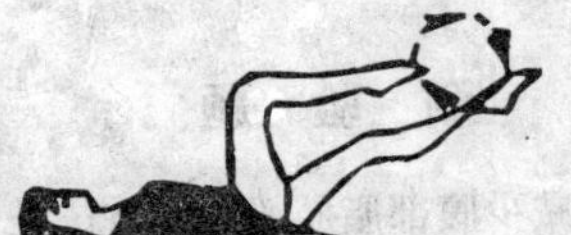

4

体格锻炼的测验

蓉蓉

锻炼身体对人人都有好处，但是大多数人并不真正知道如何正确地去锻炼。不信，有8条测验题考考你。

考你的方法是：第一部分是测验题，你先想想，不要简单地回答“是”与“否”，而要说说道理。第二部分是解答题，告诉你正确答案，你可能会感到惊奇。

测 验 题

1. 减少腹部脂肪的最好方法是做腹部锻炼，对不对？

2. 为了保持足够水平的身体素质，一星期仅仅需要锻炼两次就行了，对不对？

3. 为了达到减肥的效果，锻炼时要出很多汗才行，对不对？

4. 相同的距离，慢跑比步行更能消耗大量热卡，对不对？

5. 如果在完成锻炼后的几分钟内呼吸还没有恢复正常，这意味着锻炼过于剧烈了，对不对？

6. 散步是最好的锻炼之一，对不对？

7. 剧烈的伸缩练习，能够保持肌肉的伸缩性，对不对？

8. 每天最低量的锻炼是20分钟，对不对？

解 答 题

1. 不对。许多人以为只要特定的某个部位肌肉受到锻炼，脂肪组织（在此部位）就会耗损减少。事实上身体锻炼不是某种类型的锻炼，它所消耗的脂肪不是来自某一特定部位，而是来自身体各处。当然，如果你所进行的锻炼是全身锻炼，那么你当然可以看到你腰围变细的好效果。

2. 不对。美国国家航空宇航局研究表明，不被锻炼的肌肉能非常迅速地失去它们的弹性。在你锻炼结束后的48小时到72小时之间，必须再次锻炼，以便恢复和保持肌肉的良好状态。美国国家航空宇航局的学者认为，坚持每天锻炼当然是最好的，而一星期坚持隔天锻炼一次，就可以保持人体的正常素质了。

3. 不对。出汗仅仅能降低体温防止过热，它不能有助于减肥。在锻炼后，你也许会立刻减轻些体重，这是由于水分的失去。一旦你饮用流体物质，体重又会恢复。所以，锻炼中的出汗，并不标志着达到了减肥的效果。

4. 不对。相等的距离，无论跑步或步行，消耗的能量是相等的，因为在两种不同的运动方式中，运动的距离是相等的，而速 度并不重要。当然，如果你选择30分钟慢跑而不是30分钟步行，那么一定能消耗更多的热卡，因为在30分钟内所跑的距离是长于30分钟步行的距离的。

5. 是的。锻炼结束后5分钟左右，人的呼吸应该恢复正常状态，心跳不再剧烈，不再感到筋疲力竭。有益的锻炼不应是过分困难的、不愉快轻松的、令人疲乏不堪的，它应是适度的，令人愉快的。

6. 是的。散步有助于身体的血液循环，对健康有直接效果。

7. 不对。伸缩练习（如转体、弯腰）应该缓缓地进行，使肌肉达到放松效果。剧烈的伸缩练习只能使肌肉拉得很紧。

8. 是的。在人的骨胳上共有400块肌肉。锻炼时要使它们全部伸展运动，这在5到10分钟之间是不可能做到的。实践证明，要达到足够的运动，20分钟是最低限度的时间。

要过多久你才能变得体格健康，这取决于你的身体状况，尤其是你开始锻炼的健康状况。如果开始锻炼时你的身体并不好，那么在21天内一切当然不可能有起色，它需要更长一点的时间。

健美的磨炼

穆 彦

没事儿的时候就傻想。想妈妈为什么把我生得这么丑、这么矮、这么胖?想好友璐璐怎么不把她的美丽、她的高、她的苗条匀点儿给我? 不用许多，一点点就够。想那些时装模特天天吃什么,莫不是仙桃琼浆?想为什么“横向发展”注定要在我身上明确体现……

想得多，烦恼就多，天天坐卧不宁。一上街就瞧别的女孩子，还到处研究健美广告。

在我看来，“一瘦遮百丑”。不管人的容貌怎样,至少背景是美的吧!所以,“减肥”成了我念念不忘的一个“必修”项目。先看看“广而告之”。“西施美”怎样?不行,太贵!“消胖灵”呢?唉,谁知道它灵不灵。一句话，舍不得钞票。一筹莫展之际，妈妈给了我一个“法宝”:每天 50 个下蹲。50?行!为了减肥,别说 50,500 我都认了。说说容易，做就难。刚做了20个，腿就酸疼得要命，直打颤。我拼命给自己鼓劲儿：看见人家穿健美裤了吗？好好练，你也能穿。一咬牙，接着练！“肖肖，几点了？明天上不上学？”爸爸恼怒的声音突然传进来，吓得我差点儿跪在地上。“我在练健美！”一句话，爸爸哑口无言。50个终于做完了，我躺在地毯上，心里又高兴，又激动，真想立刻穿上健美裤出去溜一圈。

几次50个之后，自觉瘦了一大圈，美滋滋地站在爸爸面前，讨好地问：“爸，你瞧我是不是苗条了？”爸爸皱着眉，踱着步子，上上下下，前前后后地打量我，就是不发表意见。我被他看得浑身不自在，小心翼翼地低声问：“怎样？”“怎么我看不出来？”爸爸调侃地说。顿时，我脸上阴云密布。“好像又胖了点儿。哈哈！”爸爸大笑，摇着头出去了，留下一个瘫在沙发上的我。

忽一日，记起一句话：“饿得皮包骨头。”顿感前途光明无限。既不用花钱，也不用又累又酸又疼，我终于找到了减肥的绝招。

从第二天起，我开始实施我的绝招：早晨不吃饭，中午吃半饱，晚上两个水果！我百分之二百地相信：这次一定能迅速苗条下去。可是，饿的滋味也真很难受呢！肚子里明明没东西，却偏像有个火球，热烘烘的。一会儿，火球变成了钢针，一阵阵地，毫不留情地扎进我的五脏六腑，扎得我的心似刚上足了弦的闹钟，一触即发，好疼。为了减肥，忍着！好不容易，痛楚过去了，我暗自欣喜：总算饿过头了。但饿过头也有饿过头的麻烦——不想吃饭。妈妈怀疑地问：“要减肥呀？”“不，不是。”我忙不迭地否认。虽然爱美之心人皆有之，然而以这种方法减肥，也太……太不好意思嘛。

几天过去了，体重没饿掉多少，倒把胃病给饿出来了。胃病一犯，疼得我浑身冒冷汗，“咝咝”直抽冷气。实在忍受不了这种“痛苦”的“折磨”，我正正经经地坐在桌旁，和镜子里的我谈判。“还要学习，还要娱乐，老这么饿着也不是办法，对吧？”镜子里的我郑重地点点头。“那……你看……我不减肥？胖点就胖点，杨贵妃不也挺胖的吗？”似乎面对的真是一位活诸葛。“我，我……”试探似地，我艰难地吐出几个字：“照样吃！”完了，完了，这辈子穿不成健美裤了！镜子里的我迟疑半晌，最后缓缓低下了头。

“腾”地跳起来，“忽”地冲出去，我买了那个早已为之流了不少口水的大大的奶油蛋糕。闻着那诱人的香味，心里的最后一道障碍被彻底铲除。我大口大口地吃着蛋糕，几天的辛苦顷刻间烟消云散。

我不后悔。我战胜了自己。

从此，洒脱、快乐将是我最亲密无间的伙伴！

减肥历险记

静 芝

"呜呜呜——"

一阵急促的救护车鸣叫声，打破了夜间的寂静，风掣电闪般地开进市三医院。救护人员急冲冲地从救护车上抬下一位少女，她脸色蜡黄，瘦骨伶仃。

姑娘名叫芳芳，妈妈坐在她的身旁，忧心忡忡地向医生介绍芳芳的发病原因。芳芳今年17岁，身高1.60米，3个月以前，体重55千克，一向健康，很少生病。有一天她看了一篇关于减肥的文章，便认定自己属于"肥胖型"，觉得自己身材不够苗条，就决心减肥。起初喝减肥茶，后来又减少食量，每顿半碗饭，荤腥很少沾，只吃些水果。这样两个多月下来，芳芳消瘦得厉害，身体不像以前那样健康了，一不小心就感冒发烧，稍微累些就头晕，出虚汗。今天中午吃了几只杨梅，引起腹泻，泻了5次就休克了……

陈医生听了芳芳妈妈的诉说，感叹道："爱美之心，人皆有之，情窦初开的少女更是希望自己的体形窈窕匀称，婀娜多姿，富于魅力！"陈医生边说着边端详着芳芳，眉宇间浮现出怜惜之情，急忙命令护士给芳芳输液，一面又对芳芳说："姑娘，你这样身高，50多千克的体重是标准的呀！你根据什么说自己是'肥胖型'呢？肥胖与丰满不是一回事。人体美，首先是比例适中，丰满便是比例适中的一种。你看过《红楼梦》吗？林黛玉和薛宝钗，你喜欢谁？林姑娘？哦，不，她偏瘦，比例失调。我喜欢宝姑娘，她丰满，比例适中。不错，林黛玉也是美的，但她是病态美。而薛宝钗的美乃是健康美。"

陈医生说得起劲，芳芳的输液，不知不觉滴进了许多，精神也好多了，不禁对自己的病情担心起来。陈医生安慰道："你的病能不能治好，或者会不会加重，全看你是否跟我配合了。"芳芳表示一定配合好。陈医生又说："你的病，是减肥引起的。你长时期节食，营养不良，身体虚弱，抵抗疾病的能力降低，才出现了现在这种情况……"陈医生又问芳芳妈妈："芳芳的胃口如何?""胃口还可以，只是她硬克制自己，不肯吃。""哦，胃口还可以就有救了。"陈医生对芳芳说："姑娘，你如果珍惜青春，爱惜生命，请你听我说：停止减肥吧！你没听说过吗?前些日子有位姑娘因减肥丧失了生命……"芳芳吃惊地"啊"——了一声。陈医生又道："我可不是吓唬你的。长期减肥，体内会由于摄入营养量的减少，导致营养严重不良，内分泌失调，造成神经性厌食。那位减肥丧了命的姑娘，到后期，对食物感到厌恶，劝她进食时，她会感到腹部不适、恶心、呕吐。后来并发了一系列疾病，抢救无效，不幸死亡……"陈医生说着说着动了情，不仅伤感起来："多好的一个姑娘啊！她临死时呻吟着：我不想死，我不想死。可是，她死了。她的死，应该唤醒每一个盲目减肥的少女：苗条诚可贵，生命价更高啊！"

听了陈医生一席话，芳芳无力地吐了吐舌头，呵，减肥，好险啊！

美容问答

景雯

1.怎样保养脸部皮肤?

用温、凉水交替洗脸，擦干后用润肤水涂脸，再抹上雪花膏，如此每周1、2次，能使脸部洁白柔滑。

2.洗脸也有讲究吗?

洗脸时少用香皂，交替用冷热水洗脸，要从外向里、由下而上地洗，动作要轻柔，长久将使你年轻漂亮。

3.怎样保持头发美?

要经常洗头，保持头发整洁。头发要经常梳理，以利头发生长。

4.什么是正确的刷牙方法?

早晨和临睡前各刷一次。刷牙时应上、下、里、外都刷到。刷上牙由上而下地刷；刷下牙自下而上地刷，顺着牙齿缝刷。要特别仔细地刷磨牙咬合面。牙刷刷头要小，软硬适中。

5. 姑娘脸上长汗毛怎么办？

寻找遗传或内分泌的原因；对诊用药。小范围内可用电解术拔除，也可搽亮肤霜。

6. 怎样防治粉刺？

有粉刺的姑娘不宜用油质化妆品，不要用碱性重的肥皂洗脸。每天洗完脸后搽粉刺霜 2、3 次，如果同时内服药物，效果更好。

7. 怎样防止雀斑？

夏季防日晒，每日洗脸后搽硅酮霜 2 次，也可用氢醌霜，但不能用腐蚀性强的药物，以免皮肤损伤。

8. 用甘油要注意什么？

纯甘油不能直接往皮肤上涂抹，因此在用甘油前先要了解是含水甘油还是纯甘油，如果是纯甘油，就要加入 20%的水以后再用，不然会使皮肤更加干燥和引起灼伤。

9. 用花露水要注意什么？

花露水可当香水使用，但是花露水刺激性较强，只给喷洒在身上或头发上，不宜往脸上涂抹，而且皮肤过敏者也不宜使用。

10. 哪些食物对头发有营养？

头发主要是由角蛋白构成，它含有丰富的矿物质。要多吸收矿物质，应该食物多样化，不要偏食。主食和副食搭配要适当。多吃肝、蛋、海带及茶叶，也可增加矿物质，有助头发健美。

11. 哪些食物能使皮肤健美？

碱性食物能使皮肤健美，主要有：牛奶、西红柿、黄瓜、萝卜、胡萝卜、菠菜、桔子、葡萄、葡萄干、芋头、芹菜、芦笋、土豆、莲藕、豆腐、蕈类、竹笋、南瓜、苹果、梨、香蕉、樱桃、桃。

12. 怎样消除眼角皱纹？

有些姑娘眼睛近视却不愿戴眼镜，眯起眼睛看东西，有些年轻女孩爱挤眉弄眼，这样不仅外观不雅，并容易过早出现眼角皱纹。防护方法是将适量的鲜牛奶、奶油和白糖调配成混合剂，用纱布蘸着在眼周涂擦，可使眼睛常葆光采。

13. 怎样防止脸部皱纹？

外出回家要洗脸并涂上面油。防止过多晒太阳。保持足够的睡眠。不吃辛辣和太咸的食物。保持平静恬淡的情绪。另外用蒸气湿润面部，用黄豆煮汁涂脸，也有一定效果。

14. 怎样选配适当的眼镜？

长脸宜配不透明的有色镜框镜架，能降低眉线，抵消长脸。短脸需配透明框底边或无框底边的镜架来提高眉线，使短脸得到平衡。方脸应配方镜框镜架，与脸型均衡。尖脸可配上宽下窄的镜框架，能使脸颊显得宽一些。瞳孔间距较窄的人，可配淡色或透明的眼镜桥镜架。近视较深的人，可配镜框小而不带框角的镜架。眼睛较大的人,可选用眉毛较细的桥梁架,显得斯文。眼睛较小的人,则可选用眉毛宽一点的桥梁架,以补眼小之不足。镜架的色彩应根据各人的肤色深浅去选配。除了从脸型美因素考虑,少女也可从自己的个性特点方面选择能表现自己青春美形象的眼镜。

15. 怎样使牙齿洁白?

可到药店买一点白矾,压碾成粉,沾在纱布或牙刷上,轻擦数次;或者将墨鱼骨头去掉表皮,用来擦拭,也能让牙齿除黄增白。

16. 怎样使皮肤细嫩?

每天早晨可利用喝完的空乳瓶,用水倒入洗脸盆中洗脸,可以细嫩皮肤。

17. 什么是简易减肥法?

肥胖者每天原地跑步,一般人跑一两分钟就可以了。另外,再针对想变瘦的部位,每天做一次一分钟的体操,例如腹部太胖时,可做前屈、后伸动作,连续做10周,就能收到减肥的效果。

18. 哪些人不宜留长发?

额头窄小、鼻梁低的人,如果长发披肩,会显不出五官;

颈粗脖短的人留长发,会给人以头颈连在肩上的印象;身体矮胖的人留长发,会显得更矮;

头发稀少的人留长发,也缺少美感。

19. 皮肤多毛怎么办?

如果全身多毛,不能用拔除的办法,那样反会引起毛发增多。可采用脱色法,用加氨(或不加氨)的双氧水20～30份(每份100毫升双氧水加10滴氨)或用双氧水稀释下列膏剂使汗毛脱色:碳酸镁40克,麦淀粉60克。

20. 怎样选择太阳眼镜?

要选优质镜片,透明度和颜色合适,一般人选用灰色或茶色的镜片为佳,黄色或绿色次之。戴太阳眼镜切勿对准太阳观看,无阳光时则尽量不戴,以保持眼睛的健美。

21. 美容化妆品有哪些用途?

各种美容化妆品的用途不尽相同,下面简单介绍几种:

头油,能起滋润头发的作用,使得头发光滑乌亮。

雀斑霜,能治疗面部雀斑和黄褐斑。

花露水,夏季使用,能给人以凉爽舒适的感觉,并有杀菌、消毒止痒和防蚊的效果。

爽身粉,夏天使用,能起凉爽、干燥的作用。

痱子粉,可以爽身、预防痱子。

粉刺霜,对粉刺及湿疹有疗效。

头屑水,可除去头屑,留有芳香。

腋下香,专用于狐臭患者。

脱毛霜,清除皮肤多毛,使皮肤光滑整洁。

防皱水,滋润肌肤,预防皮肤衰老、松弛,有去皱防皱作用。

饮食与美容

嘉　敏

女孩进入青春期，生理上会发生很大的变化。此时，身体突变，体重猛增。由于少女成长迅速，活泼好动，消耗较大，因此在饮食方面应该合理安排，以保证获得身体所需要的各种营养。

饮食与少女的美容密切相关，如果少女时期营养不足，就会造成发育不良，如身材矮小、瘦弱等，严重时还会引起多种畸变或月经失调等病症。所以，这一时期的少女应该多吃各种营养丰富的食物。

不过，在强化营养时，也要注意营养结构的合理化。如果营养过剩，就会使姑娘们发胖，失去青春女性特有的魅力。少女们在饮食上要注意合理搭配，不能偏食。在主食方面，应粗细粮搭配食用。

每一个少女都希望自己皮肤柔润，头发乌黑，身材匀称，这些都与食物中的各种维生素有关。维生素A可以使皮肤润泽，使人目光明亮，它主要来源于各种动物的肝脏、鱼类、乳类、禽类、蛋类和胡萝卜、菠菜等。维生素B可以使皮肤光滑，它主要来源于豆类、谷类、动物内脏、瘦肉及蛋类。因此，少女应经常食用蛋白质、维生素和矿物质含量丰富的食物，如水果、胡萝卜、葵花籽、大豆、花生、芝麻、鱼肝油等。

当然，少女的饮食成分也不是千篇一律的。譬如，油性皮肤的少女，要少吃些动物脂肪性食物，多吃些新鲜蔬菜和水果，以及豆腐一类清淡的食物。而干性皮肤的少女，则应增加豆油、豆浆、胡萝卜的食用量。

食物中的微量元素，对于少女来说更是不可缺少的。譬如少女一旦缺锌，就会影响她的生殖器官的发育，因此在饮食中应多安排谷类、豆类和动物内脏，以便从中摄取锌元素。又譬如青春期少女平时每天需铁15毫克，而在月经期间，铁的需求量更大，假如她们缺铁，就会出现贫血。所以，少女在经期应多吃动物的肝、心、肾和瘦肉、蛋黄等食物。另外，经期的少女如果有轻度的下腹坠胀、腰酸等感觉，这时可以喝些红枣汤和红糖水来解除不适之感。

看你的美丽能打几分

星 辉

小姐，你想知道自己有多美吗？不妨做做下面的测验题，这是根据国内外专家提供的数据编制的，总共是100分，看看您的美丽能打几分？

一、头部（**共25分**）

1. 头发（符合下列各点共得5分，如有不合，每点减1分）

(A)你的头发保持清洁吗？

(B)你的头发显得光亮吗？

(C)你的发式同脸型相配吗？

(D)你的头发经常梳理吗？

(E)你所戴的头饰适宜吗？

2. 眼睛（健康的眼睛共得5分，如有下列各点，每点减1分）

(A)你的眼睛近视吗？

(B)你患有斗鸡眼吗？

(C)你患有色盲症吗？

(D)你的眼神黯淡吗？

(E)你的目光迟钝吗？

3. 耳朵（健康、美观的耳朵共得5分）

(A) 如果你的耳朵外向太直，呈

“招风耳”，减1分。

(B) 如果你离开4米远，不能听清楚人家的谈话，减3分。

(C) 如果你佩戴的耳饰不适宜，减1分。

4. 嘴巴（共有5分，如有下列各点，每点减1分）

(A)你的嘴唇淡薄吗？

(B)你的嘴唇毫无艳色吗？

(C)你用嘴巴进行呼吸吗？

(D)你的口角显得不快乐吗？

(E) 你的嘴型只能显露一丝笑容吗？

5. 牙齿（共有5分，如有缺点酌情减分）

(A) 如果你的牙齿不卫生，满口黄牙、不洁白，减1分。

(B) 如果你镶金属牙齿，减1分。

(C) 如果你的牙齿排列不整齐，露出牙肉太多，减3分。

二、手部（共5分）

(A) 如果你的手部不光滑细腻、不清洁，减1分。

(B) 如果你的手背露出筋骨、掌肉薄硬，减2分。

(C) 如果你的手指甲没有经过细心剪修，减2分。

三、脚部（共有10分，其中脚的内缘从大趾到脚跟成一直线，显得苗条，应得5分；鞋子与身材配合适宜应得5分。如有以下状况，酌情减分）

(A) 如果大脚趾不直，整个脚趾又不伸开，减3分。

(B) 如果脚上有皮肤病，减3分。

(C)如果脚小却穿过大的鞋，减2分。

(D) 如果鞋穿在脚上显得别扭，减2分。

四、皮肤（健康的皮肤共有10分，如有以下各点，应减分）

(A) 皮肤看上去缺少光泽，或肤色不健康，减2分。

(B) 皮肤上有明显斑纹，减2分。

(C) 皮肤下面的肌肉显得不结实，减2分。

(D)皮肤显得不清洁，减2分。

(E) 皮肤上有小小伤痕，减1分。

(F)脸部及嘴唇不鲜明红润，减1分。

五、身材（共20分，根据你的年龄，其身高、体重、胸围、腰围、臀围都有适当的标准，如果与标准出入过多，每项减4分。）

下面是我国18岁少女体型的一个平均数据：

(A)身高160厘米。

(B)体重 52 千克。

(C)胸围 80 厘米。

(D)腰围 62 厘米。

(E)臀围 88 厘米。

(由于各地少女在不同年龄阶段的体型标准有着差异,因此,少女的体型以生长发育正常为美的基本依据。)

六、姿势(共 10 分,若姿势不雅酌情减分。)

1.站立姿势(共 5 分,下列各点不合者各减 1 分。)

(A)你的站立姿势是否做到了两个肩头一样平?

(B)手臂取得自然姿势下垂。

(C)腹部不过分突出。

(D)两脚平行并列着。

(E)两脚彼此稍微分开。

2.坐着姿势(共 2 分,下列各点不合者各减 1 分。)

(A)脊椎骨贴着椅子背,姿势端庄。

(B)两手适当自然地放着,膝部稍微靠拢平行或交叉。

3.行动姿势(共 3 分,有下列各点者各减 1 分。)

(A)走路显得脚步太重。

(B)脚部不向正前方伸出。

(C)行走时缺乏轻快的风度。

七、声音(共 5 分,少女声音以柔和悦耳、抑扬有致为佳,若不符下列者各减 1 分。)

1.音色(共 3 分)

(A)声音清脆,而没有喉咙沙哑。

(B)吐词清晰,而没有含糊不清。

(C)说话有乐感,而不是刺耳难听。

2.声调(共 2 分)

(A)声调和谐,而不是单调乏味。

(B)声调稳健,而不是轻浮放浪。

八、服装(共 5 分,不合下列者各减 1 分。)

(A)衣服尺寸与身材体型相适合。

(B)衣服颜色与肤色相配合。

(C)服装款式随季节而变换。

(D)服装设计随年龄而变化。

(E)穿着风格与少女身分相符合。

九、健康(共 10 分,详见下列各点,不符合者则各减其相应分数。)

(A)体型苗条,不胖不瘦。(2 分)

(B)体态姿势优雅平衡。(3 分)

(C)身心强健,富有青春气息。(3 分)

(D)心情开朗,性格活泼。(2 分)

人漂亮也是一种过错吗!

姬英

《少女》编辑部：

我是高一学生，今年17岁。我有个令人烦心的问题请教您：

由于我长得漂亮（别人都这么认为，我自己倒不觉得），就招来许多不应有的烦恼。每天我上学从一些商店或饭馆门前路过，经常遇上一些流里流气的男人朝着我说些不三不四的下流话，这些人我根本不认识他们，更不用说得罪过他们，可是他们一看见我就起哄。有次一个二十六七岁的男人朝着我唱："哪来的妹妹这般美，天下找不到第二位，我有一天捞到你……"越唱越不像话。我下车质问，他竟嘻嘻笑着说："我唱歌，与你没有相干。"我气得噙着眼泪离开了。我回家把这事告诉妈妈，妈妈听了却说："女孩子长得漂亮就是易招惹麻烦。"

编辑老师，你说，难道人长得漂亮一点，倒成了什么过错了吗？

黄晓云

黄晓云同学：

对那几个流里流气的男人，既然他们不承认是冲你来的，你不予理睬就是了。

漂亮原是生命的一份骄傲，而不是什么过错。有人看见蒙娜·丽莎的微笑就心生歹意，看见维纳·斯雕塑就顿起邪念，你难道能说蒙娜·丽莎和维纳斯错了吗？

后悔割双眼皮

安妮

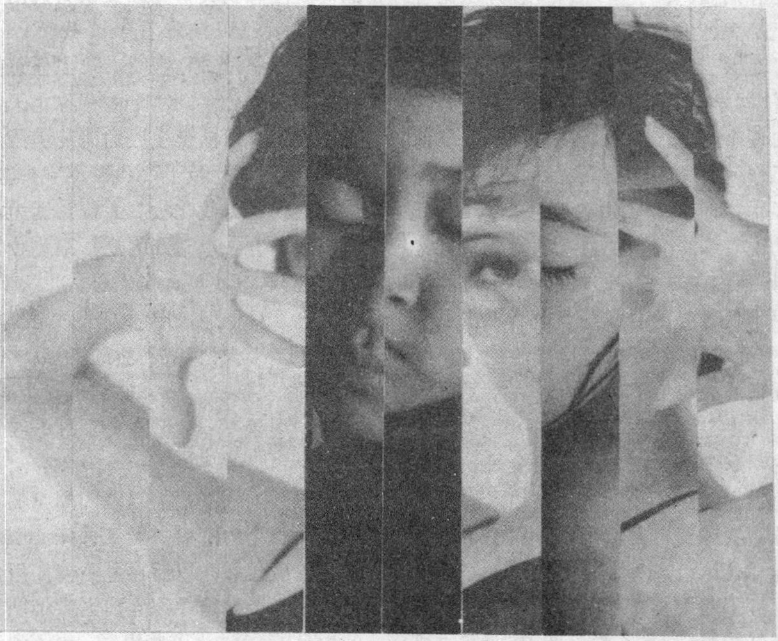

小时候喜欢翁美玲，虽然她的鼻子又大又塌，她的兔牙有损形象，她的身材不够高挑，可她有一双勾人魂魄的大眼睛，一切的缺陷都在她的眼波流转下显得微不足道。长大了喜欢关之琳，她有一双黑白分明的大眼睛，回眸一笑真是女人味十足。

知道自己没有漂亮的眼睛，很苦恼。小时候一跟邻居玲玲吵架，她就瞪着那双水汪汪的大眼睛骂："神气什么，细眼仔——”于是在她那“理直气壮”的叫骂声中，就算我有天大的理由也只能偃旗息鼓，草草收兵。可怎么也咽不下这口气。终于有一天，我下了决心，去做双眼皮手术，改变自己形象。

早几年就听说有整容这一行业，只是怕别人笑话，从不敢细问。如今美容潮掀起，美容厅、美容院比比皆是，美容手术也不再是个新鲜的话题了。我开始积极地探听哪一家技术好，同学、亲戚中有做过此手术的我就去逐个了解，询问诸多事项……准备工作就绪，托熟人牵线，我与医生预约了手术时间。知道我要去割双眼皮，劝说者纷纷而至。最大的阻力来自父母，他们苦口婆心，告诉我手术可能产生不良后果。我却一点也听不进去。

就这样，我带着父母的担忧和朋友们的关心上了手术台。在罩了白布的脸上，感觉手术刀、剪刀、钳子、针线的一起一落；视力所及的全是一片血色世界；鼻子嗅到的尽是怕人的血腥味。我感到自己快死了，双手不由紧紧抓住床沿，身上直冒冷汗。好不容易捱了两个小时手术，我戴上早就准备好的墨镜，拿了消炎药，在朋友的搀扶下走出医院。

手术后 2 天拆了纱布，5 天拆线，这其间不知吃了多少滋补品，脸色还是蜡黄蜡黄的。眼睛又红又肿，缝线的地方显出深紫色的伤痕，眼眶四周由于手术时的挤压，乌青一片，眼球周围有大片红红的血丝。妈妈见了心疼得直掉泪，我倒是满不在乎，拆线时那揪心的疼痛都忍了，还有什么不可以忍耐的呢？

墨镜戴了近一个月，终于可以把它摘掉了。眼睛虽然还有一点红肿，却还是满心着急地想让朋友看看效果如何。没想到大伙儿一致认为：割了双眼皮后比以前难看了。我不以为然。假期一过，回到学校，班主任忽然把我叫到办公室，对我说：“你化了妆反而难看。以前学生般的清纯满惹人爱的，以后别化妆了”，我摸不着头脑，想想他误以为我化妆。大概是因为割的双眼皮有一道暗红的疤，跟化妆差不多吧？这下我可真伤了心。

隔几日偶遇一旧时同学，她拉着我看了老半天，直喊不对劲，最后才盯着我的眼睛说：“原来你割了双眼皮，可惜，可惜！”我老半天都回不过神来。

不久，好端端的眼睑四周忽然长了大大小小的疙瘩，又红又痒。医生说是皮肤过敏，以后再也不能使用任何化妆品了，这才记起前天参加同学的生日 party，涂了些眼影。想不到这些小疙瘩一直不消，虽然不红不痒，可仍然顽固地不肯离去。这时候，我才深深尝到后悔的滋味，可是已经太迟了！

9

穿着打扮的技巧

胖瘦女孩巧穿衣

张丽娜

我收到了来自各方的许多女孩的来信，她们有的因自己过粗的小腿或过宽的臀围而感到烦恼，有的因体型太瘦没有曲线而自卑，总之，她们都非常急切地要求我为她们出谋划策，告诉最适合她们的着装方案，让她们也能像身材姣好的女孩那样变得漂亮起来。在此，我为我的少女朋友们提供几点与身材缺陷相适应的穿衣窍门，以及谈一些与少女着装相关的问题。愿我的方法能带给你们启迪，解除你们的烦恼。

一、体胖型（上身窄、臀围大、腿粗）

像这种上身显小、下半身胖的身材，着装要想办法增加上半身的宽度，如在衣服上加上垫肩或加些适当的点缀，颜色要浅，也可以鲜艳些，使人特别注意你的上半身。最适宜穿西装型的衣服，但不能使其贴身。另外，裸露较多的衣服会显得肩膀更窄。而下半身最好穿颜色较深的踏脚裤或者长线条型的裙子，这样可以从横向视觉上收敛下半身。注意千万不要穿大图案或大格子的裤和裙。百裥裙、超短裙有夸张臀围、腿的作用，而长裙、直身裙能帮助你掩盖以上缺点。顺便一提，有些女孩喜欢在连袜裤外再套上带花边的短袜，这样会使腿部更显短粗。当然，体胖的少女朋友们还应注意体育锻炼，使肌肉结实，从而使自己胖得有型有力度，显示青春健美。

二、体瘦型（个高、臀小、腿细无曲线）

身体瘦的女孩宜选择柔软而看起来饱满的衣料，色彩要明亮，基调以暖色为主；服装线条应温柔些，选择小花纹横线条、质地厚的衣料；穿宽松、柔软、双排扣的式样可显得身体丰满；要多利用打裥，增加身体厚度，用饱满的袖子会令肩部丰满。穿有腰带的宽松上衣，或者穿吸腰式的宽松上衣，臀围处加横条、横格、花边装饰。如此使上身和臀围丰满，呈现曲线。不宜穿窄腰或领口很低的紧身衣服和直线条、V字领的服装，穿没有腰带的连衣裙、窄裙会暴露过多的缺点。腿细者的裙子不能太长或超短，应配以浅色的长袜和细致的低跟鞋。多参加体育锻炼，如游泳、打球等以增加上身宽度和四肢肌肉，这对穿着美会有很多帮助的。

三、发型与服装的相配

少女的发型应是最方便的天然直线型，只要层次分明与服装相配，直发最容易配衬服装，垂肩长发尤其能配青春派的便装，而且可以随着服装变化随心所欲地梳成发束，或高或低，佩上相衬的饰物，给人以一种焕然一新的感觉。如脸型姣小的少女可以剪一头奔放的短发，又舒适、又精神，还能赋予你一种与众不同的感觉，爱穿运动装的女孩尤其适合此种打扮。

四、款式与色彩

少女的服装款式力求简洁，不但宜于饰物的搭配，而且穿上更显轻松随便，符合少女身份和性格。例如一件宽大圆领印有特别醒目印花的T恤，配以浅色的牛仔裤，这种装束充满青春气息，更符合今日少女的穿着习惯。又如一件鲜艳的加长外套，胸前或背后印有随意的运动图案，下身配以灯芯绒或针织料的短裤或内穿一件针织面料的裁剪合体的连衣裙，然后在胸前挂一条仿金或仿银的长链，最好自己动手，用各色丝带连接起来，每隔一小段加一种颜色的小星星，这种自制的小工艺饰物，既美丽又省钱，还可以展现少女特有的精神品位。少女服装的色彩讲究单纯，整体用色最好不超过三色，过多的色彩不仅难以组合，而且显得很热闹，容易失去少女清丽、纯洁的本色。

最后想对少女朋友们说的还是那句话，不要过于为自己身体的缺陷而苦恼，愉快地接纳自己。美丽只能使一部分女孩自信，但自信能使所有的女孩美丽。

矮个子女孩怎样着装

张丽娜

《少女》编辑部：

我是一个个头很矮的女孩，看看别的同龄女孩穿着色彩艳丽的迷你裙、一步裙，而自己只能套一条长裤子时，心里很不是滋味。偶然翻《少女》这本杂志时，发现上面有一则“骨骼快速增长片”的广告，我如获至宝，而一些同学又泼来冷水，说什么“男长三十慢悠悠，女长十八不回头”，我非常泄气，不知怎么办才好，希望你们能为我出出主意，使我摆脱苦恼。

一个苦恼的女孩王　翔

王翔同学：

你好！

你的来信叙述了你由于个矮而对自己的服饰打扮缺乏自信并因此感到苦恼。在此，我作为一个朋友或者姐姐，想跟你说些知心话，出点主意，希望你看了信后，能树立信心，成为一名活泼可爱、大方得体、讨人喜欢的姑娘。

我认为一个人的身材高矮多半是先天的遗传因素决定的。如果你因一个不可改变的缺陷而苦恼，你这苦恼就将是无尽的。你应该高兴而坦然地接受自己个矮这个现实，千万不要因此而自卑，因为身材的高矮并不决定一个人的价值。我认识一个女孩，她长得不但矮而且胖，但她从不忌讳自己的缺点，她敢在联欢会的舞场上旁若无人地独自大跳迪斯科，结果，没有人取笑她的矮胖和略显笨拙的舞姿，相反，她的坦然、自信和青春活力使她大放光彩，无论男孩女孩都非常喜欢她。我想如果一个人自己都不能喜欢自己，怎么还能指望别人喜欢自己呢？

当然，个矮毕竟是一种缺陷，但这种缺陷是可以通过巧妙的穿着艺术来弥补的。我是从事服装设计工作的，在这里我为你介绍几种适合矮个子女孩穿着的服装款式，作为你美化自我的参考。

一、纯情类型

1. 一件颜色较浅、款式简单、稍有收腰、下摆散开的连衣裙，裙长不过膝（腰间最好不要分割）。

2. 一件短短的上衣，加一条过膝一点的裙子（颜色要相同）；裤子请不要穿宽松裤，颜色也不能太深。

如果你再剪一头整整齐齐的短发，不加任何修饰，就会显得纯情淡雅。

二、活泼类型

1. 一件带直条的 T 恤，宽松些，一条平常的浅色牛仔裤。

2. 穿一件色彩艳丽且富有质感的毛衣，颜色为淡基调，下配直裙，不宜过长或过短。毛衣上可加一条花纹文静些的软质围巾，或配裤子也可。

3. 上穿一件马夹背心，内配白衬衫，下配同色同料的长裤，加一双稍有些跟的软便鞋。

4. 冬天穿一件稍短的棉茄克，营造出一种稚气、可爱又活泼的形象。

这种好像漫不经心的简单选择，其实却藏着最细心的组合与搭配。这种着装能充分体现你的文化素养。

总之，对于个子较矮的你来说，忌穿宽松、太长的服装，款式上也不宜太复杂，因为那样会使你显得更矮。服装的颜色搭配尽量要接近自然色，尤其是上下身要注意颜色一致，这样可从视觉上拉长人的高度。如果你是个削瘦型的姑娘，那就不能穿紧身深色的衣服，这样会更显瘦小；而如果你稍胖的话，请选用稍稍松型服装（不宜太松），颜色以深色为宜（包括鞋子），这样你就会苗条许多。

希望我说的这些能帮助你摆脱烦恼。如果你不明白自己的打扮究竟如何，不要担心，只要站在全身镜前多照一会，用自己特定的审美眼光仔细评点，然后大胆地走出门。

最后再说一句，大千世界，美是丰富多彩的。修长飘逸是美，小巧玲珑也是美。勇敢地正视自己，充满喜悦地接受自己，你将会获得一个全新的世界。

胖姑娘怎样穿裙子?

强 华

《少女》编辑部:

我是个胖姑娘，最怕夏天，一怕热，二怕穿裙子。那些多余的脂肪层一到夏天暴露无遗,真让人难堪;看着满街的同龄女孩穿着各式各样的裙服，我真羡慕。能教教我怎么选择合适的裙装吗?

一位爱美的胖女孩

爱美的胖女孩:

从信中看不出你到底有多胖，但不要紧,只要选择合适的裙装,都可以在夏天弥补你的不足。先谈谈颜色的选择,如果你是全身型较胖的姑娘,就要选穿冷色调的裙子，如青蓝、普蓝、湖蓝、绿、草绿、浅灰、蓝灰等,选白条竖花纹的冷色布料做裙子效果会更佳。再谈谈裙装式样的选择。如果你臂膀较粗,宜穿带袖的上装。短袖、中袖都可以;如果你小腿肌肉比较发达,就不宜穿超短裙和一步裙。一般裙长最好过膝,达小腿肚的一半处为好;如你臀部较宽，切忌穿 整片连裁的喇叭裙，适宜穿百裥裙。布料也以重性强的为好。

裙子配色的奥秘

华 辑

暖暖的春天,炎炎的夏季,什么服装最受少女青睐？毫无疑问，色彩缤纷、款款别致的裙子最能体现现代少女的风采。裙子以它独特的造型，使人深切感受到它那红花般的浓丽，翠柳般的柔美,白云般的飘逸,修竹般的典雅,香草般的温馨。

美在和谐。裙子的美不是单独存在的,它要和具体的人结合在一起,才显示出妩媚的风韵来。裙子的色彩选择有着举足轻重的作用。这里告诉你一些裙子配色的奥秘，它能使你更添魅力。

一、裙子色彩要与肤色相配

如果是皮肤细白，色泽红润的妙龄少女,用嫩黄的色调做连衣裙,能收到良好的审美效果。如果肤色较粗黑，应改穿色感较沉着的土黄或带有含灰调的黄较为合适。如果肤色太红，要避免浅绿、蓝绿色。脸色苍白的人，不宜穿菜绿色的裙衣，否则在菜绿色的映衬下，脸色更加显得灰白。白色与任何肤色都能配，尤其能使某些肤色带有病态（如血色不足、脸色发黄或青灰）的人显得比较健康。介于较白较黑二者之间肤色的人，应选用介于偏浅偏深二者之间的色彩，不宜用与肤色相近的裙色。皮肤较粗糙的人，不宜选用粉红、粉绿等嫩色，因为嫩色反衬皮肤的粗糙，反而弄巧成拙了。

二、裙子色彩要与体型、脸型相配

瘦小体型的人，裙子色彩宜用浅色，因为浅色有放大感，使瘦小的身材丰满一些。肥胖体型的人，裙子色彩宜用深色，因为深色有收缩感，能减弱体肥的轮廓线。窄肩膀的人，宜选用全身同一色调或下身偏深色的裙装。腰节低、腿短的人，宜选用全身统一色调的裙装。臀部较小、大腿较细的人，宜选用略暗色彩的裙装。长脸型者，宜用浅色或中性的裙料。圆脸型者，应选用深暗色的裙料。黑色或深色裙衣能使圆脸轮廓线分明，变得秀美。

三、裙子色彩要与时间、场所、目的相配

你如果和父母一起走亲访友，可穿上色彩明朗、鲜艳的连衣裙。俏丽的连衣裙配以可爱的脸庞，绽开如花娇艳的笑靥，让人感到赏心悦目。当你外出访问对方有丧事，不应穿花花绿绿的衣裙，而应穿色调深沉、朴素的裙装。假如你参加舞会，不妨穿上色彩洁雅亮丽的连衣裙，裙上印有五彩条纹，更富有浪漫温雅的色彩，与舞会的气氛十分合拍。如果你在家里穿着裙装，可以选择淡色彩、对比不强烈的裙料，因为色彩对比强烈、明度高的裙装，在家庭环境下特别刺目，不协调。总之，裙子的色彩要与目的、场合协调统一，这样才能显示出整体美。

教你做背带裙

何 人

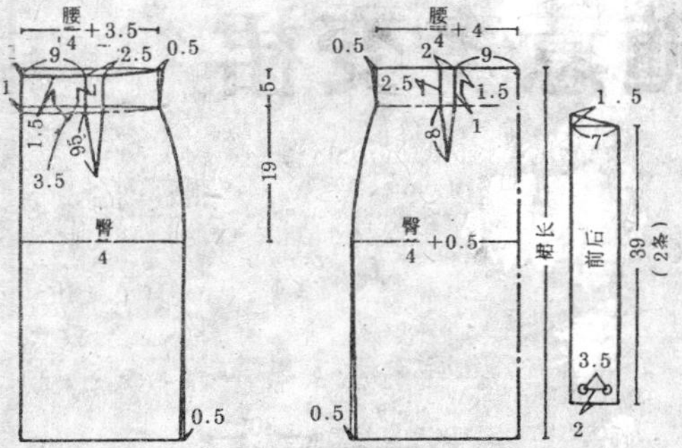

门幅:150cm 用料:65cm

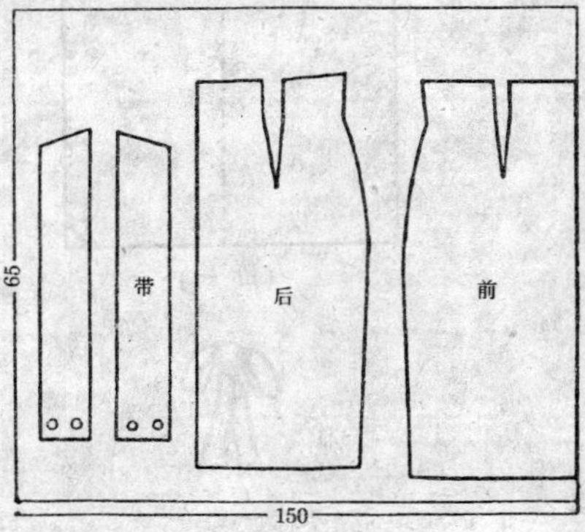

造型风格：裙是女装的代表。本款采用西式连腰裙身加宽阔背带造型，设计简洁，结构合体。如果说活泼敏锐之性灵是青春少女的人格写照，那么具有现代流行气息的本款就是你着装的选择。

制作方法：

①按裁剪图划样，然后放缝剪裁。(注：放缝尺寸一般是1.5～2.5厘米，由于本款是连腰裙式，所以腰部放缝要宽，约为8厘米左右。)

②缝纫时注意收腰裥要服贴顺势，切缝线迹要整齐明快。

面料选择：本裙面料可用薄呢织物，也可用中长化纤，面料纹样以方格为佳。

尺寸规格：裙长 52 厘米，腰围 64 厘米，臀围 92 厘米。

巧制随意多变裙

燕 忆

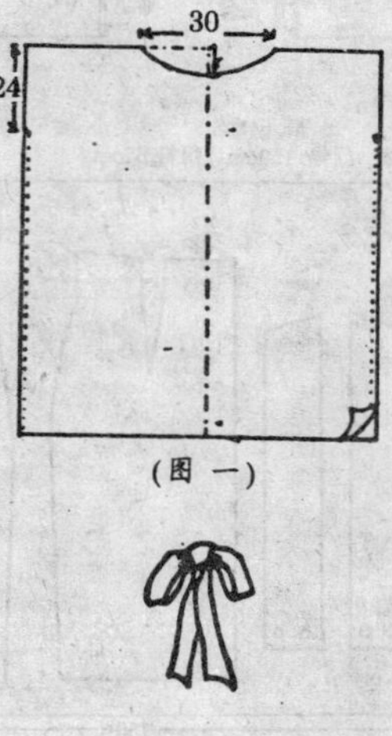

(图 一)

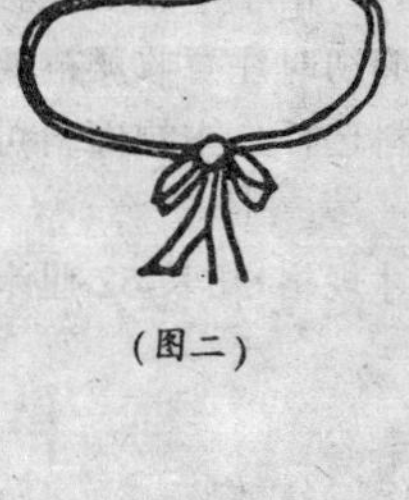
(图二)

北京市业余服装设计爱好者张杰女士精心设计成功了一种随意多变裙，能将一条基础裙，即新潮裙变化成30多种适合不同年龄、不同场合穿着的款式各异、新颖别致的裙装。这种裙装制作简便、穿着随意、经济实惠，深受女士们的喜爱，引起了国内外服装界的浓厚兴趣，还获得了国家专利。本书在此也向我们的读者介绍几款适合少女穿着的裙式，你如有兴趣的话，不妨自己动手打扮打扮。

以身高160厘米、体重50千克左右的人为基准，选一块100厘米宽、220厘米长的面料，最好选择悬垂性强、质地柔软的如真丝双绉、人造棉、富春纺之类的织品。把面料上下对折，中心线左右对折，从顶端中心线向外量取15厘米，向下5厘米，划一弧线，剪出一长度为30厘米的圆领，两侧留24厘米的袖口后缝合，一条极宽松的基础裙，也即新潮裙就做好了（图一），不用裙带，也不用其他任何扎结，显得宽松自然，飘逸潇洒。

再用相同的面料做两根肩带（长100厘米、宽3厘米）、一根腰带（长165厘米、宽3厘米）备用（图二）。

在新潮式基础上，腰系裙带，用两根肩带分别把领口下方与袖子合系起来，使原来的有袖扁圆领变成无袖大方领，胸、臂袒露适宜，便成舒适的凉爽式（图三）。如将肩带推至肩头，方领变圆领，再配以其他腰饰，又成另一效果（图四）。

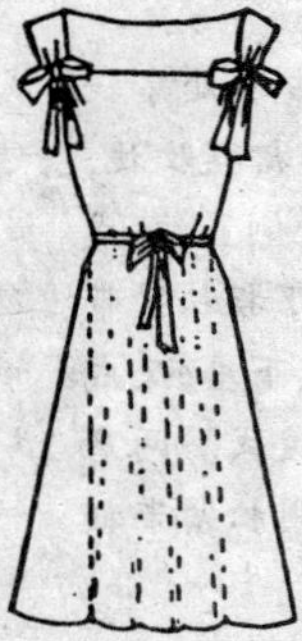
凉爽式（图三）

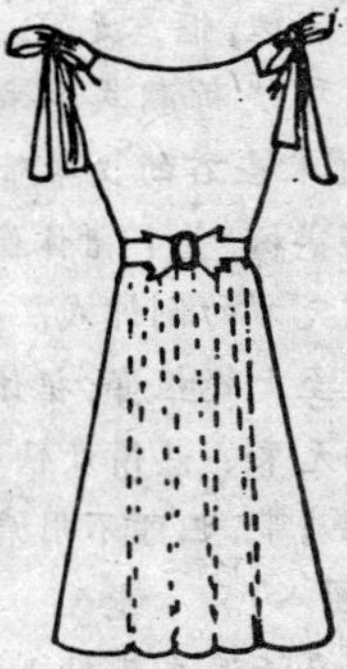
凉爽式（图四）

在新潮式基础上，用两根肩带分别把袖口与领口合系在肩头，再用一根腰带系在胯部，把上衣腰部抻松，略遮裙带，裙下摆提升到膝上部，就成为长裙短摆的套裙式，活泼俏丽，热情奔放（图五）。在套裙式基础上于腰部加扎一腰带，变成三节式裙，层次感强，适合学生上学穿，如把一方肩上结扎的带子移至领口下方，圆领又变成三角领形（图六）。

套裙式（图五）

三节式（图六）

在新潮式基础上，用一根裙带穿过两袖合系在胸前，使之形成X领形，便成潇洒浪漫的海滩裙式（图七），置身海边，惬意无穷。

环绕新潮式的裙摆贴边处穿一45厘米左右的松紧带，使裙摆收拢，上部宽松，整个裙体像金钟倒置，就成自然大方的倒钟式。再将下摆松紧带上提至大腿根部，裙体自然下垂，又成无拘无束、热情欢快的活泼式。两肩可扎肩带，也可不用肩带，用松紧带抽拢（图八）。

在活泼式基础上，把前领叠成V领形，用胸针别住，腰部系带，便成活泼向上的青春式（图九）。

在倒钟式基础上，将裙摆上提至胯部，裙体下垂，用不同颜色的宽带束在下腰部，结头系在后腰处，宽带上部裙体抻松，形成上衣宽大，下裙巧小的超短式，帅气十足（图十）。

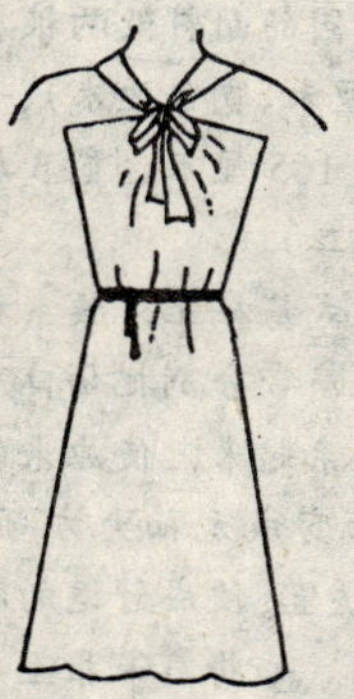

海滩裙式（图七）

活泼式（图八）

青春式（图九）

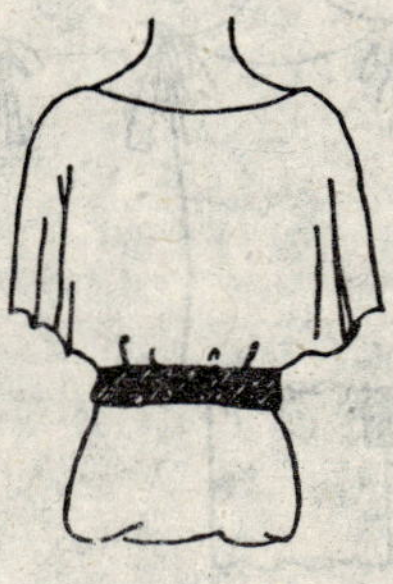

超短式（图十）

新式裙服诞生记

裘 苑

“铃……”下课的铃声响了，下一节是体育课，同学们都匆匆忙忙地取出运动服，冲进卫生间开始换衣服，本来就很狭小的空间一时间变得更加拥挤，大家急急忙忙把鲜艳的裙装换成整齐的运动服才跑向操场。整队时，体育老师发现有两个女生仍穿着裙子，就问：“你们怎么没换服装？”她们你看看我，我看看你，轻声说：“我们忘带了！”老师就请她们在一旁“见习”。

这件事发生在我数年前就读的小学班级里。当时，我注意到随着夏天的来临，大多数女同学都换上了美丽的裙装，穿运动服来学校的次数不多。我想：如果有一件衣服，平时是一条裙子，到了上体育课前只要一摆弄，就成了一条运动短裤，那该多好啊！

回家后，我开始设计，并用报纸充当布料，一遍又一遍地裁剪，粘接。每产生一个新构思都令我兴奋不已，并立即动手试验，几天的努力仍未有理想的结果。

有一天，我又在纸上写写画画，看到手中的铅笔，顿时眼前一亮——对了，“铅笔+橡皮=橡皮头铅笔”，这里蕴含着发明技法中的“组合法”（加一加）。如果我把裙子和运动短裤组合在一起，平时是裙装，需要时把裙子变为上装，下面露出运动短裤，那样，问题不就解决了吗？

一旦发明的灵感火花爆发后，立即就干。不久，“新式组合裙服”的雏形就诞生了。我小心翼翼地拿着纸模型给妈妈看，她很赞同，还帮我作了一些修改，使它更完美了。我们买来了布料、拉链等，把我的“设计图纸”转化为“实际产品”，并将它取名为“新式组合裙服”。（见附图）

“新式组合裙服”是由一条束腰短裙和西装短裤组合在一起的，平时穿着它和一般的短裙无异，到上体育课时，只要把裙子两侧的拉链拉开，将两片裙子分别从身体前后翻上，再把身体两侧的拉链重新拉上至腋下。

原来裙摆处有两根带子，此时根据肩宽抽紧它们，在肩部各打一个小蝴蝶结，再扣上几个扣子。

这样，原来的裙子就变成一件漂亮的无袖上装了，而下部则露出一条相配的运动短裤。女同学有了它，就能在教室里轻而易举地把运动服换好，精神抖擞地去上体育课了。

我发明的“新式组合裙服”参加比赛和展览后，许多深感兴趣的女同学来信，向我要制作图样或打听哪儿有售？看到自己的发明能得到这么多同学的青睐，我心里乐滋滋的，写篇文章向大家介绍制作法。

新式组合裙服示意图

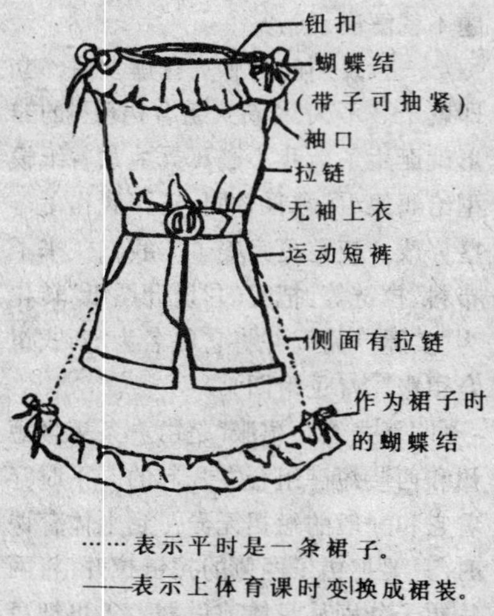

……表示平时是一条裙子。
——表示上体育课时变换成裙装。

巧制短外套少女装

何人

造型风格：短外套少女装。“V”字领，无领面设计，整体全身利落，四周吸腰自然。特别是前后弧形开刀，省裥有序，美观大方，令人有一种清新明快之感。色彩配置可选择亮丽鲜明的颜色。

制作方法：①按裁剪图划样，然后放缝裁剪，放缝尺寸一般是1.5～2.5厘米。②排料时，要前后左右互相兼顾，丝绺要顺直。③制作前片要注意先腰省后做袋，袖笼缝合要服贴。

面料选择：以中长织物为宜，用料约1.6厘米(门幅113厘米)。

尽寸规格：衣长48厘米，胸围92厘米，领围38厘米，肩宽40厘米，袖长52厘米。

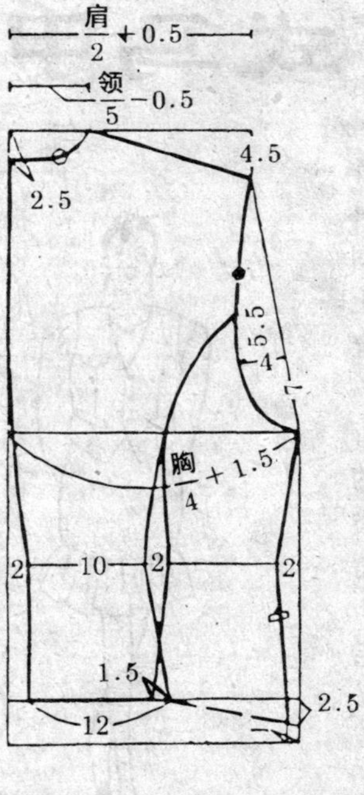
肩/2+0.5
领/5−0.5
4.5
2.5
5.5
4
7
胸/4+1.5
2
10
2
2
1.5
2.5
12

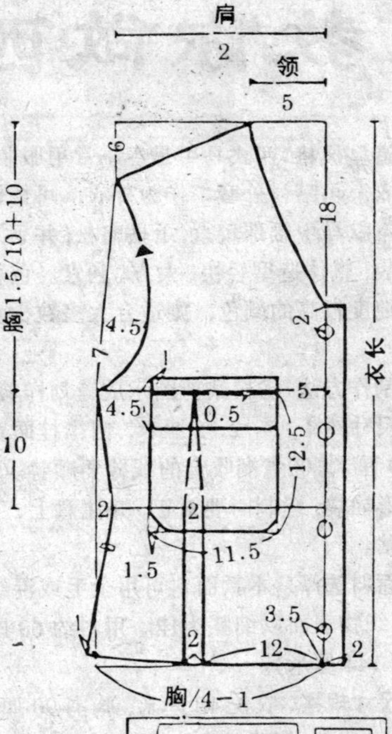
肩/2
领/5
6
18
胸1.5/10+10
10
4.5
7
2
5
4.5
0.5
12.5
2
2
11.5
1.5
3.5
1
2
12
2
衣长
胸/4−1

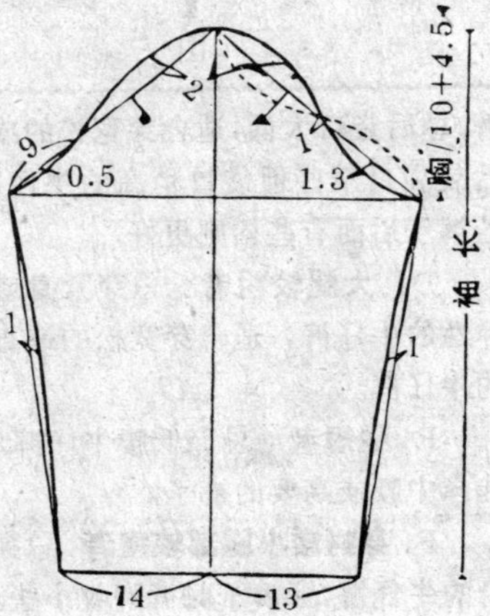
2
9
0.5
1
1.3
胸/10+4.5
袖长
1
1
14
13

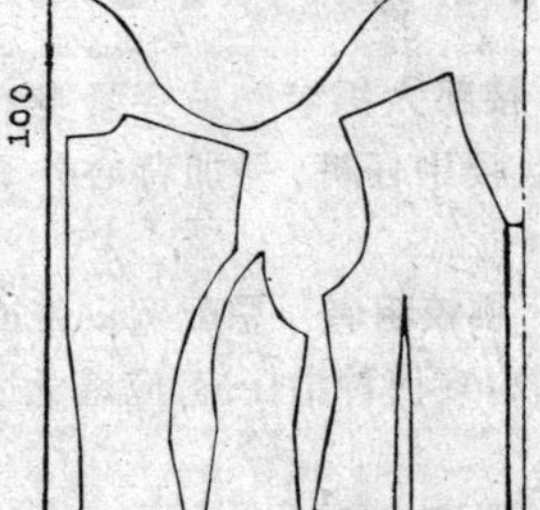
100

教你做西式马甲

何 人

造型风格：西式马甲是春季常用服装，作为内衣，可陪衬外套；作为外衣，可修饰外形。本款马甲腰部较紧，下摆略松，并采用斜形插袋，整体造型轻快、大方、利索。色彩上如用纯度较高的颜色，则适合大多数少女穿着。

制作方法：①按裁剪图示放缝划样剪裁，放缝尺寸约1.5～2.5厘米，门襟挂面宽约8～10厘米。②省裥收合的线缝要顺势。③袋内斜形插袋，缝制时要对正，并注意上、下角的服贴。

面料选择：本款面料可用全毛或混纺毛织物，织物表面以细腻为佳。用料约60厘米（门幅144厘米）。

尺寸规格：衣长48厘米，胸围90厘米，腰节40厘米，领围42厘米，肩宽33厘米。

图一

穿牛仔裤要扬长避短

张文

A.**腰部太细者** 忌穿紧身衣搭配；穿低腰牛仔裤，另加背心外套为佳。

B.**腰较粗者** 忌配宽皮带或夸张的饰物；穿何种牛仔裤，应感觉适宜为佳。

C.**臀围较大者** 忌穿紧身牛仔裤，忌后袋口太低；适合穿宽松的或者后袋袋口窄些但袋口稍高的牛仔裤，若裤子后面有些褶则更好。

D.**大腿较粗者** 忌穿紧身或有弹性的牛仔裤；适合穿宽松的或直筒的牛仔裤。

E.**腿短者** 忌穿低腰牛仔裤；可选择中腰或高要的裤子。

F.**身材矮小腿部较瘦者** 忌穿紧身的牛仔裤；穿裤子时裤脚收小些。

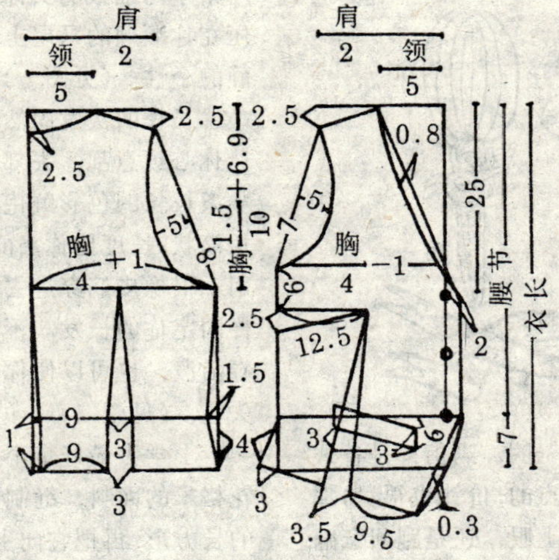
肩
领
2
5
肩
2
领
5
2.5
2.5
2.5
0.8
1.5
+6.9
10
5
5
7
胸
+1
胸
-1
4
4
8
6
2.5
12.5
25
腰节
衣长
2
1.5
9
9
1
3
3
4
3
3
6
7
3
3
3.5
9.5
0.3

图二

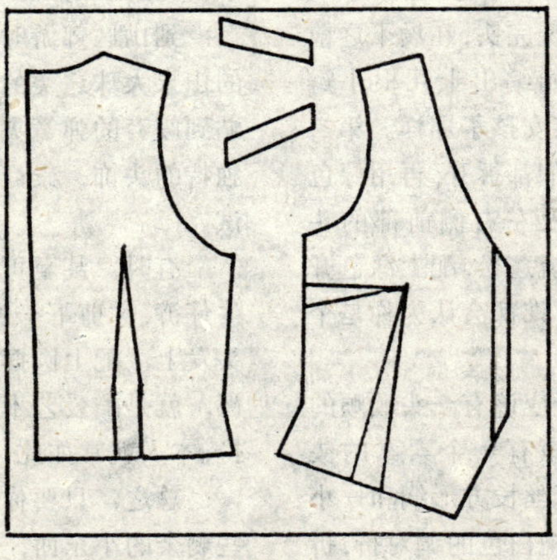

图三

巧做头饰

孟　晶

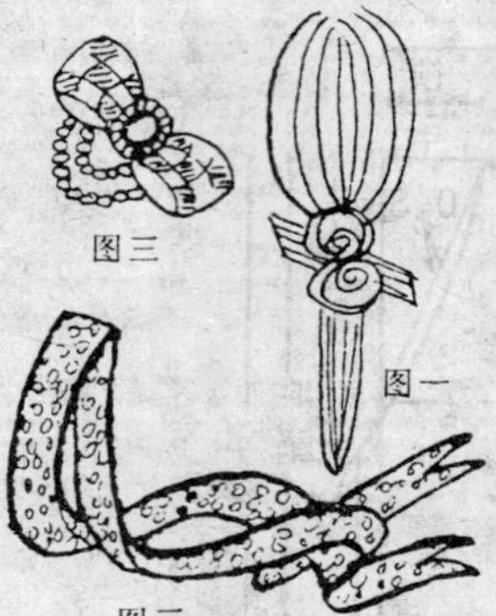

图三　图一　图二

到街上去逛一圈，满街都是各式的头饰。漂亮一点的，价钱也很贵；那些便宜的又看不上眼，还是跑回家翻翻针线包，用剩余的花布和绒线自己做几个有特色的头饰吧。

星期六放学，洗完头，在没干之前把头发从头顶开始编出十几根小辫子，就像维吾尔族女孩子那样。第二天一早起来，把它们都拆开，再用绿色的绒线结扎头顶及左右侧前部的头发，把后面的头发梳蓬松，配上绿色开领毛衣和牛仔裤，谁都会认为你是个活泼浪漫的女孩。

文静的女孩子应该有一头顺顺的长发，当然也应该有一个素素的头饰。找一块白色真丝长方形绸和一小块带白点的蓝布，把白色的绸对折，折的一边留在前端。然后像卷纸一样卷成筒状。扎紧后端；再把蓝色的布缝成“卯”形。中间钉起来成为两片叶子的形状，然后将白花缝在中间，就成了一朵小巧细致的头饰了。你可以把它压在你顺顺的马尾上，正好显出你文静的个性。(见图一)。

长长的头发固然美丽，可有时却让你心烦意乱。去郊游之前，可以用一条长长的色彩鲜艳的布条缝成宽的长筒状，长度比你头的周长长一半，再用一根橡皮筋穿进去抽紧，像头箍一样固定你的长发。不仅能体现你的青春活泼，也可以使你免被风吹得花容失色。(见图二)

上学去最好带个大方的头饰。用花格子的面料，缝制两个宽宽的双层的长方形，再把它向上下排好，中间用珠子缝好，就成了一个大方的蝴蝶结了。(见图三)

到山区郊游时，可以找一些硬制的山果大珠之类的，按你喜欢的样子贴到废弃的弹簧夹上，可以成为风味独特的头饰，崇尚自然的女孩何不试试。

有时，甚至可以利用一条废旧的牛仔裤，你剪下一长条来，随意地绑在头发上，配上圆摆格子大衬衫和牛仔裤，就是酷爱艺术的女孩最舒适的装扮，本人就常如此。

总之，只要你一双灵巧的手和一些剩余的小东西，就可以做成不同式样可爱的头饰，表现你与众不同的个性。

画龙点睛的小服饰

安 琪

少女似乎对手套、帽子等一些小服饰比较偏爱。就是这些小服饰也有不小的学问呢，搭配得好，能使你的整体形象增添魅力。

浅褐色手套适合配涂褐色或者灰色的冬大衣。黑色手套只适合配颜色特别深的大衣，有波纹饰边的细线手套或者锦纶手套，只适于穿轻便夏令大衣或雅致的西服套装时戴。穿运动服或者节日西装，最好选择一副中间色调的比较般配的布制或皮革手套。

帽子要因人而定。长脸人不可戴高顶帽或小帽，而以戴宽边帽或帽檐向下搭拉的为宜。宽脸人不应选择没有帽檐、宽顶或顶遮额头的，以免让人看起来显得脸部太圆，宜戴小沿帽，帽顶宜高。

如果是尖下巴脸型，不要戴遮住额头的帽子，如果面部下面宽，那么帽子的外形可以复杂一些，如帽顶可以打褶，等等。

少女一般戴小小的运动帽或帽沿朝后卷的帽子就可以了。

装饰领是一种装饰品，对于少女们来说是不可缺少的。利用剩余的布料和花边做一个装饰领能使你的服装立刻有了新的观感。加上百裥领的连衣裙更有宴会服的庄重华丽；长方领会使一件普通的外套变得更时装化；多片领、大圆领更适宜与衬衫和毛衣相配；一件衣服加上装饰领可成为郊游服、宴会服、市街服和学生服，装饰领更能体现少女们的七彩世界。

装饰领的材料可选用各色涤棉、纯棉布、涤纶乔其纱、亚麻布等，花边可用尼龙花边、丝带、缎带和绣花线绣制。

制作时按照各人领围大小以及需要装饰的服装款式要求来确定装饰领的尺寸。装饰领一般宜装在没有领子的服装上。按图示步骤裁剪出领片，在正面(面布)作刺绣、贴绣等装饰，然后在反面缝合领的前后片再翻折到正面缉缝。最后滚领口沿，锁缝固定用的钮孔。

装饰领五款

仇以群

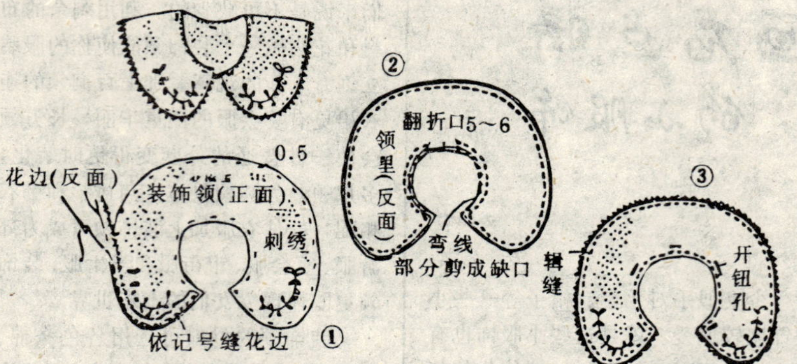
0.5
花边(反面)
装饰领(正面)
刺绣
依记号缝花边
①
②
翻折口5～6
领里(反面)
弯线
部分剪成缺口
③
缉缝
开钮孔

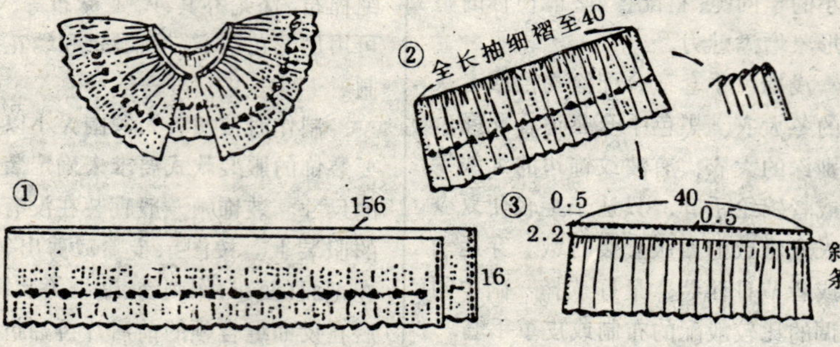
②
全长抽细褶至40
①
156
16.
③
0.5
40
0.5
2.2
斜条

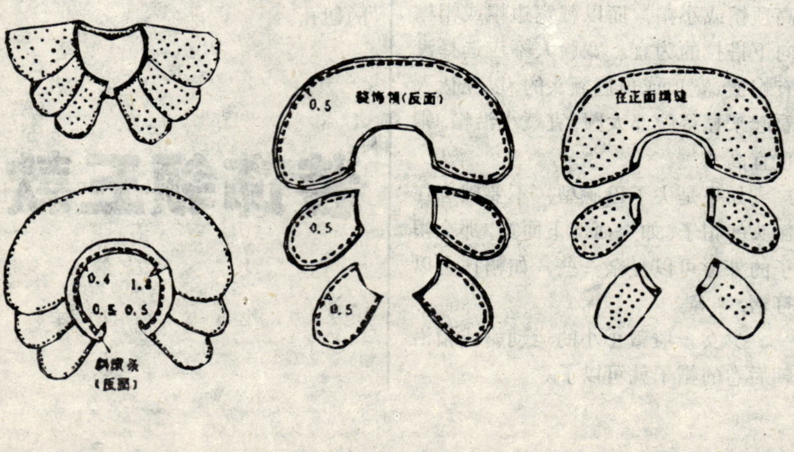
0.5
0.5
0.5
0.4
1.8
0.5
0.5

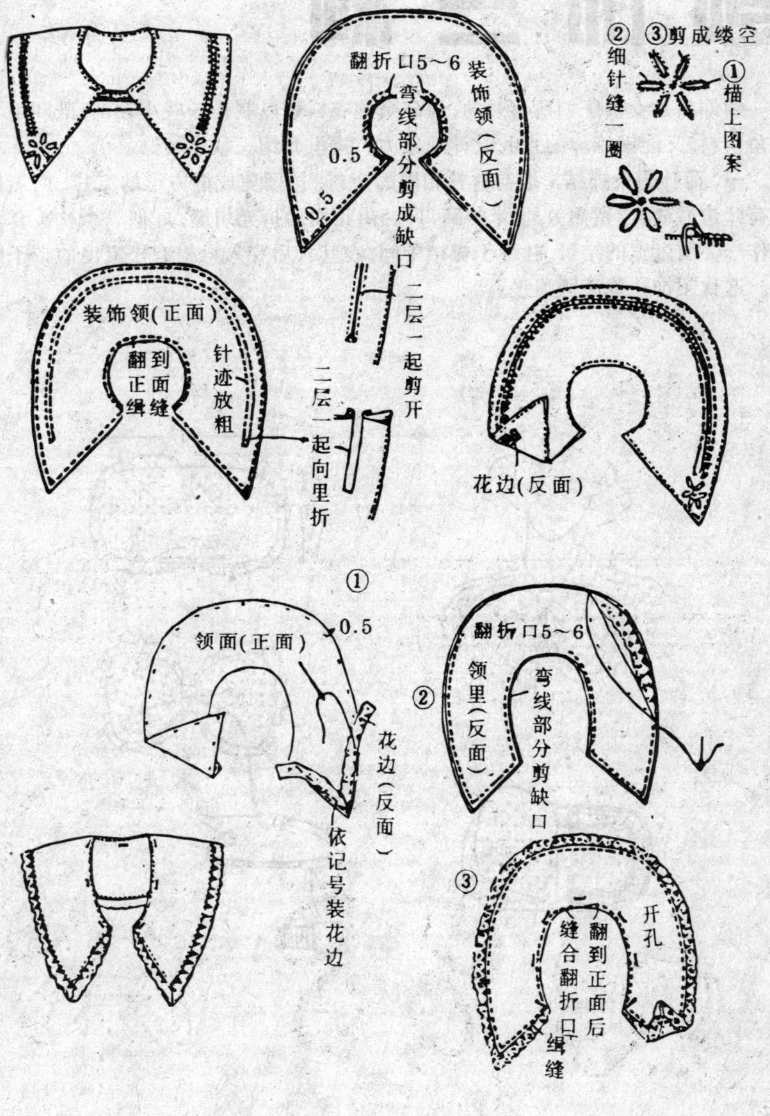
翻折口5～6
装饰领（反面）
弯线部分剪成缺口
0.5
0.5
②细针缝一圈
③剪成镂空
①描上图案
装饰领(正面)
翻到正面缉缝
针迹放粗
二层一起剪开
二层一起向里折
花边(反面)
①
领面(正面)
0.5
花边(反面)
依记号装花边
②
翻折口5～6
领里(反面)
弯线部分剪缺口
③
开孔
翻到正面后缝合翻折口
缉缝

领饰三种

马小鸿

领饰品是女孩子们所喜爱的，用多余的衣料可以制作一些小领饰，既利用了边角余料，又能锻炼你的自我设计想象力。这里介绍三款小领饰。

一、荷叶边大蝶结 取与衬衫相同的余料，按图剪成椭方形的二片，两侧加上荷叶边后缝合，留出8厘米的翻口，翻出正面后折光缉缝，好似一个枕头套。另作一2厘米宽的结带，扎缝于蝶结中间，在其背后穿入一根有松紧度的带子即成。这款领饰让你潇洒浪漫。

二、小领结 取一小片漂亮的格纹布，缝合成一长筒状，翻出正面折成等分的三折。结带亦用此法做成，横向折出阶梯状，扎缝于领结中央，在其背后穿入一根有松紧度的带子即成。这一款式令你平添几分淑女持重的风采。

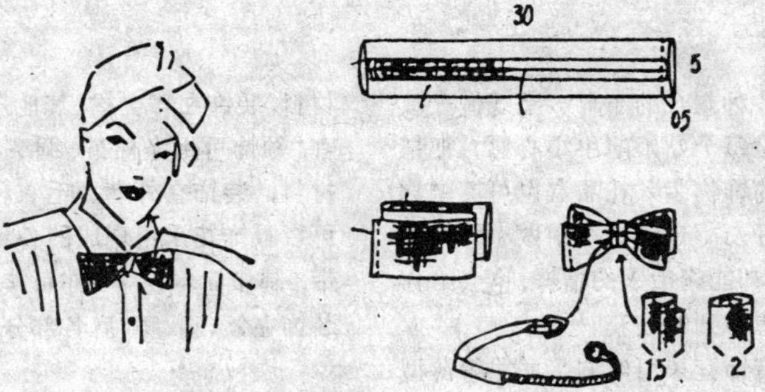

三、平头领巾 取自己喜爱的，与衬衣色彩和谐的花布，按布纹方向斜向裁出，中间加一松软的衬布（衬布也必须斜裁），拼接中缝，缝合两侧，翻出正面，缉缝翻口，稍加整理后用熨斗熨平。系上这款领带，准让男孩子们对你刮目相看。

自制腰带饰、服饰花

仇依群

用各种剩余的布料、毛线做一款小饰物是每个姑娘的小小心愿。把精心制成的饰物装入礼品盒也可馈赠你的亲朋好友。自己动手制做小服饰虽然简单,却能陶冶人的情操,也会给你带来意想不到的收获。

腰带饰宜采用丝绸、尼龙等薄型材料,装饰在舞会裙、其他短裙上更相宜;领饰可用涤棉布、绸缎、亚麻布等材料,装饰在外套、毛衣和衬衫上均可;服饰花采用现成的各种丝带、缎带,制作简单易学;亦可按各人喜好,装饰在领、胸、腰、肩各部分。

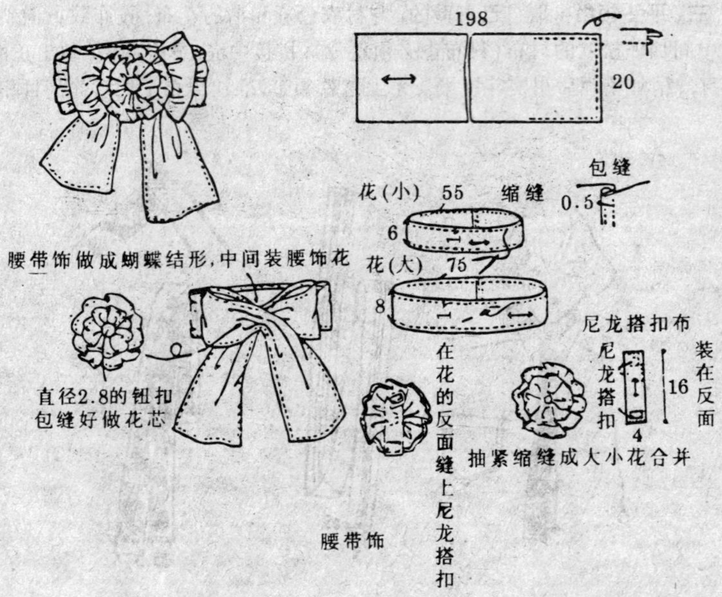

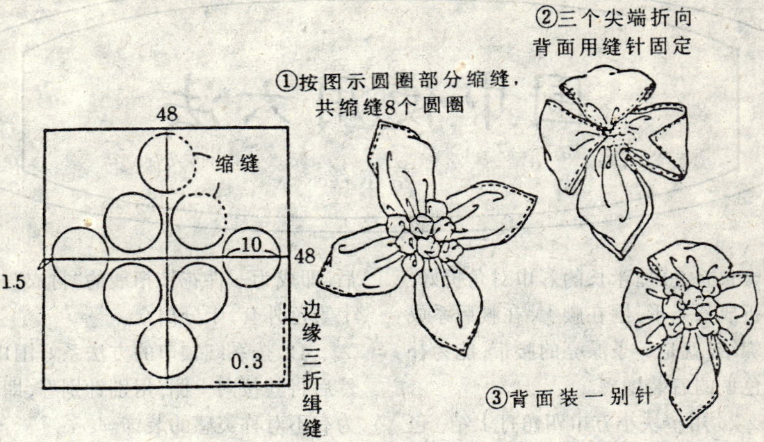
②三个尖端折向
背面用缝针固定
①按图示圆圈部分缩缝，
共缩缝8个圆圈
48
缩缝
10
48
1.5
边缘三折缲缝
0.3
③背面装一别针

领饰花

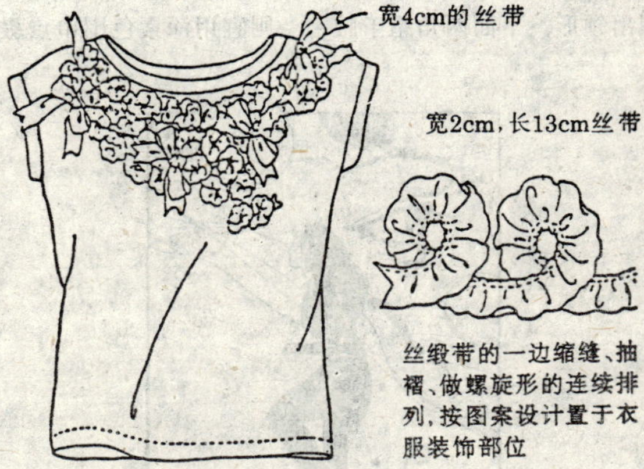
宽4cm的丝带
宽2cm，长13cm丝带
丝缎带的一边缩缝、抽褶、做螺旋形的连续排列，按图案设计置于衣服装饰部位

服饰花

围巾使用六法

葛尔丝

1. 将 90 厘米长的彩巾对角折好，再折成长条形，围在腰上，在腰后系成蝴蝶结，就是一条漂亮的腰带，能为朴实色调的着装增辉。

2. 用一块小方巾四角打上结，包在脑后发髻上，然后将四周向内塞好，就成了市面上买不到的小发饰。

3. 将一个大方巾的中央打一个结，翻过来披在前胸，上边两角系于领后，并整理出领形，下面两角系于腰后，即成为一件花枝招展的“衬衣”，配上素色外套，十分出众。

4. 按系红领巾的方法系好围巾，然后将其拉向一侧，用别针别好，即成为有不对称美感的装饰。

5. 将丝巾折成长条，在颈侧打结，或采用领带的系法，都有不同韵味。

6. 就色彩而言，色彩单调的服装可配有花色图案的围巾，而花色服装则宜用深素色围巾点缀。

10

服饰的审美情趣

用服饰再塑一个我

肖 丹

面对镜中的少女,十多个春秋,一成不变的形象你厌烦么?

那么,何不稍稍改变一下服饰,再塑一个自我?

不信?那就试试看吧!

生性严肃、呆板的姑娘如果想让自己显得活跃开朗些, 可以选用花纹、线条、色彩不对称的服装,如带有不规则花纹的毛衣,不对称开襟、左右两袖色彩各异的服装等等。这些带有强烈活跃气氛的服装会使你呆板的个性彻底融化。

相反,活跃好动的姑娘如果想摆脱学生气, 那么各式的套装,特别是西装套裙、套装最合适不过了。蓝色和绿色以及较长的裙摆也会或多或少给你带来文静成熟的气质。

若是你还想增添一种朴实无华的自然美, 那么不开襟的服装应当是最佳选择。这一般是指套衫及背后开襟的服装。前面不开襟,因而胸饰少,显得干净、无华。人体的曲线也被很自然的表现出来了。再配上白色、粉绿、藕色、粉蓝或是鹅黄为基调,一定会带给人们一种清新素雅的自然享受。

新奇,是年轻人的追求嗜好, 那么你不妨试试斜线开襟的服装。由于斜线开襟比较奇特,是一般服装中不常见的,它一定会令你成为引人注目的焦点。

你有没有想过扮个英姿飒爽的女孩? 那么这种紧臂型长袖或许会充分展示你手臂的线条美,又不显艳丽,穿着后显得精干利落,潇洒不凡。或者采用垫肩也可加强肩膀轮廓线,从而使人更显气度。短衣身的服装会通过衣身的缩短，抬高腰节线，带给你更协调的上下身视觉比例，也会让你显得精神而俏丽。

琼瑶笔下飘然洒脱又显大胆艳丽的女主人公，你想模仿一番么？你可以选择结花领。此领有一种花俏、飘洒的美。而且，它可根据穿戴需要随时变化结花的大小形状。你还可以选用蝉翼袖的服装。它的袖口比袖身大得多，垂挂下来形成自然的曲线，随着人的活动而翩翩飘动，会给穿着者带来一种迷人的飘然美。无袖型服装能充分显露肩膀轮廓的美感，有一种艳丽的美。特别是它的边线不受袖的限制，无论是肩膀太宽或是太窄的人，都可以通过边线的外伸或内缩而得到弥补。半透明的服装衬上漂亮的内衣，也会使人体的美和服装美更密切地联系在一起，相互映衬，达到相得益彰的效果，使你显得大胆、艳丽而引人注目。

轻松随和的打扮很适于你紧张的生活节奏，你可以采用重叠领、束口袖和宽口袖。它们的特点都是宽松不拘束，活动自如，因而感觉轻松自如。垂肩样式的服装特点是把肩和袖的接缝移到肩膀下方，产生削肩的效果，可以显出一种仕女的古典美，而且有不受约束的随和感。宽松式的服装，舒适、随便，更有一种洒脱美。而且能够使体型不够美的人掩饰掉一部分缺点。

那年，我第一个穿裙子

周　晴

那年夏天来得特别早，才6月底，气温已窜上了30度。汗，总弄得人浑身粘乎乎的。可班上女生一个也不穿裙子。不知道是真不怕热，还是没人敢打头炮，大家都一个劲地抱怨这鬼天气，却偏偏将长裤裹得紧紧的。

我也是这样。好几天早上，已把裙子拿了出来，临走时，还是套上粘乎乎的长裤。宁愿热些，谁愿意“出头”呢？母亲在一边笑我：“真是小姑娘，这种事也有时间想半天！你管别人穿什么，热了，就穿裙子，何必和自己过不去？”母亲的唠叨多了，我闭起眼想了想，下决心拿起那套粉红色连衣裙。

穿上了裙子，才觉得自己像个女孩。一路上跳跳蹦蹦，看裙子轻轻飘起，那份轻松和潇洒，十分陶醉。可一碰上班级同学，我又像是只漏了气的皮球，浑身不自在起来。梅远远地就张大了嘴，那表情不像笑也不像惊奇，只是飘来一句话：“其实这天，也不算太热，噢！”我在心里暗暗责怪自己，何必冒尖儿，弄得人家大惊小怪，怪烦人的。在班级中，我一直是个不声不响的女孩，静静的又有点怕羞。虽然我知道女生们大都喜欢我，说我成绩好，人缘也好，可又怪我没有一点大将风度。这下可好，一会儿功夫，大家都记起了我。只有同桌的小帆轻轻对我说："看你这样子，真很潇洒。"我却一点也感觉不到潇洒，只眼巴巴地想中午回家，重新换上长裤。

一旦离开学校，这些想法都跑得无影无踪了。看看喧嚣城市中行色匆匆的人群，感觉自己真是太不值得了，何必为这么点小事浪费时间！下午，还是这样打扮！

下午再到学校，我差点哈哈大笑起来——班级中大多数女孩都换上了裙子，粉红的、杏黄的、嫩绿的，天蓝的，像一把把打开的花伞，在教室里飘来飘去，煞是好看。梅看我走进教室，远远的，朝我很友好地笑了笑，那笑中似乎带点羞涩，又带点敬佩。我不由得挺了挺胸，心里却一紧：幸亏下午我没换上裤子，否则那才好笑呢！

从这天起，我发现女孩们都愿意和我交朋友，连对我们女生不屑一顾的男生们也会对我投来赞许的目光。更叫人捉摸不透的是，后来一次改选，我这个不声不响的小姑娘居然榜上有名，当上了班干部。我常常会想起那个穿裙子的日子。从此，我学会了独立思考。

四季裙飘飘

倪正阳

春花、夏日、秋月、冬雪，任岁月轮转，我都偏爱穿裙子，翩翩而来，款款而走，总觉得特别能体现女孩那份灵秀和飘逸。你瞧——我衣柜里的裙子就是特别多，长裙温柔，短裙活泼，绿色青春，白色恬静……把我的女孩世界点缀得亮丽缤纷。

从小到大，我都享受着"四季裙飘飘"的感觉。我想，这一定和爸爸妈妈的工作有关。一个是搞装潢美术的，一个是裙装设计师，他们对我的打扮当然有特别的审美要求。既然他们说

我着裙装漂亮，那准没错！更何况，据家中权威人士祖母分析：当今街头流行的各式服装，男女皆可统穿，女孩总得有个专利权像个女孩样吧？

夏天穿裙子当然不稀奇。可是，配以一顶白色大帽沿草帽，插朵淡雅的小花，梳根南方女孩的长辫子，是不是既浪漫又活泼？记得我极小的时候就着这样的夏装，如今长大了，一如既往地喜欢这样一个我。去年街头悄悄流行起来这种打扮，同龄女孩们羡慕我“领导服装新潮流”，实质上，那份新奇正是我心中恒久的浪漫。即使明年街头换装，我还是如此。因为我要的是风格而不是时髦。

冬天穿裙子——熟悉我的人对此当然习以为常。可我每换一个新环境，总有人说我“只要风度，不要温度。”雪花飘飘中，每每见到那些为求苗条不肯多穿一条裤子的姑娘们娇娇地颤抖，我真想说：“嘿！试着改换裙装吧，才不冷呢！”紧身健美裤，长长的厚呢裙，外加大衣，还可配一条长长的白围巾，风度温度两全其美！何必在乎别人的不解和评价呢？豁豁达达多些承受能力吧！

爱穿裙子的我最怕别人请客。尤其节日前后，喝不完的酒，聚不完的会，送不完的祝福。好客的主人盛情地斟酒，拼命地夹菜，唉，足够来自撒哈拉大沙漠的骆驼“西风扫落叶”了，我怎么能再吃？否则，连腰都找不到了，怎么穿裙子？所以每逢春节过后，我必得展开一场轰轰烈烈的节食运动，外加晨跑、仰卧起坐，忙得不亦乐乎，暗暗发誓：明年再也不吃了。却总是受不住佳肴诱惑，历史一次次重演。

说起我的裙装式样，倒也有件趣事：祖母全力反对我穿裙裤，说什么裙裤谐音同“穷苦”，是绝对不可沾边的。“奶奶，您看别的女孩子蹦蹦跳跳，快步流云，哪有一点点穷苦呢？您真迷信！”我好羡慕别人那种青春的朴素，多次和奶奶交涉，可她好固执。直到高中考入了一所住读学校，在校6天任我穿，而周末回家还是绝不可穿裙裤的。但愿亲爱的奶奶能更新观念、回心转意啦。

也许是四季着裙的缘故，高中时代同校的男孩们仿歌星龙飘飘之名，给我起了个雅号：裙飘飘。“挺好挺好！”我生性随和也蛮乐意地对号入座。问题是出在从那时起，常有男孩前来拜访，同龄的说是一道学习，比我大的则是“认你妹妹”而已。面对男孩们送来的花儿，通常只大方地选择一枝康乃馨，偶尔别在连衣裙前点缀，含苞欲放，喻意隽永；对于脉脉的玫瑰，习惯于笑微微地摇摇头，摆摆手……

不论春夏秋冬，我依然是“裙飘飘”。每一季裙飘飘都是我一个执着的梦想：

要让美丽和智慧同步成长！

穿一次吉卜赛大花裙

童 欣

“小欣，快到我家来，我有个伟大的计划要告诉你。快来啊!”电话那头传来好友琪连珠炮似的声音，这位文学迷常常向我设悬念。

我丢下电话，救火似地套上凉鞋，冲锋陷阵似地跳下楼梯。一路上不断地猜测琪会有什么伟大计划。琪是个高级工程师的女儿，她个性十足才情横溢，是个绝对“三毛式”的女孩。一颗小小的脑袋里装满了“冰山、草原、牧羊女、大沙漠、骆驼刺、蛮荒、苍凉、悲壮……”

到了琪的家里，她向我扬着手里的《巴黎圣母院》，眼睛湿漉漉地对我说：“我为它流了一上午的眼泪，那个牵着小绵羊的吉卜赛女孩在我心里定格成一幅凄美的风景，太悲惨了……”我被琪幽深的声音所感染。

“那你的伟大计划一定与她有关了?”我问。

“是的。小欣听着，我计划用最糟糕的布料做一套很吉卜赛味的大花裙，上面要有一些肆意缠绕、色彩夸张大胆的大花大草……”琪神采飞扬地说着她的伟大计划。

我听得瞠目结舌：“你可真够‘三毛式’，你的裁缝知识近乎零，怎么做呢？就算做成了，穿上那流浪味的裙子，人家不认为你父亲的公司破产才怪呢?”

“我才不管呢!现在求你帮我把门口那堆爸爸奢侈掉的啤酒瓶搬到废品站，我需要一点钱买布料，现在身上一贫如洗。”说罢，琪调皮地向我摊着两手。

“你何苦呢?向你妈妈的‘汇丰银行’取几十元也只不过拔半根毫毛。”

“不啦!走吧走吧，待会儿还要去买布呢。”

我只好帮琪把瓶子抬到废品站换回13元钱，又陪她急急上大街找大花布。高级的布市去不得，琪像条鱼似地直往一些很“古味”的老布铺钻。好不容易找到一匹合适的布料，一尺1元6角，琪一听大叫：“那做一条裙子要11元多呀!”我直拉她的衣角：“你别不识好歹，全市的布可能这儿最便宜了，你看那花白头发的老板娘在笑你呢!”琪只好不太情愿地掏出钱来买了7尺布料。

第一套工序总算完毕，回到家里，

琪翻箱倒柜找出一堆服装书，左看右翻没有一件"吉卜赛味"的，琪只好发动她那丰富的想象力自己设计。她一会儿就设计出来了。上帝啊，亏她想得出，由五六片布横七竖八组成的裙摆，上面还七零八落地剪了些洞(说是得用反面布补上)，裙沿长短不一，领子很夸张地偏向一边，袖子像在大森林里披荆斩棘后留下的破条子，我大叫起来："你疯了，这是人穿的吗?"琪若无其事地说："别大惊小怪了，这叫'返朴归真'，有一种原始自然美。现在你帮我量身，然后我裁剪你缝纫。"

折腾了一个下午，一套怪模怪样的裙子总算大功告成。我倒挺佩服从来不知裁剪的琪居然没把领口挖错，也懂得拼接要留缝口。我把这件全世界最糟糕的裙子丢给琪，她急不可待地跑进睡房试穿。当她像个森林女妖似地出现在我眼前时，我的大脑出现几秒钟的空白，继而笑得前俯后仰，上气不接下气。琪往镜子前一站，也大笑起来，抱住我倒在地板上颠来倒去，天翻地覆，回头看看我们的"战场"，狼藉一片，一张张样纸一直排到客厅。我喘着气对琪说："你知道吗，你简直成了琼瑶《寒烟翠》里的绿绿，特别是你那天生的黑肤色，像极了——一个森林女妖……"

琪理理散乱的头发，抓起床上的照相机，要我和她一起去学校，我这才想起我们学校的山上有一片幽森的林子。琪真要当一回女妖了。我盯着她的怪模样说："待会儿街上人会把你当外星人的。""那由她们去，让他们一饱看外星人的眼福。"说完，她一把拉起我就跑。

到了那片小树林，琪甩掉脚上的鞋，松散满头长长的秀发，弄来一根还带树叶的枝条当手杖，又钻进狗尾草丛弄得满头草叶，我用藤蔓编成大小圈子直往她颈上、手上套。好了，一个野人出现在我眼前，琪那健康黝黑的肤色使她浑身散发出一种野性不羁的原始美，我简直被这个"作品"惊呆了。好一个琼瑶笔下的绿绿，四处飘荡的森林女妖!

琪激动得语无伦次。她要我追随她往荆棘里钻，摄下她的原始风姿。于是我这个现代人手持相机跟着"原始人"在树林里转悠，琪是个文学迷，所以懂得怎样才会构成一幅内涵高深又散发着原始自然的美感画面。美啊!琪简直像一首飘荡着的有灵气的绿诗……

照片洗出来后，我和琪趴在地板上一整天瞅着那些属于遥远年代的"森林"和"原始人"，琪摇头晃脑地为每一张吟上一首诗，然后正儿八经地题在相片后面，又夹进她的厚厚的日记里，说是留给她将来的女儿看。那套奇特的"吉卜赛裙子"也被当成宝贝收藏起来，她说要等到学期末的化妆晚会上再拿出来"大放光芒"。

古妆记趣

黄　倩

爱美之心，人皆有之，亘古不变，更何况我是一个女孩子呢？自从会拿笔画画起，一直以来，笔一着纸，便会不由自主地一笔一笔画出一个个古妆美女来。小时候，常一个人独处室中，画画便是我消遣时间的好方法。而临摹小人书上、手帕上，月饼盒上、台历上的花木兰、林黛玉、嫦娥……更是我莫大的乐趣。总是画得极认真，细到发丝一根一根的历历可数；耳坠、宝钗、项链、飘带，画来也一丝不苟。而在临摹之余，我还常自创新样，仅设计的首饰，五花八门就多达几百件。

在吉林上小学时，我有一位最好的朋友——阎菲。我俩的家住得近不说，更重要的，两人都是古妆迷。自从看了电影《杜十娘》，我们便对杜十娘的描金百宝箱羡慕不已。什么猫儿眼啦、祖母绿啦、翡翠、珍珠、玛瑙啦，都是我们津津乐道的话题，我们真梦想有一只“百宝箱”啊！可惜，爸爸、妈妈从来不给我零用钱；而阎菲却不同，她三天五天便会有一些零钱。我们常一起到学校附近的一条小巷的摊位上去看那些廉价的首饰，我总是自愿做她的军师，帮她谋划买些5分钱的戒指啦、2毛5分的胸花啦、1毛5分的发夹啦、8毛钱的珠子项链啦等等。

最令我难忘的是有一天下午，爸爸、妈妈都不在家，我一个人做完作业正闲着。这时，阎菲来了，带着她的“百宝箱”——一只金色的香烟盒。一按揿钮，“啪”地弹开了，里面红的、蓝的、绿的，晶莹灿烂，是她的全部财产。我高兴得心“砰、砰”地激动起来，忙把房间门反锁好，两人便开始梳妆打扮起来。

我们坐在大衣柜上的穿衣镜前，把头发披散下来，想要梳一个古代的发髻。然后，便用痱子粉把脸抹得雪白，又用小指蘸了印泥涂在嘴唇上。之后，便取来毛笔蘸墨画了两道长眉；现在想来那一定非常恐怖，可那时我对着镜子左照右照满意极了。完成了这套工序，便开始分派那些首饰了。阎菲分给我一枚戒指、一串鸡心项链，我戴好了，仍觉太少，便去妈妈抽屉里寻出一支短毛线针，插在“髻”上，两边各插上一朵塑料花，居然成了一只宝钗。我为自己的发明洋洋得意，这下，思路大开，我又去找来挂窗帘剩下的2只大红塑料环，用剪刀剪断了，向两边拉开一条缝缝，往耳垂上一夹，又多了一对“耳环”；虽然有点儿疼，可我仍兴致不减。又把纱巾围在脑后，在头顶上将两只巾角一系。最后，用花边在额前围了一圈，这便是“抹额”了。阎菲见了，赞叹不已，于是也学着我自制了两只耳环、一只花钗戴着。我从大衣柜里取出妈妈的一块丝绸被面，赤脚跳到床上，裹在身上打个结，俨然成了一件披风。我一手轻轻提起一点点，快步走了几步，“披风”一直拖到床上，还真雍容华贵。可是，还缺一条曳地长裙，到哪儿去找呢？忽然，我灵机一动，有了！我下地到大衣柜里找出2条半腰裙，一条穿在腰上；另一条穿在膝上。两条连在一起，下面一条刚好长及地面，与画儿上的古代裙子非常相像！因为裙子穿在膝盖上，走起路来细细碎碎，莲步轻移，与电影里的小姐走路一模一样。我和阎菲都很兴奋，这下，我从头到脚活脱脱成了一个古代女子。

我又站到床上，手里捏着一张纸，走了几步站到床沿上，学着杜十娘的样子，虚拟着打开并不存在的百宝箱，又模仿着拉抽屉的动作，然后撕下一

说：“这是纹银一千两！”说着，几片纸扔到地上，仿佛是扔到海”里。又虚拟着拉开第二只抽撕下一小片纸说：“这是猫儿眼！”又扔到了地上。不一会儿，就扔得满地纸屑。

正在这时，听到了妈妈用钥匙开门的声音。她开不开，便叫道：“倩，快开门呀！”我一面回答：“来啦！”一面和阎菲手忙脚乱地用毛巾乱抹一通，又把所有的东西往衣柜里一扔，好一阵才开了门。妈妈一边进来一边说：“搞什么鬼，这么慢？”进来一看，地上乱七八糟的，好在阎菲在，妈妈也没说什么，这事儿就这样过去了。

后来，举家迁来福州，途经北京的时候，妈妈还买了一串美丽的红玻璃鸡心、细金链的项链给我，这便是我第一件自己拥有的首饰。随着年龄的增长，我仍对那些闪着珠光宝气的假首饰不能忘情。每每回想起小时候扮古妆杜十娘的那一套程序来，还不免偷笑。

前不久，我去西湖游玩，一个拍古妆照的摊位又吸引了我。当我簪花戴着假髻盛妆而出时，恍恍然又回到了小时候。我手里摇着一柄羽扇，引来许多路人驻足观看。从他们赞赏的目光中，我洋洋自得。我在浓荫下的小石桥畔，摆了个姿势，嫣然一笑，留下了一张圆梦的照片。

寻找流行色的墙报编委

陈达林

开学以来，高二年级的墙报编委勤勤、敏敏、小蕊、小芳特别忙。担任美编的小芳别出心裁地在编委会上提议：“把社会生活搬进教室，把新思想、新观点请进来。”主编勤勤当然支持“改革派”，但是，怎么个“搬”法？怎么个“请”法？大家都不知道。万事开头难，一种新事物的诞生就像结毛线衣一样，要计算，要编排，从何处着手呢？还是小芳拍着脑袋说：我们先抓“流行色”。在高一年级时，对于墙报的名称，小芳曾经提出过“流行色”，因为大家觉得太抽象，似乎像一本服饰杂志的名称而被否决了。今天小芳旧话重提，还振振有词地重申了自己的观点。于是，编委们决定大家会后作些准备，再来决定墙报是否改名和编排第一期的内容。

敏敏因为自己的舅舅是画家，于是决定采访他。敏敏的舅舅这样对她说：

“我们习惯称颜色为红黄蓝白黑，其实这样讲并不科学，科学的说法应是黑白红黄蓝，提出这样的程序因为黑色是颜色的总和。画家作画，用水洗笔，杯子里的水会越来越深，越来越黑，这就是颜色混合污染的结果。白则是光的总和，色彩实际上是光波长短的反映。白色最亮，通过三棱镜可以把日光分解为赤橙黄绿青蓝紫。有了黑、白，才见三原色红黄蓝。三原色之间的搭配的调和，产生绿色、桔色、紫色等等。”

小芳喜爱美术，更喜欢寻根问底，研究这研究那，用她的话来说一半是受了爸爸的影响——小芳的爸爸G教授是位心理学家。G教授那夜对女儿说：

“色彩嘛，多半是感情型的。为什么这样讲呢？从心理学实验来看，人们认识色彩离不开联想，联想有简单联想和复杂联想（也称抽象联想），譬如红色，简单联想是太阳、红旗、血、红药水等等，复杂联想则是热情、革命、危险、焦躁等等。人们通过复杂联想的升华，产生一种情感和意境。生活中偏爱红色服装的人，一般来讲那个人比较奔放、开朗。有的人偏爱蓝色，其心境大多朴实大方。我们日常生活中用红色表示警告，绿色表示生命，黑色表示严肃甚至死亡。这是人类从脱离原始状态进入文明社会以后，联系人类生存环境和生活规律不断总结提高的共识，它寄托人类共同的感情。”

小蕊当晚缠住在纺大学习的姐姐，拿小蕊的话来说是与一位具有专业知识的大学生对话。

小蕊：“姐，你们服饰设计中的流行色真的会流起来么？”

姐姐：“嗯，此话怎么讲呢？你说它会流还真的流起来哩。其实，这里充分体现着‘相对’两个字，不可能同一块衣料，同一件衣裙会像画家手中的彩笔那样在水彩纸上流淌。流行色是我们行业中的一个术语，说明人们对于服饰的颜色要求不是一成不变的，颜色表现在衣着上有它特有的规律，有一定的色相和比例。另外在颜色趋向上也体现出季节、年龄和时代的变化。从变化中出新意，在变化中求美感。举一个例子：去年秋天传说人们欣赏紫色调。紫色当然很美，淡淡的紫丁香、紫罗兰、紫葡萄，有那么一种文静和幽香，显出华贵，如果人人喜欢人人爱，秋装、冬装都是紫色调，那么，服饰设计师和生产的厂家就一定要对色调有科学性的分析和预测。由于人们对紫色调看多了，视感就会疲乏，紫色的对比色是柠檬黄，如果色彩由紫‘流’向黄色，人们就会兴奋，就会去注视和关心，就会去追求、享受。流行色不仅在服饰上，在任何的商品设计上，在房间布置中，越来越起着促进作用，问题是我们必须重视它、研究它、应用它。”

勤勤今晚什么也采访不到，爸爸去北京开会，妈妈出差深圳尚未归来，“孤独女儿”只能在家“留守”了。可巧，勤勤的大伯伯从外地打来电话，她便在电话里与大伯伯侃了几句。勤勤的大伯是外地省一级的宣传部长，他亲切地对侄女说：

“勤勤不错嘛，能当上年级墙报主编，要好好干呵！任何社会工作都不能把它看成负担，应该看成是社会实践的好机会，锻炼自己才干的好地方。‘流行色’我也讲不透，不过，万事万物都是在变化中循序渐进的，我们要认识这个‘变’字。变不是坏事，变坏了才是坏事。从今天去寻求明天是一种探索，强调实践，注重科学，不畏困难，反复探求，规律还是可以找到的。要接受新事物、新思想，破除陈旧的，创造新颖的……”

夜深了，我们的编委们忙了一天都睡下了，在她们的梦里也是“流行色”么？那倒不一定，可是在咱们主编勤勤的小书桌上放着一页记录纸，上面写着“《流行色》（墙报）编辑计划”，看来墙报的名称改为《流行色》是决定了，那么今后它将以什么样的姿态、文字、形式出现在大家面前呢？同学们拭目以待。

这件时装值不值八百元？

陈达林

爱美之心人皆有之，如花似玉的少女哪个不在时装精品屋前驻足窥视那华贵美丽的服饰，梦想着"一朝拥有，别无他求"。

张婷芳在去业余艺校美术班的路上必经繁华的商业街，她总是喜欢提早一些出门，背着画夹溜进精品屋去"感受一下生活的多姿多彩"。日子长了便从一个旁观者渐渐地投入，终于梦想着如果自己也拥有一件华贵的衣服该多好啊。在她的日记里满纸写着赞美服饰的诗篇，而在画夹里画满了身着彩衣的靓女。

去年寒假，张婷芳在表姐的策动下，伴表姐参加了服装裁剪速成班，拿起了划粉、剪刀、熨斗，踏起了缝纫机，表姐妹俩嘻嘻哈哈地闹了一冬。现今张婷芳不仅能小修小补，且能独立裁剪缝纫了。

转眼间冬去春来，春消夏至。"出梅"以后的第一个礼拜，外婆与妈妈照例为全家的穿着忙碌，翻箱倒柜地翻晒衣服。婷芳也手脚不停地帮着忙。不过，婷芳的心里有她的小算盘，她想向妈妈要几件衣服改为自己穿。妈妈当然同意，随婷芳在箱里挑选。婷芳把妈妈的旧衣服按自己的尺寸改成流行于现代的"时装"。凡要好同学去她家，张婷芳都会拿出来让大家欣赏，嘴上还不断地嘀咕："这衣服哪里比八百元的差哩？"

"张婷芳有一件价值八百元的时装"就此传开了。

但是班上也有不买账的同学，有人说，张婷芳臭美，明明是件旧衣服改成的"时装"，怎么能与精品屋里的时装比呢？于是，高二(2)班的年级墙报《流行色》又给大家提供了议论的阵地。

主编赵勤一开口就离不了历史："早在5万年前我国的山顶洞人就用骨针引线，缝制兽皮衣服抵御寒冷；在五六千年前的新石器时代，我们的祖先开始用葛纤维织出用于衣着的葛布来；在距今2100多年的马王堆1号墓中已发现了绒圈锦织物（常称"天鹅绒"的前身），墓中还发现了一件重量仅49克的素纱禅衣，它每平方米重才10多克。这些，都说明了人类的'创造'才具有真正的价值。我们这一代是继往开来的新一代，在享受物质文明的同时，不应该忘记我们的责任。我以为，张婷芳同学自制的服装，最重要的价值在于'创造'，创造精神是无价的。"

编委中敏敏的话总是别出心裁地让人感到新鲜，这一回她又讲得头头是道："服装的价值在于'实用'，早在1873年美国人用意大利水手制做厚裤子的三页斜纹布做成'铆固服'用于劳动服装，因为它既实用又美观，后来发展成'牛仔服'。劳动了一天，我们回家休息，往往喜欢穿得随便，让身心放松，因此柔软宽松的服装受到青睐；我们外出郊游、作客，要求服装外观挺括；运动服要求轻薄、有弹性；那么学生服呢？张婷芳同学巧妙地选了妈妈的两件色彩不同但料质相同的旧衣，别具匠心地裁剪缝纫成一件充满现代活力、青春气息的学生服，尤其适合我们十七八岁的女中学生穿着，真是太棒了！"

陈小蕊更显出她"老学究"的本质，她的话总是有根有据，她说："服装的价值离不开织物的面料和设计，《辞海》中'织'解释为'用丝、棉、麻、毛等制成绸布呢绒'。加上近代化学纤维的发展，服装的面料日新月异，不同的面料在其原料与生产过程中其价值数早已形成，张婷芳同学选用的面料虽然是妈妈的旧衣，但质地好色泽新手感柔软，经过缝制，和新衣几乎一样。衣料的价值加上设计、做工、配饰的'超一流'，我认为张婷芳的这件'八百元'比起那些'斩人'的八百元，更是货真价实……"

张婷芳写的学习裁剪的心得体会讲得更为深刻与实在，她说："今天我们穿着华贵了，我们自身的素质和追求的品位要更高。我们不仅要有能审判美的眼睛，还要有能创造美的双手。在这漫长的冬夜和无限美好的春光里，在我学习裁剪的日子里，我一直觉得自己有一股热情、一股冲劲，今天，我悟出一个道理来了：原来生活的魅力不仅在于欣赏和享受美好，而更在于创造美好。"

一石激起千层浪，高二(2)班的女生们行动起来了，她们正在酝酿举办一次全校范围的"中学生自制服装展示大赛"呢！

项链风波

陈达林

"张婷芳，你过来！"

站在校门口值班的王教导一声喊，小芳知道可能要坏事了。脚上的鞋带早不散、晚不散，一踏进校门就散落开来。本来今天不想与校门口的同学多打招呼，低着头想马上溜进校门，偏偏又见到自己新的旅游鞋上白鞋带拖在脏兮兮的水泥地上，急忙蹲下来把鞋带重新系上。可就是这一蹲，小芳藏在衣领里的金项链闪现出来，让教导主任王老师看得清清楚楚。按学校规定，学生是不可以戴项链来学校的，这下露馅了！

王教导伸出一只手，一点面子也不给小芳，当场"没收"了项链，并且迅速把项链装进口袋，还悄悄地对小芳说："怎么能带着这个来学校呢？放学后来教导处领！"

说小芳戴项链、爱虚荣那就太委屈她了。上周小芳的舅妈从国外回来送给小芳一条真金项链，说什么小芳大了总要带项链的。小芳可高兴啦！自己有了一条贵重的项链多想让朋友们看看。这样，一个星期来有意无意地把这件事挂上了嘴，使得墙报编委这个小圈子里的伙伴们知道了，还真想让小芳带到学校里来瞧瞧这件时髦礼物。

唉，真没想到还未展示就遭"没收"。小芳心中怨呀！

勤勤很克制地说："事情是我们挑起的，害得小芳受惊受屈，我们……"

还未等勤勤说完，小蕊抢过话头说："事情也已出了，我们共同承担这个责任吧，向教导主任说清楚，罪不罚众，让教导看着办吧，反正不能让小芳一个人受委屈。"敏敏也点头称是。

谁也没有想到她们还没拿定主意，王教导已经来到她们中间。王老师语重心长地说："同学们，穿戴得好一点，爱美之心人皆有之。但是为什么学校里要禁止学生带贵重的项链来校，为什么有个别同学总是不听学校老师的话，还是要把它带来，这说明我们没有把道理讲透。今天的事情发生在高二(2)班张婷芳同学的身上，你们都愿替她说情，老师知道你们的心情，能不能通过你们编委的工作，出一期墙报，让大家来谈谈看法，我也要写文章与你们一起来重新认识。"

于是，编委们决定分头组稿、写稿，这一期《流行色》还真叫好看哩！下面是墙报内容的摘录——

(A) **《辞海》里这样写的：**

[饰]增加人物形象的华美。司马相如《上林赋》："靓妆刻饰。"

（编者注：从词义本身并非贬义、或是坏事。）

(B) **《历史》书上这样记载：**

远在四五万年之前的旧石器时代，人类已用兽骨、犬齿、树叶为自己做饰物。到了新石器时代，人类有了项链。进入封建社会，大量以黄金为主的贵金属被作装饰物。

我国殷周时代就有玉石项链，考古发现：战国时期已有相当精美、长长的一直垂到胸前的玉石饰品，成为古代王公贵族的身份象征。

(C) **一个美丽的传说：**

很久很久以前，富人家里生了个面貌清秀、活泼可爱的小女孩，父母亲朋的赞美和宠爱，使她生性好动，常常左顾右盼，发现新的东西惊叹不已。孩子渐渐长大了，她的母亲怕她再如此下去，"野"疯了遭人耻笑，因而对她的行动加以管束，尤其是她的左顾右盼，母亲会以"刮"脸皮的形式"羞"她。眼见姑娘女大当嫁，母亲怕她离家远去，旧习难改，便用针刺了女儿的耳廓，给她挂上了长长的耳饰，只要她的头稍有转动，耳环就会轻轻撞击脸侧，让她记起母亲"羞"她的情景，似乎母亲还在说："世上做人难，做女人更难，要本分啊！"

（编者注：母亲的话除了男尊女卑的旧意识外，不难看出这位慈母的爱心。）

(D) **英文教师送来的《莫泊桑小说·项链》简介：**

女主人公的她，漂亮妖冶，偏偏家

里贫穷，嫁给了教育部的一个小职员。由于她打扮不起，只得穿着从简。她多么渴望摆脱苦不堪言的生活。有一天，教育部长家要举行舞会，部长邀请部下及其家属参加，她得知后，没有欢天喜地，反而伤心地哭起来，因为她没有一件像样的衣服，没有一件漂亮的首饰；后来，她的丈夫把多年积攒下来买猎枪的钱为她做了一件漂漂亮亮的衣裙，她又从朋友那里借来一串钻石项链，举行舞会的那天晚上，她获得了成功，连部长本人也注意到她。然而当舞会结束，她与丈夫回到他们凄凉的家里时，她突然发现自己颈上的钻石项链不见了，为了赔偿这串项链，她跌落到更贫困的生活中，整整10年不断劳动还债，拖累了她美丽的身躯，10年后她变得衰老和脾气暴躁。一次在街上偶然碰到10年前借项链给她的朋友，她终于诉说了失落项链、借债还项链的苦楚，她的朋友福雷斯蒂尔德太太激动地抓起她的手说："呵！可怜的玛蒂尔德！我那串钻石项链是假的呀！"

（编者注：玛蒂尔德是法国小说家莫泊桑笔下的一个悲剧角色，她的时代一去不复返了，可莫泊桑写的仅仅是一个故事么？他多少留下了一点值得我们深思的东西，让后人细细品味，要不莫泊桑的《项链》怎么会从过去流传到今天，从法国流传到中国来呢？）

（E）**王教导递来的条子：**

据有关专家论证：饰品的使用场合如下：

（1）庄重场合，如外交、会谈、任命、庆典、宴会等。庄重场合也可分礼仪性、荣誉性、外事性场合。

（2）喜庆场合，如节假日、聚会或重聚、生日活动等。

（3）社交场合，如文化交际、娱乐交际、生活交际等。

专家还指出并不反对学生修饰和选用首饰，但必须注意有朝气、实用、有趣、简朴等。

（F）**《流行色》编辑部的倡议：**

我们是一群颈上挂着钥匙项链来到学校的学生，从小学到中学，我们长大了。我们深深知道学校、老师对我们的培育，一切都是为了使我们成为德、智、体、美、劳全面发展的接班人。在"项链风波"中我们接受了教育，为此，本周末晚上在高二(2)班教室召开师生联欢大会，会上请每一个同学戴上自制的项链，让我们载歌载舞，歌唱今天的新生活，迎接美好的明天。

那天晚会盛况空前，女同学们有戴"珍珠项链"的；有戴"花卉项链"的；有戴"开心果壳项链"的……在五光十色的项链中，有纸扎的，有麦秆的，有钱币的，有贝壳的，还有彩色丝线的等等。哦！谁说中学生不能戴项链呢？

我最喜欢的首饰
——项链

沈 罡

好友曾经让我填一份东西，上面有着许许多多的条目，大多是“你最喜欢的××”、“你最讨厌的××”。其中有一项是：“你最喜欢的首饰”，我一时不知该填什么好，因为从小到大似乎还从未戴过什么首饰。

我低头想想，终于填上了项链。

大多数女孩子从小就会有一个自己的小匣子，里面装着些大人不屑一顾但小孩却视若珍宝的东西，其中肯定会有一串项链。

我喜欢项链的原因就在于它是所有首饰中最不注重质地的一款。可以是一枚石头，或是古钱、骨头、果核、贝壳，一块玉牌，一颗玻璃珠；竹子的、木头的、陶瓷的、塑料的、有机玻璃的……

不像戒指、手链、耳环，一定要有上好的质地才能显出高贵和风度。看似简单、粗糙、不值几分钱的项链，配上随便的衣着，倒也有几分气质和韵味。

我的小匣子里最初的一根项链，是大自然赐给我的。我的童年在农村度过，与小伙伴们经常在农田里玩得浑身是泥。当山芋长满田野时，小丫头们便可以打扮起来了。把山芋的茎拔下，除去叶，一段一段折下，但不能折断，连着茎外的一层表皮往下拉。就这样左一折右一折，不到一分钟，一根最原始而又带着新鲜清香味的项链就制成了。当然它很不牢固，用力一拉就断；也很不耐久，时间一长就蔫。但对农村的女孩子来说，却已是一件珍宝，足以得意半天。我也同样挂着这山芋茎项链满街跑，回城市时，特地做了一根放入我的小匣子。

我真正拥有的算得上比较“正宗”的项链，是爷爷在地摊上为我买的。那时我大约七八岁，和爷爷出去逛街，看到地摊上那根金黄的链子，底下垂一颗有机玻璃的大红鸡心项链就不肯走了。我望望爷爷，没有说话。于是爷爷买下了项链，挂在我头颈里说：“女孩子该打扮打扮。”那一刻，我觉得自己是一个公主。

多年后，好友蕾蕾在我生日时送给我一根项链，同样金黄的链子，大红的鸡心，只是要小巧得多，链子极细，鸡心如我的小指头指甲那么大，晶莹剔透。我十分喜欢，正如蕾蕾所说，它样子虽然太普遍，但少了分俗气，多了些灵气。每当我看到这根项链，就想起蕾蕾，一个纤细灵秀的女孩，同时也能感受到她那颗温柔而充满友情的心。

这两根项链，我也放入了自己的匣子。很小心地轻轻地放入，以后再也没挂过。

我的老家在一个岛上，那年在海滩边漫步时，我一直盯着脚下的沙滩，妄想能捡到一枚贝壳。但贝壳很少，即使有，也很小，或者只是一小片。也许我天天这样找，居然感动了大海。有一天它托海浪给我送来了一枚贝壳，可还是要和我开玩笑，让贝壳随着浪尖起伏。为了捡到它，我被海水溅了个半湿。但那枚贝壳实在漂亮，表面似乎罩着层绿雾，在月光下泛着绿茵茵的光。我把它钻了一个洞，用根线一穿，就挂在脖子上。当看到许多人工制造的、打磨得很光滑的贝壳项链在出售时，我就觉得自己的贝壳项链千金难买。

母亲的外婆曾送给她一根银项链，很粗，锁片也很大，放在手里沉甸甸的。它一点也不漂亮，但很古朴。看上去已不是银白色，而是黑乎乎的，可能是太婆年轻时用久了的缘故。

母亲珍藏着它，后来又送给了我。我的记忆中似乎从未见过这位老人，但母亲说我在襁褓里时她抱过我，也很喜欢我。于是我想象着这位老太太在看她的曾外孙女时的情景。这根项链一定跟随她多年，或许，是她做姑娘时她的外婆给的呢。

我的小匣子里所有的项链都不值多少钱，但无需99金或是稀世珍宝，这一切已足够我珍藏，因为它们牵动了我多少童年的回忆和少女温柔的情怀。即使小匣子已锁住，这些回忆也会从里面飞出来，到我的梦乡里来探访。

穿出青春本色

徐 芸

青春，无需说，无需做，一套有个性特色的服饰便可以让人领略到那种无拘无束、“火力十足”的感觉。

对于服饰我没有研究，只是作为一个女高中生，自感与上班族是大不相同的，但又不甘心规规矩矩地穿上保守而呆板的衣服做“乖学生”，于是，在穿着方面常常随心所欲，跟着感觉走。

炎炎夏日，最怕的便是繁琐。当我穿起宽宽松松的圆领白汗衫，配上肥肥大大的海水蓝条纹西裤时，整个人都轻松了。如此一身，利落，明快，带给我一份从从容容的感觉。也许在风儿把汗衫吹得摇摇摆摆时也把不经意的青春吹散了出来。我也经常穿起用素色小碎花布做成的式样简洁的小短褂，配上一条短短可爱的花边裙，与朋友逛街，毫无倦意地笑着，说着。从路人眼中我感觉到这一身打扮的确好青春！于是一路谈谈笑笑，洒下了无数热情。

也许自己偏瘦，我特别喜欢宽松型衣服。当红红黄黄的落叶漫天飞舞时，我常常穿一条灰色或米色的宽松裤和一件浅蓝色宽大的圆摆长袖衬衣。走在落叶上踩出一阵“吱吱”声，想让青春的随意把秋天的伤感冲淡。

在寒冷的季节里，我偏爱穿一条黑色宽松的灯芯绒裤、加一件高腰牛仔衣，可以是米色碎花布的短棉茄克。而到了雪花翻飞的时候，裹一件淡粉红过膝的大棉袄，尽管臃肿得像只大狗熊，但还是那么不甘心地在雪地上狠狠踩上几脚，留下一点青春足迹。

每到春暖花开时，青春，便会得到淋漓尽致的展现。穿上前后参差不齐的白色长裙，我会忍不住转上几圈。白衬衫上是一件宽大的粉红亚麻外套，伫立风中，感觉一些飘逸的滋味……

记得有一则广告语：“青春无价宝，但求长拥有。”的确，青春之所以是“无价宝”，我想是少了几分俗气，多了一点洒脱吧！

我喜欢这样穿衣服

逸 云

我是一个正值“花季”的女孩。像许多同龄的女孩一样，我也爱美，也有许多漂亮的衣服。

我总觉得，把自己打扮得漂漂亮亮的并不只是为了让别人称赞，更重要的是能让自己对自己充满信心。所以，我从来不跟着流行走，只穿适合自己的衣服。

春天是个很亮丽、很温润的季节。看着到处花红柳绿，你就忍不住想穿得漂亮一点儿，尽快投入到这个清新的风景中去。

穿上一条牛仔裤，再配上一件高腰的小茄克，就会觉得自己有用不完的精力，发散不完的热情，连走起路来都会加快步伐，一蹦一跳的。

外出郊游时，我会穿一件宽松的踏脚裤，上边穿一件紧身的小毛衣，外边再配上一袭又宽又大的风衣，然后蹬上一双高帮的运动鞋。这样，就会有着一片浓浓的春意流露出来，挡也挡不住！

夏天的傍晚，穿一件镶流苏的白色衬衫，配一袭长长的浅色裙子，不必有什么装饰，只把头发随意地松散着，慢慢地走在大街上。夕阳的余晖静静地抚着发丝，柔柔地照着我，不在身上投下一点阴影，却把我的影子拉得长长的、细细的，感觉上简直成了一个落入凡间的仙子。

我很喜欢白色，因此，我的衣服白色居多。其中我最喜欢的夏装是一件白色的长裙。这条裙子是多摆的，裙摆又宽又大，长长的一直到脚踝，而且

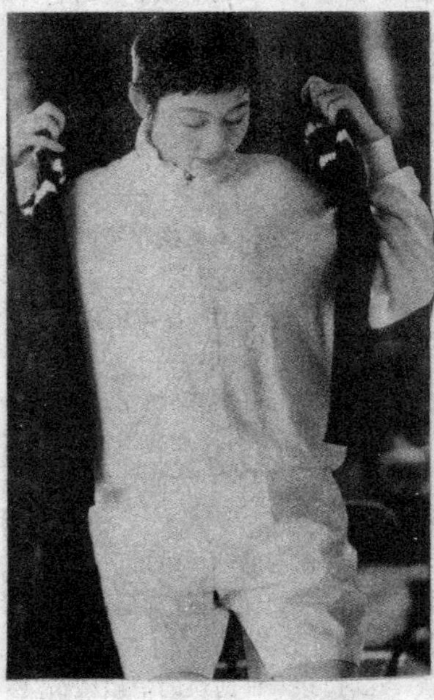

每一层上都镶了白纱的皱边。为了与这条裙子配套，我做了一件同色同料子的丝绸小上衣。圆领，长袖，袖口上也镶了白纱的皱边，好漂亮哟！每次穿这条裙子，我总是在腰后系上一个大蝴蝶结，再在手腕上套上一个白珠子串起来的宽手镯。这样，就显得古典，仿佛回到了遥远的中世纪。虽然对这条裙子喜欢得要命，却从来不敢穿到大街上去，只敢在生日 PARTY 上穿一穿，伴着柔美的音乐翩翩起舞，好让自己陶醉一番。

夏天的衣服要经常换，因此，总觉得衣服不够穿。后来，我学会了多样搭配，就发现自己的衣服够多的了。

我有一件白色的花瑶衬衣，圆下摆，长袖子，很宽大。但是，胸前绣了一幅画，上边有骆驼、城堡，还有满天的星星和黄色的流沙，这样，这件衣服就有点与众不同了。有时候，我把扣子扣好，下边穿一条裙摆很宽的短裙：衬衣松松的穿在我身上，它盖住了裙子，只露出一点裙摆，显得很活泼，很现代味。有时，我把衬衣下摆系起来，配一条蓝白相间的蜡染长裙，就会产生另一种效果，有一点异国情调。这样，我用同一件衬衫就能穿出两种不同的风格。

秋天，树上的叶子纷纷下落，让人悲叹红叶最美丽的时刻竟是在要离去的时候。

这时，穿一件薄质的带帽风衣，再配一条过膝头的呢裙子，把头发随意地用丝带扎起来，就会有一种飘逸的滋味，一如秋日天上的云彩。

当然，秋天也可以打扮得很活泼，脖子上系一条有些田园风味的丝巾，再把一条一头宽一头窄的腰带斜着松松地束在腰间。这样，少女的青春与妩媚就全都显示出来了。

冬天，凛冽的寒风肆无忌惮地吹着，常常会把皮肤吹得很粗糙。但是，当漫天的雪花飞扬起来的时候，风儿也会变得温柔一点，伴着雪花起舞。

在室内，我常常只穿一件毛衣。我有一件鲜红的毛衣，又宽又大又暖和。每次穿上它，我都觉得是它在拥着我，而不是我穿着它。这样，我就觉得一点儿也不冷了。

外出的时候，穿一件大衣是很必要的。我常常穿一件薄呢裙式大衣，披上一条带流苏的三角披肩，再蹬一双有点怀旧的长靴，走到街上，呵气成霜，这样，全街的风景都在我的身上了，别有一番韵致哟！

下雪的时候，我会穿上一件白色的带帽风衣，用带子把袖口扎得紧紧的，再把五彩的丝带编进长长的辫子里去，然后，去外面玩耍，在雪地上跳呀，蹦呀，像一朵可爱的小雪花。

事实上，让自己穿得可爱一点是很容易的，而且，每天穿得很可爱的走出去，会让你发现这个世界也很可爱，生活也很可爱。

我是姐妹们的形象顾问

浦东人

我嘛，是一名高中二年级的女生，我觉得一个少女应该注意自己的形象。所以常常为此而高谈阔论，小姐妹们还时常来请教我并给我一顶“形象顾问”的桂冠，我嘴上谦虚地说“岂敢，岂敢！”心里不免好得意。

一

两个月前，我班的姑娘们结伴到上海跳水池去游泳。郑君敏不会游泳而且体型很胖，她在游泳池的浅水区胡乱划着水，那样子很容易让人联想到熊猫落水后的模样。身体不断地向横里发展，是君敏最大的一块心病，她平时节食束胸以求达到苗条，但除了肚子空空头发昏外一点儿也瘦不下来，在碧波中她拉着我的手对我感叹着她的苦恼。

我理了理从游泳帽中露出的刘海，叹了一口气说：“你的爸爸妈妈比你还胖，俗话说，龙生龙，凤生凤，胖子的女儿当然是胖子喽，遗传因素，至关紧要，有时甚至不可抗拒。所以经过你的锻炼，你可能会苗条一点，但要达到真正的苗条，我看是不可能的。唯一办法，增加运动量，少吃甜食。节食当然也是个办法，但你吃得太少了也不行。你盲目束胸、束腰会产生不良后果。束胸使肺活量受到限制，形成胸部畸形，还会影响到肝脏的正常活动，影响消化系统的正常工作。”我还倚老卖老地说：“我们将来还要当妈妈的，如果现在胡乱束胸、束腰会影响后代的！”说得君敏她伸长了舌头，狠狠地拧了我一把……

我看她经我这一席话似乎有点被触动，就借题发挥说，一位名人说得好：“一个姑娘只有通过一种方式才是美丽的，但她还可以通过千万种方式使自己变得可爱。”君敏听了我的话，决心将更多的心思放在学习上，经过努力，她的英语成绩一跃而为全班第一，老师表扬她，同学们称赞她，大家都认为她很美。

二

柳绿桃红、春暖花开时节，我班全体同学去无锡一日游。刘萍同学是班级文娱委员，里里外外忙得不可开交。惠山下、蠡园内，布满了她为同学们服务的脚印。但刘萍缺乏穿着打扮的知识，那天她上着西装，下穿牛仔裙，显得不伦不类。

傍晚，在我们回上海的火车上，邻座正好是她，我俏悄地对她说开了："我们女中学生的服装，色彩上要鲜艳一点，一般来讲墨绿为深沉，大红为热情，粉红为娇美，黑色为沉稳，玫瑰为多情，翠绿为秀嫩。少女的服装应该具备整洁、大方、和谐、有时代感等特点。"正说着其也几位女同学也凑了上来，于是我谈兴更浓了："少女的服装更要合体，身材匀称的姑娘宜小不宜大，瘦高姑娘宜肥不宜长，矮胖姑娘宜长不宜肥。我们少女不修饰也挺美，衣服要注意，领不露锁骨，袖不露腋下，裙子离膝盖不要太多。我们知道，无锡美，美在太湖的山和水，我们少女美，也要有合理的穿戴方式才好呀！"讲得同学们频频点头称是。

"形象顾问"给我平添了不少乐趣。是呀，我们可爱的少女时代将转瞬即逝，这段时期又是人生中问号最多的时期。能为同学们排点难解点忧，我感到愉快，为了不辜负姐妹们的期望，我将尽力当好这个顾问。

衣的诱惑

李 飏

上小学和初中的时候，妈妈给我织过很多漂亮的毛衣。后来进了高中，买衣服仍然没有完全的自主权，逛街时后面总有妈妈跟着。妈妈说："小孩子嘛，穿衣服就该穿鲜艳点的。"于是到最后，袋子里提着的免不了又是件红色的衣裳，其实自己喜欢的是那种淡色的，可是知道妈妈是不会买给我的。

以后工作了，每月有100多块钱的薪水，于是就感到无比的自由。橱窗里的衣服我觉得都挺好看，看过来看过去，终于带着犹豫的心情买下一件，可是心里却好像还在想着别的款式穿在自己身上是不是更好看一些。走在街上，也会注意那些打扮出众的美丽的女孩，心里很羡慕。

女孩子都喜欢逛街买衣服，有几件漂亮的衣裳能使我们快乐一些。

有一次路过一间时装店，一进门就看见了那件衣裳，颜色和款式就像我期待了许多年的一样，心里涌过一阵惊喜，把衣裳翻过来一看：285元。我不知道这件衣服是不是值那么多钱，但是我那么喜欢它，回到家，向妈妈借了100元钱就直奔那间铺子，再次打量一下那件衣裳，心里却有些犹豫了，285元钱我可以做很多事：可以买几张唱片，可以买些书，可以买双漂亮的鞋。把衣服挂好，我走出铺子，外面依旧车水马龙，我的心情却有了改变。

后来我常想起那一天，想起那件衣裳，我的衣橱里尽管也有了好些漂亮的衣服，但都比不上那一件，我的心里却也没有遗憾。这是多么矛盾的心理啊。

我想我们如果要保持一颗快乐而安宁的心，就不能太贪，该知足的时候就要适可而止。虽然这世间有太多的事物在诱惑我们，但是我们要有控制自己欲望的能力，对事物不能强求，因为强求难免会平添许多烦恼。

挡不住时装诱惑时

小杨

女人总是挡不住时装的诱惑，世界上如果没了女人，相信时装店会冷清许多。我很喜欢逛街，看那五彩缤纷的衣服，最好有一两个好友同行，一边看一边品评。

可我是一介穷书生，身上顶多10几元，有时竟口袋空空。虽穷，却大方，无论多高档、标价多高的衣服，我都敢上去摸一摸，听老板起劲地夸赞我如穿上这衣服会如何漂亮，心里头有种陶陶然的感觉。有时我们从衣架上取一件拿到试衣间轮流试穿，过过瘾。出过风头后，我们中的一个会找出种种理由说这件衣服不怎么样，根本不值那个价钱，气得老板直翻白眼，叽哩咕噜骂我们。我们几张伶牙俐齿会群起而攻之，搞得老板悻悻然，于是得胜似地离开。

我们身上的衣服大多是很廉价的，只图式样新颖别致，越奇特、越不见人穿过为好。常有心灵手巧的女同学挑价格较低的棉布自行设计裙装。晚自习回来，坐在柔和的灯光下，翻看各种五花八门的时装书，然后抄起一把大剪刀随着想象裁剪，再一针针一线线细细地缝起来。那是一幅宁静动人的图画，灯光下一个女孩子专心地缝着她美丽的新衣，同时编织着她美好的心愿。待到衣服缝完，哪怕是深夜11点钟，也会将同宿舍人从床上拖起来，逼着人家欣赏她的美丽，听人家夸她能干。

因为同是读书人，并不大计较谁穿得好坏，反正大家差不多。但是与街上女性比，内心也会有失去平衡的时候。时装店的橱窗里有那么多美丽的衣服，料子华贵，式样典雅，做工精细，价格却如天文数字。街头上常看见年纪相仿的女孩穿着这样的衣服，好一副光彩照人的样子，有一种念头会暗暗地生出：如果不来读书，早早找一份挣钱工作，不是也可以这样吗？虽然知道美丽的衣服并不能代表一切，但是这样念头生出来，就很难抑制了，搅得心里郁郁的，于是就将希望寄托到毕业以后，时时做着各种时装梦。

记得有一次走进一家小时装店，小得几乎容不得人多转身，衣服却是琳琅满目，一时间竟不知该拿哪一件，定定心，看中一件黑白格子的长连衫裙，满怀希望地问价钱。老板瞧瞧我，冷冰冰的抛过一个数字，就又埋头于她的小说中。那数字吓了我一跳，忽然间我觉得自己很软弱，很渺小，那只是一件薄薄的衣服呀！

走出店门，离开很远还是忍不住回头望望，心里头塞满了悲哀，虽然又看了许多衣服，总觉得不如先前那一件，顽固地认为它是最适合我的。以后，总是绕开那家时装店，但是那些曾收进眼底的衣服，时时向我炫耀着自己的光彩，华丽端庄，气派非凡。那是一个美丽无比的世界，可不是我的世界，我们之间有着无法跨越的距离。它们如一个美丽的梦，时时在向我招手，却又是可望而不可

即。

终于有一次，因打工有了一笔意外收入，另外父母念我一人在外辛苦，也寄给我一笔钱，合起来足够我买一件高档时装。内心的欲望如火山一样爆发，心里激动得有些可笑。还是去那家小店，那里仿佛代表一个高贵神圣的阶层。一件一件仔细地研究个遍，胸有成竹的样子，相信那最出色的一定属于我，最后选定一件。

站在大试衣镜前，镜子里的人添了不少高雅的韵味，那实在是套不错的衣服。忽然，我产生一种陌生的感觉，有些不大自然。抬腿走几步，裙摆很小，只得款款而行；挺有大家闺秀风度，只可惜我平日里很难保持这种风度，我疾走如飞，自行车也蹬得飞快。穿上这条裙子，不能疾走，不能骑车；上学不行，郊游不便；跳舞还勉强，可我又不会跳舞；我总不能穿着它每天饭后散步吧！另外，这么美丽的时装，一定要配漂亮的鞋子、漂亮的手袋，甚至漂亮的发式。我心里犹豫起来了，又想到那笔钱，父母供我读书已经很辛苦，有什么理由再让我在衣服上挥霍呢？我自己的那笔意外收入也不是天上飞来的，我需要的东西很多，远不止这一套衣服，这钱一下子花干净，顶多换几句别人礼貌的恭维。我留恋地看看那身美丽的衣服，终于发现它并不属于我。走出小店。虽然心里有一丝遗憾，我却没有再回头。

难买的衬衫

赵皆春

我的衣服向来都是妈妈一手包办的。这个星期天，心血来潮，约了好友小王同去买衬衫。

步入繁华的商业街，人来车往，各种声音不绝于耳；大大小小的商场鳞次栉比，各式衬衫挂满街头巷尾，这对我们有着不小的诱惑，撩拨得心痒痒的，恨不能多长出一双眼睛好好看看。

走呀，逛呀，看呀，忽然眼前一亮，呈现在我们面前的是爿小小的但布置得十分精致甚至富丽堂皇的小店。从两扇咖啡色玻璃门望进去，里面的顾客并不多，这对汗淋淋的我们来说，真是个“防暑降温”的好去处。

登堂入室之后，顿觉清凉，似乎与外面成了两个世界。这里的人们都轻声细语地交谈着，使得本来很咋咋呼呼的我们也不得不“入乡随俗”，变得高雅起来。

已经够漂亮的衬衫在柔和的灯光折射下，一件件就像“贵族小姐”般光彩动人。

我们像刘姥姥似的不住地点头、赞叹。最后，一件纯白的女式衬衫使我一见倾心，两排五寸来长的流苏和胸前那枚别致的胸针使它更显得“够味儿”。我征求小王的意见，她赞许地点点头。

“小姐，请将这件衬衫拿来看看。”我满怀欣喜地说。

那位小姐虽把衣服拿了过来，眼神却是怪怪的。我没理会，把衬衣接过来放在胸前比了比，感觉真是太好了。正喜于自己“慧眼识货”，小王却拉了拉我，附在耳畔压低声音说：“298元呢！”

我望着她神秘兮兮的样子，不觉好笑，这家伙，又蒙人，一件衬衣298元，鬼才信。

小王又示意我看标价，在衬衣左肩部一个不起眼的地方有张小标签，哇，上面明明白白、清清楚楚写着298这个令我咋舌的三位数。我讪讪地笑着，将衬衣塞到小姐手中，拉着小王逃离店门。

出了店门，才舒了口气，回头一看招牌，原来是：“××时装精品屋”，怪不得呢，我这才想起了刚才营业员小姐看着我们时那怪怪的眼神，明白了时装精品屋里的东西岂是我们这些学生所能问津！

罢，罢，罢，吃一堑长一智，以后在购衣时得先用眼睛看一下标价。

我们又来到一家比较大众化的商场，断定不是精品屋才走了进去，走马观花似地浏览着。

“小姑娘，衬衫要吗？”一位20来岁衣着入时的营业员小姐在我目光刚刚停留在一件衬衫上时便发起了“进攻”。未等我们开口，她已领先一步：“这种衬衫是刚刚进货，小姑娘眼光真不错，款式大方又漂亮。这件白的是花瑶作的面料，手感不要太好噢！电脑绣花，清清爽爽，天热嘛，就要穿得舒服。”她又取下另一件藕红的，“这一件是环领的，又是双排扣，今年肯定流行。你们这样的小姑娘穿正合适呢。”说着上上下下打量我一番。连珠炮似地说：“小姑娘身样不错，穿着保证好看。”

她那两片涂得鲜红光亮的嘴唇不停的歙动着，左一个“小姑娘”，右一个“身样好”，我简直有些受宠若惊了，头也晕乎乎起来。

这时，小王轻轻地扯扯我的衣袖，示意我别给她的“糖衣炮弹”击倒了。

经过一番考虑，我们还是决定不买了。那位小姐一见我们要走，忙说：“再挑几件看看嘛。”她又从衣架上取下另几件来，放在我面前。小王“立场坚定”地拉着我就走，我尴尬地朝那营业员笑笑，摇了摇头，我的脸热乎乎的，觉得愧对了她的一腔热情。

谁料，我们刚转过身去，就听得后面冷冷地甩过来一句：“哼，不买看什么，神经病！”我扭回头，只见刚才还是“笑菩萨”的那张脸已变成了“蛮金刚”。心头顿时涌上一股难言的滋味，故作潇洒地耸了耸肩。

路上我和小王共同感叹着，今年的衬衫真难买！

分享裁剪的乐趣

袁丽彦

走在大街上，我最喜欢看靓女们多姿多彩的服装，那些或简单大方或雍容华贵的服饰，令人眼花缭乱。我想，如果我也能做出美丽的衣服，那该有多好！

究竟应该怎样做衣服，我心里一点没有底。姐姐看出我的心思，对我说："你也能做得出好衣服呀！"

于是，我带着一份鼓励和一份好奇，参加了历时一个月的服装裁剪学习班。

原来，裁衣并不复杂。只要按公式算出尺寸，再画在布料上，就同数学课上的几何作图差不多。其实，衣服总是可以做出来，重要的是能否合身。这就要求在量体裁衣时掌握好尺寸，用皮尺围在所量部位，以刚好能够来回拉动为宜。

学习了一段时间之后，老师让每人带一块布料来上实习课。我想给自己裁一条宽松裤，就到商店里挑了一块自己喜欢的布。

我开始用画笔在布上画好了图形，却迟迟下不了剪刀——毕竟是第一次呀，心里不免有点紧张，怕裁坏了。我连忙把老师请来，不说不敢裁，只问他看我的线条画得直不直？"哎呀，太直了！"老师用他特有的语调夸张地叫了一声，给了我一些指点。于是，我拿起剪刀，"咔嚓咔嚓"沿线剪开来。约有半小时，一条裤子剪好了，我剪得很慢，在老师手里只要三五分钟就行。下课后我赶紧回家，催妈妈帮我缝好，看我的剪裁功夫是否到家？谁能想到裤子缝好后穿起来还真的蛮合适，我简直不相信这是自己裁剪的。我想让几个朋友也来分享我的欢乐。

先敲响了小波家的大门。"喂，你

知道吗?我学会裁剪了。"我故意不告诉她我已经裁好了一条裤子,看她怎样反应。"你?"小波瞪起不很大的眼睛,摇了摇头,做了个滑稽动作。"兔子,等着瞧!"我模仿卡通片里的声音,扔下这句话,便跑出了小波家的大门。

阿东这个机灵鬼不知从哪儿听来的风声,我刚进门,他便说:"阿袁,听说你学裁剪,赶明儿我拿块麻袋布来,给咱哥们裁件衣服怎么样?""行,没问题,穿着我做的衣服会使你风采大增,迷倒全城小姐。""噢,上帝,这正是我的愿望。"他那缩着脖子、双手抱在脑前的模样,让我笑了一通。

我又来到阿军家里,煞有介事地嚷道:"快,拿皮尺来量个尺寸,赶明儿我给你做件衬衫。"阿军乐不可支地问:"你做的衣服能穿得出去吗?"真气人,他不相信我的能力。我回敬了他一句:"穿不出去就在家里穿呗!"阿军还算善解人意,安慰我说:"我不过开了个玩笑,相信你能做好的。请你后天晚上到我家聚会,到时候别忘了带上为我做的衬衫呀!"我应了一声"等着吧"!

回到家里,我设计出一件优雅大方的连衣裙。我将白色真丝双绉做成的裙子穿在身上优雅得体,整个人仿佛雅了不少。

第三天晚上,我穿着自己设计的连衣裙来到阿军家,小波、阿东都在,雁子、小娟也来了。

"哇,好漂亮!"小娟叫道。"这条新式裙子在哪儿买的?"小波也嚷着。我故意昂起头,不回答。小波摇着我的手,对我咬着耳朵:"好阿袁,悄悄告诉我在哪儿买的?明天我也去买一件。"我清了清嗓子,大声宣布:"嗯,嗯,告诉你们吧,这是本人自己设计、自己剪裁、自己制作的。""哇——"她们惊讶地大叫起来。我禁不住偷偷地笑了。自己设计和剪裁是实,但自己制作却是虚夸,因为迄今为止我尚不会使用缝纫机。

"唉,可惜我忘带麻袋布了。"阿东一脸无限惋惜的神情。"我的衬衫带来了吗?"阿军开玩笑地问道。我回答他:"想要衬衫吗,先赞助我开个'雅新'时装公司。""好昂贵的代价哟!"阿军连连摇头,一副怪相惹得大家都笑了。

小波、小娟和雁子商议了一会儿,冲着我一起叫道:"一花独放不是春!你给我们每个人都做一条时髦裙子吧!"我故意搭架子,对这些好同学发表起演说来——

"你们想要穿时髦的裙子吗?我教你们一个好办法:学服装裁剪去。这样,你们既穿上了美丽的衣服,又发挥了创造力、想象力,还打发了暑假里的闲暇时光,真是其乐无穷啊!"她们被我说得心里痒痒的,第二天果然去报名了。

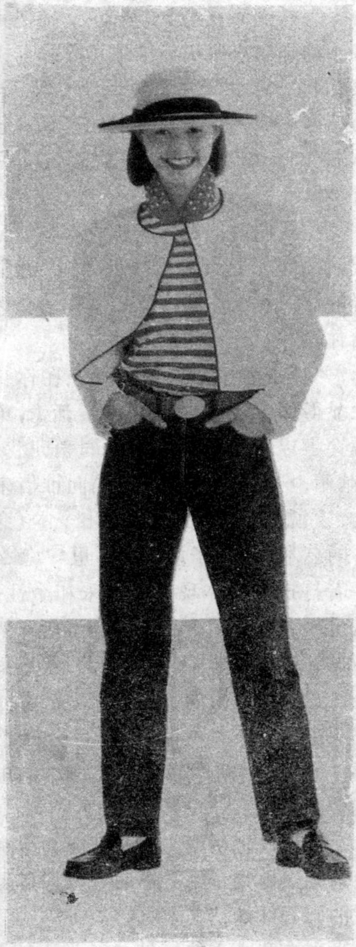

『欣欣牌』时装

欣欣

我叫欣欣，在一所重点中学读初三。

我课余生活里最放松最欢愉，调节紧张学习生活的一桩美事，就是自己缝制新衣服。我常常去绸布店选购价廉物美的服装面料，回到家在书橱里捧出半尺高的中外服饰裁剪图册，挑选参考图，自裁剪、自缝纫，自熨烫……哈哈，又一件“欣欣牌”少女时装诞生了！

也许在裁缝服装爱好上我有天赋。我的外祖父是宁波“红帮裁缝”，他老人家手艺高超。解放前一些达官贵人都来请他到公馆里量体裁衣。我妈妈虽然也会缝纫，但没有天赋，只会来料加工，没有创造能力。我就和妈妈不同了，瞧，我现在穿的这身衣服——樱桃红真丝衬衫，外面套一件森林绿粗条子灯芯绒背带长裙，是我制作的。怎么样，有没有一种青春的风格和青春的个性？

当然，我这套服饰也不是年龄16至18岁的少女个个都能穿，都合适。我有位表妹，跟我同年同月生，今年也16岁，身高超我1公分，体重却比我轻2公斤，且显得皮肤略黑了些。半个月前她悄悄地向我借这套衣服。她说：“晚上一位同学过生日，她邀请我参加生日舞会。我的双门衣柜里可挑选的裙子、衬衫有十几件，就是寻不到一件在颜色和款式上最佳组合的舞会服装。我特意乘车来借你这套‘欣欣服’的。”

我说：“表妹，依据我的审美眼光，每个人都应根据自己的体型和肤色来选购、设计、缝制适合自己的服装。我这套樱桃红衬衫配森林绿背带长裙，皮肤略黑的人穿了并不合适……”

没等我把话说完，表妹小嘴巴已翘了起来，表情“转阴”。我赶忙脱下自己这套樱桃红配森林绿的服装，一边递给表妹一边打招呼：“好妹妹，你别误会，既然你喜欢这套衣服，你就换上吧。否则，我可要蒙受‘吝啬鬼’之冤了。”

表妹的面孔马上“转晴”，她把我换下的那套衣服很仔细地折叠好，扭头朝我一笑：“天才服装设计小姐，衷心感谢你成人之美。穿上你这套‘欣欣服’，一定会给我带来好运气。拜拜。”

一星期后，表妹来还我衣服了。我问她：“穿这套衣服效果如何？感觉好的话，我给你照这样式制作一套送给你。”

“算了算了！这套衣服穿在你身上显得那么精神，充满了青春活力，可我穿上以后，至少有三个同学问我：‘晴晴，你身上这套衣服是向谁借来的？’”说罢，表妹从包里掏出一本《穿着的艺术》小册子送到我手里：“怎么穿着打扮才能体现自己风采和个性，这里面大有学问。我在新华书店开架柜见到这本小册子，随便一翻，觉得每个注意服饰打扮的少女真该看一看。我买了两本，一本留自己，一本送给你，就算上星期你那套‘欣欣服’的出租费吧……”

表妹没把话说完，我就激动地跑上前亲热地吻了她一下面颊：“你真是我的知心妹妹！”

现在我小小的简易书架上又多了一本心爱的《穿着的艺术》。

11

迷人的文学艺术

答一个钟情文学的少女

俊　闻

信封下面是一行陌生的地址，轻轻地念出信封上“亲收”的字眼，我心里似有早读的念头。

这位少女要奏响文学道路上的交响乐，但眼前笔下流露出来的则是沉重的女低音——

我在文学道路上，可算是一个钟情者了。从初中开始，我一直埋在纸堆里，写啊写，先写诗歌，后写散文，现在干脆写小说，已写了几十万字，但一篇也没出笼。

请注意，我不是用调侃的笔法在宣泄，这是我心中的一丝苦涩，我该不该走这条路，我这样累值得吗？

看罢此信，我脑海里浮现出一群做着缪斯之梦的少女“挤”在文学这条道上的画面。

怎么答复呢？我摊开信纸写道：

并不是每个人都能成全文学梦的。从事文学创作的毕竟是少数，你是不是在这之中，很难说。搞文学创作，不是随心所欲就能成功的。有时候不完全取决于主观努力，而是取决于耐心的心智和说不清的灵气。这种工作，需要心理平衡的佼佼者。

你很心急，想马上烧一个好菜，发现中途不行，马上又换菜谱，这样长久以往，很难成为美妙的“烹饪师”。因为你的心智和心理远没有达到文学创作所需要的程度。

你开始把写作看得很轻，这种毛病是许多少女难免的，但由此落下了准备不充分的心理弱势的种子，一旦“陷落”的雨水洒在“种子”上，懊丧就“生根开花”了。做任何事，看得很轻，往往会遭致沉重的打击，这是太过于“轻敌”了。开始从事一件事情时，心理准备比什么准备都重要，都要充分。

至于说到你该不该走这条路，我倒先问你一句，你有没有甘于寂寞的心理承受力。你已经有好几年努力了，看看结果到底如何，有没有可能走得通。你如果能够承受失利带给你的负效应，并且有所长进，那么不妨再进行下去。如果勉为其难，就应该考虑退路了。

有人说，女性形象思维较好，比较适应搞文学创作，但对你是否适用，具体情况应该具体分析了。从思维方式、性格角度、客观条件等方面作一下权衡，进一步认识自己，才是最重要的。

你是立志搞文学创作的，无需我在文字上兜圈子，只送你一句：看清自己，然后找到最适合自己的。

我没有写祝愿之类的话，因为我想，并不是任何一句祝词都是正效应的。

谈诗说词

王岚 亦平

亦　平：

你好！还记得上回我们曾侃过诗吗？可惜那次三言两语没有聊个痛快，今天干脆以笔谈诗说词，说个痛快吧。

在所有的文学题材中，诗歌是最富有魅力的了。在古体诗和近体诗中，我还是偏爱古诗古词，不仅因为其平仄韵律使人有一种欣赏音乐时的美感，而且在含蓄的言辞中，会让人品味出无限隽永的意境。写春色莫过于“绿杨烟外晓雾轻，红杏枝头春意闹”；写秋色莫过于“停车坐爱枫林晚，霜叶红于二月花”；写离愁莫过于“离恨却如青草，更行更远还生”；所有的寂寞孤独之情又怎抵得上“寻寻觅觅冷冷清清凄凄惨惨戚戚”十四个字！苏东坡一声“大江东去”，回首多少年岁月风尘；岳飞一首《满江红》，激起多少代英雄豪情！

本来，我选修的是语文——《中国韵文发展史》，可惜这学期迫于数学成绩每况愈下而换了数学补习，真是可惜啊！

说到新诗，我知道你很喜欢席慕容，是吗？我则认为席慕蓉的诗歌反倒不如散文更有诗意。她的诗有些晦涩，很

大一部分新诗令人难以理解。一次在图书馆硬着头皮借了一本《泰戈尔诗集》，也许是转译的缘故，所以绝大部分"诗"都是怪诞之至的。不过，《飞鸟集》里倒有好些佳作。

当然新诗也有浅近的，可是太浅近又失去了诗的韵味，只有作为流行歌曲的歌词才比较合适。说到眼下红极一时的汪国真的——我实在不忍称其作品为诗，怕太糟蹋了诗的典雅——最多只能权作格言。别说是什么诗的意境、韵律，最佳用处是写贺卡的时候润色一下祝词。

不过，我得声明我并没有贬低新诗的意思，因为我还没这个资格。有些新诗还是很不错的，比如一首在我记忆中留下深刻印象的忘了作者是谁的诗《装饰》。这首新诗的大意是："我看到窗外，他捧着一束鲜花，在桥上，等待。鲜花装饰了他，他装饰了桥，桥装饰了我的窗。"很平淡的几句，却回味良久。

我觉得你对新诗很有一番雅趣，上次看到你写的几首至今很难忘。那首《心事》还夹在我的练笔本里。我觉得要写好诗，还要有扎实的文学功底，建议你多读古诗词，特别是词。古诗词真的很美，每当念到它们，我就为自己是个中国人而庆幸不已！

王　岚

王　岚：

我与你对诗词的欣赏角度不同。你从文学角度出发品评其中的韵味，因此你钟爱的词句往往都是些文笔优美的绝句，而我则完全是"跟着感觉走"。我认为李白的诗太狂了；白居易的诗太实了；王勃的诗也许又太淡了。我偏爱李商隐的诗，李清照的词。尤其是李商隐的诗，好一句"昨夜星辰昨夜风"，一股无奈已抓住了你。李商隐的诗能让人感到他那颗善感的心，那份多愁的情。这些与他柔之又柔的文笔融于一体，让我不能不爱。

至于说到席慕蓉，爱她的诗只为它说出了许多平日里我感到了却又说不出的感觉，读来虽然有些涩，却也痛快。她的散文在我看来就是她的诗加上哲理。诗有一种朦胧美，不想却被那哲理一下子挑开了面纱，于是只能让人同意其观点，而无回味之余地了。比较而言，我喜欢她的诗。这就像一位老师教我解题的方法，尔后让我独自去解题，让我能体会到解出答案后的欣喜，而不是把解题方法和答案一股脑儿地全塞给我一样。

说到汪国真，我喜欢他诗句的明信片，很漂亮，2 元可以买 10 张。新年的时候权当贺卡寄给了朋友。晚报上新辟一栏《一叶白帆》，就是汪写的，算是散文吧，实在无法让人喜欢。

亦　平

少女情怀总是诗

龚维才

《少女》编辑部：

我是一个喜爱读诗的女孩，有时候自己也学着写点小诗，我感到，陶醉在诗的世界是浪漫而幸福的；但是我又感到，生活中并不是到处都充满着诗意，我应该怎样来看待这个问题呢？

爱诗的女孩

爱诗的女孩：

有人说“少女是一首诗”；也有人说“少女情怀总是诗”；还有人说“少女就是爱写诗”……似乎少女与诗结下不解之缘。那么，谁能读懂少女心中的诗呢？

一本《中国历代才女诗歌鉴赏辞典》收入了470人的作品，这在世界文学史上是罕见的，这是中国女性的骄傲，也是中华民族文化的精粹。中国自古以来就是诗歌大国，男子可以诗入仕，女子也可以诗传世。当代少女仍然是汪国真、席慕蓉诗歌的热心爱好者，诗歌成了她们生活中的精神调味品。

生理学家认为女子的大脑右半球较为发达，因而较善于运用语言和形象思维；心理学家认为女子注重感情，惯于用心灵来思考；社会学家认为中国的女子易于将内心世界的波澜化作涓涓小溪潺潺流淌……这些造成少女们爱读诗的特殊氛围。

港台歌曲的流行，新潮诗歌的浸染，引无数少女共折腰，她们也拿起笔，在素笺上、日记里编织自己心爱的词句。还有那些爱好文学的女学生，渴望加入爬格子大军，迎接铅字的墨香。或许那短小凝练的诗句是青春的符号，是潇洒的印迹，是花季中的心灵小花。

其实，写诗并不容易，韵律、节奏、意境等等诗的要素，并非短期所能掌握；而且创作诗歌需要灵感，所以每年大学中文系学生成千上万，可是从中走出了几位诗人？马克思年轻时也曾喜爱写诗，但是他终于放下了诗笺，投身于社会科学的研究。那么，今天的少女怎样面对诗神的诱惑呢？

生活中藏有诗意，发现诗意是幸福的。少女们对未来的浪漫构想，成长中的惊奇与喜悦，人间情爱的沐浴滋润，无不罩上诗意的光环。“诗言志，歌咏情”，最好的诗句总能找到它的哲学意蕴。一句哲理诗铭刻在莘莘学子心中，能给他们的人生之舟引航。“愤怒出诗人”，伟大的诗歌作品，不是无病呻吟之作，而往往是饱尝社会生活艰辛体验的结晶。

也许，铸造诗句的少女并未想摘取“诗人”的桂冠，她只是借作诗遣思抒情，或自我欣赏，或向同辈人交流，那么，你可以多读些优秀诗作，多讲究一些写诗的技巧，这样，你可以得到艺术的陶冶。艺术的魅力是永恒的，如果诗坛多出现一群少女新星，那是令人羡慕的！

也许，在作业堆里拚搏的女学生无暇去吟诗作词。你们崇拜的不是薛涛、李清照，而是居里夫人、撒切尔夫人。但这并不妨碍你们在似乎缺乏诗意的奋斗后，进入充满诗意的天地。生活犹如一根长链条——纯粹诗意的环节或者毫无诗意的环节都是不常见的，从这个意义上来说，生活本身就是一首诗。

少女们在父母、师长、同学的包围圈中，也希望探头探脑地看看外面的世界；而在走上社会之前，她们又希冀从内心世界挖掘属于自己的领地，于是诗意般的情怀向人们敞开，花的季节变成了诗的季节。

从幼稚走向成熟、从幻想走向理智、从纯情走向练达的途程，是美好而难忘的。虽然缪斯女神不会庇护所有爱好文艺的少女，然而少女们仍然将唱着自己心中的歌儿前行。

拥有一颗诗心

云 儿

不知从何时起，我开始编织各种各样的梦了，有明星梦、经理梦、村姑梦、男孩梦……哦，我还有个诗人梦。

给我一片白色，
我要把杂乱的调色板重新调整。
我要在自己的蓝天上画上一片白云，
让它飘呀飘。

念完这几句话，我就觉得自己仿佛变成了一片云，一片很轻、很薄的云。哦，对了，我的笔名就叫云儿吧。

曾几何时，我开始把一些美妙的诗句摘抄在笔记本上，抄得多了，就在一个无风的傍晚，踏着夕阳的余晖，轻声地读着：

我愿有一双采撷阳光的手，
把春天的期待，
在秋天的果实里珍藏。

多美的诗句。何时，从云儿口中念出的是自己的诗句、自己的情思？

又是一个无风的傍晚，夕阳仍印在大地的脸上。云儿独自走着，手里仍然捧着笔记本，她正抬着头看那夕阳，而后双目微微一闭，轻轻地念：

夕阳，
你为何如此美丽，
如此辉煌？
难怪诗人把你吟颂，
歌唱家把你歌唱。
虽然你是短暂的，
但你仍会给大地一个最美的微笑。
不要笑我浅显，
不要说我无知，
所有目睹你微笑的人，
都会被你所倾倒，
都愿化作一朵晚霞，
把你点缀得更美；
也愿你把晚霞映衬得更红、更艳。

念完后，云儿心里一阵激动，飞奔回家，快速地写下了这首小诗，久久地回味，竟然心旷神怡。这份感觉也莫名其妙，大概就是所谓的灵感吧。

从此，云儿总会一个人独自去寻找那份感觉。渐渐地，笔记本变成了自己的小诗集，有时还会沾沾自喜地欣赏一番，随即又留下一个满意的笑容。诗，越写越多。有忧愁时写的，有开心时写的；有描写景色的，也有抒发情感的，好多，好多。

有一天,.云儿把沉甸甸的信封投进了邮筒，从此便多了一份期待。一天、两天；一个月、两个月……时间飞速地跑，那沉甸甸的信封又回到了书桌上。云儿哭了,哭得很伤心。边哭边打开信封看自己的诗作，的确发现了许多毛病,便提起笔来,认真地修改。那时,云儿脸上还挂着泪珠呢。

有失败就会有成功。终于，在云南小县城中的15岁云儿,也迎来了成功的喜悦。当收到一封封热情洋溢的笔友信、看到烫着金字的获奖证书时，云儿又高兴又激动，那份感觉便出现在头脑中——

我是一棵小树，
一棵平凡的小树，
每天，
太阳公公都给我一份温情，
大地妈妈都给我一杯甘露。
长高了，
小鸟为我歌唱，
萤火虫与我共舞。
长大了，
和同伴们一起，
让风沙低头，
让洪水胆怯。
我是一棵小树，
一棵幸福的小树。

梦,仍在不停地编织着,图案也不断地更新着。但诗人，这个美丽的图案,依旧是云儿梦中的主题。

考不倒

笑星

笑　星

“阿华，告诉你一个秘密，明天阿倩、阿凤她们要去独龙山出笑星的洋相哩。”走进教室,刚从省城转来咱班的阿霞神奇地告诉我这一消息，她还不知道“笑星”正是本姑娘的笔名。

果然，午休时阿凤发出了郊游的邀请,我会意地笑了笑,笑得阿霞满脸迷惑。

第二天准备出发了，刚拉开寝室门，一股寒风迎面扑来，好一个倒春寒,我不禁打了个寒战。

这时，心直口快的阿莲首先发难了:“笑星,都说你最会写文章,今天可是个好天气,就以《清冷的风关不住好奇》为题，给姐妹们来篇散文诗助个兴。写得好，大伙鼓掌；写得不好，只得委屈你看守寝室了。

我心里一楞，没想到阿莲也会乘人之危。沉默了三五分钟后，我便吟出了一篇《清冷的风关不住好奇》来——

风停下来的时候，我们走出了母

亲的叮咛。

风还会再来吗?不用怕!

唱一首自编的歌，馋得百灵鸟垂涎三尺。

在爱的巨伞下，我们看不到山野的明媚。驿动的心，又怕触动父母的惊骇。

清冷的风关不住好奇，一朵山茶盛开的笑容，撩得我们遐想了三个月。

亲吻碧绿的青山，我们犹如置身立体的图画。

传说和诗歌，被我们放牧成满山乱跑的欢呼。

寝室里好静，连掉下一根针的脆响都能听清。当我话音刚落，片刻即爆发出雷鸣般的掌声。

我虽然获得了“出校护照”，但我知道她们今天肯定不会轻易放过我的，所以在郊游途中我每走一步都小心翼翼。抬眼望去，弯弯曲曲的青石板路上，有一个牧童正骑在牛背上，吹着悠扬的锁呐，仿佛在放牧着童趣。身旁的阿莲眼睛盯着我，又开始挑战了:“诗人，我们家的淘气蛋在《放牧三月》哩，这回，看你有啥说的?”我赶忙掏出笔记本，请阿倩朗诵我昨晚上写的《我在三月的脊背上放牧》:

一条绵延的山道系住我的幻想，我在三月的脊背上放牧。

满天云彩，落进我双手捧住的山泉，红绸缎似的装潢我的梦。

我骑着老牛放牧淘气，耕耘教室外的青白田。

一线喜悦从炊烟里抽出丝丝缕缕，拴在白蛐蛐儿的后腿上。

赶着三月，如同赶着红蚂蚱、绿蚂蚱……

“不算，不算!瞎猫碰着了死老鼠。”爱捣蛋的阿艳挥舞着手扮鬼脸。

“老这样磨蹭，天黑也到不了独龙山，这回就暂且放她一马吧。”阿娟表面上解围，实际上埋下伏笔。

“姐姐，等等我。”没走百十米，阿娟的弟弟追了上来，他手里牵着一串花气球，煞是好看。“快瞧，阿华，我弟弟正《坐在一只气球上》哩。”

我急出了一身冷汗，快速搜索枯肠即兴写了一篇《你坐在一只气球上》，边写边读着——

你坐在一只气球上不肯下来，将云彩的鳞片串成连衣裙。

星星的笑靥离你好远，你坐在一只气球上，就能把嘴伸进银河，要饮尝河里流淌的甘露。

孩子的幻想也像一只气球，我终于明白了你的飞驰的意念。

你坐在一只气球上，你就仿佛是一只气球，再高的蓝天也没有你的心高。

刚一写毕，我不觉已经汗湿衬衫。“阿华姐，你的文章写得真美!”阿娟的弟弟龙崽夸赞道。“臭美!你以为阿华真美呀?那是《童年的田园》美。”阿玫一边插话，一边递给我一页稿纸，只见上面已写好一行题目《童年的田园》。唉，又是一篇命题作文，简直连喘气的时候都不给，我只好叹息着创作起《童年的田园》来——

我的乳名，在禾场上、在田野里、被小伙伴唤成菜香。

老师笑我是种诗的妹子，我种的合家欢被小姐妹掐成花朵。

村头的鱼塘里，鸭的欢歌跌进我的诗行；风儿升腾起我的作业堆里的希冀。

教室里，打闹的风景枯萎了；山坡上，刈草的童谣肥硕了。

故乡的路，不再是贴满了补丁；娃们的童年，不再是风筝挣断的细线。

父亲的呵斥、母亲的笑骂、早拢出童年的田园。

写完这篇以后，我似乎大病了一场，有点头重脚轻。为了转移目标，我指着前方一片桃林说："瞧，那边有座《桃花园》，我都献丑好几回了，这回该看你们的了。"

不料阿倩叫了声"自己出丑自卖乖嘛"，伙伴们也跟着起哄。这下我可撞到了自己的枪口上，又完成了这篇《桃花园》——

放学后的黄昏，小伙伴总走不出桃花园圈住的传说。

我的故事，是乡村熟透了的苹果，连小花猫也馋得在地上打滚。

风中的小柳树，点头又哈腰，迷得树梢的小喜鹊，也噤了口中的说笑。

还没放学，就有好多心事飞进了桃花园。要是没有我的欢笑，小伙伴家里的晚餐准要剩一半。

在伙伴的眼里，我原本是一座桃花园。

我们一行边游山边作文，不觉太阳已升上中天，大家的肚子开始唱空城计了，于是在山坡上挖了个洞，进行野炊。我刚想动手做饭，阿倩却拦住说："诗人动脑不动手，快先来篇《野炊》开胃，免得等会儿吃不香。"没法，只好看着别人挥刀舞铲，我仍旧咬起笔杆，炮制《野炊》——

又一树槐花，一簇簇吐出乳白的清香。

山里的娃们吹着牛角，吹着淘气，在大山的怀抱里野炊。

谁的欢笑踩着青石板匆匆而来？不甘寂寞的往事似班主任的裙裾摇摆。

这也不准那也不行，娃们的心被牛角挑得高高。

一只白蝴蝶落在娃们手心，欢了山，乐了风，喜了娃们的惊奇。

文章写完了，思绪还未收回来，就听得阿霞尖叫着："书呆子，月亮掉进锅里了！"明明是太阳嘛，她又想诈我来篇咏月之作了，于是我在阳光下又讲起了《月亮下的故事》——

月亮升起来了，憧憬也升起来了。

星空下的奶奶，用蒲扇摇出串串

泡泡糖般的童谣。

我卧在草地上，手托下巴设计明天的春游，任大黄狗舔着我的小酒窝。

在奶奶眼里，我永远是长不大的娃娃。我的梦幻，总种不进她的华发。

奶奶，我不再要老掉牙的童话；我要在山巅，收刈新奇的聊斋。

大伙品诗我嚼菜，众人轻松我觉累。午后同学们继续游玩，我却在青山上沉入甜甜的梦乡。

到了月亮升起的时候，我们结束了一天的疯癫，也结束了对我的考验。望着路边青青的水稻和身旁红红的笑脸，我又从心里流出一首醇香的歌，那就是《娃们是长势极好的庄稼》——

一群燕子，从南方飞来，在我的心中筑巢。

吃草的牛，嘴巴像一把剪刀，将大地理成平头。

我卧在阳光装饰的石头上，读燕子衔来的诗句。

春天的黄土地绿了好多，春天的娃们绿了好多。

娃们是一种长势极好的庄稼。

燕子，你为黄土地剪彩的时候，请把娃们也一同剪下。

累了一天，我被小伙伴“玩”了个够，被捉弄的滋味就不待言了。总而言之，我的心里好甜，因为笑星是考不倒的。

小诗人刘梦琳

陈 焱

刘梦琳应邀到学校同大家见面的消息不胫而走，像一阵风一样传遍了全校。各班派代表参加座谈会，我作为年级代表也参加了座谈会。

座谈会在初一班教室举行。黑板上写着“欢迎青海省小诗人刘梦琳”几个大字。座谈会开始的时候，初一班的同学捧着青海人民出版社出版的刘梦琳诗集《我是一滴雨点》，朗诵着其中的作品。接着，陈老师向大家介绍了刘梦琳——

刘梦琳生于青海省西宁市，她在9岁(小学五年级)时出版了第一本诗集，先后在23个省市自治区的60多家报刊上发表短诗240多首，童话及寓言近30篇。1984年12月她获首届“中国少年科学奖”文学一等奖。她曾经6次在全国性的征文比赛中获奖，得到过艾青、孟伟哉、柯岩、蔡其矫等著名作家、诗人的关怀与扶持。蔡其矫还给她题诗：

赠刘梦琳小朋友

你的第一支歌

就是梦
梦见春天
梦见理想
你的心
是那梦中的小鸟
鼓动想象的翅膀
飞向银河
飞向太阳

此时，我眼中的刘梦琳，圆圆的脸，齐耳的黑发，胖乎乎的，显得憨厚诚实；她的话不多，但说起来一副很缅腆的样子；似乎喜欢沉思。

座谈会是以“答记者问”的形式进行的。来自各班的文学爱好者们争先恐后地举手，向她提出各种各样的问题，刘梦琳一一作了回答。

“请你谈谈你写的第一首诗好吗？”

“好。我从7岁半开始学写儿童诗，8岁开始习作童话、寓言。有一天，我让爸爸给我讲故事；爸爸那些故事早就被我掏尽了，可我还是缠着爸爸讲。爸爸说，‘你要是能写一首诗，我就给你讲故事。’我说，‘好。’我沉思了一会儿，便在纸上歪歪扭扭地写出了我的第一首诗，题目是《雪的梦》。”

刘梦琳说到这里，翻开她9岁时出版的第一本诗集，她说：“我给大家读一下我的第一首诗——

雪 的 梦

在一条崎岖蜿蜒的小路上，
行人稀少
只有那厚厚的雪，
还在做梦——

春天到了
雪化作只小鸟，
飞向祖国辽阔的天空。
小树向它招手，
小花向它微笑。
它热情地向它们点头，
还跳着好看的舞蹈，
最后，恋恋不舍地飞走了。

这时雪醒来，
自己已变成一条小溪，
流向远方……

这就是我的第一首诗。”

教室里静静的，刘梦琳的第一首诗把大家带进了“雪的梦”，仿佛大家都“变成一条小溪，流向远方……”

“请问，你到现在为止，写了多少首诗？”

“大约有五百多首。爸爸对我的要求很严，我每星期至少得向他交两首诗。开始的时候我感到有一定的压力，可是后来越写就觉得越顺手；当然，我也有为作诗而苦恼的时候。”

“你学诗有什么经验？”

“多读书，多观察，多思考。”

“你喜欢看什么书？”

“过去喜欢看童话，我看了大概有几百万字的童话。”

“听说你加入了作家协会？”

“我是中国作家协会青海分会的会员。”

这时，有一位同学想试一试刘梦琳的诗才，看她有没有当场作诗的本领：“请问刘梦琳同学，您能现在当着大家的面作一首诗吗？”

刘梦琳站起来，用手捋了一下额前的黑发，望着向她挑战的同学说：“请你出个题目。”

那位同学指着讲台上摆的两盆花说：“请你就以眼前的花为题吧。”

刘梦琳镇定地说：“好吧！”说罢，她坐下来，在讲桌上摊开纸，写了起来。

教室里一片窃窃私语声，好像刘梦琳这一下可要被难往了。主持会议的老师也捏着把汗，怕刘梦琳写不出诗，弄得下不了台。

但是，刘梦琳毕竟是小诗人，过了3分钟，她就站起来，大家的目光全聚在她的身上。刘梦琳说：“由于时间关系，来不及细细斟酌和推敲，我把刚写的这首诗献给同学们——

盆　花

在热烈的气氛里，
它呈现在桌上，
它受到众人的瞩目，
它在掌声中微微颤抖。

它很娇嫩，
可以说是弱不禁风，
在温暖的屋室里，度过一个又一

个春秋。
在它即将枯萎的时候，
它望了望窗外漫天的飞雪：
‘唉，幸好我不在外面，
否则早已离开了世界！’

多么可悲，
在生命的最后一息
它还没有醒悟，
当春风吹到，
青青的野草，在叹息那被弃于荒郊的
永远没有醒悟的盆花。

可悲，
人生中可悲的事，
似乎比这更可悲……”

沉默而寂静的教室里，突然间爆发出热烈的掌声，大家为刘梦琳在3分钟内能向同学们献上这么一首新作而鼓掌祝贺，刚才给刘梦琳出题的同学更响亮地使劲拍着巴掌。

“谢谢同学们！谢谢大家！”刘梦琳有礼貌地向大家说。

在刘梦琳的眼睛里，周围是一片诗的世界、诗的海洋。

她写《雪的梦》，为秋风送行；写萤火虫“提着灯笼，在找那颗掉进草丛里的流星”；写树叶的絮语；还写“黎明”、“霞光”、“露珠”、“浪花”、“雨点”、“贝壳”……

刘梦琳赠给我和姐姐两首诗，抄录如下——

赠 陈 焱

像小溪一样纯洁
像太阳一样光明
像火一样热情
像夜一样沉思

赠 陈 晶

单纯，要像小溪，
成熟，要像杨柳，
深沉，要像潭水，
活泼，要像春燕。

母亲，赋予你身躯，
父亲，赋予你精血，
而你的生活，
必须由你来创造，
愿你微笑着迎接坎坷！

在刘梦琳的心灵里，大地上的一切都像诗那样美好！她曾写道：“我是一滴雨点”，是的，这滴雨点“落在树枝上，树叶绿了；落在花苞上，花开了；落在地上，钻出一棵小草；落在水中，溅起一朵浪花；落在妈妈脸上，是一滴喜泪；落在爸爸掌上，是一颗明珠。啊，刘梦琳，你不正是一滴闪着彩虹的小雨点！

学吉它

李啸

雅称“贵族乐器”的吉它，以它优美飘逸的音色，风靡当今青少年。

当我第一次听到朋友用吉它弹奏《爱的罗曼史》时，一下子就被其轻柔浪漫的旋律吸引住了。曲子虽短，却犹如一丝轻风吹入我的心田，唤起了美好的回忆，带来几分欢快，又带来几分伤感。于是，从那时起，我就下定决心学吉它。

时光飞逝，转眼到了暑假，我背起了新吉它奔向学习班。愿望总是与实际相差很远，我是个连五线谱都认不准的人，哪里看得懂满是“小蝌蚪”的乐谱呢？我就先学“看”，当我刚能认识各种“小蝌蚪 ”时，老师又教我学“坐”——持琴姿势。然后是学“爬”，琴板上条条品格就是路，首先要把高低音表现到它们上面去，6 根琴弦 19 个品格变化出 26 音，这些是要用左手“爬”出来的。说起来容易，做起来难，左手四指要按住不同弦上的不同的品格，那可是要用顽强的毅力才能学会的。

当我练琴累的时候，一听到吉它大师泰斯加弹奏的《阿拉伯风格奇想曲》就感到了轻松，优美飘渺的琴声把我带到了撒哈拉大沙漠，清脆悦耳的驼铃声从天际传来，阿拉伯人的长长的驼队沿着沙丘缓缓移动……它唤起了我的渴望。我看看左手指尖上被琴弦勒出的道道血印，又咬咬牙将手指放回弦上去。

在两个半月的初级班学习中，几乎用了将近两个月学“爬”。我练半音阶时曾经产生了反感，那是一种艰苦而单调的训练，左手指轮回地在6根弦上爬来爬去，从第1品格“爬”到第12品格，一个来回就是432个品格，四个手指头个个都没了知觉。于是我到老师家请教。当我跨进门坎时，心里一怔，老师也正在练“爬”，而且“爬”得那样专注，那样迅速轻松……从此，我记住了基础才是知识的魂魄。

很快，学习班就要结束了。在最后分别的一课上，王老师让我和我的琴友一起上讲台合奏一曲。我怀着激动不安的心情朝她看了一下，她也很激动，亲切地看着我们说：“放心地弹吧，音乐的美妙和伟大就在于感动他人。”我定了定神，专注地弹起了《教父》主题曲《爱的主题》，把感情深深地注入那颤动的琴弦中……在琴声结束之际，我迎来了热情的掌声。

时间飞逝。现在我正面临着升学考试。每当学习到夜里感到倦意时，我就拿起吉它坐在户外，轻松自如地弹起了《爱的罗曼史》。琴声悠悠飘向四方，飘向星空，连那明亮的星星也仿佛在倾听，倾听出那“跑”及“爬”的艰苦——没有“爬”哪儿有“跑”呢？而我的倦意也立刻飞散了，又鼓足了力量去继续“爬”……

越剧院请我拉琴

高春笑

我是一名中学生，课余学习小提琴。今年寒假，教我小提琴的徐老师介绍我和婕到越剧院去“打工”。越剧院的红楼剧团春节期间要在人民大舞台上演折子戏专场，而团里又没有固定的小提琴手，所以只好东借西借，最后竟然借到我们头上来了。这岂不是“赶着鸭子上架”吗？尽管徐老师一个劲地说明那些谱子并不难拉，可我总还是有些紧张。

那天，我和婕由涛领着来到了排练室。涛是音乐学院大一的学生，以前曾被借到这里来过，所以一到那里就撇下我们去和“故友”叙旧了，我和婕只好傻傻地坐着，不苟言笑。那一张张陌生的面孔，竟然使我感到一种莫名的孤独。不知为什么，我总是羞于“赚钱”，况且我们又那么小。

指挥来了。大家各就各位，排练也就开始了。待我看到那厚厚一叠谱子时，不由得倒抽了一口冷气。天！这谱子也能拉？且不说那音调高得简直不可思议，就说那书写也是“龙飞凤舞”，乍一看好像一大群蚂蚁在上面乱爬。更叫人吃惊的是，这样的谱子还不让人练，一拿到就得拉出来！然而又有什么办法呢？既来之则安之嘛，硬着头皮也要闯过这一关。

指挥一声“开始”，乐声大作，那些“洋为中用，古为今用”的乐器发出的声音混杂在一起，虽然过于喧闹，却别有一番韵味。我顾不得去欣赏，因为我常常连拉到哪里了也找不到，急得满头大汗。我不能让别人看出自己的狼狈相，于是声色不变，姿态如故，摆出一副专业提琴手的功架。这一招果然灵，指挥全然没有看出来。我偷眼看了一下婕，从她那跳上跳下像抓跳蚤似的手指上，我可以断定她的境况比我更惨。我不觉暗自好笑——真不愧为一对“南郭先生”！

好不容易3小时过去了，排练终于结束。我如释重负地长吁了一口气，心里的石头也落了地。还是把谱子带回去好好练吧，下次可不好意思再做“南郭先生”了。

随着排练次数的增多，我和乐队里的人也熟识起来。我们的首席是刚分配来的小伙子，名字叫李阳。第一次排练结束后，他问我们觉得怎么样，婕刚想张嘴回答，我便抢着说“还可以”。我可不想让别人看不起我们，所以扯了个谎。“回去再练练吧。”他诡秘地笑着说。尽管我嘴上逞能，但他好像还是很清楚我们的水平，所以每次碰到一些很高的音时，他总是让我们拉低八度。我心里虽然颇有被人轻视的感觉，却也无可奈何。李阳的幽默细胞很多，常常把我们引得大笑，难怪那个盛辉要给我取个“开口笑”的外号。

乐队里年纪轻的都很风趣，那些年纪稍大一点的就显得很慈祥了。我们的指挥，尽管我不知道他叫什么名字，但给我留下了很深的印象。倒不是他的指挥技术高超，而是他那一张具有艺术家气质的脸：头顶上“寸草不生”，两侧的头发却又浓又密，且是卷曲的。那天休息时看见他，他竟微笑着对我们点点头，把我们两个“毛丫头”吓了一跳，惶惶然不知该怎么办。

还有个吹唢呐的老伯伯，常常喜欢把装满茶水的杯子放在地上，毛手毛脚的我们也就常常要踢翻它。每次他都说没关系，弄得我很不好意思。那次我又踢翻了他的杯子，他只好苦笑着说："人家打醉拳，你是走醉步，过会儿可不要拉醉琴呀！"一句笑话解脱了我的尴尬。

我一直认为他们的工作很轻松，他们却说："辛苦的日子多着呢，有时忙起来深更半夜才能回家。"我不信。但不料很快就验证了他们的话。

那是一天晚上，我正在家里看《封神榜》，越剧院来了电话，通知我今天晚上 10 点在大舞台彩排。什么？10点？我简直不相信自己的耳朵。对方又重复了一遍，我这才确信无疑。接着便是大发牢骚，嚷嚷着"不想去了"。一看表——9 点半了！还是去吧，好歹也算体验一下"夜生活"。

10 点 1 刻，彩排正式开始了。好在那些曲子都是为迎春准备的，敲锣打鼓，热热闹闹，所以我才不至于拉出"梦幻曲"来。彩排结束已是次日凌晨 2 点半。原想打个电话让爸爸骑车来接，刚拨了号，却又搁下，算了，大冷天把爸爸从暖暖的被窝中拖出来，岂不是太"残忍"了？然而公共汽车早已收班，叫"TAXI"又实在掼不起"派头"。索性走回去吧！

白天车水马龙的西藏路在黑夜的笼罩下仿佛睡去了一般。走着走着，忽然有了一种自豪感：同学中谁会有我这样的打工经历？虽说苦了一点，但对我来说却是很难忘的。

迈着发酸的腿跨进家门，一头倒在沙发上，忽然发现桌上放着一盒奶油蛋糕，打开一看，"高春笑生日快乐"7 个巧克力字赫然在目，这才顿悟今天是我生日。想不到 17 岁的生日竟是这样有意义。

时间过得飞快，转眼 10 场演出过去了一半。那天晚上，我准时来到大舞台，发现大家脸上都喜气洋洋，一问，才知道今天发工资。团里负责人把我和婕叫到跟前，数给我们每人 320 元，并嘱咐说："放好，别丢了。"我实在没想到报酬会那么高，真有点飘飘然了。说真的，从那人手中接过钱时，我还有些不好意思呢。

以后的几天时间就过得更快了。最后一天演出，当舞台的大幕徐徐降下时，我突然明白我将失去什么，一种离愁别绪萦绕在心头……

卡拉OK如期进行

张郁郁

暑假来临，校团委指示：每个班团支部搞一次社会实践。理科班的同学脑子灵活，出的点子也特别新奇，“中学生卡拉 OK 音乐会”就由此诞生。

这个活动说说容易，做起来难，搞不好会“倾家荡产”。于是，我们调动了一切可以调动的人力、物力、财力，把各路精英聚集于一堂，筹划，奔走。几经奔波。终于集到资金 1000 多元，解决了场地问题。尔后，我们又兵分三路，向各个学校宣传这次活动，并推销团体票。

早上，准备好海报与入场券，整装出发。我们来到一所职中。“找谁?”门卫把我们挡在门外不紧不慢地问。听我们说明来由后，他挥了挥手说：“负责老师不在，下午再来吧。”真是糟糕，第一次便吃了个“闭门羹”。

下午 2 点半，我们又冒着酷暑骑了 20 多分钟的自行车来到该校。这回运气倒不差——老师来了。可当我们递上介绍信说明此行目的后，老师脸上立刻显出不耐烦的神情说：“我们职中大多是男生，对音乐不感兴趣，我看在我校没人会买票。”完了！冒着这差不多能蒸死人的热气跑了两趟，就得到这么几句话。事已至此，我们只好拿出海报向那位老师请示是否可以张贴。可一转眼功夫，她早已与其它老师有说有笑地聊天去了。过了一会儿，这位老师发现新大陆似地发现我们还在她身边，才冷冷地问：“还有什么事?”当她知道后说：“随你们的便，校门口、宣传栏都可以。”我们听后赶紧拿起海报去贴了。刚跨出门槛，身后传来一句不冷不热的话：“新鲜！搞什么卡拉 OK!”

几天的宣传推销活动，使我们看到了形形色色的人与事物。为了这次活动成功，我们不得不收起学生特有的清高，忍住了平日极强的自尊，压抑了平日“大都市宠儿”的任性，用前所未有的耐心、韧性来认真面对那种种面孔。

销售团体票的“外交”活动告捷后，“内务”活动又进入高潮。录像机、音响设备、录像带的租借等问题急需我们解决。同学们顾不得前几日的疲劳，又没日没夜忙碌奔波了。

骄阳似火，粗心的我又忘了戴太阳帽，无遮无拦的阳光照得我睁不开眼，逼人的热浪差点使我透不过气来。我才跑了 4 个小时就上了 2 次冷饮店，可还是酷热难挡。回到学校，我们刚坐稳，大家又凑在一起汇报讨论。好不容易告一段落，我们才舒了口气。

一连几天下来，大家晒黑了许多，而且都有一个共同特征：大都不吃午餐。一个同学瞅瞅我们又看了看自己说：“看来，我们减肥有方。”“可不是!”另一个同学接着说：“我们还忘了用‘可蒙’防晒霜。”几句话把大家逗乐了，几天来的疲倦、抱怨都被抛到九霄云外。我们毕竟年轻，朝气蓬勃，暂时的困难、不愉快与小小的挫折不会使我们气馁。

7月6日“中学生卡拉OK音乐会”在紧张的筹备后终于如期进行。一连6天，我们做任何事都小心翼翼，唯恐“差之毫厘，谬以千里”。在同学、老师的积极支持与默契配合下，6天音乐会没有出现过一次大麻烦。看着来宾们满意的表情，听着萦绕着大厅的歌声，我们的心满足了。回想这十几天的事，心中如打翻了厨房中的瓶瓶罐罐，各种滋味都有，脑海中掠过一幅幅高兴、丧气、苦恼的画面。

7月11日11点整，为期6天的音乐会圆满结束。班长与支书高兴地向大家宣布：这次活动盈利804元，决定全部捐献给少儿图书馆。顿时，大厅里爆发出我们的欢呼声。

走出校门，外面有一个多彩的世界。只要我们用自己的热情、真诚去拥抱生活，不怕跌跤，又何怕得不到如愿的回报呢!

走出缠绵

纯纯

“中学生校园歌手卡拉KO大赛”在青年宫装饰一新的歌舞厅拉开了帷幕。由于好友小红是一名参赛歌手，我应邀来此为她助兴。

一位身着华丽裙装的少女出场了，她那浓艳的装束掩盖了少女特有的清纯。她为大家演唱的是《情人的眼泪》。那优质的音响效果，把她的声音衬托得更加甜美、动听：“为什么要对你掉眼泪？你难道不明白是为了爱……”她唱得真切、娇柔，仿佛她真的经历过一次迷蒙的恋情。

她唱完后，恰好坐到我的身边，我便与她

闲谈了几句。

“唱这样的歌，你觉得合适吗?”

“没想那么多，只觉得这歌曲调好，唱起来有味。”

谈话中，我还得知17岁的她，已经是一位小有名气的情歌皇后了。

又有一位歌手出场了，这是一个穿着T恤衫和白色休闲裤的潇洒男孩儿。他手握麦克风，很快便把情感投入到歌声中：“我这样爱你到底对不对，这问题问得我自己好累……”那淳淳的声音，在我听来却不大舒服。我怎么也不能把歌的内容与他青春年少的面孔联系起来。

我耐着性子一个个地听下去，却发现这类缠绵的情歌竟占这次大赛的主流。看看这些参赛曲目：《谢谢你的爱》、《吻别》、《爱在深秋》等等，仅有那么少得可怜的一两首民族歌曲，也只作为点缀而已。

现在的许多中学生怎么都爱唱情歌啦？无数的老师、家长曾对当今的青春族这样问。曾高唱着“没有共产党就没有新中国”的父辈们，做梦也想不到十几岁的孩子竟哼着“让我一次爱个够”，穿梭于学校、家庭之间。这种或无病呻吟，或声嘶力竭的爱情歌曲竟受到不少青少年的青睐！

然而，冷静下来想一想，形成这种现象也有它客观原因。改革开放以来，大量的港台歌曲冲击着大陆乐坛，敏感的中学生成了最先的接受对象。不可否认，港台歌曲 伴奏效果好，曲调婉转优美；加之大陆青春乐坛几乎是一片空白，不甘寂寞的中学生无可选择地便唱起了这类缠绵的情歌。

青春岁月是人生最美好最灿烂的时光，没有歌的青春是不完整的青春。但我们少女(或少男)唱的歌就只能是那种哀伤缠绵的情歌吗？这种现象已经被一些先醒的青春同胞们注意到了。于是大陆的青春组合便像雨后春笋般涌现出来：兄弟演唱组、花季少女、火柴盒、Day Boy……这些青少年演唱组以其欢快轻松的风格，给无数的少女少男注入一种新概念、新气息。

原所有的朋友都能走出那缠绵的世界，让青春充满阳光！

舞台上的春天

田　乐

像许多同龄女孩子一样，我也很希望能有一个在镁光灯下唱歌跳舞的日子。我曾幻想着有一天我登上了舞台，在那么多观众眼光中的我将会是什么样子呢？我对着镜子细细地瞧自己：齐耳黑发，圆脸，黑亮亮的眼珠子——很平常的中国女中学生的形象。

那天，学校的音乐老师匆匆叫住了我："田乐，市里要搞元旦汇演，你这文娱部长该着手组织节目了。这次汇演是非常隆重的，可要为咱们学校争光啊！"我听了，心里一动，回答老师说："知道了，这次汇演我一定重视。"

因为本人有着"模特儿"身材，身高1.66米，表演节目也从不怯场，所以从小学开始，学校里的联欢活动都要我去跳舞。跳着跳着就跳出点名堂来了，我成了学校里的文艺活动骨干分子。这一次我在学校歌舞团里挑选了11位个子一般高的女孩，想好好显示一下我的艺术才能，排练出一个够水平的舞蹈节目来，让别人知道我这个文娱部长可不是徒有虚名的哟！

我很快选好了曲目，开始排练舞蹈《春天》。这个舞蹈展现的是一群少女在春日的小河旁和草地上嬉戏的画面，挺有青春韵味的。我们12个女孩，在学校里都是资格不浅的业余舞蹈演员，论基本功还是过得去的。我们有些为难的是怎样从举手投足的舞姿中来体现春天里少女的心情和神韵。我倒出肚子里的墨水，一遍遍地给女伴们讲有关的唐诗宋词，讲"桑柘外秋千女儿"的悠然姿态。我们为了追寻艺术感受，真的来到了春天的田野，在郊外的和风丽日下排练《春天》之舞。

汇演的日子到了。不出我所料，电视台的叔叔们带着摄像机来到了现场。镁光灯一直照着舞台上的演员。我们互相凝视着，虽然化了妆，但那种相同的少女的娇羞却在伙伴们的脸上写了个明明白白。

当节目主持人向大家报幕介绍我们的节目后，我们一群少女翩然走到舞台中央。我感到眼睛被强光照得有点睁不开了，又觉得那摄像机镜头好像是偏偏地对准着我，不禁小腿开始有点发抖。

当熟悉的乐曲声悠然响起，在柔和的灯光中，我紧张的心顿时释然。我将自己表演成一个不识愁滋味的农家少女，轻盈地走向村前一条小溪，“东风吹水绿参差”；我又摘下一束野花，插在头上，低头凝视自己在水中的笑脸，呵，“便觉春光四面来”！

欣然一转身，我扬起了手中的绸巾，招呼着女伴们。12个穿着白色长裙的少女欢快地跳了起来，我们追逐、戏水、笑谈，春光愈浓，绿愈深。一直到台下掌声雷动，我才忆起一直追射着我们的那束灯光。

不久，学校老师把那一段《春天》舞蹈录像放给我们看，这时，我的心跳得好厉害。这可是我第一次在电视机里出现呵！我用目光寻找着自己的身影——那个瘦瘦高高而又舞姿轻盈的少女就是我吗?跳得多美啊，美得我自己也不敢相信。瞧，她正回过头来，粲然地笑着，脸上充满着青春的气息……那不是我在表演吗？是的，正是

情系舞蹈

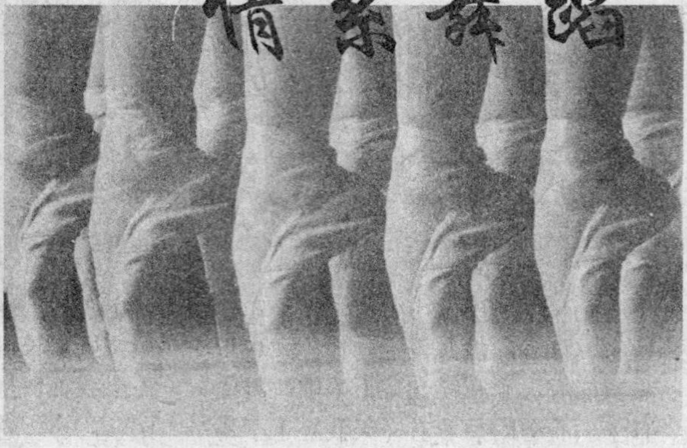

凌　凌

我从没受过正规的舞蹈训练，只是上幼儿园时常在老师的编排下演出些小节目，从此就情系舞蹈。

我深爱舞蹈，缺少了它我的生命就像缺少了空气和水。无论是柔软美妙的芭蕾，还是强健奔放的现代舞，都使我为之神魂颠倒。《天鹅湖》如诗的境界让我沉迷，杨丽萍的《两棵树》让我惊叹，迈克尔·杰克逊的劲舞让我热血沸腾，青春飞扬……人类多么伟大啊，用自己的肢体为生命增添了这许多亮丽和感动。

当我在学习上不顺利、生活上遇到挫折的时候，我

会跑到学校的练功房，关紧门，换上漂亮的体操服，放一段节奏强烈的《命运》，伴着音乐起舞。暗红的地毯，碎玉般的琴声，明亮的玻璃镜映着我旋转、跳跃的身影。全世界只剩下我一个人，悲哀、失望、愤懑、压抑……什么都忘却了，我陶醉在自己创造的天堂里。等我走出练功房时，不由微笑着深吸一口糅着花香的清新空气，赞叹地对自己说："这世界真美！太阳，每天都是新的。"

跳舞很苦，为了练一个动作，就要重复几十遍。身上练得青一块、紫一块，有的地方肿了又磨破，劈叉时不小心还会把韧带拉伤，可我从没想过放弃排练，因为我那么深地爱着舞蹈。它给我带来童话般的美，我愿把这美的享受献给我所有的朋友。这种爱支持着我一次又一次向自己挑战，我也在这不断的超越中磨炼自己的意志。

舞蹈还能提高我的艺术修养。有一次为了参加校艺术节演出，我和同学编排舞蹈《祝福》。这原是鲁迅先生的小说，后来被改编成芭蕾舞剧。我们这个舞蹈只是其中一小部分改编而来，即祥林嫂被婆婆强逼再嫁的那一段。我扮演祥林嫂。刚开始，在一旁同学观众总说我不能给人以同情、悲愤的震撼，不像祥林嫂，倒像只湖边的小天鹅。练了好几遍都不尽如人意。我不甘认输，接下来几天去猛啃鲁迅先生的《祝福》，翻阅各种评论。祥林嫂的形象在我心目中逐渐丰满起来。演出那天，当幕布拉开时，我已完全把自己当成苦命的祥林嫂。我在捆绑中悲哀绝望地挣扎，我欲哭无泪，呼天不应。长达 20 分钟的表演结束了，一阵雷鸣般的掌声包围了还没从祥林嫂角色中摆脱出来的我。我获得了一等奖。这次的成功让我体会到舞蹈和其他艺术是相通的，它不仅要用身体去表达，更要用心灵去感受。

啊，舞蹈，我百转千回的梦境，你把许多情、美、爱带进我的生命。我愿与青春共舞，我愿世上所有美好的事一如舞蹈的魅力般永恒。

我！

几天后，我收到了一个男孩子来信，他问我为什么能在舞台上跳得那么传神，是不是我原来就有舞台表演的经验？他还大胆地告诉我：想和我交朋友。

读着这样的信，我得意地笑了。我没有告诉他我第一次上电视镜头。对于他的交友要求，我自然婉言谢绝，因为我自己明白着呢——嗨，今年呀，我才 18 岁！

美神可听见我的脚步?

盛　意

拉幕，熄灯。我再次紧了紧舞鞋上鲜红的丝带，提起纱裙，轻快地向台上跑去……

我是看着别人跳舞而长大的女孩。小时候每每哭闹时，奶奶便抱我到对门里委大院里，指着电视机屏幕说："看啊，阿姨跳舞呢，多好看啊!"我便会止住哭。那些秀丽的女子，飘逸的裙衫，轻盈的舞姿，在我眼中就是世上最美最美的了。

母亲是小学里的音乐教师。那时候没有资金搞乐队，每天上完课，她就给学生们排舞蹈。我坐在旁边用小凳拼起的"床"上，摆弄着一只小纸船，看他们排练。音乐室很小，散发着一股霉味。下雨天，屋顶好几处漏水，就用铅桶、脸盆积着，丁丁当当地响。屋里只有一盏灯，我隐约记得昏暗的灯光下母亲那很苗条的身影，和很灵巧的动作。有一次为了做道具，母亲在木偶剧团忙到深夜，父亲也去帮忙。我在过道上一只盛海绵的竹筐里睡着了。后来得了病，奶奶还为此责备过母亲。

现在，母亲还经常收到那些跳舞的孩子们的信。她们已经工作了，结婚了，母亲也已经不苗条了，不灵巧了。她们信末署的黑妞、喜鹊、李队长，都是舞蹈里角色的名字。每逢有信来，母亲总会笑着问我："你还记得那个演小公鸡（喜鹊、黑妞)的大姐姐吗?"

儿时点点滴滴的记忆，使舞蹈越

发成为我心中永恒的美。一个舞蹈，从编排到上演，多少怀恋，那是一辈子都回味不尽的。

初中的时候，班上有几个志同道合的女孩，舞蹈成了我们全班的向往。每逢演出，大家都是尽心尽力的。记得有个排在末尾的男生，个子小，总是学得最慢。每每有新动作，我们总得围在他身边七嘴八舌地指点。他涨红了脸，急着想做好，却往往弄巧成拙，动作更加滑稽。我们忍不住笑，他的脸就更红了。

一次演出结束之后，我用微薄的奖金给每人买了一只两毛钱的瓷器小鸭，再请班上字写得最漂亮的同学在粉色的小纸片上写下："这是辛勤而充实的日子，每一份汗水与欢笑，我们将共同珍藏。感谢你！"

今天，我已是第20次登上这舞台了。乐声骤起，我们展开纤长的双臂，洁白的纱裙飘扬起来，如同蓦然升起的一片云。红舞鞋，便在这云下，火焰般跳跃。与同伴擦肩而过，那闪亮的脸庞，美得使我不敢相信。我想，我也该是这样美丽吧！没有观众，没有舞台，我们只属于这一片云。

目光偶而相碰，鼓励与欢悦，每一双眼睛都默默地说着同一句话。这白云缭绕的地方，是不是美神的御苑？我苦苦寻觅了多年，今天，我知道我是走近你了。我向白云深处走去。美神，你可听见我的脚步？

演戏考核

卢蓓琦

虽说从小到大，戏是演了不少，但都是在别人的指导下演的，一点也不"过瘾"。于是萌发了一个念头——什么时候我也来一个自编、自导、自演。

这个愿望终于在去年圣诞节实现了。我们学校进行教改，允许选修课的考核方式多样化。语文老师决定选修课表演世界名著，圣诞节进行考核。这个决定立刻受到了我们这群整天被困在题海书堆中的女孩子的欢迎。

于是，找材料，写剧本，分配角色……一系列工作立刻开展起来。虽然临近考试，但大家的兴致却非常高。两天之后，一切工作准备就绪，便开始排练。

我们表演的是课文《傲慢与偏见》中的一个片段。我演伊丽莎白，颖则演我的对头——达西小姐。我们是女子中学，因此戏中的先生角色只能由小姐来扮演，周自告奋勇地来扮演达西先生，可惜她比我矮了一点，不太像正在追求伊丽莎白的达西。她耸耸肩，吐吐舌头，扮了个鬼脸说："这是'命里注定'，没办法的啦！"惹得我们一阵大笑。

排练顺利。大家很认真地演她们的角色，我也很开心地做着我的"卢编"、"卢导"、"卢演"……

圣诞节很快就到了，大家好兴奋。林和臻走来走去背台词；悦带来了她姑妈的漂亮首饰；瑾对她的老爸"软硬兼施"，去剧团借来了演出服装。我和颖穿上这些颇具欧洲古典风味的服装，再戴上那些平时只是"可望而不可及"的漂亮首饰之后，赶紧跑到镜子前先自我陶醉一番——哇，还真有点18世纪欧洲贵族小姐的风度呢！我们美滋滋地回到教室，周正在穿她爸爸的西装："怎么样，蛮时髦吧——双排钮西装！你们看着，我穿上这套西装啊，就像刘德华，英俊潇洒；再戴上你那条白围巾呢，"她一指我那长长的马海毛围巾，"就像温文尔雅的童安格啦！至于我这条辫子嘛——外国许多男士都喜欢梳个辫子，我这也算走在潮流之前嘛！"说着话，她围上了我那条围巾。我们一看，一个女孩子梳着个马尾巴，一套男式西装外加一条白围巾，一本正经的样子中有着掩饰不住的得意。那样子，要多滑稽就有多滑稽。

笑着，闹着，我们赶到了比赛场地——小礼堂。外面的雨下得很大，大家打着伞，拎着美丽的长裙，一路小跑，冲进小礼堂，显得怪狼狈的。一进门，其他同学便被我们的服装吸引，一齐转过头，向我们行"注目礼"。我被她们看得怪不好意思，便挑了个僻静的位子坐下来。周悄悄对我说："我的角色手中应拿本书，我把台词夹在书里，背不出时也好看看。""聪明！"我赞道。

轮到我们上场了。一上台，美丽的服装便赢得了评委老师们的赞赏。接下来的戏演得很顺当，每个人都认真地演出了各个角色的心态。接着，配角们陆续下台，台上留下了我、颖、周三个演员。在这场戏中我们有大量对白，为了不使站在台上说话呆板，我们边说话边走来走去，很自然地交换着位置。谁知在走动中，那张台词从周的书里飘落下来。周一吓，两眼看着我，我的心也一紧——她还有一句台词没说完呢。台下的观众一见白纸落地，便开始交头接耳。我赶忙定了定神，提高声音，即兴发挥了几句台词，将戏连着演下去。台下安静了。颖松了口气，周也恢复了常态。我们刚才的失误，竟由于大家掩饰得好，没被人发觉，只当那白纸是书中本来就夹有的草稿纸了。周的发挥似乎比刚开始的时候更为自然，口中振振有词，风度翩翩；颖的扇儿轻摇，谈笑自若，也比刚才更加投入。一场戏结束，台下观众反应热烈，我们开心地笑了。

比赛结束。评委老师宣布比赛结果："一等奖，高一(5)班的《傲慢与偏见》!"同时，我和周还被评为最佳演员。"哇——"我们好开心地叫了起来。

比赛结束之后，老师让我们谈谈对这次考核的意见和感想。大家七嘴八舌地说：

"锻炼了我们的能力!"

"丰富了选修课的内容!"

"让我们在紧张的学习之余松弛神经，娱乐生活!"

"还有，发掘出一个既像刘德华，又像童安格的大明星!"有人在下面小声说。

"哈哈……"我们笑了。

"什么?!"周瞪着那人，二三秒之后，她也忍不住和我们一起大笑。笑声飘出窗外，溶进细雨，给圣诞节添上了一份快乐和温馨……

上镜8分钟

徐　华

说了你也许不信，她除了那份天生的清丽脱俗外，再也没有什么特殊之处了，只是和其他十六七岁的女孩一样，爱唱、爱跳、爱玩、爱幻想。熟悉她的人都知道，她居然在上海电视台《星光灿烂》栏目里，足足表演了8分钟，并取得了《上镜八分钟》大赛的银奖，令周围许多认识或不认识的人都惊讶不止。

她，是一所幼儿师范学校的学生，名叫陈瑞芬，才17岁。

陈瑞芬参加比赛，是我赶鸭子上架的。

一天，《新民晚报》上刊登了一条由青年宫和上海电视台联合举办《上镜八分钟》大赛的广告，并且要求参赛者会唱歌、主持节目、做广告及一个特色项目，如进入决赛，则通过拍摄，在荧屏上一决高下。这年头，上海滩有无数个俊男靓女天天在盼望能有一次上镜的机会来圆自己的明星梦。因此，报名者达 4000 多人，其中有大学教师、研究生、音乐学院学生、文艺工作者等，文化层次相当高，竞争真够激烈的。

我把广告给陈瑞芬看，只是对她说："怎么样？去玩玩吧。"

"好！去玩玩！"她点点头。

于是，她真的玩了起来，东奔西走，借服装、拿道具、找老师、反复地排练。看着她忙碌的身影，我知道，她懂了我说"玩"的意思。要玩、玩真格的。

初赛的那个晚上，她全身心地投入比赛，用她那份自信和落落大方引起了在场评委的一致赞赏，尤其是戏剧学院表演系的雷长喜教授更注意她。确实，一个年仅 17 岁的女孩，面对如此强劲的对手和热烈的氛围，能从容自如地表现出自身的天赋和苦练的结果，是何等的不容易啊！

从 4000 多人到第一次复赛时只剩下 30 多人，且都是些各有特长的选手，因此，竞争更加激烈了。选手们八仙过海，各显神通。在去比赛的路上，我和另一位老师对她说："陈瑞芬，能不能进入下一轮不要紧，关键是要表现出自己，要有信心！"

"嗯！"

"要知道，你有你的特色。"

"嗯。"

"不要太在乎结果！"

"嗯！"

回答我们的只是一连串的"嗯"。是否真的不在乎结果呢？我不知道。

噢，想起来那次，还出了个不大不小的洋相。我们什么都没忘，却忘了请一位会化妆的女教师。无可奈何之际，只能借助青年宫小卖部微弱的灯光，由我们两个男教师为陈瑞芬化妆。我这拿粉笔的手生平第一次拿起了眉笔，难免手忙脚乱，一会儿画得太长，一会儿又说短了，一会儿太淡，一会儿又太浓。围观人无数，洋相出尽，忙了好大一阵子。幸好那天，她表演出色，不然会令我终生不安的。

我清清楚楚地记得最后一次选定 8 人参加拍摄时那紧张激烈的场面。当时还剩下 16 名选手，实力不相上下，谁都有可能被淘汰。我甚至觉得比赛多少有点残酷。在场的所有选手都忙着在化妆、练声、背台词，摄影师忙碌地在选角度摆设摄像机，许多报社的记者在东奔西走。只见陈瑞芬一声不吭地走台、练舞蹈，反复地排练一个一个动作，神情举止中看不出丝毫的慌张迟疑。那时，从我的心底里涌上了一种感觉：她会成功的，肯定会入选的！

皇天不负用心人，她确实成功了。

或许，成功是需要机遇和天分的。然而，更重要的是要有一种自信和执着，这一点，在陈瑞芬身上体现得尤为突出。

本来以为参与拍摄后可以松口气了，谁料到比预赛时更忙了。根据电视台编导们对选手自己参与制作的要求，选择MTV的外景点，找服装，创编一条社会公益广告，写采访稿，以及排练她拿手的民族舞蹈，这一切都要在极短的时间极紧张的气氛中进行。对于陈瑞芬这个来自郊区的女孩来讲，有些是很难做到的，可她还是认认真真地去做了。寒风凛冽，身穿单薄衣服的她在舞蹈房里照样大汗淋漓；灯火阑珊之夜，她一次次地敲响了声乐老师的家门；在拍MTV时，在采访时，她是那样认认真真，一丝不苟。那天，荧屏上的陈瑞芬以她那娇健轻盈的舞姿、动听悦耳的嗓音、自然大方的采访，博得了由电视台的编导和戏剧学院的老师组成的评委们的一致好评，期待中的掌声终于响了起来。

我一直没有过多地写她的刻苦和执着，也没有过多地写她的辛劳和汗水。因为我知道，当人们看到电视中尽情表现的陈瑞芬时，当人们知道那是在如此多的选手、如此强的高手中过五关斩六将才得来的荣誉时，人们肯定会明白：鲜花和掌声的后面，陈瑞芬究竟付出了多少汗水和辛劳。

参加配音比赛

俞丽虹

“请10号选手上场。”话音刚落，一束强光便跟随着我的身体，似乎紧紧抓着我的心。或许是灯光效应，或许是台上著名配音演员的评委效应，我开始觉得自己的手在不停地打颤，平日的从容一扫而光；原以为自己可以潇洒地握着话筒，摆出一个优雅的姿势，然后向评委投去自信的一笑。然而现在既没有潇洒，也没有微笑，只有一个身着学生装的女孩怯怯地站在大大的舞台上，站在高大的宽银幕前，在“第四届大上海杯配音比赛”的横幅下显得稚嫩弱小。

灯光熄灭了。银幕上出现了简·爱那张委屈受伤的脸。在黑暗中，我竭力使自己平静下来。“我们的精神是同等的，就如同你跟我经过坟墓将同样的站在上帝面前……”说着说着，我觉得我就是简·爱，正用语言表达出内心的愤怒，自尊受挫的愤怒……舞台的灯光重新亮起，自我感觉良好的我踏着轻快的步子走下台阶。

“喂，10号，我觉得你配得最好。”“嗨！小姑娘，你今天发挥得很棒哟！”竞赛伙伴们笑眯眯地对我说。

“是吗？但愿评委想得和你们一样。”我有些飘飘然了，却故意耸耸肩，做出忧心忡忡的样子，“评委的心思很难捉摸。不过，不得奖也没什么塌台。”边说边在心里估计着自己的得分。

“现在宣布选手得分。”场内一片寂静，尽管前两秒钟的我是那么自信，此时却感到一阵揪心的紧张。

一个个选手的比分在我脑中迅速滤过：“2号选手9．357……9号选手9.357，10号选手9.307，11号选手9.49……”

我的心往下一沉，脑中迅速计算着自己的排名。一等奖一名，二等奖两名。“哎——”我不禁轻叹了一声，一下子缩进座椅里。我以0.05分之差被挤出了前三名。

“恭喜你。”只获得优胜奖的伙伴豁达地微笑着向我道贺。“真不容易，只有17岁就能在成年人的角逐中获奖已很不错了。”另一位伙伴附和着说。我勉强挤出一丝尴尬的笑容，艰涩地说声：“谢谢”。

我无奈地苦笑。哎，她们肯定不知道我曾冒着36度的高温跑上一个钟头去买《简·爱》盒带；她们自然也不知道我曾整天戴着耳机听台词直到鼓膜发痛……然而我不后悔，因为我将这次比赛作为人生路上的一次竞争，一次小小的洗礼。我将凭着执著与认真去继续搏击，使人生更加充实，更加丰富多采。

在演员培训班

那是一个炎热的夏天。经学校老师的推荐，我去报考了上影演员剧团的培训班。说实话，我对影视明星一直是很羡慕的，羡慕他们动人的演技、迷人的风采。心里时常想着：有一天自己也能上一次镜头，那该多好啊！所以我很珍惜这次机会。记得一次联欢会上，我自告奋勇地担当了节目主持人，同学们都觉得我很不错，这给我增添了几分自信。

初试那天，我跨进上影剧团的礼堂，只见前排桌椅上坐着很有名望的电影表演艺术家张瑞芳、著名导演凌之浩和剧团的领导，心中难免有些紧张。主考老师要求我先唱支歌或来段诗朗诵。我选择了一篇名为《每一份爱走向你》的诗，注入了自己的全部感情，朗诵起来。只见坐在主考席正中的一位评委老师微微点头，面带笑容。我预感初试可以“Pass”了。果然，3天后收到了复试通知书。

复试的前几天，我去舞蹈学校拜见了一位舞蹈老师。当他得知我要报考电影演员培训班时，二话没说就答应教我“扇舞”。那天真够热的，老师挥着汗，手把手地教我，一点也不含糊。我想这个舞蹈对我来说是至关重要的，决不能马虎，认认真真地学了2个小时。回家后又练了好几遍。复试那天，我表演更为用心，终于取得了较好的效果。最后是演即兴小品，命题是：当你放学回家时，家中突然发生了一件很悲惨的事，你怎么办？而且边演边拍摄录像。考虑了几分钟，我是这样表演的：我兴冲冲地回家，掏出钥匙打开房门，进门后倒杯水喝。水喝到一半，转过身来看见亲人倒在角落里，我吓得杯子都掉在了地上，一下子扑到亲人身上，拚命摇啊，喊啊，还大声哭了起来……现在回想起来，我当时演得“过头”了一些，主考老师情不自禁地笑了。这毕竟是我有生以来第1次上台“演戏啊！

8月8日真是个吉利的日子。傍晚时分，邮递员送来了一封信，落款是上影剧团。拆信时，我的手有些抖抖的，取出信一看，我居然给录取了！我激动得眼泪直往下淌，我成了幸运儿！因为这次上影演员培训班在中学生里招收学员，经过了层层筛选，最后在上千名学生中才录取了21名。

我们的主课老师是电影艺术家、著名导演凌之浩先生。凌老师已年过七旬，他对我们小学员关怀备至。使我学到了许多在学校里无法学到的东西。凌老师对我们说：“这个培训班在17年前培养出了陈冲、张瑜、龚雪、郭凯敏等一批影坛新人。你们一定要珍惜这样的机会！你们现在好比是幼苗，要茁壮成长，就应用汗水去浇灌，这是要付出代价的，但付出代价也必然会有收获。”他的话，成了我勤勤恳恳、刻苦认真地学习电影表演艺术的强大动力。

半年后，在演员培训班上学到的两下子还真派上了用场。春节期间，上海电视台约我去拍“MTV”，给雀巢流行歌曲大奖赛的入围歌手配戏。我们一早驱车来到了郊区外景地，那是一个很美的地方，杨柳依依，小桥流水，明媚的阳光显出一派早春的温馨。我看到的这些，其实都是布景场面，实际上那天气温很低，而且北风呼啸、寒气袭人。我扮演的是一位卖花姑娘，化妆师给我化妆后，按剧情需要给我选了一条白色的真丝连衣裙，而且是短袖的！开始是试镜，然后是导演说戏，要求我提着花篮走上小桥，和男主角在桥上相遇……正式上镜时我已冻得双唇发紫了。可还得硬挺着把戏演好。当摄像机关闭时，导演说“你进入角色了，还真不差！”听了这声赞扬，我不由想起了在演员培训班结业典礼上著名表演艺术家张瑞芳老师对我们说的话：“我们把希望都寄托在你们这一代身上，上影需要新人！要努力呵，使自已成为一颗光彩夺目的新星！”老一辈艺术家的话铭记在我的心里，并将要激励着我在今后的艺术道路上更加努力去实践。

我演“秋菊妹子”

杨柳春

我做梦也没想到，会和大明星一起拍电影。我们拍的影片还居然在国际上捧回了个大奖。一看本文的标题，你也许已猜出了我是谁。我就是在《秋菊打官司》中扮演妹子的那个傻里傻气、土得冒油的山村女孩。

那是两年多前的事了，我至今还记忆犹新。那天正在上课，一位扛着摄影机的大胡子叔叔到我们教室，对着全班拍个不停。前几天，就听说过电影厂要到我们镇上来拍戏，还要挑选群众演员。自己长得丑，又没有什么艺术细胞，压根就没想到会有我的份。拍录像时，我正在和旁边的同学议论着什么，没在意。

出乎意料的是偏偏选中了我，让我在剧中演秋菊的小姑。

当得知演秋菊的就是当代大明星巩俐时，我既高兴又担心。高兴的是做梦也没想到会和巩俐一起拍戏，并且做她的妹子；担心的是她和剧组的人会不会看不起我。我土生土长，可是从来没见过大世面的。怀着这种十分矛盾的心情，由妈妈陪着我来到了《秋》剧的拍摄地。

第一眼看到的巩俐，穿着我们山里人穿的那种花棉袄，一点没有我想象中的大明星的架子。巩俐一见面，就亲亲热热地拉着我叫我妹子。我那七上八下的心算是平静了下来。

巩俐姐非常随和，平易近人，心地善良。为了演好戏，她常穿着那件短短的鼓鼓囊囊的花棉袄，围着条绿头巾，十足的农村妇女打扮。偶尔有人认出她就是著名影星时，都对她赞不绝口。我和巩俐姐一下子就亲热得像姐妹，在拍摄过程中也就无拘无束。

真的，说了你们也许不相信，虽说是第一次上镜头，可我一点不紧张。因为我根本就看不到摄影机。我和秋菊姐、庆来哥（刘佩琪饰）就像一家人在生活。这哥嫂俩对我太好了，我高兴还来不及呢，哪还有功夫去“紧张”。

担心倒是有过一次。那是在拍我骑车带嫂子进城一场戏时，雪后山路很滑。我的自行车后带着“怀了孕的嫂子”，难免紧张。一不小心连人带车一起摔倒，巩俐姐摔得不轻。只见她爬起来拍拍身上的土，见我一脸尴尬，忙没事似地鼓励我，叫我不要慌。以后，你们看到的就是影片中的我，车技还不赖吧。每当想起拍这场戏时，把巩俐姐摔得那个样，我心里就一阵阵不安。

《秋》剧在陇县的电影院试映时，我不敢去看，怕自己拍得不好。听到爸爸妈妈、老师同学、亲戚朋友都说我演得不错时，心里还是甜滋滋的。当《秋》剧在国际上得奖的消息传来时，我更激动。遗憾的是自从和巩俐姐分手后就一直没再见到她。我知道她很忙，但我相信她不会忘了我们朝夕相处的那难忘的4个月。《秋》剧是我们姐妹情义的永久纪念。

我正在努力学习，梦想着有一天能成为专业演员，梦想着和巩俐姐的再度重逢，再次合作。

（本文由骊山整理）

墨池散记

陈 挺

“你呀，真不像是个女孩子!”每每母亲踏进我的小屋便这样数落。的确，桌椅、床铺、橱顶，一切可堆放物品的空间无不被笔墨纸砚及各类名家字帖、书画杂志所占据。我把头从厚厚的《历代书论辑要》中探出，不经意地笑笑。我随手拿起一支毛笔，又环视了一下四周，便油然而生一丝拥有感。九年前当我第一次抓起笔乱涂乱抹时，我的身心已逐渐被浓浓的翰墨浸润了，再也无法摆脱。墨池中激起的涟漪在我的心河中一圈圈地荡漾开去……

1982年盛夏，我，一个学书法才几个月的小丫头，寻师心切，执意让父亲带我上市少年宫书法组走一遭。老师看了我的字，直率地说：“我们这里经常有外宾出入，你的字恐怕……”未等他说完，父亲便插上说：“我们就作旁听生，外宾一到，我们就停笔，行吗?”“老师，就教教我吧。我会赶上去的。”我急得快要掉下泪来。“那么，”老师沉吟片刻，试探地问：“2个月后市里将举行一次书法大赛，当场命题，你若是获奖，我就收下你。你有胆量试试吗?”我一时不知哪来的勇气使劲地点了点头。

转眼大赛临近。当场命题，意味着务必自己做主，如何动笔。赛场外，家长们千叮咛万嘱咐，唯恐孩子一失笔成千古恨。父亲却只吐出6个字：“莫慌，放开去写。”踏进赛场，人声嘈杂，叫喊爹娘者有之，碰翻墨汁者有之，隔着窗户和场外父母打手势、不时拿起字让父母评论过目者亦有之，很有些“爹娘不在而天下乱”之势。我迅速摆好应用之物，无暇顾及旁人的忙乱和父亲焦急的目光，自感所学的已抖落尽了，便挥毫一气呵成，早早地离开了赛场。父亲有些惘然：这么快?奖恐怕是得不到了。名次当众揭晓，我竟获了二等奖。

这以后，我自然成了市少年宫书法组的一员。墨池牵动起我的心，我痴痴地投入了它的怀抱。

起初，我只是盼望老师在我的书法习作上画几个红圈。其实那时圈得再多也只能谓之“像”，像古人的字帖。渐渐地，我开始“不安分”了，字帖中的字形深深地嵌在我的脑海中，我想再一次将它们排列组合，构筑新的富于时代气息的内容。这似乎也是一种“拼凑”，类似古时的排版印刷，它只将内容明白无误地呈视出来，而字的精神、气质呢？它本应有生命呀。

迷惑，我在小屋里一筹莫展。可是当我下意识地踏进美术馆的展览大厅时，流派纷呈的作品使我的眼睛亮了：外面的世界真精彩。我不妨在欣赏之余动笔描摹几幅，由此我养成了习惯。一次，有位书友忘了带笔，平平常常地借支笔就认识了。他与我临同一幅字时问我：“这幅字看似不很秀气，怎么吸引住你的呢？”我随口说：“艺术绝无以媚决定其优劣的道理，它古朴，但拙中藏巧，比起哗众取宠的作品要高明得多。”他点头又说：“你恐怕是临得多了，但多而不精，临而不舍也是一个弊病。”我猛地停住笔，好似触动了神经。俗话说“熟能生巧”，如此拼命地临难道也会出问题？他笑着解释：“字如其人，名家的字所以为他人所仰慕，亦有他特别之处，而这亦是他人性格、爱好等诸方面结合而成的最富个性的东西。人总有异处，若一味照搬便适得其反，即使学像了，也终究步人后尘。”我信服地点点头，又问：“如何使字不落俗套呢？”“古有‘书为心画’之说，以自然者为佳，但这又必须深深地扎根于传统的土壤中，其余嘛，”他顿了顿，说：“工夫在‘书’外。”好耳熟，我猛然想起近代书法家潘伯鹰先生也曾这样说。他在《中国书法简论》中写道：“书家以其全生命的全副生活皆熔冶于书法之中，因之托赖了他所专精了的书法，建立了他的不朽生命。”而从苏轼“退笔如山未足珍，读书万卷始通神”的诗句及杜甫对于草圣张旭观公孙大娘舞剑而草书大进的叙述中不也可窥见这“工夫在‘书’外”历来有之吗。我心中的结解开了。我将视野投向艺术领域的各个层次，篆刻、舞蹈、诗词歌赋都有所触及。

现在每每临帖之前，我往往注视字帖许久，有人谓之“读帖”。如同朗诵诗文，阅览篇章，帖中的佳妙亦得由自己慢慢悟出。我仿佛探身墨池之中，圆润流畅的秦玉箸篆，率真野逸的六朝碑版，变动犹神鬼的绵绵大草，我沉得愈深，愈加痴迷。我着力于正视自己，挖掘自己，不放过一瞬间的感觉，不勉强作书，也不重复某一个内容与某一种形式。

我的努力使我的小屋里叠起厚厚的获奖证书，也曾应邀访日。然而上海画院副院长韩天衡先生有一段独白使我心动：“攻艺者总期待成功，可是我以为成败不计的诚实求索对我更具诱惑力，更含大滋味。”是的，我的墨池中隐藏着我的眼泪、我的欢笑以及我的思索。墨池深深，我仿佛听到它在呼唤：“求索者，请在我的怀抱中纵情遨游吧！”

初显身手绘彩图

孙　禾

我在华山美术职业学校学习已经有半年多了，所学的专业是产品包装装潢设计。老师用大量时间教我们绘画基础、素描和水粉，余下的时间则教一些解剖、透视、美术字和书法，只不过敲敲本专业的边鼓罢了。对我们这些走向艺术殿堂的长廊里渴求创造美的女孩子来说，步伐似乎太慢了。

在我们默默地学习之时，机遇女神悄悄地降临了。一天，老师通知我们，停课一个月义务为东亚运动会开幕式画背景翻板。可是不知为什么，校长、老师们老是喋喋不休地重复着“任务艰巨”、“劳动密度高”；家长又担心我们会出事，怕我们成绩下降。可我不紧张，我正高兴可以小显身手呢，相信那些面露喜色的同学们和我有同感。

终于开“工”了。老师把我们领到了文化广场，召集到室内剧场一角临时棚屋里听大型活动组委会领导讲话。我们这才了解到所谓翻板实际上是用硬纸板订成的本子。一本有20几张，一共要画30幅，共有4000多本，每本比我们普通教科书大4至5倍。哇，这么多，吓死我了！幸好图案不用我们设计，我们只要放样和涂色。可是要干的事实在太多了，连领导也说我们这些十五六岁的孩子不能担此重任。幸好老师信任我们，不然就空欢喜一场了。

画翻板很辛苦，伤脑筋。画每幅翻板前先要翻本子，得有一个连的解放军花上一个多小时，才能翻完。画之前还要由我们趴在地上一本本检查核对，看看是不是有翻错页的或没有翻到的，不然万一翻错了，画错了张数，就要换本子，返工了。再说画的图案，幸好只是一些装饰画，图案并不复杂，但非常多，有一定难度。4000多本翻板叠起来有10米多高，拼起来有100多米长，气势宏伟。我们画的方法不同以往，是一手握着笔，一手拿着特制长尺，赤脚站或蹲在地上画。而且，不能站在翻板的中缝上，不然缝线就会断开。

绘制过程中最费神的是打样。要对着小稿子，一点一点一部分一部分仔仔细细地放。别看小画稿不大，但小稿子1平方厘米大的格子，放大了就要占翻板上4本本子。所以打样子、看格数、数行和定点连线，都非常重要。在画线打样的时候，不少地方是画弧线的，幸好平时一直画素描，手上有点儿功夫。还有画圆，比如小浪花、鸽子的眼睛，都是一些小圆。说小也不小，有一个篮球的一两倍大，而且不能像画大圆那样用线拉，只能徒手画。另外，打样还少不了同学之间的默契配合，如有的部分分组画，"城墙"的连接，"大楼"的复合之类，如果没有默契，画出的形象就不会那么对称、完整，进度也快不了。

涂色又是一个难题。丙烯颜料气味重，刺鼻，我们整天低头刷颜色，有时蹲在地上画，所以同学们在吃饭时总吊不起胃口，因为嗅觉失灵了。颜料的色差也很小，比如蓝就有钴蓝、淡钴蓝、湖蓝、淡湖蓝和群青等，非常容易弄错。

在一个月中，每天几乎都是五六个小时连着干，很辛苦，枯燥无味。因为整天赤脚站在翻板之上，又凉又累，有的同学病倒了，还有大部分同学腿关节痛。

工作虽然劳苦，但我们这些小大人却有自己独特的乐趣。我们的乐趣不单是每天画完一张后，面对自己五彩纷缤的杰作感到喜悦，还有我们自己独特的娱乐方式。涂颜色时，颜料弄在手上、衣裤上，清清纯纯的，一点点一滴滴的，对我们来说也是一种美。于是在你身上打个手印，在我裤腿上画个猫爪，嘻嘻哈哈十分开心。

经过这次实践，我明白了，开学后有太多的东西要学，轻视素描和水粉这些基础课是不行的。

剪窗花

田强英

一双双纤巧的小手，夹着小剪刀，捏着一叠叠缤纷的彩纸，随着“嚓嚓”声响，五彩缤纷的纸花便纷纷扬扬飘落，像空中洒下无数的小花。女孩子坐在这缤纷的花雨中，展眉含笑，灵巧地操纵着手里的剪刀。于是奇迹发生了：有洁白可爱的小兔子睁着红宝石似的眼睛在草丛中张望，有漂亮的大公鸡正迎着初升的朝阳引吭高歌；有载歌载舞的倩女，有舞枪弄剑的俊男；还有古朴素雅的房舍、争奇斗艳的花朵、青翠欲滴的松林……诗一样的意境，画一样的景致，全被这奇妙的剪刀剪出来了！于是空中悬起，墙上挂起，床头贴起，案上摆起……把个小小的天地装扮得绚丽多彩、熠熠生辉。女孩子看着自己的杰作，嘻嘻哈哈，乐得手舞足蹈，震得地板“嘣嘣”直响。

男孩子探首一瞅，撇撇嘴：“太艳，太艳！”女孩子冲他们一瞪眼：“艳又怎样？十几岁的少女不艳谁艳?”老校长颇认真地琢磨了一番，然后说：“嗯，不错不错，只是色彩太多！”“嘻！”女孩们抿嘴笑了：“单调颜色不属于女孩，女孩本是丰富多彩的全色。”女教师踱着深沉的步子，若有所思地说：“我像步入了美丽的花园，回到了美好的青春时代。”“哇！”女孩们满意地大叫，蜂拥而上，围着女教师叽叽喳喳：“到底是老师最理解我们女孩。”“老师，你看那图案该叫什么呀?”女教师端详许久，才回答：“不知道，也许是女孩梦中的秘密吧！”

于是，女孩子又不停地剪起来，边说边笑边剪，第一批贴上还没干，新的剪花便又悬了上去，昨天看着还觉得挺适意今天便觉着不顺眼了，“唰唰唰”，撕下又换。一次比一次美妙，一次一个新样，决不重复。女孩们头脑里稀奇美妙的东西实在太多，总也剪不完。啊！女孩的天地总是日日翻新，春天永驻！

剪呀剪，女孩剪掉了羊角辫，剪去了稚气，剪出了成熟，剪来了如诗的花季！

12

怡情的闲暇娱乐

说些读书法

边 及

《少女》编辑部：

我有一个很大苦恼，就是不知怎样读书收效大。你们读书多，一定有许多读书好方法，给我介绍一些好吗？我企盼着你们的指导。

李 玲

李玲同学：

会不会读书确实很重要，根据我的读书体会，参照有关资料，向你介绍几种读书法，供你参考。

“点线面体”读书法

“点线面体”读书法亦称分阶段读书法。

“点”是读书的第一阶段。首先根据学习上的需要确定一个大致的攻读方向，以此为前提，广泛地阅读与之相关的书籍，以求对所攻读的对象有一个总体的、粗略的印象。

“线”就是在“点”的读书基础上，寻求线索，使知识条理化。它包括两方面的含义：一是还要继续阅读攻读对象的有关历史知识，以求对对象(学科)的过去、现在未来有所了解；二是把原来零星的“点”堆积成线索，找到各点的相互联系。

“面”就是在对某一门学科充分了解和把握了大致脉络的条件下，再学习与该学科有密切联系的邻近学科的知识。

“体”是读书的最终目的。这一阶段是一个边学边用，将理论知识应用于实践的过程。

概括起来，这种读书方法就是：堆积点，点串线，线织面，面组体。

“读要点”读书法

读 要点是读参考书和普及读物的一个重要方法。其方法可用“总、分、合”三个步骤加以说明。

“总”，就是在浏览前言、后记、引子、编后的基础上，认真地读一读目录，以概括了解书本的结构、体系、线索、内容和要点等，以形成对全书的总体印象，做到提纲挈领，心中有数。

“分”就是在读目录的基础上，逐页但不是逐字地掠读全文。掠读中，除进一步熟悉记忆书页中的大、小标题外，还须注意那些加了框边的要点、黑体字和有特殊标记的字、句、段，以及自己根据学习目的认为要掌握的内容，这些往往就是每章每节的关键所在。

“合”，就是在翻检掠读全书后，头

脑中已有了许多具体印象，有必要把它条理化、系统化，使观点与材料有机结合。因此，不要忘记结合掠读所得再回过头来仔细地读一遍目录，并加以认真地思考、综合，以弄清其内在联系，达到总结、深化、提高的目的，进一步深入领会在读时所不能领会的许多东西。

“迭浪式”读书法

“迭浪式”读书法是要求你把每篇课文都读20来遍：第一天读第一课10遍：第二天读第二课10遍，第一课5遍，第三天读第三课10遍；读第一、第二课各5遍；第四天读第四课10遍，读第二、三课各5遍，再读第一课2遍。这种几课并进的迭浪式读书法，可提高时间利用率；而递减式的节奏又大致符合人的记忆规律。

“分别缓急轻重”读书法

就是说，知道哪几部书是必须细读的，哪几部书只要翻翻，哪几部书只要放在书架上不必动，等到我们用得着它的时候才去查考。因为我们需要看的书太多了，倘使无论哪一部书都要从第一个字看到末一个字，那么，人的生命有限，一生能够读多少部书呢？

读书法很多，就不一一列举了。重要的还在于读书要多思，学会分析、归纳、比较。

愿你能读完更多的好书，使自己更充实。

我喜爱调动千军万马

张玥敏

一天，爸爸给我买了一副塑料制的特种兵部队军棋，这些小士兵，才2厘米高，个个栩栩如生。一有空，我就当统帅，摆上它们来一次大战役。

一天，我在看《世界五千年》时，对“凡尔登战役”产生了浓厚的兴趣，很想了解当时双方交战情况。于是请小特种兵帮忙。照书上讲的，我调来一个德国兵团，有军官，有士兵，一律身着深灰色军服。它们的形态各自不一，有的举枪瞄准前方，有的趴在地上架着机枪准备扫射，还有的正端着枪跑步前进，有的手持炸药包匍伏前进。我还搬来了一个法国兵团。法国士兵们手持各种武器，个个神情严肃。接着，我用积木搭成一个三角形的战壕。又在它的周围用军棋筑了几座威武的炮台，并将一些法军士兵置入掩体。德、法两军在凡尔登的模拟战役拉开了序幕。

我学着讲解员的口气介绍：“第一

次世界大战期间，在德国新任参谋长法尔根汉的策划下，凡尔登战役于1916年2月21日早晨7时15分开始了!”说着，我把一枚枚塑料做的1厘米长短的红色小炮弹填入德军大炮炮膛。一声令下，炮弹“嗖”一声冲出炮膛，射入法军“掩体”，顿时用军棋筑起的“城墙”哗啦一下倒了一大片。一些士兵被压在废墟里，另一些士兵被炮弹击中当场“牺牲”。法军境况惨不忍睹。德军炮群以每小时10万发炮弹的速度把法军战壕系统整段整段摧毁，使许多法军士兵来不及躲避就丧了命。

12小时后，法军的主要防线已被声势浩大的德军突破。我又学着战地记者报道战况：“2月25日，法军面临被包围的危险。法军阵地上已是一片火海。”看了看已被我弄得一蹋糊涂的法军阵地，我说：“法军有些战壕已被德军占领。当天，法军司令部连忙向前线增派援兵，并且让贝当担任军区司令员去前线指挥战斗。”

法军有了后援部队，夺回了部分被占领地，并修复了被大炮击毁的战壕。我照着书上说的搬来了法军的大炮，还把法军士兵一个个搬上炮台，处于待命状态。法军大炮涂着深绿色油漆，炮筒口径远远大于德军炮筒口径。当时，一门炮的射程远否，取决于它的口径大小。这样德法两军势均力敌了。我并不急于去清除堆放散乱的积木和已经在战斗中“死亡”的士兵，因为我想让这整个模拟战斗增添一些气氛。

“于是，德军又发动了两次进攻。”我又像一位司令员一样对着那些听不懂我说话的小士兵发号施令。我用手摆弄它们，一忽儿来到法军阵地，“命令”它们迅速转移，一忽儿跳到战场中央“指挥”德军进攻凡尔登。两军似乎打得颇为激烈，我也忙得不亦乐乎。有时，炮弹打不中士兵，我就按自己的想象拔掉几个步兵。双方曾多次集中兵力争夺的一个地势较高的炮台已被炸成残墙断壁，我仿佛看到几个步兵被压在废墟中。模拟战争结束了!

我有些累，躺在沙发上，却不知不觉，进入了甜蜜的梦乡。在梦境里，我又在指挥千军万马……

电脑在现代家庭生活中的应用

人类社会已进入信息时代，离开信息人们将寸步难行，而电脑则是人们处理信息最有效的工具。

随着电脑的广泛运用，其触角正在逐步地伸入家庭。据专家预测，在今后几年里，电脑将作为新的三大件之一进入市民家庭。

电脑在现代家庭生活中的应用前景极其广阔，它可以称职地担当起家庭教师的职责。目前软件专家们已经设计出了整套的中小学各科学习软件。当你想学习某一科目时，电脑会根据你的年级、学习进度和你的要求自动给予你该科目相应的概念，综合练习题。如果你解不出，可以要求给予提示，提示一般都是发散型多思路的。如果解题超时或者错误率高，电脑会自动降低难度，反之将增加难度。为提高学习兴趣，当你解出一些较难的题目时，电脑会给予你奖励，任你选择一段音乐，一段动画或是一段游戏。

如果你想学习英文打字，电脑将是你最佳的老师。流行的英文打字软件，一般将整个学习过程分为三百级，从最初的双手中排键指法练起，一直到四排键混打。训练材料从单个字母、词和短文一直到长文。当你循序渐进地跟随电脑通过三百级，你将成为世界上一流的英文打字员。

现在有许多人都是在家里用电脑进行写作。他们普遍认为电脑写作增删方便,速度快于手写,完全能跟上思维速度,所写即所想。几十万字的大作,只要一张小小的软盘便装下了,省却了许多纸和墨。想要出版,只需交张软盘。

民以食为天,而如今食又以营养为重,电脑营养食谱软件将为你开出一片新天地。每天你只需把所买的菜输入电脑,电脑便会根据你的口味和营养学原理制订出三餐菜谱,你只须照单制作,美味佳肴便会出现在你的餐桌上,而且营养全面。

爱美是人的天性,时装则是美的体现。当你为如何翻新犯难时,电脑时装设计软件会帮你的忙。你可以在电脑上自行设计你所喜爱的时装,从式样到色彩,效果会在屏幕上立即显示出来。如果你满意了,电脑会根据你的身材实际尺寸,绘出标准的裁剪图。你只需按图索骥,一套自行设计制作称心满意的时装便会出现在你的身上,一定光彩照人。

藏书是许多人都有的嗜好,可有时会为寻一本书翻箱倒柜。有了电脑就可以建立起家庭图书管理系统,哪本书在什么地方,什么时候给人借去了,一目了然。要想找些资料也极为方便,只须告诉电脑想要的东西,就会立即检索出有关这方面的所有图书。电脑还能为你的家庭理财,管理收支帐目,提供投资方向及最佳投资组合。如果你想投资股票,电脑会根据每日股票行情,提供各种技术图形,为你买卖股票选择最佳时机。

随着人际交往的日益频繁,电脑也就大派用场了。它不仅可以记录你所交往人的姓名、地址和电话,还可以储存与此人相关的所有信息,如生日、爱好、习惯、口味、结婚日及其周围关系。查询方便、迅速。

在家庭娱乐中,电脑同样可以大显身手。它可以用来作曲并演奏,你可以随心所欲地写上几段曲子,为这些曲子配上各种乐器,让电脑演奏给你听。还可以用电脑来进行绘画,制作平面或立体的动画片。当然家庭娱乐中少不了游戏,电脑游戏软件的画面比一般游戏机的画面更清晰更逼真,内容也更丰富。

随着现代科技的不断进步,家用电脑的涉及面将越来越广。它可以与现代通信网络和信息网络联网,每天早上只要一打开电脑,各大报纸的版面便会出现在屏幕上,任你浏览。如果你想看各地的最新杂志,电脑会使它们立即出现在你眼前。只要你的电脑接通国际信息网络,你就可以随时随地了解到世界任何一个角落的情况。

电脑将会给我们的家庭生活带来越来越大的影响。

在娱乐中体味生活

周真翼

星期天，邻居的少女扛着钓鱼杆走出家门。看着她这副模样，我惊奇地问:“你这是干什么去?”

她说:“钓鱼。”

听着这不容置疑的回答，我更惊奇了:“一个女孩子怎么想到去钓鱼?”

她腼腆地一笑，解释道:“我最近在看《红楼梦》，第八十一回写了宝玉与探春几个姐妹一起钓鱼玩，我眼前好像出现了一幅‘四美垂钓’的图画，真令人神往。这几天我一直想去钓鱼，好不容易盼来了星期天。”

能说她可笑吗?我像她这么大时，看一本书，听一首歌，都会使我身临其境，浮想联翩。少女好幻想，爱沉思，她的生活面局限于学校和家庭，因此她的另一个朋友——课外文化娱乐对她的影响是很深的，看影视，读小说，占了她娱乐时间 的大部分。于是，在想象中，她自己也幻化成了作品中的人物，喜人物所喜，哀人物所哀，她还想在生活中重现作品的内容，于是在言谈举止、穿着打扮上模仿人物。比如，电视剧《上海滩》播放时，她在课堂上就用冯程程的语调回答问题；电影《霹雳情》还在公映，“奔式发型”出现了;邻居少女看《红楼梦》，又引出了钓鱼……由此可见，为了实现幻想而置习俗不顾，这也不失为一种着迷的表现。

少女处于身心成长时期，没有生活经验，因而需要借鉴间接经验，这是无疑的。我在少女时代阅读了大量中外小说，出于一种少女特有的迷恋，一种发自内心的兴趣，我还模仿着那些小说中的人物、语言，写出了一篇篇“自己的小小说”，这种写作不仅使我的文笔得到了锻炼，更使我的心灵反复品味到了人心的挣扎，沉浮，令我间接感受到了社会的复杂，人生的严峻。这严峻、这复杂，在我少女时的眼里也是富有诗意的，由此培养出了自己独特的个性、能力，于是我说:“我从书本中走了出来”。

我之所以理解这些，因为我自己也有过类似的心理，因此我觉得自己也有权利对那少女说:“你去钓鱼吧，你或许是探春，又是岫烟，但也既不是探春，又不是岫烟，归根到底，你要塑造出你自己来。”

棋友们

顾利萍

我，虽说是个巾帼，却有着比须眉有过之而无不及的好动。不论篮球、排球、爬山、辩论，我都喜爱。然而最热衷的要算下象棋了。

每逢周末的晚上，不论在教室还是在食堂，我只要一头扎进棋盘，就欲罢不能。以棋会友，真是其乐无穷。

棋友张：他是个比我高一级的男学生，矮矮的个头，相貌普普通通。唯有那满脸的“青春美丽疙瘩豆”才使人过目不忘。他可称得上我校的棋圣了，因为他自从进了这个学校还从未有过输的纪录，连好多老师都对他刮目相看。由于有这特殊的才能，他的大名在同学中广为传颂，可谓没人不知无人不晓，但好多同学却只是闻其名而不识其人。然而当别人提醒一下：“喏，这就是高一(5)班的张军！”才恍然大悟：“啊，是他呀！”末了还要加一句：“真没想到！”

同他下棋，我总输无赢，常有束手无策的感觉，因为他的棋艺实在高于我。他眼光锐利，考虑周密；每走一步棋我是决猜不透其意图的，常常是危机四伏，四面楚歌。而我每动一子，他则已知下三步该怎样走。但他也有聪明过头的时候。记得有一次，我在他咄咄逼人的攻势下，连连败退，眼看山穷水尽，我胡乱走了一步，他竟轻喝一声：“好棋！”弄得我丈二的和尚摸不着头脑，再三请教后他才狐疑地问：“真不知还是假不知？”当确认我真的不知道时，他才把这步棋的妙处道出，使我也不禁拍案叫绝，真是绝处逢生。

棋友顾：他是我同一年级的学生，高高瘦瘦的，要不是位男性公民的话，我猜准有人叫他“杨二嫂”。每当刮大风的日子，我就为他担心，怕大风会把我这位棋友刮走。

同他下棋时总可看到我们争争吵吵，面红耳赤的情景。因为他是个孩子气十足的人，我们常相互耍赖，输了都要悔棋。与他在一起我自己也仿佛变小了。一次下棋，他用马吃我车还要夺我帅。丢帅是万万不能的，可失车也是我心疼的。急得我抓耳挠腮不知如何是好。他却得意极了，气得我乘他不备，一抹手，就把他的马给抹到地上。这下子我可虎口脱险了。当他再把目光回到棋盘上时，不禁大叫：“我的马呢？”然后桌子上、棋盒里、口袋里、地上都找遍了，可还没有找到。开始我还暗暗好笑，后来看他真急了，也帮着找，就是找不到，不知给我抹到哪儿去了。我只好开玩笑地说：“你的马不愿杀生，所以出家到五台山去喽！”

他的确是个不错的棋友，为了使我能参加校象棋比赛，特意买了棋，花了好多时间陪我练。后来我在棋赛中失利了，他却一直安慰我，鼓励我，劝我别气馁。

棋友葛：与他相识是在一次打乒乓球中，他矮矮的个头与我一比，低了那么一点。我班同学都说我们很像，如姐弟一般。由于有这个缘份，使我们两人特别合得来。他有一个显著特征：一笑起来眼睛就弯成月牙儿，样子可爱极了。同他下棋非常有趣，因为常能听到一大堆有趣的故事和一连串的幽默话，让我忍俊不禁。

我们时而专心致志地下棋，时而面对棋盘抱膝而坐，相互倾诉着自己在学习、生活中所遇到的烦恼。

我们下棋时对观棋者有个严格的要求：“只许看，不许说。”谁要违约，我们会同时把一只手的食指、中指并竖，其余三指弯曲在掌心作个制止的动作。同他下棋，我侥幸能赢上一两局。

他见我赢比他自己赢了还要高兴，可能是看到我有进步了。

棋友王：他是个急性子的人，连平时走路也是一股风风火火的样子。同样，下棋也是速战速决，一盘棋在10分钟内就可以分出胜负。他特别擅长用炮，而且用得神出鬼没，所以有个“嗜炮如命”的绰号。几次交战下来，我掌握了他的这个特点，于是常常不惜一切代价铲除他的炮。他准气得哇哇大叫，发誓一定要把我杀个片甲不留，不然也要与我拚个鱼死网破才肯罢休。

还有好多好多棋友，我们之间正如一首歌所唱的：“你不用介绍你，我不用介绍我”，只要一坐到棋盘旁就有了一份默契。棋盘使我们结下了不解之缘。

航模队的『独养女』

王　征

穿过人群，我找到了小径尽头的普陀区业余军体校。那是座略显陈旧的楼房。一块简单的木板悬在楼梯口，上面写着：航模组。

上楼，进屋。叶晔在，她的教练也在。还有几个男孩。

“真不好意思，这儿永远是乱七八糟的。”叶晔笑着说。是很乱，一间不大的屋子，被零件、机床、图纸占满，四壁悬挂着各式各样的机身机翼，就连办公桌上也都是胶水、漆罐、小榔头。

我不禁凝望叶晔。她梳着长长的“马尾巴”，一身素装，笑起来双眸似弯弯的月亮。瞧她那清纯秀气的模样，真不敢将“一级运动员”与她联系起来。

我说：“能不能让我看看你那架获上海市第一名、全国二等奖的模型？”

“真不巧，它被留在北京了。给你看我最新做的吧。”她小心翼翼地拿出了一架“F16战斗机”，凌乱的桌面顿时被这份精致映得生辉。乳白色的机身、挺括削尖的机头、弧型的机翼，好像好美。我几乎疑心这是用魔法将真机缩小而成的。“这轮子是航模商店买的吧？”我随口问。“不，是我用机床车出来的。所有的零件都是我做的。”我钦佩地说：“叶晔，你真行！”

这时，她的教练走了过来，大约50岁，很精神也很亲切。

我环视着周围的男孩问教练：“你当初怎么肯招收一个女弟子呢？”

他不假思索地说:“因为她的性格像男孩。”一句话逗得我们都笑了。

叶晔告诉我她从小就“闯”。当其他女孩抱洋娃娃“办家家”时,她却爱和“小泥猴”们一起捕知了,打弹子,拉弹弓。她也爱画画,尽管哥哥尽拿她的“杰作”取笑,她却不在乎。

读初一时,她在学校的墙上发现区军体校招航模运动员的通知,她咂了口手里的冰淇淋,对同学说:“我要去。”其实,她那时只是出于好奇和贪玩才这么说的。

叶晔真的去了,还戴着红领巾。头一回闯进航模世界,她看呆了,幻想着自己也在蓝天之下放飞……等有人高声叫她的名字时,她才转过神来。她看见一个中年男子正用疑惑不解的目光看着自己,手指还敲着她填的报名单:“你,一个女孩子,怎么会有兴趣搞航模?”对这个问题,叶晔毫无思想准备,脱口而出:“我喜欢。”中年男子点点头说:“那好,你回去做一件作品送来,随便什么都行。我看了以后再决定。”她发现那中年男子的目光中充满着鼓励,但并不知道他就是自己未来的教练。

回到家,正当她为制做什么而犯愁时,表弟的玩具汽车吸引了她,那红色的流线型跑车真帅。在她的软硬兼施之下,表弟终于嘟着嘴答应借她玩几天。

叶晔如获至宝,立即忙开了。她把跑车的各个侧面都仔细地画在纸上,标上尺寸,反反复复地画了十几套图纸。

画完了,困难又出现了,她不会锯木头。她请教哥哥,哥哥对这个总是突发奇想的妹妹早已习惯了,二话没说教起她来。她学得挺认真,没多久,居然也锯得像模像样了。代价是那双纤瘦的手上布满了血泡。

叶晔说那些日子她就像着了迷似的,每天一做完功课就泡在作品的制作里。失败过多少回已说不清了,只记得交上去的是辆粗糙笨拙的木头汽车。

教练拿着这木头汽车观察了好一会儿,问:“是自己做的?”

叶晔 骄傲地扬起下巴:“没错。”

功夫不负有心人,凭着这辆木头小汽车,叶晔加入了军体校航模队,她惊异地发现队里只有她一个女孩,而且年龄最小,与那些大男孩说话还得仰着头。她曾有过一丝犹豫,但天生的乐观和好强不容她退缩。于是每个星期天她都告别心爱的卡通片去参加军体校的训练。

“在男孩堆里搞航模,你感到胆怯吗?”我问。

“当我全身心地投入训练时,会忘了自己是女孩子。”她说,“这样,在心理上我就决不会落后。”

正谈着,她的一帮哥们围了上来,个个高大聪颖的样子。

我问那些男孩“既然叶晔是这里的独养女，一定是你们的重点保护对象喽?”

一个男孩笑出声来，他说：“叶晔刚来时我确实没把她放在眼里，瞧她是个女孩，小模小样的，而我已是老队员了。没过多久，有一件事改变了我的看法。那天，我们做室内模型中最困难的一步——拉机翼膜，就是将硝化棉溶剂拌上增塑剂均匀地倒在水面上，待溶剂挥发，就形成一层极薄极轻的硝基薄膜。这种薄膜相当难做，倒液剂时，快了，膜会散开破裂；慢了，膜又会太厚，超过了0.03毫米的厚度。叶晔是第一次尝试，做了十几张都没成功。后来终于有一张机翼膜形成了。她轻轻拉起，还来不及欢呼，电扇的一阵风毫不留情地就把膜吹破了。她很恼怒，关了电扇，又做了一张。这次由于拉得太紧，机翼膜被水的吸力撕破了，又成一团废品。

“这时我已经轻松地完成了任务。虽然我当初曾经历过三四十次失败，但仍调皮地喊：‘金利来，银利来，男人的世界!’

“我原以为她会哭会骂甚至会要耍小姑娘脾气摔她的作品。但她只是咬了咬嘴唇，仍旧低头做。在我与别人闲聊时，第一张属于叶晔的机翼膜出现了。夕阳下，它闪耀着晶莹的水色，洁白如云，非常美。当时，叶晔笑得可甜了!

“我被她镇住了。从来没有一个女孩能给我这么大的压力。”

叶晔听了这话，有些得意，忍不住做了个鬼脸。

另一个男孩说：“我们男生一有空闲就喜欢东南西北地乱侃，她却总是一声不响地研究图纸，我们也就不好意思再侃下去了。”

我笑着道：“这么说，她是最厉害的女孩了!”

“OK!”他们不约而同地拍她的肩膀，弄得叶晔大叫痛死了。

接着，教练也对我说了叶晔一件事：“叶晔的第一架室内航模是冬天做好的。那时她的手生满冻疮肿得可怕，花了整整一天的时间才完成了最后一处的粘合。当时，她激动得难以抑制，满脸都发放着兴奋之光。我走过去，看了她的作品一眼，说：‘这架不行。’她不服气，当即就飞。果然，那飞机像喝醉酒似地歪歪斜斜一头跌在地上，撞得粉碎。她的脸顿时苍白得像窗外纷纷扬扬的雪。她一声不吭，默默地用颤抖的手拾起‘飞机’残骸。一个星期后，又一架航模在她手中起飞了。飞得很高很远。我表扬了她，她却淡淡地说：‘这是我的起点。’”

叶晔的坚强乐观是全队公认的，可她悄悄告诉我，为航模的事，她曾经哭过两回。

第一回是首次参赛，她的航模因橡筋扭距过大，螺旋桨无法转动摔了下来。实在太伤心了，她全然不顾平时的倔强，泪水决堤而涌。这次失败她铭刻在心，每每忆起，即收去惰性，更加刻苦地训练。

第二回是初三直升考前一星期，迎考复习非常紧张，正巧那时她要去参加市第九届中学生运动会，班主任坚持不让她参赛。她急得直掉泪。那架打算拿去比赛的室内航模可是她半年的心血啊，最后她哭着保证一定做到考试比赛两不误。一向严肃的班主任被感动了，终于同意参赛。那些日子，她每天都在中午把作业做完，一放学就骑车一个多小时去万体馆熟悉比赛场地。测风速，试扭距，选择最佳飞行角度。一遍遍地练习，一次次地总结。等她疲倦地骑车回家时，已经是万家灯火的时候了。

比赛终于来临了，偌大的空间里满眼都是运动员和模型，气氛十分紧张。她还发现比赛场上只有她一个女孩子，她被其他运动员注视得有些不自在，这时，她的教练走过来，认真地对她说："你能行的。"她听了，心头暖暖的。

几分钟后，比赛开始。教练们都被请到另一间屋子里。叶晔已经完全镇静下来了，她有条不紊地计算风速风力，绕着橡皮筋。接着，她与几个男孩同时放飞模型。那几个男孩为了抬高模型而设法使模型底部的空气受热，有的把狂搓后热乎乎的手掌伸向空中，有的点了香烟让烟雾袅袅上升，有的索性拿了根空心竹竿对着模型吹热气。她的队友跑来问她是否也想个歪办法。她自信地摇了摇头："不用，女孩子有女孩子的参赛办法。我的技术足够使我取得胜利了。"

果然，当其他模型落地时，她的模型还徐徐滑行在空中，轻盈优美，像只燕子骄傲地接受着众人的目光。留空时间 10 分 2 秒，这不但使她得到了第一，还为她赢得了一级运动员的称号。

她满心欢喜地回到课堂上，顺顺当当地通过了直升考试。

我问："那你的像真机是怎样获奖的呢?"

"像真机的评分主要在于外观，如色泽，比例，精确程度。所以运动员本人并不到比赛现场。"她遗憾地说。

傍晚时分，她结束了训练，领我到她家。

她有个小天地，整整齐齐地放满了名著和关于舰船航模的杂志。床头还有只毛绒绒的玩具猫滑稽地笑着。她过着潇洒自如的生活，从来不对别人提起自己的成绩。

问起她的今后打算。她沉思了一下说："虽然高中毕业后就没有比赛的机会了，但我仍是航模队的'独养女'。"是啊，航模运动是她的梦。我仿佛看见了她站在大男孩中间又一次放飞……

智力测验3题

金 戈

(一)为什么放掉了大个子?

公安人员在一次侦破中，依法暂扣了两名嫌疑犯。其中一个是60多岁的大个子,一个是30出头的小个子。当问到在作案这段时间内他们在干什么时,大个子说:“我一夜没有出去,第二天8点多起床的。”

“起床后在干什么?”

“我一边刷牙,一边唱京戏。”

“有没有证人?”

“单身汉，无证人，不知邻居听到没有,不敢乱说。”

小个子的回答是这样的:

“我一夜没出去,大约晚上7点半左右就睡觉了。第二天一早我起床后，发现我的那只老式三五牌台钟停了，就赶紧上起发条来。它常常不走的。”

“钟什么时候停的?”

“8点25分,我记得清清楚楚。”

“有无证人?”

“我的老婆可以证明。”

大个子的话显然不合逻辑，一边刷牙怎么能一边唱京戏呢?小个子对答如流，给闹钟上发条是很正常的。但公安人员考虑以后,放掉了大个子,而将小个子继续扣留待审。

你知道这是为什么吗?想一想。

(二)作画骂慈禧

相传山东烟台一带有个远近驰名的画师叫李奎元。慈禧听说了，就召他进京到颐和园作画。于是，李奎元带着4个徒弟来到了颐和园。

李画师听说修颐和园的钱是建海军的库银，背地里常和徒弟们说:“慈禧这老妖婆,洋鬼子一来,吓得屁滚尿流,跑到长安避难。洋鬼子一走,又作威作福兴妖作怪。真是亡国的祸根!”4个徒弟也忿忿不平。

慈禧要做一个最豪华的大屏风，指派李奎元在屏风中间画一幅最好最美的图画，以便摆在仁寿殿里。李画师接了这个活儿后，就关起门来一个人在屋子里作画。

画完成了。慈禧很高兴，决定第二天亲自去看看。这天晚上,李画师把4个徒弟叫到跟前说:“老妖婆看了我的画,一定要大怒,非杀我不可,咱们赶快逃走吧。”于是师徒5人,连夜逃出了北京城。

第二天，慈禧带着百官来看画。太监恭恭敬敬地掀开黄绫幔帐。一看,上面画着一个活生生的大胖小子,红肚兜、豆绿裤子,胖乎乎的身子,两个粉红脸蛋,水灵灵的大眼睛,跪在午门前，手托一个又红又大的寿桃。画的背景是各国军旗招展，兵马成队成行,枪炮威严待放,主帅耀武扬威,真是一幅生动的军阵图。文武百官齐声喝采,这个说画的是“仙童祝寿”,那个说画的是“万国来朝”……慈禧先是点点头，后是摇摇头，突然，她勃然大怒，传旨把李画师火速带来。不一会太监回奏：“画师昨夜已带领徒弟逃离京城，去向不明。”慈禧恶狠狠地问文武百官：“你们看了半天，知道画的是什么吗？”群臣惶恐地跪在地上不敢出声。慈禧冷冷地说：“这东西好大胆，竟敢用谐音画骂我！”

你能猜出这幅画是什么意思吗？

（三）谁是美女爱伦？

传说英国诺丁汉郡的雪林地方，出过一位绿林英雄罗宾汉。他专门劫富济贫，与国王贵族分庭抗礼。关于罗宾汉和他的伙伴有许多有趣的故事，其中罗宾汉为阿兰和美女爱伦撮成美满婚姻一事，曾家喻户晓，传为美谈。但阿兰首次向爱伦求婚的故事，知道的人就不多了。

原来，阿兰本是卖唱艺人。有一次他在吟唱时见到了美丽的爱伦，立即被她迷住了；爱伦也被阿兰的美妙歌喉所吸引。从此，阿兰经常在爱伦窗下弹唱，倾诉对她的爱慕之情，终于赢得了少女纯真的爱情。

于是阿兰到爱伦家里，向爱伦的父亲求婚。爱伦的父亲是个财迷，一听阿兰的话就勃然大怒，打算立即拒绝贫穷的阿兰。但爱伦却向父亲表示要嫁给阿兰。她父亲只好出了一道难题，心想一定能把阿兰难倒。

他让爱伦和两个身材极为相像的邻家少女用纱巾蒙着全身，背朝着一张长桌坐着，每个少女背后的桌上都有一朵花和一句话（这句话和花朵都是由少女自己选择的）。

第一个少女背后是一朵月季花和“我爱你”这句话。

第二个少女背后是一朵郁金香花和“我答应你的请求”这句话。

第三个少女背后是一朵玫瑰花和“我隶属于你”这句话。

阿兰凭着自己的才智，一下子猜中了。只是由于老头毁约，阿兰首次求婚才落了空。

你能猜出哪位少女是美丽的爱伦吗？

智力测验答案

（一）

60岁左右的大个子刷洗的是假牙，所以能边刷牙边唱京戏；而小个子的旧式三五牌闹钟，8点25分时，时针与分针正好把发条孔遮住，无法上发条。

（二）

李画师画的是一幅谐音画，意思是说：慈禧在洋人侵略者面前“临阵脱（托）逃（桃）”。

（三）

第二位少女是美丽的爱伦。

因为：第一朵月季花和第三朵玫瑰花都是带刺的，只有郁金香花没有刺。而且也只有第二句话最恰当地回答了阿兰的请求。

趣味智力测验12则

谢　里

1.“军长比师长大,帅比将大”,这话一定对吗?为什么?

2. 点燃一根火柴,大约需要0.2秒,那么,点燃7根火柴,至少需要多少秒钟呢?

3. 一次,我发现一位朋友的手表分针是在逆时针方向转动的,这是什么道理?

4. 在水面上浮着的时候,肚子喜欢朝天的是什么鱼?

5. 要印一张有红、黄、蓝三色的图片,需要几种颜色的油墨?

6.“车”字、“占”字,各加一笔可以变成哪两个字?

7. 公山羊和母山羊,哪只会长胡子?

8. 一对面貌相同、年龄相同、生日相同的亲姐妹,却不承认是双胞胎,这是什么原因?

9. 一块冰砖切两刀,成了几块冰砖?

10. 3个人表演高空跳伞,不幸得很,他们的伞都突然坏了,3个人直跌到地上。奇怪的是3个人都没有受伤送进医院。这是怎么一回事?

11. 有一年,香港某地有一名侦探逮捕了5个嫌疑犯,而这5个人供出的作案地点各有出入。经过进一步审讯,他们分别提出了如下的申明:

A.“5个人当中有1个人说谎。”

B.“5个人当中有2个人说谎。”

C.“5个人当中有3个人说谎。”

D.“5个人当中有4个人说谎。”

E.“5个人全部说谎。”

当然只能释放说真话的人。那么,该释放哪几个人呢?

12. 某一年在某地,户口调查员查至某户时,恰巧碰到屋里的人有私事,一时不能开门。于是调查员在门外问:“府上一共有多少人?”

答:“共有3个人。”

问:“你们的年龄各为几岁?”

答:“我们3人年龄的乘积是225,加起来的和数刚好等于我们的门牌号码。”

调查员抬头看了一下门牌号码,是31,便想了一想,接着问:“你是不是屋子里年龄最大的一位?”

答:“你为什么要问这个?不错,我正是3个人中年龄最大的一位。”

调查员听了,轻轻一笑,便把这户住宅里3个人的年龄,分别记录在调查簿上了。

少女朋友们,你知道他们3个人

的年龄是多少吗?

趣味智力测验答案

1. 不一定。因为在中国象棋中,“帅”和“将”是一样大的。

2. 7根火柴可以一次同时点燃,也只需要0.2秒钟。

3. 分针在逆时针方向转,是因为正在校正钟点。

4. 死鱼。

5. 只要两种油墨和彩色的纸。

6. 变成“轧”、“乱”。

7. 公羊母羊都长胡子。

8. 是3胞胎,不过还有1个不在场。

9. 还是1块。不过也可以说成是4个1/4块。

10. 3个人落地后立即死亡。

11. 仅释放D,其余的人都说了谎。假如A说的是真话,那么余下的4人至少有3人在说谎,故而A不可能是说真话。如此推断下去,便可得出唯D说了真话。

12. 这个问题可能有5个答案:

(1) 25×9×1;(2) 5×5×9;(3) 5×3×15;(4) 15×15×1;(5) 3×3×25。

该户门牌号码恰恰是31,那么(4)与(5)两个答案均有可能。假如屋中人答复有两个人年龄都是最大,那么答案应该是(4);现在屋主人自认是3个人中最大的,那么答案自然是(5)无疑了。

“快乐迷宫”答案

一、小姐的生日

这位小姐17岁。

理由是:这位小姐的生日是1月2日,而她说话的时候是12月31日,因此我们用周岁计算的办法便可以得知——

她去年元旦时是15岁;1月2日是16岁;

今年元旦她16岁;1月2日是17岁;12月31日也是17岁;

明年元旦(即明天)她还是17岁:而后天,1月2日则是她的18岁生日了。

二、喝汽水的少女

这幅画完全没有错。

从这幅画可以观察你的独立思考与判断能力。在一般情形下,当人们被问到“有错误吗?”时,大部分人在观念上就会想到“有错误”。你在看“喝汽水的少女”这幅画时,是怎么想的呢?

快乐迷宫

琼 文

一、小姐生日

有一位小姐要快过生日了，向她祝贺的友人问她芳龄几许？她却笑着答道:“我后天18岁。可去年过元旦时我还不到16岁。”

你能猜出这位小姐到底是几岁吗?(如果能猜出,请说明理由。)

二、喝汽水

下面这幅画中画着一位少女,她正在凉亭下从冰柜里拿出一瓶汽水痛快地喝着。

这幅画有什么地方画错了吗?

智力游戏两则

任　水

（一）

用 3 个圆圈，5 个实心圆，你能摆成一个可爱的熊猫吗？

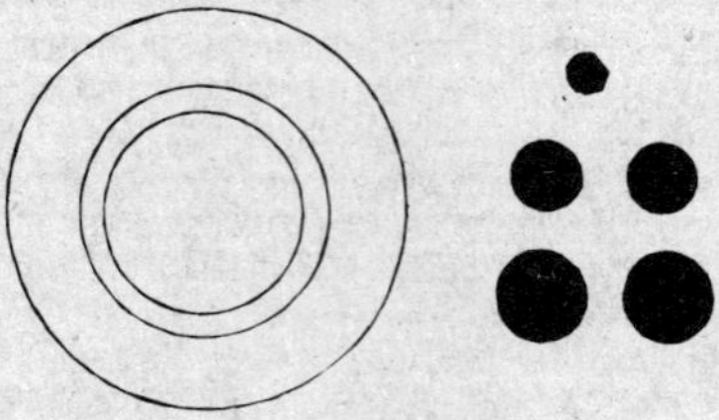

（二）

请你在下图填入 1～20 这 20 个连续自然数，使五角星上的 10 个数的和等于 71，五角星角间的 5 个数的和都等于 50。

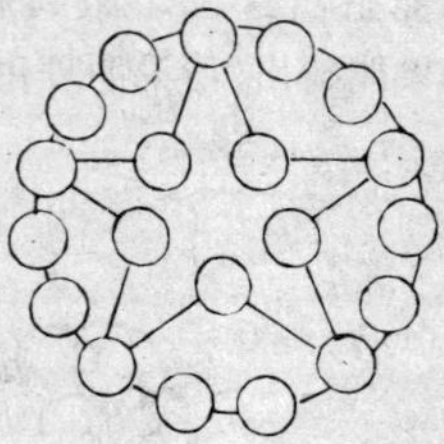

智力游戏（一）答案

熊猫摆法如下图

智力游戏（二）答案

填法如下图

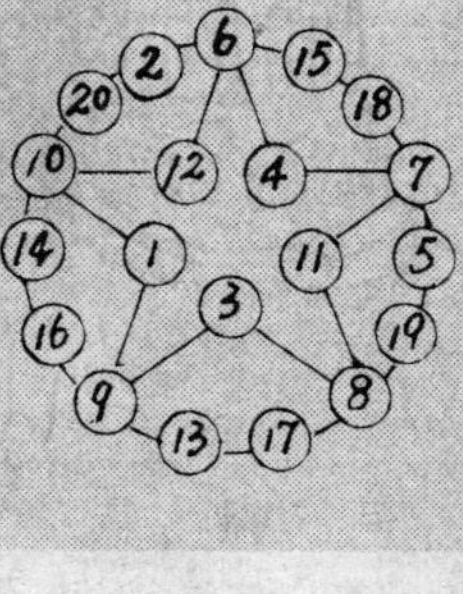

一句话趣味问答

葛尔丝

一句话趣味问答，能让你发挥想象力和幽默感。我们选4题为例，尔后提出15个问题请你回答。你的答案越幽默、越简单越好。

例题：

问：你为什么把日记本锁起来？

答：为了锁上我的记忆。

问：少女擦香水是什么心态？

答：让别人知道自己本来一点味道也没有。

问：天为什么打雷？

答：上帝打喷嚏。

问：有人为啥喜欢骂别人白痴？

答：自以为聪明。

欢迎你回答下列问题：

1. 有人为什么会有嫉妒心理？
2. 为什么有人上一层楼也要乘电梯？
3. 慢跑有什么好处？
4. 什么事情知难行易？
5. 人受了惊吓为什么会尖叫？
6. 冬泳是什么滋味？
7. “趣味问答”的趣味在哪里？
8. 女强人会有什么自我感觉？
9. 为什么人们常说“18岁姑娘一朵花”？
10. 如何形容书展？
11. 如何形容4月乍暖还寒的天气？
12. 你认为写日记有什么优点？
13. 退稿的滋味如何？
14. 买东西忘了带钱怎么办？
15. 有人为啥看电视要吃零食？

趣味问答选登

一、有人为什么会有嫉妒心理？

答：自觉不如。（于丹玲）

二、人受了惊吓为什么会尖叫？

答：想一鸣惊人。（房安华）

三、如何形容书展？

答：孔夫子搬家——全是书。（沈翔宇）

四、你认为写日记有什么优点？

答：为了忘却的纪念。（苍旻）

我玩洋娃娃

陈洁

我和许多女孩子一样，喜欢洋娃娃。小时候，白天喜欢将自己最漂亮的“妹妹“介绍给同伴认识；晚上，宁愿让出自己很窄小的床位给“金发女郎”睡。特别是爸爸妈妈不在家的时候，洋娃娃更是我的好伙伴，我将她们一个个从我的“珍宝箱”里抱出来，放在地毯上，由我当老师，向她们发号施令，还给她们讲许多许多有趣的故事……

进了中学，虽然妈妈再三叮咛：长大了，不要再玩那些幼稚的东西了。可是，整天置身于女孩子的叽叽喳喳声中，我与娃娃的“感情”不仅不减，反而越来越深，尤其是看到同学拿着最时髦的“洋娃娃”炫耀时，我好羡慕，好眼红，甚至有点妒嫉。我多希望也拥有这些娃娃。

5月的一天，爸爸从义乌开会回来，给我带来了一塑料袋共14个可爱的娃娃，作为我14岁生日的礼物。14岁14个娃娃。爸爸，您想得真周到啊！我至今还清晰地记得，当爸爸从旅行包中拿出来的那一刻，我激动地哭了。

这天是星期六，下午不上课，真是天赐良机。于是，我决定和这14位新伙伴玩个痛快。首先是给她们取名字。取什么呢？对了，我们班上英语课时，每个同学都用英文名字，我的英文名字就叫卡罗尔，现在何不让这些娃娃也“开开洋荤”呢？嗳，这个娃娃高鼻子，披肩发，很像《大饭店》里的克里斯汀，我就给她取这个名字吧。哟，这个娃娃一脸好胜的模样，颇有中国女子足球队中锋的味道，我给她取个男孩名迈克……不一会儿，14位伙伴都有了她们的尊姓大名。

取完名字，当我将这14位伙伴集中到地毯上时，不知怎么的，左看右看总觉得有点不舒服。什么原因呢？服装美学知识帮我解开了疑团。你瞧，弗朗西丝一看就知道是个书卷气很浓的才女，却身着一套黄色运动装；再看约瑟芬，红色的上衣却配了条紫色长裙，给人以俗不可耐的感觉；还有，明明是翩翩起舞的小天鹅，却让她穿了条长裙，真有点“张衣李穿”。为了让我的伙伴们更加楚楚动人，我根据服装相似色搭配原则，将她们重新打扮。深蓝的配天蓝的，绿色的配青紫的，橙红的配黄绿的，高贵的公主穿紫色，任性的仆人穿橙黄，神秘的女巫穿蓝色。不下半小时，大部分娃娃的衣服都搭配得很得体了，就差海伦的衣服没着落。海伦有一头披肩长发，很有淑女味道，但穿什么都不伦不类。因此，我决定为她做一套宴会服。

我找出妈妈的服装书，啊，书中的衣服式样可真多，看得我眼花缭乱：有的活泼，有的潇洒，有的贤淑，有的庄重；有的款式新颖，有的做工考究；真是应有尽有。经过层层挑选，最终选中一套藏青色镶嵌白色小花点的宴会服。这套衣服看上去十分简单，一条无袖连衣裙加一块装饰布。于是，我把布摊在桌子上，运用美术课上学到的比例知识，画起了几何图形。在缝制时，我又运用工艺课上老师教的倒针方法，前一针后一针地缝纫。三刻钟过去了，哈哈，一条飘逸的无袖连衣裙做好了。当我给娃娃穿上连衣裙时，一位90年代的时髦女郎展现在我眼前。我又按照书上的要求为连衣裙增加了块装饰布。啊，整个意境都变了！看，迷人的海伦，飘逸清秀。为了使她更加妩媚动人，我用从城隍庙买来的小珍珠串成一根高雅的项链，再给她配上一对珍珠耳环。我的大作完成了。我，俨然成了著名的服装设计师。

做好衣服，我们开始游戏。做什么游戏呢？喔，对了，我们班周一要演英语小品，我何不将她们作为演员先彩排一下。于是，我取出英语课本，分配角色。我选了梅丽当妈妈，让艾娜扮演苏，又把罗珊化妆成赛迪。好，一切准备就绪，一场由我担任导演兼配音的小品开始了。“What are you doing, mother?”（“妈妈，你在干什么？”）我尖着嗓子说。“I' m making some sandwiches for tea”（我为茶点准备一些三明治）我压低声音回答……

玩兴正浓时，妈妈回来了。她看到我操纵娃娃的怪模样，好奇地问我：“小洁，你在干什么？”“我在和洋娃娃表演英语小品。”“哟，没想到，咱们的洁洁也当起了导演，真不错。小洁，你玩娃娃的水平可真越来越高喽。”“当然啦，我长大了嘛。”

风仙花情愫

沈可宁

有一种花，学名风仙，俗称指甲花。盛夏绽蕾，它有暗红的茎枝，翠绿的锯齿叶，托映着一些淡粉的、水红的欲透、欲滴的花瓣，在纤纤女儿的纱帘外，在醇土甜水的精心滋润下，生长于炎夏。以前，只是为了单纯的追求美，每逢到这个时节，便拽下一些粉粉白白的花瓣，洒上一些白矾，“砰砰砰”地拿石头残忍地弄作一团红泥，在十指上都覆上一层，再用蔫软无力的叶子裹缠起来，一夜过来，指甲已经没有半点昨天容颜。变得红橙橙的。以后随着时间推移，这种兴趣也渐渐淡了，但仍偶尔为之，只是因为喜爱染过指甲多日后，后面渐渐长出新指甲来，半素半艳的韵味，十分好看。更让人喜爱的是，刚刚洗过衣服后，十指初浴，平常的粗糙便被一种嫩洁的水色代替，指尖点点红，那才是美。

所以，至今虽然已过了这样戏耍的年龄，可我仍不忘年年在窗前种一株唤作风仙的花。

鸟趣

茅芸蓉

暑假某一天，正在厨房做饭的妈忽然叫起来，却见一只色泽鲜艳、颈项间镶嵌两条宝蓝色斑纹的芙蓉落在窗沿上。见我伸手去抓，它竟没有反应，安详地等待着，显然它是经人精心饲养过的。怕吓着它，我举起的手又慢慢地缩了回来，也不知是饭香的诱惑，还是它喜欢近人的脾性，径直飞入屋中。爸见了，直说是“缘分”。鸟的投缘，给我和弟弟弥补了失去小猫“咪咪”的遗憾。给它起个什么名字呢？我忽然想起儿时看过的一部影片《翠彩》，就叫它“翠彩”吧。

怕“翠彩”寂寞，爸爸拎回来一只非常漂亮的鸟笼，还买了“秋儿”给“翠彩”作伴，那是只通体嫩黄的小芙蓉；小芙蓉好吃力才能爬上横杆。“翠彩”好奇地望着这弱不禁风的伙伴，一副自傲的样子。以后几天，它不仅吃食不给“秋儿”一席之地，连给“秋儿”喂食它也要用那尖尖弯弯的厉嘴来争夺，有时甚至用假动作来陷害“秋儿”。

转眼一个多月过去了，“秋儿”惊人地成长着，出落得羽翼丰满，姿态优雅，渐渐博得了“翠彩”的欢心。这时，“翠彩”一扫先前的霸道，处处表现谦让的风度，竟时常等“秋儿”用餐后自己再吃。两鸟时常依偎着窃窃细语，给我们家带来鸟趣盈盈的氛围。

可缘分毕竟短暂，不待回味那份快乐，哀情却已临至。

由于天气骤变，鸟儿“翠彩”死了。等发现时，它已僵直在鸟笼一角。一家挺伤心的。爸清早在楼下花园里把鸟埋了，竖起写上“翠彩”两字的竹片算是墓碑。忽想到《翠彩》是 部悲凉片子，又后悔不该给它起这名字，便抹去了竹片上已写好的字——来时本无名，去时何须有。把它葬在世上这一无名的角落中，不是更好吗？

看着“秋儿”孤零零的样子，想起不久前“秋儿”脚爪受伤时，“翠彩”也带着这样伤悲哀怜的神情在笼里不停地跳跃着，引起我的注意。但使我奇怪的是，这只体质不如“翠彩”的小芙蓉竟会活下来，细想必是“翠彩”死前，又一次表现了“谦让”的绅士风度，却将生的机会留给了“秋儿”。

我不禁为“鸟情”所感动。鸟的挚情与人间的挚情源出同宗啊！

家有宠物

邻居养了只白猫咪，今年“情人节”前夜忽然杳无芳踪，第二天晚上，居然由一只大黄猫护送回来，大家都笑说，咪咪也欢度“情人节”。

白猫温柔可爱，常在我下楼时亲亲热热地挪过来以示睦邻友好。但我生来就怕这些毛茸茸的软体动物，只好落荒而逃，想想真对不住这位猫佳人。

西风东渐，现在养动物都被戴上一顶“宠物”桂冠。我虽然和猫、狗无缘，却伺候过一些不登大雅之堂的乌龟、蝈蝈、螳螂、知了、龙虾……而且和它们挺投缘。

乌龟是慢性子，呆在缸里，缩头大睡。尽管它恪守“沉默是金”的古训，可我一刻也不忽略它的存在，常蹲在缸边拿根筷子敲敲龟背，然后投进几个小饭团。这种仪式多举行也没什么大意思，不过身边有这么一个伴儿，还真能解我寂寞。有时我静静走到缸边，乌龟正在伸脖探头，那一副悠然惬意，与世无争的模样，似乎很

李仕健

有几分仁者风度。

小时候听龟兔赛跑的故事，受完了教育却依旧不相信这“美丽的谎言”。自己养了乌龟后，更坚信我的判断。不料我比兔子更笨，一觉醒来，“神龟”不知去向。本来每晚临睡前，爸爸总要拿块板把缸盖好，以防乌龟逃跑。那天我突发奇想，悄悄取走了木板。第二天清晨，楼下厨房里龟去缸空，全家坚壁清野地扫荡了一遍，哪里还看得到龟影。我气急败坏地跑上跑下，爸爸在一旁取笑道：“现在你奔得比兔子还快也来不及了。”直到如今，我也弄不懂乌龟究竟从哪里溜走的，也许它一夜不眠，奋力爬呀爬，从厨房运动到了天井，又翻墙而出。为此我大为伤心，恨乌龟以怨报德。

螳螂、知了都是闯进我生活的不速之客。邻居老伯伯身手不凡，逮到一只螳螂。细长的躯体，强健的腿臂，被绳子系了后缚在窗台边，微风吹过，就像一片绿叶飘动。丝形的触角轻轻摆动，镰刀般的前腿透着威风。知了则更妙，昏头昏脑地从妈妈房间的窗外撞进来，我和爸爸合力围捕，闹了个天翻地覆。

女孩子理该斯斯文文，这是从小父母教诲的，但我在家里常常乱折腾，盛夏季节又去买了只蝈蝈儿拴在窗口。我尽心地用毛豆、菜叶喂它，看它伸出两只大牙，嚓嚓嚓地大嚼，珍珠米似的肚子一起一伏。有时一不留神，“嚓”的一口，蝈蝈毫不留情地拿我的手指当佳肴。虽然我宠爱这翠绿身体的小生物，可它无休止的歌唱又实在太吵闹，妈妈给它聒噪得受不住，秋天一到，赶紧送它回归大自然。

学校寝室实在太小，可室友却有雅兴，不知从哪儿弄来一只豚鼠，像头小兔，白色的毛发上分布着黄、黑两色斑纹。全寝室的人视若珍宝，特意去买了黄瓜喂它，不知是谁还省下几口苹果给它换口味。谁想这豚鼠的心性儿高着呢，一旦尝到了美味，从此不肯再吃菜叶儿，宁肯饿得拿头撞笼子，也不愿意失了身价。这下我们犯愁了，真要这么服待起来，只怕这头小豚鼠要把我们的口中食全夺了去。无奈，全体表决，又把它转送了事。

以后，又有人买了两只黄茸茸的小鸭儿来，顿时，兴奋的焦点集中到两个喳喳尖叫的小可爱身上去了。可惜，小鸭成活率实在太低，稍有风吹草动，就会夭折。我们忙乱了几天，还是眼睁睁地看着小鸭蹬蹬脚而去。悲伤之余，总结出一条“经验”：寝室不宜豢养宠物，只能居住高级动物。

走在路上，常看见有人遛狗，志得意满地带着富贵气。相比之下，我所养的这些小动物确实微不足道，但它们给我的乐趣倒是和其身价成反比。

也许，世上好多事儿都这么透着股子邪劲儿。

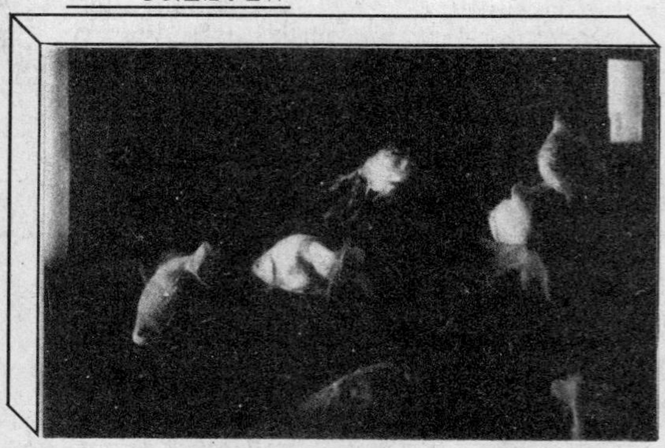

养鱼

平 夫

进了我这间9平方米的小屋，你一定被窗边那只长90公分、高60公分的大鱼缸所吸引。

这个大鱼缸里养有孔雀鱼、红绿灯、头尾灯、大铅笔鱼、菠萝鱼、五彩神仙、玫瑰扯旗共7个品种50多尾大大小小的热带观赏鱼，还种植香蕉草、皇冠草、辣椒草三种较名贵的热带水草……这一大缸鱼原来是我爸爸饲养的，当时他只饲养孔雀鱼和神仙鱼两个品种。爸爸曾告诉我，热带鱼中最容易饲养的就是那种体长仅4到6厘米的孔雀鱼。雄孔雀鱼有极为美丽的花尾鳍，雌孔雀鱼的繁殖能力强得惊人。如果鱼食、氧气和光照都较理想的话，每尾性成熟的雌孔雀鱼每个月都能繁殖一次，每次可产鱼宝宝10至50尾。所以，孔雀鱼还有个别名叫“百万鱼”。神仙鱼是热带鱼中体型最有特点的一种观赏鱼。瞧，它的背鳍和臀鳍好似三角帆，又象掠空飞燕，游动时轻盈潇洒，忽进忽退，忽隐忽现，所以有的养鱼爱好者称它为“燕鱼”，爸爸喜欢把它称之为“水中小天使”。爸爸还告诉我，18世纪末，在德国，一对美丽别致的神仙鱼可以换一根金项链呢。

爸爸去世后，妈妈原来打算把鱼缸连同热带鱼都送给她单位的一位养鱼迷，我坚决不同意。妈妈怕我养鱼影响学习，我向妈妈拍胸脯下了保证，如果因为饲养热带鱼，我的3门主课考试成绩下降，到时这缸热带鱼听凭处置。爸爸的正当爱好该由他唯一的女儿继承下去。结果我挺争气，一个学期下来，语文、数学、外语的平均分数都达到了班级90分“甲级队”水准。我把妈妈发给的奖学金和平时的零用钱都投资到购买新的热带鱼上去。

上海的江阴路花鸟市场，半个月我要去一趟。虽然从我家到花鸟市场要换两辆公交车，往返一次花在路上两个多小时，但是近三年来，不管春夏秋冬，我都持之以恒。现在江阴路花鸟市场几个卖热带鱼的个体户老板已经同我有点熟悉了。这也难怪，上海滩饲养热带鱼百分之九十五的顾客均是成年男性公民，一个中学生又是妙龄少女是很引人注目的。一对从广州空运来的南美洲圭亚那进口的“金菠萝”，体长7厘米，牌价上标着：每条2元5角，我同老板讨价还价了一番，出3元5角就购买了一对。有时我还采取“以鱼换鱼”的贸易方式，为家里的“水族世界”增添新成员。如我饲养的“大红袍”是孔雀鱼中较名贵的品种。花鸟市场每对“大红袍”的售价是2元整。我的两条“大红袍妈妈”很争气，每个月都能产下近60尾“小红袍”。养两个多月，仔鱼就成了性成熟的“大红袍”。这孔雀鱼不是河鲫鱼，又不能当菜肴煮来吃，于是我一拍脑瓜，从鱼缸里捞起70多尾“大红袍”到江阴路同老板们交换其他热带鱼。10尾“大红袍”换一对“大铅笔鱼”，20尾换一对五彩神仙鱼……老板们眉开眼笑，他们卖出可以多赚钱；我也笑逐颜开，我用自己的劳动成果为我的“水族世界”不花钱添了新品种。这叫各取所需，两全其美。

如今课余时间，我平均每天要花45分钟喂鱼食，给鱼换水。观赏成群结队、活泼欢畅、超凡脱俗的各类热带鱼，真是平凡生活中的一大乐趣！

我的宠物大军

倪懿雯

我曾拥有过童年的天真和烂漫，拥有过那属于我的庞大的宠物大军。也许我已渐渐长大，但一颗珍贵的童心、一颗对生灵真挚的爱心至今未变。

“13块6角”，顾名思义即乌龟。由13块不同花纹的角质层构成坚实的龟背，“头、尾、四脚”统称为“6角”。我养乌龟，足有五六年的经历了。

我养的乌龟祖孙三代同堂，共计15只。但我最宠爱的还是那只捡来的小乌龟，它最逗人喜爱。我把它单独放在一只铁皮大罐头里，装了满满一罐水，从河里捞了些水草放在罐里，又放进了几只小螺蛳，这叫制造环境。到了冬天，我便拿一大堆破棉絮把小乌龟着实地包好，装进小纸盒里，还在盒上扎些小洞，注入空气。等春天来临，我逗着看小乌龟在水里嬉戏，只要一碰它尖尖的嘴巴，它整个头立即缩

了进去,成了“缩头乌龟”。到夏天,把它放在鼻尖上,任它在脸上爬来爬去,那坚实而凉飕飕的壳挺让人惬意。有一回,我伏在桌上睡着了。醒来后不见了小乌龟,我急得满头大汗,到处去找。姐姐在一旁直笑我,原来那乌龟就挂在我的衣角上。

几年后,我离开家乡到上海求学。那只小乌龟终因无人照顾,在寒冬冻死在铁皮罐里,等到重返家乡,那罐水早已发臭。为了怀念我的“13 块 6 角”,更为了表达我的歉意,我用橡皮泥捏出一只小乌龟,放在书桌前。可惜它是不具生命的。

也许是受了《回归自然》这篇小说的影响,望着整日被“囚禁”在铁笼中的野兔,我暗自思忖,野兔应该回归属于它的大自然,既然真挚地爱它,就应该放它走。

第二天一大早,我提着兔笼来到后山。我恋恋不舍地望着笼中之兔,看它欢跃地跳来跳去。我打开兔笼,轻轻拥它入怀,眼泪忍不住一滴一滴往下窜。野兔用舌头舔吸着我的泪,仿佛能读懂我的心事。“小野兔,你要好好地活着,见到大灰狼、野狗这些危险敌人,要远远地躲开!”我手一松,野兔一溜烟蹿出了好几百米。直到它灰黑的身影从我的视线中消失,我才提着空笼,顺着山路,没精打采地回家。以后的几天,心里总像失去了什么。爸爸妈妈为了让我快乐起来,破例买回几只小鸡小鸭让我喂养。野兔离去的伤感被小鸡小鸭的到来所代替,我的生活又恢复了往日的忙碌和充实。

在一雷电交加的夜晚,我发现一团漆黑的影子伏在门框上。走近一看,正是我放走的那只野兔,可怜兮兮地蜷成一团。我心里一阵惊喜,立刻将它抱起来。它的腿受伤了,像是被咬的。我急忙拿出纱布替它包扎好,再一次把它送入兔笼。它趴在那里一动不动,只有那双眼睛哀哀地看着我,直望得我心里发酸。此后几天,看着小野兔慢慢地好起来,心里的一块大石头才算落了地。一个月后,野兔的伤终于痊愈了,它在一漆黑的夜晚跑回了树林。我并没有原先那样悲哀,因为它属于自然,向往自由,尽管生命随时都有被吞噬的危险,它却勇敢地回到了它的世界。

我终于要离开家乡,最令我担忧的还是那些小精灵,因为我走后,没有人会来照顾它们,与其让它们冻死、饿死,倒不如放了它们。它们从自然中来,也该回到自然中去,去经历生与死的搏击,学会用自己的力量来保护自己。我和我的宠物们恋恋不舍地一一告别。我把三代同堂的乌龟放回到河里,那只会唱歌的小百灵让它飞回树林,那只猫也送回后山……我的宠物们,你们带走了我对你们真挚的情感和无尽的眷恋,我默默祝福你们生活得快乐,我会永远记住你们。

猫族大家言

李未泓

没有目标地闲逛，路遇琳，手里拎着一个食品袋，拉我去她家玩，看到有东西可吃，自然就恭敬不如从命了。

到了琳家，芬和丽已经在那里了。

“猫食买到了？”丽问。琳举起手中的食品袋：“这里。”我大失所望。怎么是猫食？淑女风度也不要了，不等琳让座，我已不客气地坐下，并吩咐琳：“主人翁，劳驾倒杯茶来。”正陶醉于自己的幽默之中，冷不防有一物窜到我肩上，接着脸上敏感部位被又软又凉的东西舔了一下，吓得我条件反射地跳起来，哇哇大叫，东拉西拽把那家伙抖在地上。丽和芬在一旁幸灾乐祸地哈哈大笑。我这才冷静一点，大胆张开眼——啊，不过是一只猫而已。

琳一脸严肃地斥我不识抬举，说猫舔人是由于对人有好感，她家这只猫一向是很清高的，我第一次来她家，第一次与猫见面就获此殊荣，不说三生有幸，起码也是前生修得了。说我居然不识好歹，稀里糊涂地以拳脚相待，“这不是不识抬举是什么？”

我赶紧解释说我对这些阿猫阿狗从来都保持一定距离的，这只猫突然给我这么近距离的亲热，我不太习惯。丽点点头表示谅解却又话锋一转：“不过呢，你应该逐渐学会习惯。”我大惑不解：“为什么？反正我也不养猫。”丽一脸神秘：“你不知道，这只猫对你可不是一般的亲热，用我们人类的话来说，它是在吻你呀！”我大大紧张：“你总不是暗示它看上我了吧？”丽道：“一见钟情很难说的。”正当我彷徨无计间，芬插言：“这是只母猫呀！”

大家一下子笑倒。于是谈起猫，除了我家不见猫的生机，其余三家都是猫族。

丽家可以说是养猫专业户了，一年内养了5只猫，第1只，个性孤僻，终日落落寡欢，不到三个月就郁郁而亡，宣告退出猫籍；第2只，一生不甘寂寞，爬上翻下，一次不知天高地厚爬到阳台上去抓蝴蝶，岂知一不小心失足，陪上了性命；第3只，一身雪白，绝对的“白雪公主”，丽爱它真是顶在头上怕摔了，含在嘴里怕化了。岂知不到一月，“天妒红颜”——那日它不知得什么心灵感应，躲在树下避雨，待丽见到它时，它已作了雷神的祭物；第4只是混血猫，美丽自不必说，它便恃貌自傲起来，脾气暴躁之极。一次与丽斗气，丽大人大量并不在意，转身去倒开水，那只猫以为机不可失，不顾一切向她横冲直撞，结果被水烫伤。此猫自然怒气冲天。伤好了一点，它就轻装打点，离家出走，不知所终。

经历“三死一逃”的养猫教训，丽依然不肯放弃，年内又养了一只，芳名曰“美美”。不过，我想丽大约不久就得另寻一只，因为美美嘴刁得很，老是挑肥拣瘦，身材自然“苗条”，别说一只耗子冲过来，就是大风经过也能让它“舞”一阵子“醉拳”，怕终究难逃英年早逝的命运。可惜，可惜！

相比之下，芬家的猫就豪放多了。萝卜、白菜、猪肝，有什么吃什么，而且从不节食。现在虽已大腹便便的绅士样了，还是一点不难为情地人前人后地猛吃，以致芬担心它肥胖的身材得不到“女朋友”的亲睐，时常斥责它“该减肥了，不然就只有打一辈子光棍！”可此猫一意狐行，潇洒风流又自负，全不把芬的忠言当回事，依然挺着“将军肚”，一副“大丈夫何患无妻”的英雄气概。

东道主琳家，一向喜爱小猫，小猫一般说来都是很惹人怜爱的，不过琳家现在这只猫老是和琳过不去。一次琳睡午觉，险些被“小东西”抓伤眼睛。痛定思痛，琳说，也许因为当初领养它的时候，就和它有些“过节”。原来琳起初要的是另一只，且已抱上手了，却发现这只与众不同：别的猫都温文尔雅，唯此猫东跳西抓，静不下来；别的猫都彬彬有礼，很有教养很君子风度，唯有此猫“妙呜”乱叫一气，风头出足，似乎不闹个天翻地覆不罢休。琳因此改变初衷，抱回这只捣蛋猫。大约因为琳选它是第二印象而非第一志愿，以它猫咪小小心胸自然撑不了船，一直耿耿于怀。另一客观原因是，这只猫从一个很安静的公寓，一下子来到琳家这间街边小屋，一时间无法适应，以致有点神经错乱了。琳当然不是好欺负的，在手上、脸上“光荣负伤”后，毅然拿起剪刀自卫还击——把猫的利爪剪了！

我呢，想想琳家的猫对我如此器重，自然以诚相等，听琳说它喜吃糖，顿时挑出一块巧克力，剥去包装，喂进猫的嘴里。它倒没我这么多虚礼，吃得津津有味，两边的胡子随着嘴的咀嚼而抖动，神气活现，煞是可爱。

看着猫与我相处这般融洽，琳就有些嫉妒，警告我“别太宠它了！”我大言不惭：“怕什么，不过是只维纳斯，难道还能令我堕入情网不成？”

哈哈哈哈！众人笑得惊天动地，我也体验到了养猫的乐趣。

叽叽喳喳说宠物

施　颖等

上海东安路230弄　施　颖

我最爱那个没手没脚的红布娃娃，一个缺手缺脚的红布娃娃怎么会使我如此宠爱呢？原因非常简单——从我哇哇坠地开始，她一直伴我度过了18个春秋。好几次看动物世界的时候联想到我的小布娃娃的手脚怎么会没的。我知道了，这个我在襁褓中就注视着的布娃娃，在我眼里是和我一样有生命的小孩。我和她玩，用嘴去咬她，不知不觉就把她的手脚咬下来了。

虽然我已经18岁了，可我每天放学回家第一件事还是去看看我那没手没脚的小布娃娃。我觉得她在急切地等我回来。晚饭后，我让她坐在桌上看我做功课。遇上难题做不出时，她宁静的神态会使我纷乱的思绪清晰起来。忧愁时，她嘴角上的微笑会使我的心轻松起来。

这就是我的平凡而又神奇的布娃娃，她是我永远的宠物。

民航北京中专　叶　平

那天我把你带回来，室友们都欢喜得不得了，围着箱子打量你这黄色的小东西。你欣然地在纸箱里踱着方步，像个沉思着的哲人。那些日子，你是我们最大的欢乐，我们看你低头啄米，看你在暖气管下跳跃游戏，看你在皮鞋上留下漂亮的签名后若无其事地挥翅而去。你这没有苹果高的可爱的小小鸡，让我们举步小心，唯恐踩着了你那寸步不离的小影子。我们曾想将你送人，但我们舍不得。如果那时将你送走了多好啊，你会长到像你妈妈、姐妹那么大。可是我们怎么会想到匆忙出门时你也会跟去，怎会想到你小小的身体还没来得及出门就……回头时见你已歪倒在地。望着你逐渐僵直的身体我不敢碰你，小鸡，求求你，不要闭上眼睛！纸箱里是今天才换的垫纸，盘子里也洒好了米……可你再也没抬起黄黄的小脑袋。都说人是有灵魂的，那么鸡也有吧，我常在风里听见你的叫声，细细、弱弱的……

浙江江山坛石镇 姜小仙

在一个初冬的晚上，我家的母猪一连生下9头小猪。真奇怪，前面8头全是雪白的，可最后一头的背上却撒满了褐色的花斑。因为它背上的花斑，我就叫它小花背。

由于小花背个小，长得又特别，猪妈妈和它的哥哥、姐姐们都不喜欢它。总是在吃奶的时候欺负它，我看不过去，常帮它抢奶头，有时干脆冲了奶粉喂它。有趣的是，小花背尝到奶粉的甜头后就再也不拚命和哥哥姐姐争奶头了，一旦受到排挤，它就转身跑出猪栏来找我。为了不让小花背挨冻受饿，我干脆弄了点稻草放在一个破箩筐里，让小花背睡到我的小房间里。

都说猪是又笨又丑的动物，可我的小花背又聪明又可爱。我只教了它两次，它就会在屋角的破盆里拉屎撒尿了，真是只天才小猪。小花背渐渐长大了，它和我特别亲。我无论去上学或下地干活，它都执意要跟去，要往回撵好几次，它才无可奈何地停步。下午，要是小花背看见我回来了，它会高兴地狂奔过来。围着我团团转。好几次我都险些被这胖乎乎肉嘟嘟的小东西绊倒。小花背还很懂"礼貌"，每天晚上它都要跑到我的床前，用前腿趴在床沿上，哼哼呀呀和我说一会儿"话"，然后才一扭一扭地到它自己的箩筐里去睡大觉。

这就是我的小花背，你们说我该不该宠它啊!

宁夏石嘴山市 申顺丽

我最喜欢的是鸟儿，有一次一只灰黄色的小鸟不知怎的站在低枝上与我对视，它张着黄黄的小尖嘴，小脑袋忽左忽右地摆动着，一对小黑眼神采奕奕地盯着我，那神情真像一个活泼可爱的孩子。我抑制不住心中的欣喜，向前跨了一步，那可爱的小东西"倏"地一下飞走了。我望着那消失在蓝天上的小黑点，好后悔自己的鲁莽。

不明白为什么我最喜欢的鸟儿总是遭到人们的残害。一次我看见一只小麻雀惊恐地在地上逃窜着，它的一对翅膀均被剪去一截，它再也不能飞了，失去翅膀的小鸟该是多么悲伤，多么不幸啊!我竭力想拯救它，可"凶手"是几个大男生，我抢不过他们。更可恨的是他们竟把小麻雀摔死了，我气得大骂他们残忍。这一天我的情绪非常低落，总有一股悲痛的感觉缠绕着我的心。

每当看着一群小鸟欢快地鸣叫着从半空一掠而过时，我在心中总为它们祈祷，希望它们小心一些，不要落入魔爪。我为世上所有的鸟儿祈祷：小鸟，飞吧!

收藏「美」

文文

人有收藏嗜好，普通的有集邮、集火花、集钥匙圈，还有的集围巾、集手表，甚至集各种茶壶。怎么会有这么多稀奇古怪的收藏品呢？于是我也开始为自己物色与众不同的收集对象。

时光飞逝，不知不觉间身边真的有了一大堆收集品，按说应该算是如愿以偿了，可我却愁眉不展：这些东西种类繁多，各不相关，朋友问起时，该怎样回答清楚呢？冥思苦想了一个晚上，终于豁然开朗：我收集美，收集一切被遗忘的美。

“美”的一部分是化妆品的贴纸。这是化妆品必不可少的招牌，上面大都是些美目流盼、艳光四射的少女。我们家有“三朵金花”，各种洗面奶、洗发露之类便成了梳妆台上的常客，每次让它们“各尽所能”直至“鞠躬尽瘁”后，望着贴纸上的美女依旧巧笑嫣然，总不忍就此丢弃，于是小心翼翼地撕下、剪下，收集到一起，成了一份不可多得的“美”。

“美”的又一部分是长统丝袜的包装纸，丝袜既是成熟女子的宠物，也备受女孩的青睐。除了丝袜本身，包装上长腿女郎的健美风姿和蓬勃朝气也同样吸引着我。于是每次选购丝袜，总爱挑选不同的包装纸的，反而置质量于度外。有一次发现一双名为“耶利亚”的丝袜，不仅画面优美，还印有《耶利亚女郎》的完整歌词，令我欣喜若狂，自然成为“美”中的上品。

还有一部分“美”来源于香皂纸，迄今仍带有淡淡的清香。以前只是因为不忍丢弃，才把香皂包装纸上的女郎剪下保存，谁知日积月累，偶一翻看，竟像打开了一本精致的影集。每一张包装都像一张小巧的艺术照，清新飘逸，娇媚动人，而又神态迥异，各具风采。从此，这些“香皂女郎”便又成了一份与众不同的“美”。

如果有人认为我只对各种俊美的人像感兴趣，那可就错了。冰糕的包装纸也是我心爱的收集品呢！记得在一个晴朗的夏日，偶尔经过一家冷饮店，抬头一瞥，只见店门口有不同的冰糕纸斜斜地串成一串，徐徐飞扬，在阳光下闪耀着夺目的光亮。这是店主为招徕生意而设的，可我顿时两眼发光。平时随手丢弃的冷饮包装纸，串在一起竟有如此意想不到的效果。那一个个稚趣的图案组成了无比绮丽的童话王国，使我从此“挚爱不渝”。

……

日复一日，我更加细心地搜寻着身边被遗忘的美：巧克力纸、跳跳糖纸、饼干纸，都不放过。每当闲暇，拿出藏品细细品味，除了得到美的享受，美的陶冶外，更会勾起所有甜蜜的回忆，心中便涌起无比幸福的感觉，因为我拥有这么多的美！

集邮乐趣举不尽

徐 腾

我爱集邮，有了一本邮册，每天都可以做一件惬意的事。晚餐后，塞上耳机，躺在沙发上，一套套看，渐渐进入佳境，思绪随着各色邮票优哉游哉。正当越看越来劲的时候，往往会有一声断喝：“该做功课了！”没得说，也没有办法，只能悻悻地合上邮册。

集邮往往在功课重压之余，给我片片温馨，消去朵朵愁云，与之神交实在是一件快乐的事。

随着社会大气候变化，人们纷纷下海，我也动心了，跃跃欲试。那年夏天，得到邮市涨价消息，昏了头的我马上挑了几套邮票，奔向邮市。刚进大门，就见这里人头攒攒，烟味呛人，连一点立脚之处也没有，只能在入口处徘徊。瞬息,被一大群人围住了。在一声声亲切招呼下,我打开邮册,卖完了邮票。然后,像逃一般地离开。随即,心里就升起了一股失落感。当邮票放进邮册时,我只觉得对它们喜爱,如今邮册空空,有一种说不出的难过。想了许久,终于明白了一个道理:用钱买快乐是一件快乐的事,但现在我把快乐变成了钱,实在不快乐。

不高兴的事烟消云散,接下来的又是快乐。

有了一本邮册,身边自然会多几个朋友。谈起邮票没完没了,又是相见恨晚,又是惺惺相惜,干脆就成立了协会。从会长到会员,从口号到会员证,一切都办得井井有条,一时间倒也声势浩大,人才济济。在协会里最令人高兴的是召开交流会,那可是热闹至极的场面,主要是交换邮品。换的时候可仔细,先讲好怎样交换,然后检查邮票,看齿轮,看背面,背面很重要,好的邮票背面洁白无瑕,有了细微污点,等级就要下降。检查完了邮票后,最后达成交易。这种交易纯粹是为各自需要而进行的,完全不同于邮票市场上那种带有金钱关系的交换。集邮者可以在这里自由平等地交换。交流会的另一特色是交换邮讯,从这里可以获得第一手可靠的邮讯。有一次,我讲了一个"稿"字票的传奇故事。当时我讲得绘声绘色,双手比划着,邮迷们都瞪大了眼睛,而我则成了他们的中心,直到讲完整个故事,一个个才吁了口气,眼睛里流露出留恋和羡慕。我想,刚才我在他们的心目中已成了一位了不起的集邮专家。于是,我就兴高采烈地当了三天"专家"。

集邮的乐趣是列举不尽的,只有投入才知道个中滋味。若把集邮比作一杯茶。刚开始的时候没几片茶叶,时间久了茶水越清冽,滋味也就越佳,足以恬情,足以养性。愿与同龄的邮友共品。

美国女孩爱玩“钱”

马传德

这两年，我在国内整理出版钱币学方面的专著。当《马定祥批注〈历代古钱图说〉》一书由上海人民出版社出版后，有一些少女在书店排队请我在书上签名，还问我：“马先生，你能告诉我们美国女孩是否也喜欢收藏钱币？”于是，我向她们介绍了我在美国的一些见闻——

美国是一个经济大国，整个社会商品化气息很浓，人们为了生计而终日奔波是司空见惯的事；同时，美国民族又是对历史文化很感兴趣的民族，在那里有很多国家或私人企业办的各种文化历史博物馆，如设在纽约的美国钱币博物馆，就是非常著名的。它既可以让人参观实物，还提供学术研究的资料，非常便利；而且，普通民众也热衷于收藏活动。据统计，美国有30%的人喜爱收藏，而收藏大军的70%是年轻人，在这些年轻人中又有相当数量的girls。在中国，收藏主要集中在几个大城市，参加者多为中老年，并且以男士为主。号称“半壁江山”的上海收藏界，也不过是靠民间个人的力量在支撑着，实在不容易。

我搞钱币研究，经常要去美国的一些博物馆和钱币拍卖会观察。在美国，博物馆或拍卖展销会的展品都是世界性的，里面有各国各个时期的货币。而中国的北京和上海虽有中国钱币博物馆，但是没有世界各国钱币的陈列。这一现象既表明美国历史才两百多年，没有多少东西可以展示，同时也表明美国人的眼界开阔，尊重世界历史与文化。在美国那些博物馆里走进走出的有不少年轻姑娘，她们不是走马看花地闲逛，而是颇有兴致地作着笔记。博物馆在她们放假期间，还组织钱币知识讲座，请专家讲授。来听讲的女孩十分踊跃。

有一次在洛杉矶钱币拍卖会上，我看到有一些美国少女也来买些低价钱币，便和她们聊了起来。原来这些女学生是用自己打工所挣的钱来集币的。其中一个女孩知道我来自中国，忙说：“龙，我喜欢！”说着她把几枚购得的中国清代银元、铜币给我看，因为这些钱币背面都铸有象征华夏文化的龙的图案。她还告诉我，她和同学们都去参观过美国的国家造币厂，还收集到厂里供收藏用的错版硬币与二连张、四连张未裁切的钞票样张。中国的造币厂似乎还是一个禁地，集币者是不能随便入内参观的。美国的造币厂可以免费进入参观，当然这类产品——特殊钱币，也必须要用钱来收藏。在社会力量推动下，钱币商品化了，其价格超过了面值；钱币又变成了具有文化历史价值的收藏品，从而吸引了更多的人去收集各种钱币，提高了集币爱好者的收藏兴趣。

美国女学生收藏钱币的爱好，纯粹是为了增加对历史知识了解的喜悦，所以我没有看到她们炒卖钱币的情况。而在我们国内，有些年轻人却热衷于把钱币倒进倒出，对真正的钱币知识却知之甚少。美国女孩集币时总少不了要捧上厚厚的《世界钱币目录》和《美国钱币目录》等工具书，用它来按图索“币”，玩得津津有味。确实，在钱币上面是大有学问的，你要搞懂它，就要多了解社会历史知识，或者说培养鉴

赏力。

有一次，我在纽约的家失窃了，一些金银币被盗走，而有关中国钱币的文稿却完好无损。窃贼是不懂文化的，但是，真正学习文化知识的人，如果对钱币上面的历史知识也能探究一番，相信会有更丰富的收获。这也是我对请我在书上签名的少女集币爱好者的寄语。

与糖纸有“缘”

王晓莉

那一日，在朋友家玩耍，闲谈时不知不觉吃了许多糖。望着那一大堆彩色的糖纸，觉得很漂亮，于是全部收集起来。从此后，集糖纸便成了我的一大爱好。

说起糖纸，似乎“缘分”已经很深了。听妈妈说我小时有一次得了肺炎，病得很厉害，妈妈托人从外地带来了一些高级奶糖，她一颗也舍不得吃，全给了我。年幼的我似乎并不痴心于美味的高级奶糖，却把那些漂亮的糖纸一张张收集起来，待妈妈发现时，糖盒已空，而窗外的空地上却洒下了一堆糖块……

如今已不再像幼时那样把糖块当雨洒，但对糖纸的收集却更加酷爱，为此，朋友们常笑我痴心太浓。回想一下，为了收集糖纸我的确费了不少心思。

开始只想把还很瘪的袋口装满，并不在意糖纸的好坏，故而一见到别人吃糖，就向人家索要糖纸。看着人家不解的目光，我只好补充一句：我收集糖纸。慢慢地，我周围的人，尤其班里的同学很多都知道我热衷于糖纸，便也留心替我收集。记得有一次我帮助班里一个男生包了一个书皮，隔天在我的铅笔盒里便发现了一套阿咪奶糖的糖纸。后来我得知这套糖纸正是那个男孩替我收集的，不禁深深地感动。

糖纸收集得多了，便开始注重它的“质量”。我收集全了“快乐奶糖”的十二属相，还有“喔喔”和“佳佳”奶糖的许多糖纸；从“百鸟奶糖”纸上我认识了许多漂亮的鸟儿，也被“大白兔宝宝奶糖”各种滑稽的大白兔惹得捧腹大笑。忘了说，我有一套漂亮的“拔萝卜奶糖”纸，共6张，全部连起来才组成一个完整的画面，看，那又大又诱人的萝卜让老爷爷、老奶奶和小姑娘费了很大劲，于是小狗、小猫、小老鼠也来帮忙了。小老鼠看上去拔得很用力，累得满头大汗……

为了收集糖纸我惹出过不少笑话。记得有一次我在路上发现了一张“快乐奶糖”纸，当时我正在为这十二属相里缺张“猴”而心急，猛然间在地上发现，冲动得伸手就想捡，但由于那糖纸过于脏烂，便无奈地摇摇头从地上站起来。这时我发现许多过路人都盯着我看，顿时面红耳赤，逃离人群。还有一次，在公园和朋友追逐时，发现地上有一颗“花颂糖”，上面印着两朵淡紫色的牡丹花，我很喜欢，犹豫着不知该不该捡起来。待拿到手时，却听到身边走过的一个小女孩甜甜的童音：“妈妈，大姐姐为什么要捡掉在地上的糖？”慈祥的母亲温柔地看了我一眼，对瞪大了眼睛的小女孩说：“大姐姐有用嘛！”真感激这位母亲的回答。松开捏得很紧的手，才觉得这块糖的糖纸是那么可贵。

现在，人们的生活水平提高了，糖果的种类越来越多，也就是说我要收集的糖纸范围也越来越大。我真高兴我是个糖纸迷。

我的宝贝贴画

袁　媛

女孩子的感情很细腻，往往对一些无生命的泥塑、纸塑、画片、布偶等，会注入感情和生命。

十五六岁的我有不少朋友在一起学习、玩耍，但是精神上总感少点什么寄托。可能就在这时，琼瑶小说、港台明星、流行歌曲在大陆大红大紫；但是我却忽然发现一种可以寄托心情、充实生活的可爱东西——贴画。

女孩子嘛，本来就钟爱于猫狗花草之类的小玩意，还有许多女孩子崇拜什么“巨星”、“天王”。我虽不及众多女友成了痴心的影迷或歌迷；但是这小小的贴画美丽、可爱之处太多了，我深深为它着迷了。

我把贴画视为自己的宝贝，一张小小的贴画在手，妙趣无穷。此时，不仅芸芸众星荟萃于眼前，仔细欣赏他们的一举一动、一笑一颦。还能从他们峨冠博带、披着轻纱的古妆上，感受到古人安之若素、闲云野鹤的生活情调；从他们现代的衣着上，感觉到休闲服的宽松随意、套装的端庄大方、短夹长裙的潇洒迷人、洁白婚纱的玲珑剔透和飘飘欲仙。

有一次，同学演出，无人为她化妆。我便翻出宝贝贴画，找出几张脸形与之相似的人物贴画，来个依着葫芦画瓢。待化完妆之后，原本平淡的脸竟变得娇艳生动、妩媚迷人。围观的同学们都抑制不住脸上的欣喜，我也更视贴画为宝贝了。

然而，也免不了贪玩，一玩就自乐其中，忘了本职重任。有一次临近期终考试，我仍乐呵呵地穿梭于出售贴画的小商店之间，优哉游哉地捧着贴画本埋头苦干。这次触怒了爸爸，令我缴出贴画，我拒绝。哪知弟弟这个小叛徒，偷袭宝库搜出宝贝，献于爸爸大人。这一下我可是哭泣不停、茶饭不进。妈妈劝我不见其效，只好调转枪口，爸爸招架不住，也就完璧归赵，并与我约法三章——“学习只能进，不能退。”我点头心喜，只要给我宝贝，区区小事有何难也？

青春无悔，时光即逝。现在贴画仍是我的宝贝，不过它是作为我课余收藏的爱好。我还利用贴画来制作装饰性贺卡，送给朋友们，自然也收到了她们一脸的喜悦和一番赞叹。

如今，佩带大学校徽的我，每当经过贴画摊前，看到一群群衣色艳丽、青春逼人的少女们，心里不由得想说：“在我这个年龄时……嘻！”

迷上剪报

紫风

每个人都在寻找和创造自己的乐趣与爱好，玩洋娃娃、画画、做衣服……我呢，喜欢剪报。

当你走进我的小屋时，会感到一种很清新的气氛：淡紫色窗帘，印着许多活泼的小动物；靠着小床的墙壁上，贴着几张明星彩照；书柜里，整齐地摆放着许多书报杂志。但你最感兴趣的也许是放在写字台盒子里的剪刀、竹签和胶水，还有几本厚厚的大夹子。这些，就是我的工具，就是几年来我从各类报刊上剪下的精华。

剪报，是我从小学三年级就培养起来的兴趣。那时，爸爸在银行工作，每次回家总带报纸，我对上面的图案特别钟爱，总是看了又看，爱不释手。一天，爸爸笑眯眯地对我说：“小风，你要是喜欢，就把它剪下来吧。”剪下来，真是个好主意！我立刻嚷着跟爸爸要剪刀。“别急嘛，瞧，这是什么？”爸爸像变戏法似的从口袋里掏出一把精制的剪刀递给我。“噢，我要剪纸喽！”我搂着爸爸亲着，爸爸真好。

从此，我迷上了剪报。每逢看到精彩的文章，动人的词句，我便拿起剪刀，像个小裁缝一样，精心剪下它，然后小心翼翼地贴在表哥送给我的大夹子里。一有空，我便捧着夹子，读着一篇篇文章，感到其乐无穷。

一次，我们班要举行朗诵比赛，大家苦于找不到材料而四处奔波。我却不动声色地骑车回家取出大夹子，匆匆赶往学校，“啪”，挺神气地把大夹子往同学们面前一摆。哇！那么多美妙的散文、诗歌、名句……同学们一个个都露出惊喜的神色，“OK，小风万岁!”一下子我被他们团团围住，每个人挑出最喜欢的来朗诵。那天，大家都很高兴。坐在我身边的阿玮说:“看不出，你还挺有心计哩!”“怪不得你总是妙语连珠呢!”被大家你一言我一语地称赞着，心里甜滋滋的。

我的好友张是个见作文就头痛的女孩，每次都为之煞费苦心，用她的话，就是搜肠刮肚绞尽脑汁。自从见到我的剪报后，也学着做起来。渐渐地，几次作文都得到“胖太太”的好评。张说得感谢我，我说功劳还是在剪报，要谢得谢它。我们会心地笑了。

剪报不仅增长了我的见识，也帮我摆脱困境，解除愁绪。记得一次因数学考砸了，回到家里，便闷闷不乐。随手翻开剪报，见一篇题目《走出迷津》的文章，捧着它，读了起来。随着文字的流淌，我进入了另一番天地，心境也随之快乐起来。是剪报，让我充分感受到生活的美好，并勇敢地去面对困难，走出人生的低谷。

随着时光流逝，我的大夹子日益丰满起来。它凝结着我的爱和汗水，伴我一步一步走上人生的征途。现在我已把它分门别类，装订成册。有“生活小百科”、“国画欣赏”、“诗歌园地”等等，真是五彩缤纷。它不仅丰富了我的知识，而且向我展开了一个丰富多彩的人生画卷。

剪报——我的知识宝库

李德杰

我喜欢剪报，把自己的剪报册视若掌上明珠。我为它付出了劳动，它给了我无穷的乐趣和丰富的知识。

如何做好剪报工作呢？我采取了4个步骤:选择、分类、排版、装订。

一、选择 我的剪报内容大多选自《中学生》、《青年报》、《文摘周刊》等报刊。我是每隔一个月，把各类报刊收集起来，从中选取有参考价值的资料。平时看到报刊门市部的报刊上有精彩的文章，也买回来攒起来。如果报纸的正反面都有好材料，而手头又只有一张报纸，我就进行比较，择优录取。

二、分类 这是最费时间的工作，我把剪下来的资料，先注明报刊名称和出版日期，然后按其内容进行分类归档，做到“门当户对”，以便将来查阅。我的剪报共分为3类11档:

第1类，总目为“科学文化知识”，分成“动物”、“植物”、“天文”、“地理”、“军事”、“科技”、“文学艺术”7档。有些不太好分的资料，我就放在相近的档内。例如，在“动物”这一档里，就有关于“狼孩”、“毛孩”、“双趾人”、“雪人”等的资料，如果感到我的分类不够恰当，那说明我的认识在提高；而且，我自己进行的分类，特别容易记住和查找。在“天文”档里，不但有太阳系各大行星的知识，还有关于“天外来客”等传说、趣闻。在“科技”档里，既有“卫星”、“激光”、“机器人”等方面的知识，也有“世界之最”的资料。

第2类，总目为“旅游”，分成“世界各地”，“祖国”2档。“世界各地”档，收集各国的“国旗、国歌、地理、风土人情、宗教信仰”等知识。“祖国”档，收有介绍祖国的“山川风貌、名胜古迹”等资料。翻阅这些资料，你会有坐地日行八万里的感觉。

第3类，总目为“政治经济”，分成“政治经济”和“人物”2档。“政治经济”档，收集各国“政治制度”、“政治集团”、“政变”、“时事”和“经济情况”、“企业管理”、“市场供应”等。“人物”档，收有各国的“政治、军事领袖”、“著名科学家”、“文学艺术家”等。

三、排版 排版的原则是既要节省版面，又要错落有致、美观醒目。这就要求在粘贴之前，先要把大小不等、形状不一的文章、图片，在纸上量一量，直到满意了再粘贴。

四、装订 我将统一尺寸的贴好的剪报，编上目录、页码，用线订成杂志样，再在封面上题写内容名称。这样，一册册自制的剪报集便产生了。

剪报册虽小，内容却包罗万象，它不但能使我开阔眼界、丰富知识，给我带来乐趣；而且由于这项工作需要持之以恒，还能锻炼女孩子的意志。

集报头

顾亦闻

我是怎样爱上集报头的呢？那还得从妈妈教我出黑板报说起。

那年，我读初一，老师叫我出黑板报，我怎样想也想不出该画什么报头。后来，在妈妈、老师的帮助下才完成了那期黑板报。我想，要是有《报头集》就不用犯愁了。第二天，我到新华书店买了一本《报头集》，可是里面的报头不符合我需要的图案，而且很难画。于是我又想：如果我能搜集一些既美丽又简单的报头那就好了。

从那时开始，我就常常看报纸收集报头。我用白纸订成几个本子，然后找来旧报纸，一张一张挑选，看见好的便小心翼翼地剪下来，再把它粘在本子上。就这样，一张、两张……一组、两组……日积月累，越集越多。如今，我的本子已被各种报头贴满了。其中我最喜欢“圣诞礼物”这一张报头了。那幅“圣诞礼物”真漂亮，碧绿的绸带扎成萝卜的叶子，系上一个用鲜红绸带扎成的大萝卜和一只金光闪闪的铃铛。萝卜和铃铛的“脖子”上都挂满了美丽的彩色项链。形态万千的叶子上一颗颗晶莹的“珍珠”发出柔和的亮光。

我还有一组第11届亚运会的吉祥物熊猫盼盼的报头，这组报头共有12张，每张都活泼可爱，令人回味。有踢足球的、有跳水的、有骑自行车的、有举重的、有……其中，有一张摔跤的报头，给我留下了深刻的印象。一个“盼盼”卷起袖子管，冲向另一个“盼盼”，另一个“盼盼”也毫不示弱上前迎战，其中一个“盼盼”不小心摔了一跤，裁判员说：“1、2、3、4……”一直数到9时，那个摔倒的“盼盼”战胜了困难，又爬起来迎战。毕竟总有胜负，结果那个摔倒的“盼盼”战胜了另一个“盼盼”，荣获第1名，我真为它感到高兴。

每天，只要我有空，就拿出《报头集》一页一页地欣赏。有时，我仿佛成了一只小鸟，在天空中自由自在地翱翔，观赏祖国美丽的山河；有时，我仿佛是一只小鹿，在树林里欢快地奔跑；有时，我仿佛是一名体育健儿，正在运动场上为祖国争光。

每一张报头都是一件美术作品，它使我开阔眼界，提高了绘画技巧。集报头丰富了我的课余生活，培养了我对艺术的兴趣和爱好，我真爱集报头。

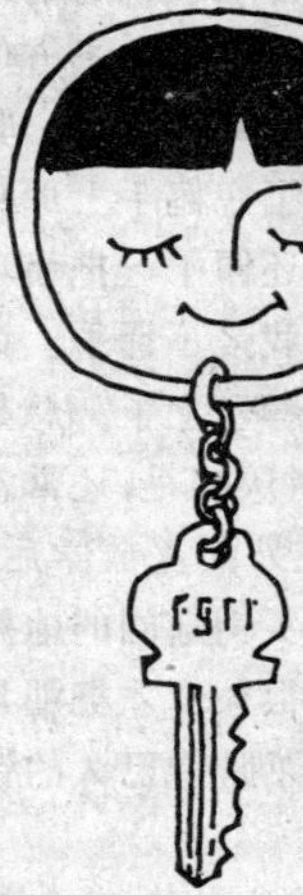

钥匙圈

严茵

我们女孩子总喜欢一些小玩意儿，比如钥匙圈这个小玩意儿，既有它广泛的适用性（不像头饰只适用于留长发的女孩），又经常有一些层出不穷的新花样来吸引我们。

记得小时候，很羡慕爸爸、妈妈手里一大串丁丁当当的钥匙。总是有一个很大的愿望，那就是想拥有一把囊括了家中一切财物的房门钥匙，总觉得一把小小的钥匙足以说明我在家中的地位。

终于，有一天如愿以偿，我得到了一把房门钥匙。虽然每天放学回家，爸爸早就回来了，但小不点的我还是以此为豪，用一根绳子把钥匙神气地挂在脖子上，蹦蹦跳跳的，胸前的钥匙也就随之欢蹦起来。

人长大些了，对那根挂钥匙的绳子渐渐不满起来，嫌它诸多的不方便和粗俗，所以绳子也是几经更换。其实，心中早就“相中”了妈妈手上那只锃亮的钥匙圈，圈上还佩了一把小巧玲珑的裁纸刀，总令我爱不释手。钥匙也不怎么愿意挂在脖子上了，总是悄悄地塞进裤兜里，讨厌的是，还常常要露出一小截尾巴在外面。放学后，也开始不经意似地在买钥匙圈的地摊上来回地磨蹭。过了很久，才把那几经更换的尼龙绳换成了盼望已久的钥匙圈。

从此，钥匙圈便与我形影不离了。钥匙圈上的小饰物总有许多翻不完的花样：小鞋子，小梳子，小绣球，小娃娃……

在我所用过的一些钥匙圈里，我最喜欢的是一个小小的用皮革精制成的旅行包，那模样逼真逗人。这个小小的旅行包还珍藏着一段与一位美国女孩的友谊。

那年，16岁。隔壁搬进了一家美国人：爸爸、妈妈和一个与我同龄的女孩。很快，我们便熟识了，并成为朋友。每次交谈时我总携着一本英汉字典，她携着笔和纸，涂涂画画、打打手势，就这样，在费劲的对话交流中我们互相了解了。有一次，我把我的那些心爱的钥匙圈拿出来给她欣赏，她赞叹地说：“中国的钥匙圈比美国的好看，而且更有新意。”听了这话，我心中是那样的自豪。后来，她要随父母回国了，临走时，她送给我这么一个小小的旅行包钥匙圈作为纪念，并开玩笑地说：“希望你日后能提着它来美国加州看我们。”我也回赠给她一个毛茸茸的小熊猫作饰物的钥匙圈，她当时高兴得热泪盈眶的样子，我现在还记忆犹新。

钥匙圈，正在向挂着电子玩意的方向发展，有挂着小型计算器的，有挂着密码式通讯录的，还有挂着丢了钥匙会鸣叫的小警报器的，样式日新月异。

钥匙圈，我们每个人都有，它虽然小，却与我们的日常生活密切相关，我喜爱它，因为它记录着我的成熟，记载着社会前进的脚步，述说了关于它的一段段耐人寻味的故事。

赏玩贝壳

邹自翔

我在整理课桌抽屉时，总发现一包大大小小的贝壳，大如5分硬币，小若黄豆、米粒。它们一部分是银白色的，也有一部分是灰白色，还有一部分是在外壳上留下几圈淡黄的色环。这些，就是我珍藏的小伙伴——贝壳。

记得同学们第一次见到贝壳的高兴劲儿，用狂欢不已来形容不算夸张。那天，几个同学刚进教室，忽然听到一阵“呼呼啦啦”响声，咦，带了啥好吃的？随即，她们都睁大了双眼，惊叫起来：“啊——”“太漂亮了！”“太棒了！”原来她们看到了我的小贝壳。

几个彼此要好的同学早就想去外地捡贝壳，只因眼下无空，只好作罢。

早些时候，听人说淮河两岸有贝壳，当地人称作“高娃子”或“面蛾”。又听人说，那里彩贝遍地，夏日的傍晚躺在水沙之中，那水是如何的清凉，那沙是多么的温柔，以至于用它抚摩年轻的臂膊与脚掌，能消除疲劳。还听人说，在淮河两岸不仅有细沙、甜水、贝壳，还有一串串美丽神奇的故事……

同班有一位同学，家住在淮河边上。于是大家千叮咛万嘱咐，请她回去别忘了带些贝壳来。从此，大家个个心焦如当年的迅哥盼望润土似的，日日盼，周周盼，终于盼到了。现在同学们是何等的欢喜和激动呀，不信，那哄抢贝壳的一幕可见。她们毫不客气地分享着贝壳带来的喜悦，抚摩着，欣赏着，谈笑着，每个人心中都有一种满足。瞧，那会心的笑意就写在脸上。自然，我也挑选了一些彩贝，视为珍品藏于抽屉中。

啊！贝壳，我不时从抽屉中把它取出来把玩把玩。

舅舅迷上紫砂壶

菲 菲

"老婆诚可贵，女儿价更高；若为紫砂壶，两者皆可抛。"

这是舅妈常爱在我们面前埋怨舅舅念的歪诗。舅舅是个紫砂迷，他不爱烟酒，不玩麻将，就爱摆弄、收藏紫砂茶壶。有时捧着几个紫砂壶，摩挲把玩，甚至忘了时间和他当时要做的家务。

舅舅也真令人费解，家里已经有了车刻玻璃杯、彩色陶瓷杯、磁化保健杯，何必还去买那些土里土气的泥壶？有什么好？星期日，我敲响了舅舅家的门。

一个学期没去看舅舅了，没想到舅舅一打开门，映入眼帘的竟是大大小小的茶壶！"舅舅呀，你要开茶壶店吗？难怪舅妈说你呢！"

舅舅却对我大摇其头："菲菲，你还算个初中生呢，竟会不知道紫砂茶壶的价值！"

"不就是泥巴捏成的吗？谁要？"

舅舅哈哈大笑："看来得给你上一堂课啦！紫砂陶是一种实用与艺术高度和谐的手工艺品，具有与众不同的性能、用途和艺术风格。关于紫砂陶的创始，有一个生动的传说。古时候，一个僧人经过宜兴鼎蜀山村落，嘴里不停地喊着：'卖富贵土，卖富贵土！'当地的居民都觉得奇怪，一个个跑出来观望。僧人又放开嗓门高喊：'贵不能买，买富何如？'就领着几个村民向附近的青龙山、黄龙山走去。到了那里，果然面前是五彩缤纷的宝土，红的、黄的、绿的、青的、紫的……一片灿烂，美丽极了。从此以后，一传十，十传百，鼎蜀山村的劳动人民都来挖掘这山间的'富贵土'，开始烧制最早的紫砂茶壶。"

我被这传说吸引了，盯着舅舅要他讲下去。

"紫砂陶是宜兴陶品中最精美的产品。紫砂茶具造型简练大方，色泽淳朴古雅。不仅有独特的民族风格，而且还有冷热急变不会胀裂、扶握不炙手、泡茶不走味、贮茶不变色、盛暑不易馊的特殊功能。使用的年代越久,壶身色泽就愈加光润古雅,泡出来的茶也愈加醇郁芳馨,甚至空壶注入沸水都会有一股清淡香味。紫砂壶的品格高超之处,还在于不论雅俗贵贱,具有同等的品茶功能,花几元钱买一把壶照样能品尝到千金之作的茶味。它既可登大雅之堂,又能进寻常人家,千百年在民间广为流传,成为人们生活的一部分。这些都是其它茶具无可比拟的。

“再说,紫砂壶的造型各异,用行话来说可谓圆无一相,方非一式,达到了千姿百态、出神入化的境地。那些取材于瓜果花木,虫鱼鸟兽的仿生物造型,撷取自然之魂,传达出物形精神;借鉴井槛、古钱、秦砖汉瓦、青铜锡器一类古代器物的造型典雅浑厚,具有凝重的历史感;从几何形态抽象变形的各式壶器则洗练淡雅,潇洒空灵,让人在不尽的想象天地中获得美的享受。”

“不过,紫砂壶的颜色好像没有咖啡杯好看。”我说。

“我觉得这确实是它的一个缺点。这就要看你的欣赏品味了。你看,咖啡茶具是靠上釉来造色的,而紫砂泥靠着自身本色泥的相互配比来呈现多种泥色。由于烧成时的温度不同,紫砂陶的色泽也就更为丰富,呈现天青色、栗色、深紫色、朱砂紫、海棠红、青灰、墨绿、黛黑等色,而且紫而不姹,红而不嫣,黄而不娇,绿而不嫩,黑而不墨,灰而不暗。”

“紫砂壶再好,也比不上磁化杯有保健作用啊!”我又发现了它的不足之处。

“明代大医学家李时珍在《本草纲目》上写到,饮茶能使人善思、少卧、轻身、明目。茶叶中的茶素、茶单宁、芳香油以及其他多种维生素,都是对人体有益的物质。用紫砂茶壶泡茶,既不失香,又无熟汤气,使茶保持原味,色香皆蕴,这些都是磁化杯无可比拟的。”

舅舅见我点头称是,又说了下去:“紫砂茶具的美学价值,在于它的精神内涵,在于一种透彻表里的文化气息。紫砂陶几乎从诞生的那天起,就集造型、文学、书画、金石、篆刻于一体,它古色古香的泥质与传统文化又是天然的默契。自北宋苏轼起,历代文人丹青手如徐渭、扬州八怪、吴昌硕等,纷纷参与创作,或镌诗文字画,或作式样设计,留下了许多不朽之作。菲菲你瞧,这几把仿刻的东坡提梁壶和曼生壶就很有代表性。源远流长的江南文化精髓囿于柄壶之上,使宜兴紫砂飘然出俗,超越了一般的欣赏和实用价值。所以寸柄之壶,盈握之杯,往往被人珍同拱璧,贵如珠玉。”

原来紫砂茶壶有如此深奥的学问,怪不得舅舅这般着迷。我开始认识这美妙的紫砂艺术,同时也迷上了紫砂壶。

五彩缤纷的星期天

陈 颖

星期天是红色的、紫色的，还是绿色的、蓝色的、白色的？自从我爱上欢快的星期天后，慢慢领悟到星期天是五彩缤纷的。

我真幸运，从进幼儿园起，爸爸妈妈就约定“要把星期天还给孩子”，为我安排了快乐的星期天家庭聚会。我上小学了，如今又进中学了，在知识的摇篮里摇啊摇，摇出了智慧、情感、幽默和孜孜以求的动力。可是，一到周末之夜，我还是一如既往地企盼令人神往的星期天家庭聚会。

星期天的清晨，当百灵鸟一般清脆动人的说笑声在窗下响起时，那准是小伙伴们来了。不大一会儿，房间里便扬起歌声、琴声和笑声。一缕缕金色的阳光透过窗格、窗帘，照射到小伙伴的脸庞上，那红通通的肤色，飞扬的神采和五彩鲜艳的童装，加上刚刚挂起来的一张张色调夺目的绘画新作，组合成奇妙的色彩交响，而这色彩交响和那叽叽喳喳的喧闹声、悠扬悦耳的琴声、丁丁冬冬的打击器声又融成更为别致的声色交响。啊，此时此景，诗情画意油然而生。

记得是盛夏的一天，鸣蝉闹夏，热浪滚滚，和我一起学习画画、弹琴的小伙伴在我家举行星期天家庭聚会。为了增添聚会气氛，爸爸妈妈把床拆了，用蓝色的床单拉起了天幕，我用白纸红字赶写了聚会的会标，更令人捧腹的是卡通画像爬山虎一样“爬”满了墙。在充满文化情趣的小天地里，小伙伴们的艺术交流开始了。我弹起了钢琴，陈文艳弹起了电子琴，我们合奏了《野玫瑰》、《紫罗兰》，那琴声显然扣动了大家的心弦，赢得了阵阵掌声。当我们合奏《歌唱祖国》

时,其他小伙伴敲起了小铜铃,打起了三角棱,摇起了沙球,大家完全陶醉于艺术的情怀之中。接着表演的是抒情朗诵、寓言故事、太空舞步……特别令人难忘的是小胖墩表演的小品“吃鸡”,那一挑一拉,一转一扭,把吃鸡人挑拉鸡筋的细节演得维妙维肖。那天,教我们画画的姚老师也来了,他让我们拿出近期绘画速 写本,交流了画速写的技巧;还帮助我们总结了水彩画的上色步骤。姚老师风趣地说:“美术交流为这次聚会增添了有色彩的音符。”

说起来真奇怪,每次星期天家庭聚会,我们一些女孩总会不约而同地聚在一起,掏出各人心爱的长毛绒小兔、小猴、小狗、小猫,还有那逗人喜爱的木头娃娃。都是少女了,还玩那木头娃娃干吗?可是,那小龙人不也是木头娃娃吗?我们聚在沙发的一角,迅速建起了一个纯真的世界。我不知道大人世界的滋味如何,反正在我们的世界中,情切切,意绵绵,当轻声说起悄悄话的时候,一星期辛勤学习的疲劳会荡然无存,大家是那样无忧无虑,自由自在,笑声是那么无拘无束,甜蜜欢畅。

不知是从哪次聚会起,我们这些女孩玩起了“思路急转弯”的智力游戏。那些智力题目稀奇古怪,什么“从商店里买回的优质袜子为什么有洞?”“小明从15层楼往下跳为什么没有死?”“小红按时参加星期天家庭聚会为什么不见半个人影?”“在什么情况下3+2不等于5?”……很快,答案出来了:袜子当然有洞,没有洞的袜子脚穿得进去吗;小明站在15层楼上没有朝外向下跳,而是朝里向下跳,所以安然无恙;人影都是一个个的,所以小红来到聚会现场见不到“半个”人影;在算错的情况下,3+2不等于5。真是逆向思维,顿开茅塞,思路一转弯,再难的问题也难以挡道。解题后欣慰的笑声格外富有魅力,在嘻嘻哈哈中我们敞开了心灵之窗,叩动了知识的大门。爸爸鼓励我们玩这些智力游戏,他说这为聚会蒙上了一层文化色彩。

到了星期天的晚上,热闹了一整天的小屋又恢复了往常的平静。我喜欢在这时来到阳台上,眺望对面新工房那盏盏灯火。在这些房子里,那些不相识的小伙伴的星期天是怎么过的?她们也一定在编写自己的星期天的故事。每个房屋里的小主人的故事不会一样,一定会带上各自的独特的色彩。我再仰望星空,满天繁星闪闪烁烁。星星最喜欢宁静的夜空。此时,它们也在进行欢快的星期天聚会,否则,为什么三五成群地聚在一起?我想象着小星星如何度过欢乐的星期天,憧憬着有一天,我们的星期天聚会能开到广袤的星空中去,让小星星分享我们的欢快和幸福,为我们的星期天家庭聚会再添上一些宇宙色彩。

叽叽喳喳说生日

艾少玉 等

黄州市沿江路××号 艾少玉

爸爸妈妈，我想这样过生日：

不需要蛋糕、蜡烛，但我会把屋子弄得干干净净，让我们一家人静静地坐在一起。我会拿出影集重温过去日子里我们一家人是怎样走过的。我会悄悄地告诉爸爸妈妈，我已经长大了，我懂得了怎样尊重父母、理解父母。我会自己动手做几样爸爸妈妈爱吃的菜，给你们一个惊喜。我还会用点点滴滴的行动来悄悄抚平爸爸妈妈脸上的皱纹……爸爸妈妈，你们把我带到了这个世界上，养育我成长，我要在生日的晚上轻轻地对你们说："爸爸妈妈，谢谢你们，你们辛苦了……"

河南洛阳市一商干校 郑飘儿

许久以来，我就有着一个美丽的梦想，祈盼能在生日那天独自到洛河滩去，躺在河边草地上，闻泥土清香，听流水哗哗，看看蓝天白云……兴致来了，我会甩掉凉鞋光着脚丫，拎着裙摆跳进河里，大声吟唱"君不见黄河之水天上来，奔流到海不复回。"抑或，打开录音机，让理查德的钢琴曲与这山野气息融为一体。最好河对岸远远的有几户人家，竹篱茅舍，让缈缈轻云和着袅袅炊烟共舞。我就在这祥和、幽静中度过快乐的一天，直到“夕阳低画柳如烟”时，才带着满脑子的诗情画意回到“尘世”……

河南南召皇路店镇中 吻 梦

在我来到世间刚刚8个月的时候，我的妈妈就离开了我。15年了，我一直不知道妈妈离家的原因，也从没见过我的妈妈。

多少次梦中与妈妈相会，每次妈妈都是脸背着我，慢慢地离我而去，醒来时早已泪湿枕巾。

我的16岁生日即将到了，那优美的歌声和温馨的祝福，对我来说都是次要的。我希望在我生日那天，能够见到我的妈妈，把心中的话儿全都倒出来。远方的妈妈，亲爱的妈妈，你可知道，我多想你呀！

浙江金华县赤松乡 乐 意

我的生日正值秋末冬初之际。到这一天，我希望天空湛蓝湛蓝的，云一绺一绺的，小草黄亮亮的，枫叶红艳艳的。“自古逢秋悲寂寥，我言秋日胜春朝。晴空一鹤排云上，便引诗情到碧霄。”刘禹锡写得真棒！

那天，我要重新装点自己小小的卧室：换上金黄色的被套、雪白的床单、嫩绿的新窗帘；在书桌上摆一个维纳斯雕像，在小花瓶中插几支野菊花；我还要在床头贴一张自己画的水墨画《晚秋》；更不会忘记在床前挂一串紫色的小风铃。

夜幕降临时分，我会穿上牛仔装、白球鞋，把自己关在小房间里。我会打开壁灯，让它播洒柔柔和和的绿光。我会在小蛋糕上点燃16支蜡烛，然后一小口一小口吃着蛋糕，一小口一小口啜着绿茶。最后，我会轻轻摇一摇风铃，在“丁丁冬冬”的美妙声音中翻开那本《古词选》，苏东坡、柳永、李清照，一个个走进我的情感世界……

浙江江山坛石镇新叶村 姜小仙

再过几个月我就满20岁了，已经离家外出当了一年多打工妹的我突然收到家里来信，要我回家过20岁生日。当晚我一夜没睡，激动的泪水不断地涌流出来。我一遍又一遍地想象着父母兄妹会怎样为我过生日。即将踏进20岁门槛的我早已不是那个馋甜食爱新衣的小丫头了，但此时的我却真想马上咬一口香喷喷的煮鸡蛋和甜腻腻的糯米点心。淘气的小妹妹或许还会用红红的野山楂串成“项链”送给我作生日礼物。昔日的伙伴们也会用麦秆做小风车、小楼房送给我。我的20岁生日虽然没有奶油蛋糕，没有五彩缤纷的小蜡烛，但我相信那一定会是一次永生难忘的生日，因为它表达了父母对远离女儿的一片厚爱。

小小美食家

陈达林

最近班级里悄悄地传开了与吃有关的两件事。第一件事是珍珍过18岁生日那天,她在富贵酒家请客开了一桌酒席,听说花了数百元,真让人听了伸舌头;另一件事是小英的奶奶早晨急病入院,她爸爸妈妈都赶去了医院,中午因没人煮饭,小英挨饿一顿。有的同学说可以炒一点饭或者下点面条先将就一餐嘛,可惜小英什么也不会做。

由于同学们议论纷纷,《流行色》墙报编委们决定听取大家意见,并鼓励大家写稿,把话题引到正确的轨道上来。

经过一段时间组稿、编写,《流行色》墙报出了一期有关"吃"的专刊,这里不妨摘录几篇——

·热点追踪·

希望你过得比我好!

本刊讯(记者钱敏敏报道)

据参加珍珍生日宴会的某同学讲述,有关情况并非谣传,那次珍珍确实盛情地款待了知己朋友。珍珍用她自己的积蓄,加上父母和长辈们送的钱,过了一次人生只有一回的18岁生日。她们吃了难得在家庭餐桌上享用的基围虾和各种海鲜,还用"王朝"葡萄酒干杯。当上了生日烛光蛋糕以后,她们唱起了醉人的"Happy birthday to you!"最后,她们还像大人一样,品起了正宗的咖啡。哦,假如不是花那么多钱,或者便宜一点,那会让人觉得多么舒服和开心呀!

我又采访了宴会的主人珍珍,她似乎还没有从这种梦一样的美景中解脱出来,她并不在乎别人的议论。兴奋的珍珍告诉我:"各人有各人的生活,何必强求一致呢?不是说'希望你过得比我好'嘛,但人家有一点好,就说三道四,让人听了多不够意思……"

·调查报告·

本班同学饮食情况调查

(主编赵勤提供)

在高二(2)班的48名同学中——

完全不会烧饭做菜的有12人,占25%;

能烧饭不会做菜的有10人，占21%;

能烧饭并能做简单的菜的有18人,占37.5%;

能烧饭且能做好菜的有6人，占12.5%。

能烧饭也能做精美菜的有2人，占4%。

说明:

1.好菜,是指复合菜,如冬笋炒肉片、百叶包肉等等。

2.精美菜,是指节日菜,可供家宴食用，如炒鸡片、茄汁鱼片以及点心等。

·专访·

发扬“吃”的文化

(编委陈小蕊采写)

从我班同学饮食情况调查中获悉,能烧精美菜的两位同学,其中之一便是《流行色》墙报编委张婷芳,为此,我作了专访——

小蕊:婷芳,知道你喜欢画画,是个业余美术爱好者，但你是什么时候成为业余美食家的呢?

婷芳：我喜欢一个人在家里静静地作画,但是爸爸妈妈有时外出作客,就没人做饭给我吃了。不过，人是逼出来的，我也想利用这个机会学习自我生活的能力。开始的时候，我只学会烧“咸泡饭”充饥。后来有一天，我的心绪不好,画画也不顺手,我想到晚上爸爸妈妈要回来，便设想自己能不能做几个菜让他们惊喜一下。整个下午我都泡在厨房里，一遍又一遍地默想妈妈烧菜的步骤，还找来爸爸收藏的《菜谱集锦》边学边干。当爸妈晚上走进门时,那饭菜的飘香,竟喜得他们像过节一样!

小蕊:你这样烧了几年了?

婷芳:刚开始那一年是读初二,算来已有3个年头了。

小蕊:你最拿手的菜是什么?

婷芳：做简单的家宴。我们全家都喜欢吃鱼,我就能烧出不下10个品种的鱼。

小蕊:你有些什么最深刻的体会?

婷芳:我的体会是,用具体行动体谅爸爸妈妈的辛苦，在实践中学会生活,而且学习追求美好的生活。

小蕊：为什么说是追求美好的生活?

婷芳：不能把烧饭做菜看作简单的劳务。饮食也体现了一种文化，如果我们能吸取饮食文化的精萃，不就是发扬中华民族传统文化和创造未来的中华文化吗?

·来函照登·

把生活搞得更丰富

(本班校外辅导员、地区财贸办主任老周的来信)

高二(2)班全体同学:你们好!

感谢大家对我的信任,你们来信所谈的问题在目前社会上相当普遍,不仅有学校里的中学生、大学生,更多的是刚走上工作岗位的年轻人,他们把"上馆子"作为一种成人的象征;还有一些高消费追求者对美食更是乐此不疲。"民以食为天",说明食之必要,但是并不能无限制地去追求。目前我们社会的物质生活尚不丰富,有待大家去创造,因此在饮食税利方面对某些高消费者是相对制约的。你们作为学生现在尚不是直接生产者,用钱的来源主要还是靠父母。你们有一点钱首先应考虑满足文化方面的需要,这样可以充实自己走向社会所需要的知识。假如你们真想过一个有意义而且丰富多彩的生日,吃得好一点,热闹一点、气派一点,上餐馆也不一定能做到。餐厅用餐时间短,并且大场合不宜喧哗,要热闹也热闹不起来,对吗?虽然有的菜肴名气响,那也是厨师烹调出来的。厨师中有不少年轻人,他们技艺是通过学习才掌握的。我建议,你们同学中能否也来开展学习烹调,把自己的生活搞得更丰富、更节俭、更有味呢?

自从那次墙报出版以后,《流行色》每期增设了《饮食园地》一栏,刊登来自同学们学习烹调的小故事、小经验,以及自己编写的菜谱。

最近一期《流行色》刊登了张婷芳的自编菜谱——

苹果攀的制作

原料:红蕉苹果3、4只(约500克左右),鸡蛋2只,富强粉350克,精制油、什锦果酱等。

制法:苹果去芯留皮切成丁,在盛器中加上鸡蛋、面粉、少量油搅拌均匀,蒸熟后成苹果糕,待冷却后再切成1.5厘米左右厚的片状,然后一块块放到六成熟的油中炸,等炸到呈金黄色时即可出锅、装盘,并在上面涂些果酱,在盘子四周若加桔子片围边装饰则更佳。做成的苹果攀,其口味酸甜、松脆,苹果香味四溢,是可口的带有西点风味的家庭点心。

这一年的元旦,朋友们走亲访友,只要有人来到高二(2)班同学们的家里,都能尝到她们亲手制作的精美点心,难怪大人们都在说:这些孩子真的长大了,她们个个成为名副其实的"小小美食家"了!

13

奇妙的外面世界

我们郊游去

郭玉红

我们郊游去，穿上潇洒的行装，剪一头男发，轻装上阵，潇洒上路，弹一曲小虎队的《逍遥游》，惬意极了。

我们郊游去，爬山、划船，感受攀登高峰和泛舟湖面的情趣。翻山越岭可以锻炼身体和意志，登上山顶极目远眺，无限风光尽收眼底，不禁使人心旷神怡。攀上一座高山等于跨越了一个新的高度，它让人体验那超越自我的奇妙境界。泛舟小湖，欣赏岸边的风景，它令人想起——大海波澜起伏，那是壮美；而小湖碧波荡漾，这是柔美。真是山美水美人更美呀！

我们郊游去，别说外面的世界很无奈，五彩斑斓的生活足够让你大开眼界；别说脑袋瓜里装满了XYZ，再也容纳不下其它杂念；可是世界并没有远离我们，我们又怎能把生活抛弃？别说你心里太难受，一切不痛快尽在郊游中烟消云散；别说一大群女孩疯疯癫癫天南海北游逛成何体统，其实敢于闯天下这正是时代赋予我们的性格；别说……什么都可不用说，不要再有任何借口，玩就要玩个痛快、潇洒！

我们郊游去，纵身投入大自然的怀抱，让阳光拥抱我，让大地亲吻我，让清新的空气沐浴我，让我们品尝当大自然主人的滋味。

我们郊游去，在假日里领略良辰美景和人间万象，才知世界真奇妙！

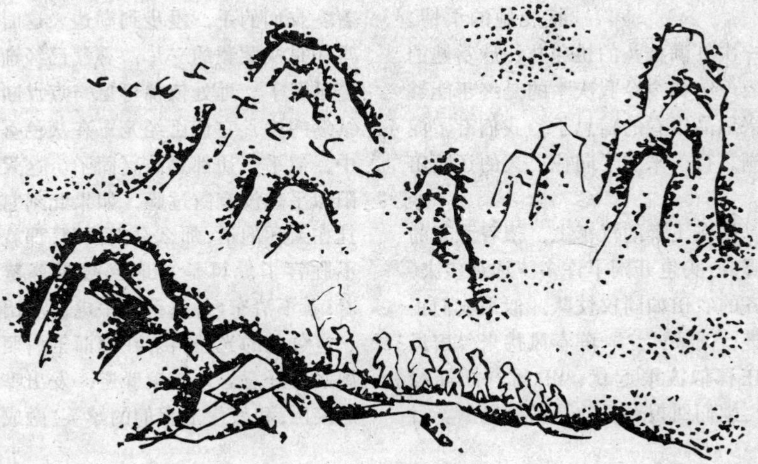

淀山湖春色

袁璟

我曾经渴望在万物苏醒的春季，去一游冰雪初融的天山，领略她的纯洁；去一回柳丝轻荡的漓江岸，接受她的柔情；去一次红满枝头的桃花林，欣赏她的秀容……如今令我庆幸的是终于能够尽兴地品尝春的信息了。我们有了淀山湖之行，来到了向往已久的辽阔田野。

站在飞奔的汽车上，望着葱茏的田野，心头也开阔了许多。远远望去，整齐的农田如同仪仗队，似乎我们正在进行阅兵式。一阵春风拂来，田里的庄稼似波浪起伏。田间一汪汪绿水，她们回报春风的是微微轻颤。目光所及的还有在田野上空飞旋的几只新燕，耳边不断传来早莺的鸣啭，这正如白居易所作的“几处早莺争暖树，谁家新燕啄春泥。”我想，如果绿色是春的气息，那么忘我劳作的农民就是撒播春信息的使者。

夜幕终于拉到了淀山湖畔。我挽着女友们的手，漫步到湖边。这时天穹还是灰蒙蒙的一片，雾气已经渐渐蔓延开了。远处依稀可见一点点断断续续的岸，它们已经笼罩在灰色雾气中，似乎一切都要被凝固了。这天太阳似乎是没有露过脸，如果此刻它还挂在天际的话，那么夕阳西照，那就美不胜言了。可是大地已被黑幕覆盖着，看不清东西，只得把手电筒取出。一道黄色的光芒斜射在湖面上，照得湖水不好意思地翻滚躲避，发出哗哗的笑声，和着岸上我们的嬉笑，融成一支美妙的乐曲，一直传到我的心田，长久在那儿回荡。湖风渔火，增添了夜的情趣；还有那沙沙作响的树叶声，加深了夜的壮美。我闭上眼睛，耳旁响着一切大自然的声息，我把全身心投入了夜的怀抱中，贪婪地吸取大自然的精华。要不是被女友们拉着回帐篷，我真想在湖岸边站个通宵。真的，它太迷人了！

在回帐篷的路上，我看到其他帐篷内的女孩和男孩们，有的在听流行歌曲，有的在把自己唱的歌录进磁带，中间还夹杂着猫叫、狗叫和笑闹声；有的在下棋，有的在谈天说地，还有打打闹闹的，免不了帐篷碰倒，压在帐中的人大叫救命，帐外的人却笑得直不起腰来。

当我们终于安歇躺下，突然从帐顶的破洞内掉进一只鞋子，拉开帐门刚要兴师问罪，又见飞进来一只面包。这是老师来查夜的信号，于是那群奔来跑去的年轻人一下子消失了。

在帐内呆久了，外面的一切似乎已不再存在，但又听到某个帐篷里有轻微的笑声。伸出头去看看，哈！一个个脑袋都探出帐外笑呢。大家确认老师不在，我们这群快乐天使都一下子奔了出来。

啊！如今这美好的夜是我们的了，一切的烦恼都与我们无关，夜之乐只属于我们这些十四五岁的少男少女们。

看冰灯

豆　豆

过了一个寒冬，终于盼来阳光老人的恩赐。4 月的天，谁不想在这暖暖的风儿中尽情舒展一下蜷缩了一季的身体呢？于是，港式羊毛衫、新潮牛仔系列、薄绒衫裤，穿出一个潇洒的自我，走出一群神采奕奕的女孩。女孩们在一起，往往会冒出些“疯”主意来。

“哎，听我妈说在体育场开了个‘哈尔滨冰灯艺术展’，从春节办起，已近尾声。我们去见识见识，如何？”陈英出了个主意。

一片赞同声响起。于是，我们同室7 个女孩，在别人都卸下冬装的时候各自扛着一大包御寒用品来到了市区南部的体育场。

门口，空无一人。无需排队，我们买了票，就进场。

一进门，便有一阵冷气袭来，凉嗖嗖的，就像夏天进了大功率空调间。有人说：“你们在这间房里穿上衣服，带多少，穿多少，里面可冷啦！”

我们开始嘻嘻哈哈地穿衣。我穿上了爸爸从芝加哥回来时带的大衣，这件漂亮的风雪大衣太厚实，以至于最冷的冬天我都没有穿它，可现在，终于有了用武之地。我笨拙地穿上大衣，系好围巾，戴上帽子，还不忘套副皮手套。再看看萍儿她们，也是个个“全副武装”。

尽管我们做好了思想与衣服上的准备，可一进展厅，还是被扑面而来的冷气击得直哆嗦。放眼看去，偌大的空间中有一层飘飘缈缈的雾气，纱一般笼住了一个晶莹的世界，给人一种神秘感。一步，两步……走进了仙境一样的世界。偶一低头，啊，我们的每一步都踩在整块整块冰铺成的地上，不很滑，却晶莹洁白，让人害怕会踩脏了它。

慢慢走，慢慢瞧：这里有桥，似能渡仙；那里有船，像要载人去游那寒宫；有花，开得美艳绝伦；有八卦阵，增添一分神秘莫测；还有那维妙维肖的十二生肖，似得道成仙，炼就了通身透亮之体；更有那与我们同龄的少女，那雪骨冰肌，凝神而思，真是风华绝代。

我们边玩边看边叫嚷。忽然琳叫：“快来看呀，这儿有条封冻在冰里的鲜鲤鱼！”跑去一瞧，真的，鲜鲜亮亮的红鲤鱼，整个地被封在一大块冰里，也不知是怎么进去的，或许是它调皮，龙门没跳成，反而跳进了冰里。旁边的更绝，冰里竟有一束鲜花，依旧娇艳欲滴，伸出手去，却碰上厚厚的冰面，这才恍然缩回手，笑起来。

“嘿！快来——”又是萍儿在叫，“猜猜这里有几度？”她用手挡住一根冰柱上的温度计，见我们傻傻的，就得意地喊：“我们在零下20度的哈尔滨呢！”大家都惊讶、激动地叫起来，对于我们这群生活在江南都市的人来说还是第一次身临其境。

看得越多，就越有兴趣。佛祖如来，两人多高，静坐蒲团，那份圣洁与安详，比任何一次进庙烧香见到的都来得令人震憾。玲珑宝塔有7层，高10几米，重数吨，全由冰雕而成，内镶彩灯，或隐或现折射出的光芒，让整座塔显得雄伟非凡。后厅有个大“树林”，一棵棵大“树”上面都坠着无数冰棱柱儿，当真是千树万树冰花开。

而我们玩得最开心的，莫过于其中的一架大型滑梯。这架滑梯很高，自然也是全部由冰制成。我坐在滑梯顶部，由一个工作人员轻轻一推，便风驰电掣般向下滑去。等到了尽头，我本以为可以停住，却没有想到这冰面毫无摩擦，巨大的惯性让我向前冲了好几米，撞上了一样软软的东西，被弹回了几米，原来是只事先为你准备好的麻袋。心急慌忙，站起来，扑通一跤，引得大家哈哈大笑。这实在比童年时玩的滑梯要精彩得多。

“该出去了。”不知谁喊了一声。“萍儿，你怎么成了这模样？”几乎同时，我们都发觉其他人的头发、眉毛上有了一层白霜。萍儿的模样最棒，嘴角和睫毛上凝上了一层密密细细晶晶亮亮的冰珠子，再加上举步蹒跚，活像是个龙钟老妪。你看看我，我看看你，一群圣诞老太太抱在一起笑成了团。

余兴未尽，但冻得够呛，只得狠心跑了出来。

“哈，外面怎么那么热！”

温和的风儿又把冰霜化成了水珠，挂在我们的发间、眉梢，使我们更加神采飞场。

凭吊圆明园

杨 颖

到圆明园的那天，阴霾的天空飘着雨丝，园内很少看见人，显得格外安静。

进去的地方是万春园，一路上有看不尽的风景。路左侧是曲曲折折的河道，其间有几座白色石拱桥；河旁被风拂扬的绿柳映着碧水孤桥，煞是动人。恍惚间，我觉得自己又回到了“小桥流水”的江南。

往前走去，河道渐渐开阔了。先是有一大片绿荷，尽管没有荷花，可那起伏绵延、青翠欲滴的荷叶层层叠叠地铺展开去，简直可以入画。随后我身边出现了一个湖，水色变得空濛起来，氤氲的湖面仿佛笼着一层碧烟翠雾。我忍不住离开了脚下的碎石路，走到湖边，坐在一块湖石上。柳丝轻轻盈盈地划过湖面，风悠然地在其间穿行，似乎叙述一个沉睡已久的故事。我懒懒地怔在那里，一动也不动，不知不觉，雨下大了，雨点落入湖中，泛起一圈圈涟漪，“绿水本无波，邈而生涟漪，涟漪有代谢，岁月无休止。”那么，同样的情形，同样的心境，必定在千百年前也曾出现过了，而今天为我起舞的秀柳，又是哪一年落下的种子？

我站起身来，整理一下裙子，又信步走去。

路一转，将那轻灵秀逸的湖留在了身后，我看见眼前的空地上停着一

辆又大又长、浑身漆成红色、上面有顶篷的游览车，看上去像一条又怪又胖的大虫。有人向我招揽生意，说这“龙车”可以把我送到著名的圆明园遗址。我摇摇头，说要自己走过去。那人很奇怪，说走过去还有近两里路，天又下着雨，还是乘车去吧。我说“不，我能走。”

我朝着圆明园遗址走去。那是一条笔直、宽阔的水泥路，两旁绿树成荫，深深浅浅的绿在灰色弥漫的空气中生动地渲染着生命的美丽。每走50米左右，头上就会出现一个竹子编成的镂空天篷，很是别致。我一步一步地走着，四周寂静，没有人声。雨还在下着，我心中滋生出别样的情绪，一种苍凉、凄清的感觉悄悄袭上心头。

身后传来“隆隆”的马达声，那辆“龙车”从我身边经过，车上坐满了人，很快又消失在路的尽头，重又归于宁静。我用手绢擦了擦脸上的雨珠，继续往前走。

又走了一会儿，路的右边呈现出一片废墟，占地很广，参差零乱的白色巨石东一堆，西一叠，还夹杂着几根形影相吊的石柱，静默在雨中。这里不见一个人，想来还不是最有名的遗址。我看着那些雕刻精美的整块大理石，抚着那些细致繁密的纹路，不忍想象这里曾经矗立着一座何等美仑美奂的宫阙。石块间长出的细齿荒草掠过我的腿，一阵刺痛。荒芜，沉寂，那场大火烧掉的何止是无数精致绝伦的建筑物，它还烧掉了一个民族的荣耀，那场劫难被掠走的又何止是无数价值连城的珍宝，它还掠走了一个民族的自尊，我看见一个古老民族的伤口在滴血！

离开这处废墟，再向前走，废墟越来越多，破落的建筑愈加显得悲凉。我明白，我是在接近那道伤口最深最痛的部分。

终于到了远瀛馆遗址，那就是在照片、图画上常见的一处废墟。好像突然从地底下冒出来很多人，谈笑，喧闹，爬上爬下地拍照，似乎这里与许多名胜故迹一样，仅仅成了一处值得留影的风景点。我站得远远的，隔着雨帘望着那断瓦残垣……我从一个深坑旁走过，里面长满了齐膝的野草，据说这是大水法遗址。走上那处还依稀留有往日威严与壮美的废墟，就听见有人在大声争吵，是一个外地游客在石柱上刻了“到此一游”的字样，被园管理员发现后，要罚款50元，那游客很委屈地争辩：“几块破石头哪值这么多钱？”我感到一阵莫名的凄凉，仿佛看到百经劫难的圆明园又被自己人划上一道更深更痛的伤痕。

流连一会儿，我往回走了，又看见“龙车”停在路边，又有人招呼我上车，我还是摇摇头，我知道我怎样走进来，还是要怎样走出去。

游明孝陵

卢璐

两天来，我几乎就在南京几个不同时代的陵墓之间穿梭。先前只是为一种磅礴的气势所吸引，为一种沉沉的庄严所笼罩。爬上290级花岗岩台阶，登上中山祭堂，极目远眺，便有了林海浩瀚山河苍茫这种感觉。当脚踏着雨花石，瞻仰为岗峦和松柏环抱的、巍峨的烈士纪念碑时，也是这种感觉。只有顶着烈日，来到南京大屠杀遇难同胞纪念馆，在空寂的昔日刑场抚着滚烫的砾石，望着堆堆白骨，对着“300000”的数字时，心里便多了一份难以压抑的愤懑。

然而，一旦置身于明孝陵，我的这种感觉便完完全全被沉甸甸的失落感所代替。

明太祖朱元璋出身于草莽，后来做了皇帝，还算圣明，他在位31年，为中国岌岌可危的封建制度挽回了一点残局。想象中他的陵墓一定是亭殿巍峨，楼阁壮丽，风景如画，戒卫森严吧。我很希望感受一下帝皇陵园的富贵之气。

但当我站在明孝陵前，我发现这块被朱元璋视为风水宝地，立下遗嘱不许更改一山一水的地方，600多年来，许多旧观早已不复存在。山脚下的御河水质浑浊，似乎已随着明孝陵而凝固定型。就是史书中记载的5座石桥，我也只找出了1座，却也是杂草

丛生。明孝陵的正门，现在只能看见厚厚的门墙和高高的门槛，昔年黄屋重檐、朱漆红扉的外貌只可想见。迎面便是碑亭，虽然是清朝重修的，也只剩下破壁残垣。好在康熙帝题的“治隆唐宋”的石碑还被那只万年不死的石龟驮着，比较完好地安放在碑亭里。康熙南巡中五次来孝陵拜谒，第三次来时见孝陵荒芜，便责成曹寅修理，他的动机不会是因着祖宗夺了人家江山心中内疚吧。只不知那朱元璋九泉之下怒叱儿孙无能呢，还是以六十年风水轮流转聊以自慰?不管怎样，对于明朝开国皇帝来说，让一个满清皇帝亲谒陵前总是一个辛辣的讽刺。

我无法想象45间金龙滚柱的大殿是什么样子，因为碑亭后的亭殿在太平天国农民起义的炮火声中消失得无影无踪。朱元璋无法预测500年后，清军江南大营设在孝陵卫，他的风水宝地一带正是战场。然而，有一点值得他高兴，那个把他的崇祯逼得自缢的家族那时也遭受着致命的打击。

即便是同治时代重修的亭殿的命运也与那座碑亭相差无几。亭殿后的甬道旁遍植松柏、黄杨，却不知哪棵是当年植松10万株中的一分子。或许是早已被冷落的缘故，整个孝陵都很深远幽静，只有树上的知了不停叫着。树叶瑟瑟抖动，犹如当年守陵人的喑哑叱咤，令人毛骨悚然。

穿过甬道是坚固雄伟的宝城，像一座厚厚的城门，虽然如此，它也难逃被劫掠的厄运。踏着残破的石阶，呼吸着阴冷潮湿的空气，我明白我所希望看到的宝贵之气已完全消溶于并不漫长的600年中。走完50多级台阶，再向南折，就上了明楼。楼顶也已毁掉，仅存四壁，我已没了太多的伤感。

凭着很大的山风，我知道明楼的地势已很高了。东视金碧辉煌的中山陵，西瞰浩浩荡荡的扬子江，远山近水，尽收眼底，只是脚下这块土地已失去了昔日的风采。传说当年朱元璋怕后人盗墓，遗嘱出殡时，南京13个城门同时出棺材，使人不辨真伪。后人果未有盗墓的，然而在历史长河的冲洗下，人事的兴亡，战争的炮火，其结果依旧是遭践踏，遭遗忘，他的苦心白费了。事实上包括埃及法老在内，又有哪个皇帝的寝陵能如中山陵、雨花台那样不朽呢。

“石马嘶风翁仲立，犹疑子夜点朝班。”出大门折向东南便是孝陵的神道，著名的长达1500多米的石像路。朱元璋不惜耗费大量财力人力雕塑了千斤重的石像、石人，不过为了留给自己一个美好的幻影，然而不久不是连自己的安身之所都成了问题吗?

出下马坊，汽车在陵园路上疾驰，明孝陵落在身后，眼前是新的天空，新的景象。

游"天堂"

钮尤优

有朋自异乡来。相同的肤色不同的国籍,相同的年纪不同的经历,却是朋友。他想去杭州,我欣然同行。"天堂"的湖光水色该不会辜负我吧。

夜色中列车驶去。

邻座的老伯问道:"去旅游?"

我含笑点头。

"你们是亲戚?"显然他眼中一男一女结伴而行不是恋人便是亲戚。匮乏的想象力。

为了省去几分解释,我信口胡编道:"他是我表弟,从北京来。"话一出口才发觉他那身打扮连半丝北方人的影子都找不到。

"我想呢,你们长得挺像的……"

我苦笑,心里盘算怎么应付他那些善意又显得唠叨的问题。幸好,他把视线移到对座寻找交谈的对象。

G(我的"表弟")想领略一下江南乡村的夜景,我试探地问老伯愿不愿把靠窗的座位让出几分钟,他迟疑了一下,答道:"晚上没什么好看的,天亮

了换给你。”

我把原话传给 G，他问道：“那你看他自己在做什么？”我抬头，但见老伯正聚精会神地凝视着车窗外黑沉沉的夜，或许他看到了黑夜中的乌鸦。

我很想打趣地问他：“好不好看？”然而想到出门在外，还是改掉几分促狭的鬼气为妙。

车厢里有人在打牌，发出很大的叫嚷声；旁边有位年轻的父亲抱着婴儿，缓缓地摇着；有人点起烟，贪婪地吸了一口，吐出一串烟圈；一个女孩端详着自己在车窗上的侧影，那眼神，柔得可以化解一切……

G 拿出卡带，那是一首《你可不要变老》，我们把音量调到最大，耳朵里灌进这样的歌词：“你可不可以不要变老，你可不可以不要变得唠叨……”我瞥见邻座的老伯耷拉着脑袋入睡，他是不在乎变老的。

火车到站。雨后清晨的杭州有种慵懒的气象，带着倦意。

订好旅馆。G 因为持美国护照而被平白无故地加了 20％的租金，我们一同表示不满，好像他真是我表弟一般。

约好半小时后见。

半小时后，杭州的大街上多了两个操国语的“外地人”。我了解上海人在异地受到的礼遇，所以改用纯正的国语，加上一脸伪装的天真淳朴，没有谁怀疑我的来历。G 手里有导游图，我遵循的是母亲的教训：鼻头下面便是路。他一路依着地图，我不停找人问路，各司其职，倒也显得默契。

我们打算先逛西湖。

远远望去，湖上笼着淡淡的雾气，化不去，看不透。岸边靠着各种小船，便将游人渡到湖心的小岛上去。不知为何，雾气下的西湖给我万丈迷津的感觉，而这船夫船妇，倒像那些指点迷津的贤达——悠然地荡着桨，一副出世的模样。沿着西湖信步而行，打量着路人，有倚在树边留影的，有靠在凳上养神的，更有挂着招牌叫卖的，如能将西湖换作浦江，这里便成另一个上海了。

G 显然对这里的一切感到新奇，唱机的转片声不时可闻。他感兴趣的是杭州的民风，并不急着把自己往风景里嵌，所以我们一路顺顺当当地走着，很是平静。G 除了看周围的景致，也看漂亮的女孩子，我付之一笑——漂亮的女孩本来便是好风景。

走过断桥，我试图向他讲述白娘娘和许仙的传说，还有那个该死的法海，可讲了半天才发现记忆中白蛇传的故事支离破碎。要叫 G 和我一样感到断桥的不比寻常似乎是不太可能了。

我开始感到累了，心里明白旅游局的导游不是我这样没出息的。找张椅子坐下，从骨子里为自己出的这个洋相脸红。G 倒似乎不太介意，晃着两条腿吹起了口哨，很好听的旋律。

西湖的雾气没有散去。天上又下起了雨。

我们起身避雨，躲了几处，才发现拐进一处不知名的园林，拾级而上，便是翠郁的大山了。我们是此地唯一的游客。山上没有大的景点，只有宁静由我们分享。我告诉G这不是什么名山胜地，他答道：其实我们应该喜欢自己看到的地方而不是只看自己喜欢的地方。

我不禁莞尔。有这么个聪明的表弟同游，是我的幸运。我们开始聊天，海阔天空，无头无绪，渐渐地，我发现不论在地球的哪个角落，中国人都有着类似的生活方式、处世原则，使他们有别于他人，使你一见到他们，便会冒出三个字：中国人！

雨止住了。

我们原路折回，发现不远处有几家古董店，兼售字画。G走进一家，四下里打量着店堂的摆设。店员迎了上来，少见的殷勤。“先生，小姐，对什么感兴趣？”我习惯了上海柜台边冷漠的态度。此时反倒不自在起来，有几分受宠若惊的感觉。然而不久，便意识到在他们眼中，我和G显然是海外来客，是那些出手阔绰一掷千金的豪门公子和小姐，因为他们所引荐的字画标价都是四位数的，有的甚至过万。我自嘲地笑着，依旧面不改色心不跳地观赏着一幅幅山水花鸟，临走时客气地道了谢，活脱脱受过良好西化教育的淑女风范，有一种恶作剧后的快感。

逛了一天，两腿渐有不胜负荷之感，便打算打道回“馆”。我们忽然想起那些船家，纵然不是威尼斯，也让我附庸风雅一回吧。于是，租了一条小船，由他们慢慢地摇着。G说他宁愿坐在快艇上，他要的是美国人的威风，现代人的效率；我呢，我宁愿坐在这古老的摇船上，任西湖的波静静地荡着，从身边流过。流年似水，再游西湖时我怕已不是今日20岁的模样。那时，除了回忆，我还有什么呢？想起“欲把西湖比西子，淡妆浓抹总相宜”的诗句，我忽然生出荒唐的念头：若是乘上时间隧道回到浣纱女的时代，周围的人情冷暖会是怎样？也许深夜投宿荒野人家，蓦然回首见到摇曳的烛光，听到随身携去的时钟的嘀嗒，定会感叹这是文明的节拍。如此想着，竟然心驰神往，仿佛自己已不属于这所谓的现代社会。

船靠岸了。他们要的价钱使我清醒地意识到这是个交换的时代。然而，依旧谢了他们，为了那片刻的遁世。

回到旅馆，一心还想着西湖的摇船，浣纱的女子。G若是知道了我的想法，定会吹一声口哨，悦耳的声响，划过天际。想到他的那副神气，我不禁笑了。

九溪姑娘

文 岚

西湖盛夏如闷罐车，热浪难以四散。谁知午后飘来遮天蔽日的乌云，天地一时间缩短许多距离，闷闷的雷鸣由远而近，乐得我抓起雨伞就往外冲。

“去九溪十八涧！”我脑中飞快地闪出这个念头。

风声、雷声、暴雨声浑然交织在一起，雨早已倾泻到我裙子上，伞已遮不住。终于来到玉皇山下，环顾四周无一人。哈，总算独享风景！

雨，已随那块乌云飘移过去，风过处，淅淅沥沥滴落的是如烟如雾的细雨，好静呵！路边的水田葱绿，远山一片深黛。我边看边走，竟不知是梦是真。远处水田里停着一只鹭鸶，羽毛透湿却优雅依旧。那立于田间着蓑衣的农夫，真正让我感到远离尘嚣的清淡，怀疑时光倒流，桃花源依在。一只毛绒绒的小东西从我脚边一窜上树，原来是书上画过的松鼠。正笑都市女孩的少见多怪，却听得身后传来细嫩的声音：

“阿姐，春茶要吗？”

转身止步，方知身后跟着个10岁左右的小姑娘，圆脸大眼，马尾一扎，碎花布褂束在宝蓝的短裤内，一双白球鞋早被泥水弄得面目全非，浑身透湿，唯有肩上背着的小布包被塑料纸包得严严实实。

“什么茶？”我有点迷糊，仿佛刚从梦中醒来。

“龙井噢，今年春上刚摘的，要吗？”她期待着，如泉水般纯澈的眸子热切地望着我。

“哦，我不会喝茶。”

“你可以买点回去给你的爷娘，也算是旅游纪念呀！”

“你怎么知道我是来旅游的？”我好诧异小姑娘的判断力。

“这还不清楚,你一个人不带什么包,慢吞吞地走走看看,不像是有事情要做的人哪。”她有头有脑地说,那神情充满自信,令我好生欢喜。

“是啊，我是来寻九溪十八涧的。”

“这还用找，你看，你正踩在涧里哪!”

“什么,就这个?”我惊诧地望着脚下湍急的水流。

“是的,这就是十八涧,涧涧相连,和九溪相通，山上流下溪水就散在涧里。不信,你可以在这涧里扔条手绢,到下条涧准能找到。”我好奇心大发,随手将扎在发梢的手绢摘下扔进涧水。

“好吧，你得走快点，水流得可快呢!”小姑娘俨然以导游的身分告诫我。我急急地跟着她往山中深处走去，没多久，又遇一涧，那条手绢却被低矮的灌木枝勾住在涧水冲击下漂荡。我兴奋不已，小姑娘却毫不奇怪地说:“这有什么好玩，山里到处都见得到。”

“你不喜欢这里的风景?”我问她。

“有什么喜欢不喜欢，住在山里，天天看见这些东西就不奇怪了。我真想到外面大城市看看，书上说世界很大很大。”她的眼里露出渴望。

“你喜欢读书?”我拾起涧里的手绢问她。

“是的，书会告诉我很多道理，可是妈妈不喜欢我坐在那儿读书。她说我们农家的孩子没那么多闲功夫，她要我到这山路上卖茶叶。”小姑娘一脸无奈的样子。

说着走着已来到玉皇山顶，放眼望，烟雨蒙蒙，山下八卦田黑绿相间，黑的是土，绿的是苗……山上寺庙寂静,不闻诵经之声,但听隐约飘来的晚钟。小姑娘凝神伫立，显出与其年龄不相称的沉思来。我不忍打扰她，又不忍看她这般忧思,便走上前去说:

“我买茶叶,多少钱一包?”

“阿姐，你别买，这不是真正的龙井,更不是头茶,我不想骗你。”

我好感动,又说不出话来。

“阿姐，你像是大学生，你们城里人女孩子能上大学多好!”她不无羡慕地说。

“你也能上大学，只要你好好读书!”

“我会吗?”小姑娘疑惑地抬头看着我。

山岚在雨后更为浓重地缠绕在我们身边，我挥挥手想驱散隔开我和小姑娘的雾霭,并对她说:“你会的,等你像我这么大，你会成为一名大学生的。”我知道,我在为她祝福。

夜色渐渐扩散开来，小姑娘指一条下山路给我后就消失在山林里。我多么希望有人也给这九溪姑娘指一条上学读书之路啊!

在咸亨酒店

张蕾

清明前夕，我们上海一师数十名女生来到了鲁迅故乡——绍兴。

一路风尘仆仆，访到咸亨酒店时已近中午了。酒店与我想象中的相差不多：依旧是那白底黑字的招牌，依旧是那当街曲尺形的柜台。未及想鲁迅先生对那位“窃书不算偷的孔乙己”的精彩描写，好不容易在喧闹的人群中觅到了两个居店一隅的佳座。女友小婷见我一脸疲惫，便让我守着那些大包小包的绍兴特产，独自一人买酒去了。

我原本以为绍兴是小城，酒店又多如牛毛，生意再红火，恐怕也比不上上海的“肯德基”。谁知等了多时，依旧不见小婷归来。无聊之下，便学着当年的孔乙己，在黑漆桌上缓缓划起“回”字来。

身旁是一堵矮墙，墙旁泥封的酒坛整整齐齐垒堆着，似觉透出遥远年代一些酒香。而喝酒的，却早已不分“长衫帮”，与“短衫帮”，都笃笃定定地要了几样过酒菜，在长条凳上坐下来细细品味。旁边高墙上的那副对联：“小店名气大，老酒醉人多”，倒是替我解释了刚才的疑惑。再细看，对联正中的那幅画，不正是那位寒酸落魄的孔乙己吗？而如今，像我们这些在店中小坐品酒的女孩，较之当年只能站在街店门口、曲尺形的柜台边喝酒的孔乙已，不知优越多少了！

绍兴的美酒闻名于世，而我又坐在如此一个有特殊意义的地方，体味着一种独特的心境。尽管窗外已下起了蒙蒙细雨，而店内却仍是一片笑语喧哗。忽而，我发现店堂中竟悬挂着许多盏宫灯，在那阴沉的雨色中，这一抹昏黄无疑增添了不少的暖意。

小婷终于把酒端上来了，琥珀色的酒透过白底蓝花的碗冒出丝丝微热。我学着旁桌老人的样子，轻轻端起酒碗，眯起眼睛细细啜了一口，发现酒原来竟是微甜的。酒并不醉人，回味出的是一种醇醇的感觉，它不同于葡萄酒的清冽、啤酒的爽口，然而人却早已陶醉了，陶醉的是这样一种氛围：一种贴近生活的纯朴，一份喧嚣中的恬静。

待久了，突然觉得游玩有时应该是安静的，静静地去用心体会外面的世界，静静地去领悟生活的真谛，就像现在这样。也许等我们长大的时候，我们再也没有时间、没有精力去寻找这高楼大厦丛中属于自己的一块绿地了。趁着年轻，让我们一起背起行囊，去寻找生活的七色，好吗？

也许有机会，我还会再来咸亨，希望那时一切如旧，那该多好！也许会有那么一天……

闯荡普陀山

孙 未

自从我们5个学生——3个女孩、2个男孩约定去普陀山旅游，并庄严地把这一决定告诉父母后，10个家长就开始不约而同地为了同一个目标忙碌起来。他们不住地为气象信息加入新的思想：“北京附近有泥石流，死了22个人，普陀山说不定也会有泥石流。”“最近各地的雨都下得很大，普陀山多半有洪水海啸。”“我刚托人问了气象台，下个星期天天都下大雨。”一边，他们又着手调动一切可调动的力量，从给“普陀山号”班轮上厨师长、南海饭店常驻导游递条子，到给普陀山上所有亲近的或不常来往的亲戚写信。

在一个小雨的傍晚，我们第一次离开父母，浩浩荡荡地踏上了闯荡普陀山的旅程。

为了省钱，我们买的是最便宜的五等舱散座。起初，坐在舒适的高靠背座位里，在有着BAR一般风格的幽暗的灯光下打牌、聊天，做心理测试题，互换着到甲板上观赏海上的夜景，真觉得五等舱要比三等舱闷在一间小屋子里舒服多了。直到深夜睡意渐浓，这才终于悟到简简单单一张床的结构对人的睡眠有多么重要。我们于是试着趴在前面的长桌上，平靠在座位的靠背上，倚在座位旁的墙上，或用手斜撑着腮部，费尽心机地调动全身每一块肌肉，想要有一个能固定身上每个部位而又不失风度姿势来使自己比较舒适地进入睡眠。迷迷糊糊中，只记得当我正尝试着第7种姿态时，天已渐亮。

一下船，男孩们就打开了一幅普陀山的地图，正要细细研究可以联系住宿的南海饭店在哪条街上，忽然“嗯啦”一声围过来三四个当地妇女，咿咿呀呀，抑扬顿挫地介绍各自旅馆：“干净，便宜，很近，只有10分钟路程……。”而且忽前忽后，步步紧随，吓得我们拔腿就跑。刚刚闯出“旅馆阵”，只见前方停着一大排汽车，又是五六个当地男人拥了上来，高叫“普济寺”、“佛顶山”、“梵音洞”……原来是阵容更强大的“汽车阵”。眼看身后追兵又至，我们慌不择路地上了一辆开往普济寺的车。

车里早就坐着一个30来岁的当地女人，短发，白衬衫、长裤，显得整洁干练。她上上下下打量了我们几眼，然后笑着问：“你们是来旅游的吗？”

“嗯。”我们迟疑了一下，随后一起点了点头。

“你们工作了吧？”她又接着问。

我们互相看了一眼，一脸的尴尬。一个男孩忙抢着说：“是啊是啊，我们都是五爱中学的老师。这两天学校作考场，抽空出来玩两天……”

“哦。那你们住不住旅馆啊？”她笑得更起劲了，“我的旅馆干净、便宜、很近的……”

终于，“老板娘”带着满脸自信的微笑把我们领到了她的旅馆。

旅馆前面有一个很大的荷花池，碧波微澜。再往前走就是横街小商品市场，总有许多花花绿绿的东西，让人不想买也要看上半天。房间里面却是另一派景象，低矮的屋顶上裸露的电线上挂着一只昏暗的灯泡，两三张挂着蚊帐的小床，唯一的一扇窗户正对着一堵斑驳的高墙。令人惊喜的是，我们居然还拥有一个水泥坯和冷水龙头的浴室。可这个浴室门的插销总是插不住，而且门前就是一条很热闹的走道。

等第一个洗澡的人把这个缺点严肃地告诉我们后，我就得意洋洋地说：“我妈妈说过：‘出门带根绳。’用根绳子把插销系住不就行啦。”然后我拿了根很结实的绳子，走进浴室，把门拴紧。可就在洗完后，我突然发现，绳子不知什么时候打了死结，浴室里很暗，结又系得很紧，怎么也打不开。那间虽不豪华却曾令我们骄傲的浴室一下子成了一间单人牢房！

过了大约半小时，就听到他们在外面一边敲门，一边焦急地问：“喂，你还在里边吗？没事吧？”我忙急得大叫：

“你们总算来了,快!给我一把刀片!”

最有趣的是厕所竟然离我们的旅馆有150米远，要走院子，穿过停车场,跨过矮栏杆,再登上一座小山丘。常常是半夜里一手撑着伞，一手打着手电,抖抖索索地爬上山丘,然后战战兢兢地下来。后来，直到我们回到上海，厕所还是保留了那雅致而亲切的称呼——“远方”。

记得回到上海后，有人为我们遗憾说:“普陀山不但有好多风景点，而且还有好多典故呢，你们就是缺个导游……”“哪儿啊,”我们不失时机地反驳道,“我们的导游遍天下!”

每次去某个名胜，我们总能碰上个把旅游团，也总会有几个导游孜孜不倦地向他的游客讲解诸多古迹的妙处。那时，我们就会欣欣然走上去侧耳倾听，还时不时煞有介事地随声应和，次数多了，倒也知道了一些什么“四大天王为什么明代以后就变成坐像了”，“观音的一双天足说明她原本是男人”等等。

最带劲的还是自己拿着地图找路。一天深夜,我们出发去看千步沙的夜景。5个人扛着一把大手电顺着地图上指示的公路跌跌撞撞地往前走。白天路边那些让人赏心悦目的山石和绿树，一到夜里却都变成了张牙舞爪的魔鬼。

“看,那前面就像一头张着大嘴的狼。”一个女孩抖抖的声音。

“你看错了,那是一个慈祥的老人正望着我们呢。”一个男孩故作镇定地解释道。

“那里好像是一只凶狠的老鹰就要扑下来了。”女孩又往后退两步。

“其实老鹰哪有那么大呀,真的老鹰就跟母鸡差不多大小。”另一个男孩对着那棵树晃了晃手电。

“听说，一到半夜，所有的窗户和门打开的方向都跟白天相反……”另一个女孩抱着自己的肩，也停了下来。

“啊——”两个男孩一起吼了起来，“你们不要说了好不好！”

也许因为害怕，我们沿着文物馆门前的一段路来来回回地走了五六遍，也没能找到地图上标明的小路的路口。倒是沿途的几家私人旅馆看见我们拿着大手电走来走去，还以为我们是巡逻队的。

临走的那天，我们已经和老板娘混得很熟了。我们还亲热地把她称作“我们的老板娘”。中午，我们恋恋不舍地告别了她，准备下午乘船前去梵音洞和善财洞看看。谁知从梵音洞出来，看图走路的技术又出了问题，兜了个大圈子，白走了几千格的台阶，一个个都累得无心去采路边漂亮的野花，只顾喘粗气，还自我解嘲说是“打着响鼻”。

到了船上坐下来不一会儿就睡得东倒西歪。一觉醒来，天已经大亮，喇叭里正在催促旅客下船。

才下船，忽然又“呼啦”一声拥上来三四个女人，喋喋不休，紧追不舍地向我们介绍起她们的旅馆，真把睡意蒙眬的我们吓了一大跳，以为我们睡得太久，船拐了个弯又开回普陀山了。四下一看，没错，是上海外滩呀。

直到很久很久以后，我们才明白，原来世界到处都有风景，只要乐于去闯荡，总会有许许多多的新奇和乐趣围绕着我们。

哇！五泄好风光

张蕾

从西施故乡诸暨沿着那崎岖不平的山路行车约40分钟，便渐近了此次游程的目的地——五泄。何以称五泄？我不得其解，请教了导游，才知道是由此间的5个相连瀑布而得名。我很少远游，因而对于眼前即将见到的瀑布渐生了一种好感、一份渴望。

车终于停下了，性急的我一把拉住同伴，跳下车往前闯。来过此地的朋友笑着说：“急什么，离五泄的路还有一大截呢！”我只得放慢脚步前行，但心中的那份渴望也愈发浓烈了起来。

随着人群，登上了多级石梯后才知道，原来去五泄是要乘船的。好在不多时渡船便来了。船渐渐离岸，眼前的景色也开阔起来。虽然天色阴沉，但山色苍翠不减，整个山都郁郁葱葱的。

船渐前行，咦？前面怎么没了去

路?再一拐弯,呀,又是另一方天空,真是“山穷水尽疑无路,柳暗花明又一村。”坐在船头的我,忽又自觉起有孙悟空般移山倒海的法力,把那些挡路的山都赶开了。想着、想着,不由暗自浅笑起来。

又转过了一峰,前面忽地“跳”出一座山来。山头早已是不见了的。细看之下,山头原来为云雾所拥抱,隐约中透出了阵阵仙气,这可是以前只能在风光片中所见的景色。同行的人们都端起了照相机,我也不甘落后跳上了船头留影。

拍完照,放眼向船后望去,又是另一种景致了,船过留痕,那湖面像是被谁悄悄拨动了原先静止的琴弦,泛起阵阵涟漪,耳边也似乎回荡着隐约的乐声,这样过不多久便到了岸边。

上岸后的我十分兴奋,催促着游伴往前快走。朋友们却笃笃定定,不紧不慢地前行,不时地还指点着我,观看山路两旁的野花、山涧急湍的小溪,还有那远处山间的农家小屋。走了很久的山路,背上旅行包里沉沉的零食在这时愈发显得沉重起来,脚步也早已放慢,到后来大家都催我快走。朋友小芳这时突然拍了拍脑袋:“哎呀,忘了告诉你,山上有许多小摊卖吃的呢,这些零食都可以不带的。”我无可奈何地揉着肩膀苦着脸直摇头。就在这当儿,大家不约而同都停止了说话,因为,我们都听到了那轰然作响的瀑布声,那似烟似雾又似尘的水汽迎面扑来,五泄到了!

首先见到的是第五泄。于是游兴正浓的我们都爬上了山径,一鼓作气逆泄而上,想要去寻找瀑布的源头。山路由于前些天的大雨变得滑而泥泞,很是难走。好不容易,大家到了三泄近前。五泄环环相连,而各具姿态,在这之中三泄称得上独树一帜,珠帘玉瀑飞流直下,回声不绝于耳,煞是壮观。瀑布很急,雨季的降水使它早已漫过了前行的道路。许多游人到此都打道回府了。上不上?同行的几个女孩子犹豫了一会儿,终于决定继续前进。大家互相牵着手,稳稳地往前走,虽然心中也七上八下,但仍仔细地找寻着自己的落脚点。感觉上似乎过了很长时间,终于顺利走过了那勇敢者的道路,大家都大大地喘了一口气。

辛苦没有白费,在几次曲曲折折长途行进后,路的尽头,一座水坝出现在我们面前。山上的溪流在此汇聚,又潺潺而下,依着山势造成的落差,水流渐急,形成了五个相连的瀑布。这便是美妙的大自然!我不由赞叹起自然力的伟大。

回程的路上,我的心久久不能平静,那山灵水秀的五泄风光不时在我眼前闪过。比起高楼大厦、亭台楼阁,我更钟爱这五泄的山水,因为它少了几分人工雕琢,多了几分自然 的神力。也许,这便是五泄的魅力所在。

佛国少女

陆扬烈

走下车厢，迎面碰上一个中学生模样的少女。她笑盈盈地说："老先生，住过农民旅馆吗？试试怎么样？保证卫生。"她戴顶蓝白相间的太阳帽，上面绣着"九华山庄"，很醒目。她手执一根细竹杖，很像一位游客。

我决定试试。她把竹杖递给我，愉快地说："我做的。住店客人，免费赠送。"竹杖做工虽粗糙，但刻着颇秀气的五个字："九华山庄赠"。

"宝号叫'九华山庄'？"我笑着问。

她有点得意地点点头。"我取的，也是我的名字。来过九华的人，都记得住。"

我跟着她穿过一条热闹的街道，顺着起伏的石板小路，朝东山岙走去。树木、竹子越来越密。走了2里路，前面有棵很美的大松树，树干上钉着块白底红字木招牌："欢迎你来九华山庄。"

这地方，背靠绿色山壁，一条淙淙作响的山溪从屋西侧流过。幽静清雅，景色诱人。可惜，这景色与有分量的"九华山庄"，实在名不符实。不过，我一点也不后悔。

登记时出示证件，凑在旁边的女老板九华，惊喜地嚷嚷："啊，太好啦！"我朝她瞥一眼，猜测她可能爱好写作，要不就是想让我以后为她的山庄做宣传吧。

喝干九华泡的一杯清茶，有位大娘挽只菜篮走进屋。"娘，你回来啦。谢天谢地！"九华高兴地说，"下班车，你去接。我要给这位老先生当向导。"要不是先叫声"娘"，她这口气会使我误认大娘是她的雇员哩。

"10点还差5分。"她看看手表，对我说，"你再喝杯茶。我们10点整上山。在慧居寺吃午饭。下午4点钟下山。"她的口气是通知式的。我也乐意接受。

王峰脚下摊贩云集，熙熙攘攘，争着向游客们兜售货物。货物大同小异。看了几处就缺乏兴趣了。九华开道似地在人流中加快脚步，我怕被人流冲开，紧跟不怠。忽然，她在一个铺棚前站住，朝里面木呆呆的老板喊："爹，拿本《九华山》来！"

我正打量着她爹，她已转身对我说："编得不怎么样。不过，作为资料，对你定有用的。"我连声应道："对对"，忙不迭掏钱，完全心甘情愿。

踏上山道,她和我并肩而行,主动介绍她父亲,说:“全九华山,我爹大概是最糟糕的老板啦。他种田倒有一手,可是土地收回去了,他又没学过手艺。”

怕我不明白,她又接着说:“九华佛山要建设,旅游要发展。山上耕地全被国家征用,大量种树。农民都发给执照,还给贷款,可以各显神通。”

说着谈着,话头转到她自己身上。她叹了口气,有点怨气地自责:“没考上大学!一半怪自己不努力,一半是师资质量差——这话可是省里传来的。”她右手用力一挥,像要赶走昨天:“向前看!‘九华山庄’刚办,自然还差劲。我妈是经理,我是唯一的服务员。等我业务熟练了,我就当经理,我要……”看来她已有个宏伟计划,正想听下去,我们已登上半山腰一块平坝,被誉为“天下第一松”的九华凤凰松,美不胜收地出现在竹海为背景的山崖上。数不清的游客在和它合影。

九华一转眼拉来个胸前挂只照相机的小伙子,笑着对我说:“我阿哥大龙,请多关照。”我也正想在此留个影。

大龙的性格像他父亲,拍完照收了钱,逃也似地走掉了。“他也没考上大学。”九华又评论他哥哥了,“干他这一行的越来越多。他呀,迟早要被淘汰。”

我笑笑:“你这结论下得太早了吧!”

“我比他自己更了解他。他缺乏艺术细胞,还自命清高,不肯作自我商业宣传。目光又短浅,胸无大志。”好尖锐的指责!我不禁为大龙不平:“那你要他怎么办呢?”

“他占着家里最好的房间,我劝他搬出,能多卖4个铺呢。可他不肯。赚点钱,赶紧买木料打家具。”说时,她“嗤”地笑一声,掩住嘴,“他又胆小如鼠,爱上一个人,不敢吭半声,对方至今还蒙在鼓里。”

这个四口之家,看来一家之长应该是她。

继续登山。山道西侧翠竹如海,一望无边,令人神往。慧居寺就在前面。山道两面,出现一家又一家饭铺,家家有客,生意兴隆。

九华把我领进其中一家,主动为我点菜:“竹衣是九华山特产,非吃不可。蘑菇辣豆腐是我老同学拿手菜,包你满意。”

她毛遂自荐当我向导,想来不肯收服务费。我理当请她吃便饭,就从筷筒里取出两双筷。她立即明白我用意,天真地朝我笑笑:“谢谢盛情。我在这里吃饭就像在家里。你边休息边吃。”说完,一头钻进厨房,和掌勺的女厨师又咬耳朵又嬉笑,亲昵得就差没拥抱,完全还是一对中学生模样。

菜肴很对口味,这餐午饭留下很好印象。

离开饭铺，九华有点迫不及待地说："就是她！我看得出，她对我哥也有好感。我会替他们安排的。"好大的口气！可这位红娘自信至极，"等我正式当了经理，先拉竹燕来合伙经营旅客晚饭，她掌勺，不影响她中午的本行。家常风味，农家特色，方便游山回店的旅客。保证留下美好印象。"她越说越来劲，"我让竹燕去说服大龙，他一定乖乖地让出房间。我们3个一起大干1年，再贷点款翻修房间，添加设备。只要服务周到，不信压不倒同行，把国营旅馆生意夺过来。我爹也别当摊棚老板啦！他和我妈当采购员服务员，还可以在店里经营点烟酒和旅游工艺品。一个5年计划，名符其实的'九华山庄'定能出现。我家地理条件，得天独厚。宣传到家，外宾就能吸引来。我和竹燕已商定要自学英语、日语和粤语的一般生活用语，到那时候，我们自任翻译。到那时候，大龙也不过27岁。我会给他俩布置一间我们九华山同辈人最好的新房……"

我不禁重新打量这位刚离开学校的女中学生，惊讶而兴奋。这一路上，名胜接名胜，古迹接古迹：翠云庵、长生洞、拜经台、打鼓峰、关刀峰、观音峰……都在这位九华山未来的"无烟工业"新人面前黯然失色。

我心中暗自决定，5年后定要重访"九华山庄"。但愿这位佛国少女编织的梦，变成美好的现实……

南昌行

魏雪倩

俗话说行万里路，读万卷书。旅行本是增长见识最直接的方法。虽然我们班这次去南昌的每一个人都肩负着接受革命传统教育的任务，但仍同做梦一般兴奋了好几天……

"八一"南昌起义纪念馆

梦醒时分，我已经站在雨中那貌似火柴盒的古铜色的房子前了。这是我们南昌行的第一站——"八一"南昌起义纪念馆。

进得门去，首先见到的是江西大旅社的喜庆礼堂，在这里曾经多次举行起义部队的负责人会议，研究和部署起义的工作。那由4根大柱支撑起的礼堂分为3间，中间是正厅，两边是偏厅。正厅的中间有一盏吊灯，它周围还有4盏灯笼式的灯。厅堂中摆着古色古香的黑木雕龙的圆桌、太师椅，唯有当年南昌最高级的旅社，才有这像样的陈设。这陈设是见证人，它告诉大家,这里曾经作出改变中国命运的决定。

随着人流来到偏房,这是当年“八一”起义领导人的卧室。其中最叫我感兴趣的是那张铁铸的古床,圆柱圆脚圆镜。好想翻进房去摸一摸,却又没有那个胆子。

二楼有很大两间房,陈列的是当代伟大的革命家、思想家及当今政界要人为“八一”起义的题词。几乎每个同学都一只手托着笔记本,一只手拿笔匆匆忙忙地记录着,由于前辈们的警语感人,偌大的陈列室居然十分安静。题词,不仅使我们从革命传统方面受到教育,也使我们得到书法艺术的享受。

三楼陈列的是南昌起义时各位领导人的信件,以及起义时用的标语、旗帜、宣传画。我最爱的还是那幅反映起义战士英勇搏斗的巨幅油画。画中战士们不顾身受重伤,紧握旗帜英勇地向前拚杀的情景让我呆看了好几分钟。我特别佩服的是作者在远远的丛林深处隐隐地涂上了一片淡黄,暗示一轮红日即将从荆棘中升起,光芒将普照大地——“黎明的到来,毕竟是无法抗拒的!”那是烈士们用鲜血换来的!

江西革命烈士纪念堂

到了纪念堂的院子里,先是举行庄严的入团宣誓,接着听讲解员讲解江西革命历史。

大家低头集体默哀了1分钟。面对礼堂正前方帷幔中花团簇拥的江西革命英雄纪念碑,我们了解到,为着中国的解放事业,江西牺牲了25万人。

穿过前言碑进入展厅,楼上楼下,全是革命烈士的画像、塑像、笔记及其他遗物。有安源工人运动领导人之一的黄静源、中国共产党江西地方组织创始人之一的赵醒农,在“三·一八”惨案中英勇献身的刘和珍、在蒋介石打响反共第一枪时殉难的党的早期工人运动的领袖陈赞贤、在“四·一二”政变中被害的黄埔军校政治部主任熊雄,还有新文化运动的领导人袁玉冰等。有的是整个家庭都被杀害,成为满门忠烈。我们写下英雄们的名字,缅怀他们同时进一步理解现在。

滕王阁游记

未进阁中去,已被满园景色惹得心中陶醉。柳榭池水不提,红楼碧瓦不提,瑶塘鱼影不提,单是那一枝枝白如冬雪的无名花树已叫人流连忘返。

上得楼去,不禁为那几十米长的巨幅壁画而惊叹,那上面一共100多位历代文豪、国家栋梁。他们虽然所处的时代不同,服饰各异,但是爱国爱民,“先天下之忧而忧,后天下之乐而乐”的思想境界与情操却是无异的。

里面一间展出的是奇景照片，祖国各地的名胜古迹集于一室，那张夕阳归雁相伴下的滕王阁更叫人不忍离去。

爬过弯弯曲曲的环形楼梯，进入另一番天地。首先面对的是一幅根据汤显祖的著名传奇《牡丹亭》而作的壁画，名字叫做《梦》。整幅画以蓝色为背景，画中不论是跳舞的、吹笙箫的、喝酒的，全都闭着眼睛。不知滕王亲眼看到这幅画会怎样地惊奇。

更上一层楼，一眼便看见香坛后王勃的《滕王阁序》，用金字刻在墙上，华丽美观，再到外面长廊上眺望南昌市的全景，目光一与那夕阳下波光粼粼的湖面接触，心胸一下子特别开朗。湖面上几叶轻舟随波荡漾，远处的汽笛声若隐若显地飘了过来，水天相接处更是分不清哪一半是水，哪一半是天，只因水天本为一色。

下得楼来，那湖边的亭榭，那水中的波帆都在挽留我，只可惜时光匆匆，我们该回寓所了。我回头再依依不舍地望一眼，心里在说："别了，滕王阁，别了！……"为何总是相见时难别亦难？或许是"此景只应天上有，人间难得几回寻"吧！

别了，南昌

时光真的是快如飞箭，好似昨日才来南昌，今天却要与它说"拜拜"了。转眼间又要穿过来时的街道，回到那梦开始的地方。

火车奔驰在往返多次的轨道上。窗外一片片蓝天，一朵朵白云，一块块金黄的油菜地，一头头水牛，一幢幢房屋，一束束野花，飞快地出现，又飞快地消逝。不知那多少个刹那间闪过了多少的云烟，落日又映红了天边那片晚霞。

伴随着海潮起舞

郭艳雪

终于，一切准备停当，下午3点，去看海的一群女孩男孩登上了汽车。

经过一路颠簸，带着一身风尘，我们来到了海边。

举目四望，前方有一大片葱葱郁郁的树林，树林中支起几十个小布帐篷和搭着一些小竹棚。路边有一家小店，走过小店和树林，那便是一弯沙滩和蓝绿色的大海。就是这样一块地方，天当屋顶地作床，美其名曰："度假村"。

身临外面的世界，我们这些靠父母供养的消费者深感囊中羞涩。一座仅容2人栖身的竹棚，一天租金竟要14元，更不用说小店里那些价格高得令人咋舌的过期食品了。我们几个同学盘算了好半天，无可奈何地租下一间竹棚放置行李，然后决定在沙滩过夜。"天塌下来当被盖"！同行的男士们充满英雄气概地嚷道。

扔下背包，穿过树林，我们携手奔向大海。在海滩上，我们嘻嘻哈哈、蹦蹦跳跳，展现在眼前的是一幅海阔天空的画面。海风一吹，我们被山路颠簸得昏昏沉沉的头脑立即清醒过来。时已黄昏，落日染红天际，海面上闪烁着点点金光。海的彼岸隐隐约约有许多白楼。小明指点着那些白楼得意洋洋地给我们介绍："那就是厦门大学，这几幢楼就是厦大艺术学院。"他专攻美术，曾在那儿学习过。

我们踏着清凉的海水，沿着海滩往前行。我们不会忘记拾贝壳，遗憾的是这里的贝壳又小又平常。尽管如此，我还是兴致勃勃地边走边捡，不一会儿就捡满了一手掌。小海走到我身旁，托着满掌贝壳给我瞧。呀！他的贝壳比我的漂亮多了。我一跺脚，捡出自己手中几个相似的贝壳扔掉，又俯下身睁大眼睛四处搜索起来。

小丰不知从哪里拿来一只矿泉水空瓶，举在耳边倾听着什么。他见我从身边走过，就叫住我，把瓶子贴在我耳边，瓶口和风向相逆。"听到了没有？"他问。我侧耳倾听，"呼呼呼"风声忽然间大了好几倍。"听到了，听到了！"我大叫，伸手抢过空瓶，贴着耳朵边走边听。声音越来越响了，隐隐约约还夹杂大海的呼啸。

"嗨！留个影吧。"小明用脚在沙滩上划出一个大大的心和一些不规则的图形。我们在图形后站成一排，身后是湛蓝的大海和蔚蓝的天空。尔后又三三两两合影留念，记录下女孩男孩看海的潇洒与浪漫。这时候连平时沉默严肃的人也会笑逐颜开，活泼天真起来。

仲夏夜来临了，不知谁想出了一个绝妙主意，大家七手八脚找来好多矿泉水瓶，挖掉瓶底，然后把蜡烛沾在瓶盖上，旋进瓶子里，再把瓶子倒过来埋进沙里。这样，一盏盏特制"海灯"亮起来了，星星点点，美极了！

我们围着烛火盘腿坐在沙滩上，抬头仰望星空，辨识起星座来。这是织女星，那是北斗星；这是仙女座，那是大熊座……一条若隐若现的白带把圆形星座分成两半，那不是银河吗？我们从星星到银河，又海阔天空神聊起来。在不知不觉中，半个月亮爬上来，我们一看手表不禁惊呼："呀！已经午夜零点了！"

这时海潮已退去，湿漉漉的海滩上洒遍银光，平洁如镜。"踏浪去！"不知哪位喊了一声，大家又冲向大海。当我们双脚浸入冰凉的海水时，回首凝眸，远处海滩上的烛光，也如天边的小星一样亮晶晶。

正当我们4个女孩踢着海水兴冲冲地往前走时，跟在后面的小明怪声怪气地喊了一句："那里有鬼！"小娟不屑地回敬道："我们正想见识见识鬼是何等模样呢！"于是，我们壮起胆，又嘻嘻哈哈地勇往直前。3位男同学像护花使者一样紧随身后。踏着海浪越走越远，越走夜色越浓，越走越是战战兢兢。又走了一程，小海说："回去吧，不然男士们会找咱们呢！"正愁没台阶下，自然答应这个建议。我们手挽手，唱着歌，急步往回走。"小楼昨夜又东风，故国不堪回首月明中。""问君能有几多愁，恰似一江春水向东流。"李后主缠绵悱恻的词句，一经我们哼唱竟变成了不亦乐乎的语气了，哈哈！

大海又涨潮了。小华放上一盘舞曲，轻曼悠扬的音乐飘旋起来。小娟和小华在海滩上和着乐曲与潮声跳起慢四步。我远远坐着，凝视天上半轮明月，让心灵沉浸在难得的空旷与宁静中，倾听着潮声的喧嚣。

闹腾了大半夜，终于都倦了。于是各自找个地方或靠或躺，东倒西歪地睡了几个钟头。除了海潮和海风，一切都睡着了。在睡梦中，我依然听到潮涨潮落和海风阵阵之声。

等到我们迷迷糊糊睁开眼，天边已是一片火红。"快看日出！"清新的海风掠起黑发，大家静静地坐着，凝视着红日。"大自然真美妙啊！"我惊叹道。

久在城镇，听腻了嘈杂的声响，我多么盼望获得一份静谧，还有那带着绿色世界芬芳的清新空气。此时，我得到了。我真切地感受到了置身大自然的愉悦和轻松。

武夷行

肖寒

据说游弋名山大川之后，人的心胸会显宽广，视野会现辽阔，于是自踏进中学校门之后，便找机会开心胸扩视野去了。

第一次离家是在13岁，假借昆虫夏令营的名义，到武夷山，美其名曰“采集标本”。

据说武夷山一带毒蛇众多，听罢，便感到一丝寒气从脚底幽幽地升起，直贯七窍。拿着捕虫用的网兜在草堆里乱砸一气，好像是因循了“打草惊蛇”的古训。间或抬头远眺，猛然有树枝在眼前一晃，便报以近乎歇斯底里的尖叫，惊走了鸟雀惊不走怕死的心。一天折腾下来，居然四肢俱全毛发无损地回到营地，心中感叹“奇迹”，仿佛自己本是该死的，活着反不正常。别人念我年幼，不计白日的洋相，让我晚上在营地休养生息，免去和他们一同值班的辛劳。我嘴里甜甜地谢了，心里痛骂自己的无能，一面又心安理得地躺下，让她们锁好门。

山中的夜不比城市，很静，那种静，说不出来。虽是夏季，却也有“月出惊小鸟，时鸣春涧中”的感觉。我不是那种很有诗意的人，听着寂静，反不能入睡，便在床上辗转反侧，生出许多遐想。想家，想父母，想年迈的阿婆，想远行的故人，想自己。明白仍要上山的，而山上仍旧有蛇的……想到也许明日的此时，自己或许已是面如死灰，双目紧闭，由同伴抬着，毫无生气；想到这之后会有的场面：眼泪，抽泣，惋惜，感叹；想到有人会对这年轻却不复存在的生命说一句“她本是出色的……”我竟然第一个被感动得流下泪来，并且便在这两行清泪中欣然入梦。梦中，我第一次听到“自大狂”这种说法。

翌日黎明，屋外雾气袅袅，草木一派静待朝阳的身姿。山，便也在瞬间变得近了许多。我昂首挺胸提着捕虫网前进。我不再怕它，也不怎么怕蛇了。“她本是出色的”。人的虚荣心有时常有意想不到的功效。天晓得！

第二天、第三天，便这样平平安安地过去了。第三天晚上，我随他们出外“灯光诱虫”。走时没带手电。离开营地不久，迎面有一老农持电筒而行，于离我不远处忽大叫道：“站住！”我一怔，电线杆似地呆呆定住，瞪大眼一看，差点背过气去：一条吓人的蛇在我面前几步正蜿蜒而过，其态丑不忍睹。那老农训道：怎么晚上走路连手电都不打！我无话可说。我甚至不会说句“谢谢”，只是惊魂不定地站在原地，怕得要死，却一点也没有想哭的感觉。或许人怕到极点，惊到极点，总是只有沉默的吧。日后，我听人说真正的痛苦是说不出来的，痛到极点，无泪，无怨，只有木然。我是信的。

从上帝的身边被召回后，我居然想出一句“大难不死，必有后福”的话。于是，便注定今后，我将肆无忌惮下去，因为，仿佛冥冥之中有神灵在护卫着我。“自大狂”的本性又占了上风。

攀登一座叫“挂墩”的山峰。一条山路，窄窄的，最多容得下两个中等身材的人并行。路旁尽是无名花草，矮矮地长着，无声地注视着我们的入侵。队伍拉得很长，最后，我环顾四周，发现竟处在“前不见古人，后不见来者”的尴尬境地。喊天天不应，叫地地不答，咬咬牙也咬出一两丝勇气来，便是借着这股咬紧牙关的力气，我一个人往上爬，不计方向，反正一条道跑到黑。山泉、落花此时已经吸引不了我。小小的身影在阴暗的道上走着，若从远处望去，定然是幅不错的特写，多少豪迈多少坚韧，都是我！可惜，这一切都是别人眼中的风景。行路人的眼中没有自己，只有目标——顶峰。赞叹和诋毁都是旁人的事，他只管行路。

顶峰到了，全然不是那么一块能够举目俯瞰四野的地方。几栋茅屋，几条狗，屋旁有各种植物，我不能名其一，但是只见到它们绿油油地长着，显得别样的动人。主人家邀我品茶，我像模像样地抿了几口，感到一种淡淡的回味。起身告辞，身后又传来犬吠，回头望时，却见到绿色中的茅屋，屋旁的绿色，一派生之烂漫。

告别挂墩之后，便也告别了武夷，踏上归家的路。

深夜。路灯下长长的影子，捕虫的网比我高出一截。我拖着它，它伴着我，一步一步走向黑夜中那个点着灯的窝，那就是——家。

恒山夜雨宿农家

杨嘉敏

载满旅客的面包车像只小甲虫沿着蜿蜒起伏的雁北山脉艰难地向上爬，好不容易驶入一块小平地，小车终于停了下来。

司机回过头淡淡地说了一句："恒山到了。"我第一个作出反应，喊了声"爬山去！"我们3个女孩兴冲冲地跳下车，还没来得及迈步，就被一群当地农民围住了，他们是拉客住宿的。我们坚持要走自己的路，便突围而出，直奔恒山脚下。这时，身后传来一阵紧跟而上的脚步声，回头一看，原来是一位当地中年妇女，她大声喊着："姑娘，天要黑了，先来我家住一宿吧！"听到此话，我们不约而同地向四周看了看，果然苍茫暮色已渐渐弥漫开来，刚才和我们同车的一帮人已随几个当地人走远了。时值深秋，平地上静悄悄的，天一黑，寒意陡生。就在我们犹豫未决之际，一阵狂风像从地底下冒出来似的刮得沙石乱飞。那位中年妇女肯定地说："马上就要下雨了！"

秋天山中的天气说变就变，"轰隆"一声，惊雷响彻山谷。面对着即将发威的大自然，我们只好乖乖地收起雄心壮志，跟随这位妇女回家。没走多远，豆大的雨滴从天而降，打在松软的黄土上，如绽开的酒窝。倏忽之间雨势由小变大，由疏变密，毫不留情地浇在我们身上。我们急忙跟着那位妇女跑进一个小村落，又冲下一条小土路，连跑带滑，飞奔进屋。

大家狠狠地喘了几口气，才平静下来。你看看我，我瞅瞅你，都是一副狼狈相，不禁哈哈大笑。中年妇女把我们带进一个房间，里面在一盏半明不暗的电灯照射下显得阴暗而简陋，偌大的房间只有一个大炕和两只柜子，不过收拾得倒挺干净。最可喜的是房间当中放了个熊熊燃烧着的炭炉，使得房内暖融融的，挡住了屋外的寒气。

一路上尘土扑面的我们，进屋首先要做的的事自然是清洗一番。我从一个大水缸里舀了满满一盆水，让那清凉的水好好滋润一下在黄土高原颠簸了一天快要干涸的我。

收拾整顿好后，我们才感觉腹中早已饥肠辘辘。两个同伴各要了一碗刀削面，我则要了主人家自制的月饼，也分不清哪是馅、哪是皮，几口就吞下去了。吃完点心，我们一致认为还不饱，又要了一罐午餐肉，三个人迫不及待地你一勺我一勺，一会儿就瓜分殆尽了。

忽然门帘一掀，中年妇女领着一个土气的小女孩进来了，她客气地对我们说："这是我的小闺女，今晚让她和你们同睡一床吧。"我们在饱餐后，正愁不知干什么好，见来了个新伙伴，当然高兴啦！4 个人团团围坐在炕上，我们 3 个客人好奇地望着小女孩问这问那，小女孩腼腆地用乡音很重的普通话回答我们。从她口中我们得知这家有 5 口人，中年妇女就是女主人，她有 3 个孩子，大女儿高中毕业，儿子在几里以外的镇上读书，坐在我们对面的是小女儿，她小学毕业后就不再念书了。

"你不觉得辍学可惜吗?"我问。小女孩茫然地摇了摇头。在我们的追问下，小女孩又告诉了我们一些他们的生活：恒山被辟为旅游区后，这个村里的人就被禁止开山种地了，所以她家只有在旅游季节经营家庭旅馆。到了冬天大雪封山，他们就蛰居家里，无事可干，靠吃谷种度日。

在我看来，清贫的生活犹可忍受，最难忍耐的倒是那种单调的、与世隔绝的生活。推己及人，我主观臆断地以为小女孩一定很不安于现状，而向往着外面的世界。于是，我们几个人争着为她出主意，设计着她的美好前程——

"你应该继续读书。"

"到北京去看看，哪怕到大同、太原看看也好。"

"冬天你可以下山做点小生意嘛。"

刚开始，小女孩只是憨憨地笑，到后来，她不知何时已溜得无影无踪，我们还傻傻地只顾自己说着。

夜深了，我们并排躺在床上，说些悄悄话。门帘被掀开了，探头进来的是女主人，她轻声地问了一句：“还没睡着?”在微弱的灯光下，只觉得她似笑非笑。我心里涌起一阵莫名的寒意，背脊有点发冷，思忖着“防人之心不可无”的警句，我唤起两位同伴把钱放在贴身衣袋里。其实，那也只是自欺欺人之举，万一真有什么事，呼天喊地也没人知道。夜，更深了，更静了，警觉在倦意的强大攻势下被击退了，我们慢慢地进入了梦乡。

一觉醒来，平安无事，我正从心里责怪自己太敏感，对别人太不信任，这时听到同伴在隔壁不满地说：“怎么只有这么点水了?”女主人回答：“这里没有自来水，我们用水都要到山上去挑，昨天晚上下雨……”同伴无言以对，我更惭愧了，对这缸来之不易且维系着生命之源的水，我们昨天却一点也不爱惜。

天还没大亮，我们就离开了这户人家。举目远眺，只见雨后的恒山雾锁云绕，有多少名刹古寺、飞瀑奇峰藏在云雾飘渺之中啊！遗憾的是我们就要离开了，没有时间去寻幽探秘了。不过，有这么一段夜宿农家的经历，对我们这些大城市的姑娘来说何尝不是一份收获呢?

湘西游

林力

猛洞河风景区，位于湖南西部永顺县境内，是个集山光水色、洞景和珍贵动物于一地，汇石镇风貌、民族风俗和山野情趣于一体的旅游胜地。我早闻其名，今日能去游玩，其乐无穷。

早晨，凉风阵阵，正是旅游的好时光。我们乘坐客轮，行驶在碧波荡漾的河面上。起初，河面很宽，美丽的河水袒露出碧绿的胸膛，两岸险峻陡立的高山拥抱着这轻波涟漪的河水，河面船只不停地来来去去，犹如一幅美丽的立体山水画。

客轮驶进了峡谷，河面骤然缩小

不少，河水更加绿了。两岸全都耸立着峭壁如刀、崖高千丈的大山，山上晓雾萦绕，加上浓荫蔽日的树林点缀，青山绿水，显得异常迷人。客轮快速向前行驶，身后翻起雪白的浪花，大山向后退去，另一座青山又出现在眼前，我被陶醉了！

船驶进了叉港，不久，便看见依稀的王村了。王村是一个历史悠久的古镇，它是猛洞河水道旅游风景区的门户，风光迷人。由于刘晓庆在此拍过著名影片《芙蓉镇》，王村又名芙蓉镇。船靠码头，游人纷纷上岸，一眼就望见那别具一格的土家吊脚楼和古朴可观的青石板铺成的5里梯子街。我们蹬上5里梯子街，呵！这条全由青石板砌成的长街，我还是第一次见到呢！梯子街两侧的杂货店几乎都是由土家吊脚楼组成，小店里陈列着土家族背包、织锦、玉器、根雕和一些精美的工艺品，颇有民族风味。芙蓉镇是以米豆腐闻名的，来到这儿，若不尝尝这儿的米豆腐那才是天大的遗憾。我和姐姐来到“刘晓庆米豆腐店”，各要一大碗米豆腐。店主动作迅速，才10秒钟就端上了两大碗米豆腐，味道确实不错。

住了一夜吊脚楼，第二天，我们朝小龙洞出发了。依旧是青山绿水，同样很美。我正尽情观赏着这大自然所

赐予的美景，忽然听见有人叫道："看！猴，猴！"我定睛一看，前面那座巍然独秀的高山上，一群群调皮的猴子穿梭在绿树成荫的树林中。怎么？这就是"猴儿岩"？这么多的猴子活蹦乱跳，真有意思！

大约9点半的时候，我们到达了小龙洞。小龙洞地势很高，处在一座巍峨的大山中央，洞内却有很深的水潭，爸爸说那是地下水。眼前的阴河曲回幽深，涟漪妩媚。我们乘船进入小龙洞，刚进洞，就感到阵阵凉意，船缓缓前进，穿过一狭小的洞府，便到了"水晶宫"。这里灯火辉煌，怪石嶙峋，水潭碧绿却深不见底，五彩的灯光照在这一潭碧水上，水中银光交烁，如千万颗水晶闪闪发光，难怪叫它"水晶宫"呢！

出了"水晶宫"，船继续向前行驶。导游小姐指着洞壁上那个高高耸立的钟乳石说："这就是'珍珠塔'，但它却很像一只雄鸡！"导游小姐的话音刚落，大家的目光就齐刷刷地顺着她手指的方向望去，果真如此。"珍珠塔"前面一片漆黑，只在较远处有一点灯火在微微发光。导游小姐继续介绍道："前面就是'龙宫'了。"船驶进"龙宫"，在微弱的灯光下，才发现"龙宫"里滴水如注，到处都是不可名状的奇峰怪石。"龙宫"前有一个较大的平台，名曰："仙歌台"。传说因7位仙女下凡到此为王母祝寿歌舞了一番而得名。"仙歌台"后面有一个奇形怪状的钟乳石，像虾像蟹，如笋似刀，煞是好看。

走在潮湿的"天桥"上，放眼四望：小龙洞里石林相连，泉水潺潺。前面那片钟乳林，有的像竹笋，有的像蘑菇，在灯光照耀下，闪着白色的光芒，让人惊叹不已。前面又是一座小石桥，小桥上空的钟乳石特别大，一个个像倒转的山峰，直插下来，游人经过时，需躬起脊背才能通过。"快看前面！"姐姐对我说。我抬头看见前面洞壁上竟也波光粼粼，哦！原来是泉水在作怪哩！

经过这波光粼粼的洞府，来到洞府里最美好的地方。这儿银瀑飞泻，瀑布在它身后一块巨大的乳白色钟乳石的衬托下，像一块闪着白光的布挂在洞壁上。飞泻的水发出"哗啦啦"的响声，水珠落在水潭里，水面立即溅起一朵朵洁白的浪花。这块巨石犹如一块巨大的白玉，屹立在水中。那串串水珠在灯光照耀下如同颗颗晶莹剔透的水晶石，从白布上滑落下来！

最后，我们还去了"龙王殿"和"一线天"等地。那里千姿百态的钟乳石让人眼花缭乱，赞叹不已。中午，大家依依不舍离开了小龙洞。

坐在返回怀化的列车上，我情不自禁地又回头望了一眼美丽的猛洞河。

敦煌行

陈 涤

经过3天3夜的颠簸，我和父亲于深夜11时许到达陇海线上的一个小站，接着转乘小车，行驶在一望无垠、广袤的大戈壁上。车外，冷风飕飕，普蓝色的天空间或悬吊着几颗孤零零的星星；车灯划破夜空，为无尽的戈壁荒原增添了几分神秘的色彩。置身于无边无际的原野，有一种“大漠孤烟直，长河落日圆”的感觉，脑海里映现出“惨淡天昏地与黑，西风残月冷沙场”的图案，给人以悲壮的美。

抵达宾馆，我便昏昏然地进入了梦乡。不知什么时候，车辆的喇叭声，路人的喧嚣声，把我从梦中惊醒。打开窗户，聆听着南腔北调的叫卖声，注视着街上熙熙攘攘的行人，我仿佛置身于上海一隅。只有那在阳光照耀下熠熠生辉的鸣沙山，时刻提醒着我：这，便是被一度认为荒凉不堪的敦煌古城！巨大的好奇心吸引着我，顾不得用早点，便和父亲走上了街头。

位于西域的敦煌，直到上午9点多钟天才全亮。我与父亲徜徉在敦煌城的大街上，只见宽敞的马路上轿车、小型客车和豪华旅游车往来如梭，车身上的旅程标志异常醒目：“敦煌——莫高窟”、“敦煌——嘉峪关”。街道两旁高楼林立，居然相隔几十米便有幢宾馆、卡拉OK或舞厅，使我惊诧不已。行人道上，人流如潮，那些不同肤色的外国朋友，打扮时兴，个个兴高采烈，虽不熟中文，但常情不自禁地叠声喊道：“莫高！莫高！”声调圆润，如呼亲人。国内游客成群结队，操着各种方言，显得非常兴奋。

我简直不敢相信，这便是充满了神奇色彩的敦煌古城。过去，在描述敦煌的电影、电视中，除了瑰丽的文化遗产外，便只有贫瘠的土地与那些朴实淳厚而又穷困愚昧的敦煌人了。今天，古城已“换了人间”！

正当我们信步在闹市中心时，负责接待我们这次西行的敦煌市教育局领导找来了。他们陪同我们边走边聊，指点着说，这块空地将由中、美、英三家合资建造一座五星级宾馆；那儿是一家国际银行的租地。教育局长的话，我久久不能忘怀：“机场将扩建，敦煌不能没有一个国际机场。1995年起世界各国朋友可以直接飞到敦煌办理入关手续。三年以后，如果你们再光临敦煌一游，又当刮目了。5年前敦煌市年收入只有几百万，而1992年的年收入估计可以达到3个亿。我们敦煌还准备到你们上海浦东投资呢！”

走在敦煌的大街上，浮想联翩。在人们固有的观念中，没有沙漠，就没有莫高窟，更没有敦煌。从历史教科书中知道，敦煌郡是汉武帝元鼎六年（公元前111年）开始建立的，为河西四郡之一。由于地处东西交通要冲，扼据玉门关、阳关，因而成为中西经济文化交流的中转站，被称为“华戎所交”的大都会。

远望着敦煌市人民政府大楼上“农工商并举，突出旅游业”几个大字，耳边回响着教育局长自豪的介绍，我深深感受到了改革开放的威力。古人对敦煌有这样的解释：“敦，大也；煌，盛也。”历史上还有过“长安第一，敦煌第二”的说法。敦煌历史上曾经盛大辉煌，这是与丝绸贸易紧紧联系在一起的。后来之所以会变为“古来征战几人回”的沙场，正是由于交通改道，原始的市场经济雏形破裂的缘故。解放后，敦煌恢复了青春，但真正的腾飞却是在改革大潮中。

不知不觉来到敦煌博物馆，瞥见各个国家、各个地区的旅游代表团正兴致勃勃地观赏着一件件珍贵的展品。这些展品记录了敦煌地区数千年来的历史，真实、形象地把大家带进了古代敦煌五谷丰登的田野，刀光剑影的沙场，琅琅诵读声的寺院，以及繁华的贸易市场。最使我惊奇的是那些年轻的讲解员，操着流利的英语、日语。不是教育局长介绍，我怎么也不会相信其中不少人是在校高中生正利用假期进行勤工俭学。

走出博物馆，周围众多的书摊引起我的注意，走近一看，出售的大多是旅游图、旅游杂志和一些文学作品，却没有看到一本靠封面女郎招徕读者的低级庸俗的读物。只见几个青年正在购买余秋雨教授的《文化苦旅》。

传统文化，现代文明，这就是我所看到的敦煌。

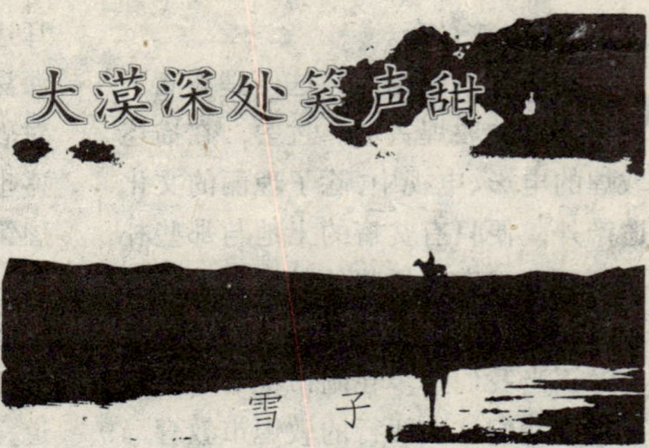

大漠深处笑声甜

雪　子

沙漠，我已去过三四次了，但是最有趣的要数 1991 年 8 月那一次。那年 8 月中旬，一位同窗好友要离开新疆回内地；为了给他送行，我们几位异性兄弟姐妹约好去沙漠一游。

那是一个美丽的秋日，天空万里无云，十分晴朗，它的蓝色，柔和而清澈。一丝微风轻轻地飘忽着凉意，对人们表示不容拒绝的友好。湿润的黄土还留着玫瑰的晨曦的余痕。融在这样一个迷人的秋晨中。我们向着那先粉红后橘红最终变成鲜红的太阳升起的地方出发了。

因为都是年轻人，所以尽管路遥遥，我们还是一路上风驰电掣般骑着自行车，一路说笑谈唱，不觉得累，不觉得寂寞。离目的地还有一段距离，远远看得见沙丘了，好一派峰连峰、峰叠峰的壮观。那一座座沙峰犹如晨浴的仙女，姿态万千，有的俏皮，有的含羞，有的冷漠，有的端庄……那刚露头的太阳，一定是被这一幅幅生动活泼的画面所吸引，忍不住好奇的心理悄悄地探出头来。可是刚一露头就被仙女发现了，匆忙之中她们扯下白云作纱巾，遮住了美丽的颜面，拉过晨雾作屏障，挡住玉洁的胴体；脸儿羞得像成熟的海棠。这时的沙漠恰如一位娇羞的少女，欲藏还露，使人魂随梦牵。

“啊——太美了！”不知谁抑制不住心头的兴奋，喊出了声，把太阳吓得一跳老高。路上的行人惊奇地看着我们，那眼中有羡慕、有爱意，也许还有些妒嫉。我们像一群出巢的喜鹊，自由地飞翔。

转眼之间，我们到了沙漠的脚下。啊！这时候你再看，那连绵起伏的群峰，什么时候变得只有两三座了。那调皮的太阳呢？也躲得看不见了。自己似乎突然之间变得渺小，小得如同一粒沙，高高的沙丘好像在有意显示自己的高大，遮住我们的视线，让我们看不到外界的一切。往峰顶上看，那微风轻轻吹起的一层细沙，像是沙丘手拿纱巾，在向远处招手。

“预备，开始！”一声令下，大家鼓足气迅速地爬起来，可是还没爬到三分之一，就爬不动了，腿像灌了铅，气也不够喘。一会儿女孩子就被甩在了后面，但是男同学显然也很吃力，从后面看去，他们四肢并用，弓腰驼背，慢慢地移动着，十分滑稽。于是我找出一个词儿来形容他们：“螃蟹！”“哈哈……”我这一声叫就像化学方程式中的催化剂一样，把人的想象力加速地引诱了出来，一笑而不可止。本来就累，再笑，更难受。有的一手捂着肚子一手指着男孩子，身子一弯一直，抬起的那只手也随着一高一低地抖动，像是在跳藏族舞蹈；有的两只手抱着肚子，鞠躬尽瘁，虔诚至极；有的干脆跪下来笑个够，真是一个妙不可言的场面。一位男孩闻声转过头来，一副受宠若惊的样子：“鄙人不才，哪里受得起众位姑娘恭维，又是舞蹈，又是鞠躬，更有甚者双膝着地，如此厚礼相待，受之有愧，折—煞—我—也—！”说完转身爬了上去。

好容易登到了峰顶，举目眺望，突然之间一切都变得小了，我们的自行车就像一群蚂蚁在地上歇息。一瞬间，我们似乎明白了许多，现在我们看一切都很小，因为我们爬得高。没有开始的渺小，没有攀登的艰辛，哪里有现在的成功。再转过头，看那一望无际的沙海，有的碧蓝，有的青翠，有的灰褐，有的暗紫，有的周身披绿。这边看，边绵不断，恰似一条长龙飞向天边；那边看，群峰重叠，犹如海涛奔腾、巨浪排空。此时此刻，每个人的心胸都宽阔起来。

不知不觉到了中午，我们一口气跑下来，重新仰望刚才被我们踏在脚下的沙峰，心里升起一股不可名状的骄傲。正在得意，肚子却不满意地唱起了“空城计”，于是打开包袱取出囊中之物，瓜果、点心、饮料，应有尽有。可是不能光进餐不游戏吧！经过讨论，一致同意每人赋诗一首，于是大家做起文人墨客，你一句我一句对起诗来。虽然诗作水平不高，但作为当时的尽兴之词，也令我们惊叹不已了。离我们不远处有一块苞谷地，年轻人按捺不住心中欲望，几个勇敢的男孩，学着梁山好汉时迁，一忽儿就摘来一堆玉米。女孩子捡来了柴禾，大家七手八脚升火烧玉米棒子吃，结果一个个把嘴吃得像黑锅底似的，谁也没吃上一根熟的。

说也奇怪，在学校时觉得一天过得很慢，可现在，太阳好像跑得快了，还没玩够，太阳已经西斜了。带着不舍与无奈，我们告别了趣味无穷的沙漠。路上忍不住回头看了一眼，一时间，不由得呆住了——那黄昏的太阳更加湿润、鲜红，把整个沙漠全映成了粉红。红，红，到处都是红，红的天，红的云，红的沙，红的人，那是怎样一幅风景画啊！真想捧一把带回去，天天看，时时看。不知什么时候，那落日似乎下沉得慢了，是贪恋这多彩的世界，是不忍离开这孤寂的沙漠，还是它也明白我们的心情？想到明天，好朋友就要离开我们了，再见的机会是否还有？面对夕阳中潇洒自在的红柳，我不觉轻轻吟道：“红柳只知自逍遥，不解依依惜别情。”

海 子

王 方

夏天,我去九寨沟,一个人坐火车到了四川。早在那里等着我的几个伙伴拉上我,开了一辆日本吉普车,笑声连天地上了路。沿路看到藏族的帐篷,我竟心血来潮地想在藏区里永远住下来。

刚进九寨沟,裹在空气里的那种浓稠的羊肉味狠狠地折磨着我。当夜,正巧赶上“祥龙节”,伙伴说我们去吃“烤全羊”。我说:“不,吃羊肉我是绝对不去的!”不容我解说,他们边劝边拽着我去了。

烤羊的篝火前,20几个人脸蛋红通通,拍着手在唱《我爱北京天安门》。我坐的地方左面有根木柱子,可以很舒服地靠着它,但是歌唱到一半,便感觉背后有东西顶着我的腰。我偷偷回了一下头,背后黑乎乎地站着一个观看的当地人,他的膝盖正好顶在我腰上,唱歌还在继续,“团结酒”在圆圈里依次传递。终于等到了吃羊的时候,我拿着一大片黑黑的烤羊肉站起身,把羊肉递给背后那个人。这时候才看清楚是一名藏族男孩子,黑黑的脸,清澈的眼睛。他笑着对我说谢谢。我问他哪里学的普通话?他说跟着收音机。

我又问他年龄和姓名,他在身边的柱子上比划给我看:“海子,15岁,你能懂么?”我肯定地重重点头。他说,那么你呢?我笑了,也在柱子上写给他看,“静子,18岁。”他咧开嘴,开心地笑了。其实我骗了他,那不是我的名字,也不是我的年龄,它属于我从前的一个好朋友。我一直认为“静子,18岁”,是最好听的。

又传过来烤羊肉,我还是递给海子,他却撕成两半,分一半给我。我不敢推辞,硬着头皮去吃,一吃便不可收拾,一次一次向切羊肉的藏族年轻人要,那种味道现在还清楚记得,脆香脆香的。

海子在一边看着我跑来跑去讨羊肉的模样,笑得冷静而疑惑,我猜他一定觉得我不像一个名叫静子的人。

我们讲好,海子第二天带我去骑马。

晚上临睡前,我告诉伙伴我认识了一个名叫海子的藏族男孩子。伙伴大叫,哇,你竟敢占西藏人的便宜,叫人家“孩子”!我说不是“孩子”是“海子”,而且明天我们一起去骑马。伙伴警告我,被人家骗到寨子里去我们可不会冒死相救啊。我说,你们就这样可恶。

骑在马背上的感觉绝不是站在地面上时能想象的。我平日的恐高症,这时刻得到了验证。在马上,身体僵硬,不敢动一动。

海子在下面为我牵着缰绳,教我骑马术。我脸色苍白,说还是让我下来吧,求求你让我下来吧!他不管,继续讲解,然后看看我,问我记住了么?我说记住了。他在马屁股上一拍,大喝一声,身下的白马便撒开了腿。我惊喜交加,整个人随着马飞了起来,把海子留在原地。

白马跑到原始森林前面,便不肯再走,我力不从心地驾驭着它。回到海子面前的时候,已是一副狼狈模样。而海子,依然是那张清澈的笑脸,在那里等着我。

当我跳下马的时候,海子轻轻地说,你们汉族女孩子真漂亮。我笑了,拍拍他的脸,走开去。

一次拍照的时候,我的手被一种尖利的植物割破。海子从一旁急着奔过来,着急地说,出血了,别让血滴在地上。我捏着手问为什么。他说你快把血吮干,我再告诉你。

我弄干净了手指以后,海子说:“血是一个人的灵魂,你的血如果滴在这里,就是把灵魂留在了这里,这样回去,你会变成一个没有灵魂的人。”我哈哈大笑,对他说我不相信。海子又认真地说,“可是我相信,我在这里,就不能答应你把灵魂留在九寨沟。”我说,这种说法纯粹是骗人的。他吃惊地看了我半天,我被看得局促不安。然后他说,“你是没有信仰的人。”在心里,我问海子,你现在还觉得汉族女孩子漂亮么?

九寨沟是由许多海子组成的风景,每个海子独立成章。比如:芦苇海子和五花海子。回到上海,每当向人讲述那一个个风景的时候,我总是想起一个15岁的名叫海子的藏族男孩。其实早在这之前,我就知道了一个当代的北京诗人,他的笔名叫“海子”,我喜欢他的诗。也许名字只是一种巧合。

在土家族的日子里

输 女

我与阿宏乃是文友。我们一起参加文学函授学习，又一起加入中外青年旅游基金会,因为我们都浪漫,所以就成为知己。只可惜我们相隔遥远,他在四川,我在福建。终于,我答应了阿宏的请求，到四川去看望他。在一个细雨霏霏的日子,我登上了列车。

阿宏是一家化工厂的技术人员,这家化工厂就建造在偏僻、交通不便但风景秀丽、空气清新的土家族居住地。这里到处是山,山上到处是树,真的是绿树成荫,一片葱翠。

这里的东西价格便宜得让我吃惊,鸡蛋每只才1角多一点,每天我总要买几个冲开水吃，当地人见了却大惊失色:“冲着吃怎么能熟?不熟的东西吃了会中毒!”

在这里，要看一场电影或寄一封信都要步行几里到一个小镇上去。这里的房子虽说不是破破烂烂，但至少都是阴阴暗暗。

不过,这里的人却很有音乐细胞,不论是谁，随便哼哼都显得那么悠扬悦耳。他们都生活得那么快乐，那么满足。当夫妻双双务农归来，妻子生火做饭,丈夫帮忙洗菜,儿女在一旁做功课。这时,丈夫开口唱一句,妻子便跟着唱,小孩也会凑合着唱,然后一家人都欢笑起来,其乐融融。

当地有座最高的山叫五牛山，传说古时天上有5头神牛下凡化作这座山。远远望去,五牛山真的像5头牛在低头饮水。我登上五牛山峰，从山顶向下眺望，可以欣赏土家族生活的山区全景。放眼望去，我发现对面山巅隐约有房屋。这正应了那句“白云深处有人家”的诗句。啊，我多么渴望能踏过重山去拜访白云深处的人家。

每当阿宏下班回来，他总会带着我到山上去摘玉米烘着吃，或者挖红薯烤着吃。有时我们也会摘些玉米秆，这种玉米秆拿在手里，横着如笛，竖起似箫，既像打狗的木棒，又像农汉的烟杆，品尝时却甜若甘蔗。

农历8月15日这天，月亮很晚才出来。我约了阿宏一起到山顶去观赏月亮，吟诵起古往今来月圆月缺的诗句，感叹人生的悲欢离合。赏完月，回到宿舍，听阿宏唱歌。阿宏的歌喉很好，唱得动人心魄。我专注地听着，忍不住泪水掉了下来。啊，多么难忘呀，我这个还未离开学校的女孩子有生以来第一次出门在外过中秋节，嘴里啃着一只8分钱的月饼欢度中秋。

在土家族我度过了十分有意义十分快乐和十分自由自在的一天又一天。等到阿宏过完生日的第2天，我决定回家了。当我准备离开这个我生活了10几天而日渐熟悉的小村庄、离开那里纯朴善良的人们时，我的心很是难受。阿宏也痛苦得一言不发，他只是不断地唱着歌。

在我启程那一天，天上飘下蒙蒙细雨。阿宏说：“真是天公不作美。”我说：“应该感谢有这样的天这样的雨来点缀，它象征着我们离别的心绪。”来时去兮，教我如何忘得了这一切！我将怀念那段在土家族度过的美丽生活。

姚和平

心中不止一次地呼唤过那坦坦荡荡、无边无际的大草原。那是怎样一幅美得让人心醉的印象画啊！

舍弃暑假在家的悠闲与恬淡，求得一次真真切切拥抱草原的经历与激情，或许会更有价值。于是我告别钢筋水泥筑成的充斥着商品广告的大都市，加入了学校团委组织的社会考察队伍，乘着火车北上。

列车终于在内蒙古的旅游城市海拉尔打住了喀嚓喀嚓前进的脚步，我们兴奋不已地走出了车站。来不及细细品味香醇味浓的冰淇淋，也来不及慢慢打量来来往往穿着各色民族服装的行人，只想早一点看到我曾魂牵梦萦的大草原。

白色的毡包，金色的斜阳，绿草萋萋，野花灿灿，还有天际那隐约骑着骏马的人儿，草原就这样无遮无拦满腔赤诚地向我们展示着它那原始而博大的胸怀。我们十几个女孩男孩手牵着手充满青春朝气地走在厚实的土地上,任凭草原的风吹乱我们的黑发,拂起我们的衣袂。在这里，你无须为马路窄得不够你们同行而担心;在这里,你无须为汽车喇叭的轰鸣而忧愁；你只管放开脚步，以最甜美的微笑最粗犷的歌声投入大地母亲的怀抱。一望无际的绿草在你脚下延伸、延伸,似是永无尽头。此时的你仿佛重返童年,有的是在草原上欢歌、撒野的冲动。

看惯了南方都市那片窄窄的灰蒙蒙的天空，突然间天地呈现出另一种湛蓝纯净的颜色，怪不得我们要欢呼雀跃了。这是种不含一丝儿杂质的蓝,既没有深蓝的凝重,也没有浅蓝的黯淡,那鲜亮亮的蓝,蓝得让人无法挑剔。而那白云则是我所见过的云中最洁白无瑕、最轻盈舒展、最俊秀飘逸的，或许只有草原的空旷坦荡才能挽留住她们轻盈的身影？我忍不住想高歌一句“投入蓝天我就是白云”!

天际间的那朵“白云”怎么会如此飘忽移动?心里暗暗惊诧之际,那“云”已来到眼前,哇,原来是数千只羊组成的羊群，它们迅速地移动着。我忙从小羊倌手中接过羊鞭，戴上他那顶破草帽,奔跑于羊群间,俨然是一个牧羊女的神态。同伴抓住时机，举起了照相机。事后他很得意地对我说这将是一张诗与画、情与景完美结合的照片。看着他那一脸的欣喜样，我不禁也为他所感染，甜甜地笑开了。草原啊,真是幸福的源泉。

呼伦贝尔大草原还有个最大的特色,那就是拥有一大潭水。弯弯的,形状像个月牙儿，我们给她起了个美丽的名字“月亮湖”。湖里的水好清、好澄,掬起一捧,真似泉香酒冽,甜美无比。于是,其余的人也快步赶到这儿,咕咕地喝了个痛快。月亮湖啊月亮湖，想来你也绝不比台湾的日月潭逊色，对吗？你的汁水使得草绿羊肥牛壮，你更是养育了一方淳朴好客的草原牧民。

当我们还没走近草原上那座矮矮的小木屋时，有个扎着羊角辫的小女孩便迎了出来,拉着我的手,忽闪着大眼睛,用细细的童音问道:“大姐姐,你是打哪儿来的?”看着她那一脸的稚气，我真想蹲下身抱抱这个可爱的小女孩。我惊叹草原孕育如此灵秀的女孩。她的爸爸，是有着和草原一样豪爽性格的牧民，早已为我们准备好了奶茶和酥饼。喝惯了芬达、雪碧的我们,在喝了第一口奶茶后,个个都皱起了眉头。是的，我们这些南方的娇子或许并不爱喝有着草原气息的奶茶,但是我们又怎能弃他们的盛情而不顾呢？当然是把那掺和着草原牧民深深情谊的奶茶一饮而尽了。

接下去的骑马项目，掀起了另一个高潮。男孩子们笑着嚷着选又高又壮的马骑，想驰骋草原一展男儿风采，女孩们有跃跃欲试的心情，但又怕被野性子的马撒野乱跑时颠下马背。牧民颇能觉察我们的心思，为我们牵出了一匹最驯服最俊美的马。坐在高高的马背上，轻轻扬一扬手中的马鞭，慢慢遛上一圈，前面是茫茫无际的绿色草原，抬头是浩瀚无边的蓝色天空，那真是别有一番乐趣在心头。

吃羊肉宴也是别开生面的。一大盆一大盆的羊肉，还有一小盏一小盏的调料儿，那把铜柄的刀子则是我们最好的餐具。期间有一蒙古女子笑盈盈端上了一碗红艳艳的东西，说是一般不轻易见到的佳肴羊肠，送给我们这些远方来客品尝，我们十分感动。且不说酒桌上的羊腿羊肉香气四溢，单单是为客人助兴的祝酒歌就能将人醉倒。两个身着蒙古装、脚蹬黑色长靴的女孩，亮起了她们甜美的歌喉，歌声高亢激扬，越过白云，穿过蓝天，在草原上回荡。

夕阳西下，当我们挥泪告别美丽的草原时，大家情不自禁地唱起了深情的歌：“就在离开的那一瞬间，才觉纵有万语千言，难诉心中情感。”终于，汽车载着我们远去，歌的标题句“让我再看你一眼”却愈唱愈响……

真的呀，我好想做草原上一株无牵无挂、无羁无绊、无忧无虑、无怨无愁、自强不息的凤尾草！

东京街头的鸽子

于燕琳

暑假里，我第一次踏出国门，带着兴奋和猜测，来到了日本东京。外面的世界很精彩，从富士山到太平洋，从金融街到路边纸板屋，无不让我感到新鲜和满足。但留给我印象最深的，却是那些不为人注意的路边的鸽子。

随意漫步东京街头，就可以发现几乎所有的小广场都有鸽群。那一只只身体浑圆、羽毛丰满的鸽子，有的憩息于广场旁的树上，有的停在附近的路灯式雕塑上，有的在喷泉边吸水，更多的则是在空地上散步啄食。当游客在广场边的长椅上坐下时，它们就会围上来讨食物吃，似乎一点惧怕都没有。的确，它们用不着惧怕人类，无论是在日本的明文规定中，还是在日本人的心目中，它们都享有绝对的优越的待遇——树上有木制的大鸟巢，每天有专门的人员来喂它们，加上过路人提供的面包和零食，根本不用提心会餐风宿露。在食饱饮 足之后，它们还可以无忧无虑地到街上去散步。即使在得意忘形之际误闯到马路中间，汽车司机也只好停下车，眼巴巴地望着它们悠然离开。

我每次看见这些可爱的鸽群，都忍不住要停下脚步，遗憾的是我身边没带什么食品，引得那些好像永远吃不饱的小馋鸽在我身边“咕咕咕”地叫。

终于有一回，在上野动物园外的大广场上，我了却了喂鸽的心愿。那里的鸽子据说是全东京最多的。我真是从未见过那么壮观的场面——整个广场和外围的环形绿地，到处都布满鸽子的足迹。老人们慷慨地喂着鸽子来打发时间，孩子们在欢快地追逐，更多的人则在鸽群中小心、自由地穿行。我买了包花生米走到广场中央，立即有许多鸽子围住了我。我把花生米撒在地上，倒在掌心里，它们便争食起来。鸽子越围越多，有的还肆无忌惮地攀在的我手腕上，我的掌心被它们啄得又痛又痒。我的心里既兴奋又颇有感慨：鸽子是和平的象征，而这里的鸽子特别可爱，它们与人们亲密无间，这是我以前从未感觉过的。很快，花生米就要喂完了，我慢慢直起身子，没料到鸽子仍念念不忘我手中还剩余的那一点儿花生米，其中有 2 只鸽子一下子飞上我的肩头，吓得我大叫起来。附近喂鸽的人都投来惊异的目光，那 2 只胆大妄为的鸽子也应声飞走了。这时我才感到自己的冒失，并惊叹鸽子对我的防备和恐惧竟小于我对它们的无意受惊。

回到上海后，我时常想起东京街头可爱的鸽子以及我喂鸽的趣事。我希望有一天，上海的人民广场也能飞起这样一群美丽的天使。

作客北九州

边 彦

住惯了大都市，若是能到乡间去看看玩玩，体会一下那种幽静自然的情趣，一定会有另外一种风味。我曾作客日本的北九州，那儿的人并不这么想。

对于东京人来说北九州人可称乡下佬。但是在我看来北九州并不比东京差，虽然缺了一条像银座那样繁华的大街，少了一些像新宿、池袋那种闹市，但这里的山和水以及各种各样的花卉却弥补了这些不足。

北九州是个十分美丽的地方，那里的山丘极多。每天清晨，我打开窗户，迎面是山，窗下是个平坦的小草园，新鲜空气扑鼻而来，好似进了陶渊明的桃花园。在这里既能感受到大都市的繁华，又可以品味到乡间的幽静。对于我来说是再适合不过了。但是北九州人的想法却截然不同。

每到星期天总有爸爸的同事上我家来作客，而每次言谈中总会涉及到个人的工作前景问题。十有九的人想离开北九州，去东京干一番事业；有的想跳槽到京都、大阪、名古屋，这些地方在他们眼里才称得上“都市”。先前爸爸不太理解北九州人的想法，因为安居乐业是很多人所向往的，能有一份稳定的收入，吃穿不愁，已经很不错了，何况北九州还是个让人悠然闲适的地方。有一次爸爸与一位日本朋友谈及此问题才使我明白，在日本人看来北九州适合老人，他们需要安静的闲适的环境。并不是年轻人不喜欢北九州，而是北九州太安逸了，叫年轻人使不出劲。这里不像东京是国际性大都市，对外接触面广，信息流通快，相对来说北九州闭塞多了，人与人之间交流也少。在东京，人们永远干劲十足，他们都不希望太舒适。年纪大的人若是有什么不方便就会给小辈增添麻烦，他们都不愿年纪大了到养老院去，所以要趁年轻时多干多攒钱。

要到大都市去工作的原因肯定不止这些，但有一点是肯定的，日本人到年老不想进养老院。由此我想到当今的日本，就像一台大机器，永不停止地转动着，所以有那么多人拚命干活，攒钱。

游 悉 尼

章雪晴

一年前，跟着爸爸妈妈从纽约来到了澳大利亚。澳洲漫长的海岸线散落着无数美丽的贝壳，最美的要数那由 10 个白色贝壳组成的的世界著名的音乐厅。这是悉尼的象征。

有名的悉尼塔是全悉尼最高的建筑物。一般的塔、楼都是从平地而起的，而它却“偷工减料”地站在一个 6 层楼的商场上。不过这样也有它的好处：来悉尼游玩的人大多都想从塔上观赏一下悉尼的全景，这样可以少走许多路。从商场可以直接上塔顶，若有时间的话，顺便还可以逛逛商店，买买东西。

我走进了底楼商场，没有很多顾客，连商店也有不少是关着的。

走进电梯，按了开关，等一会儿我会看到什么呢？我揣摩着……电梯的门开了，我迫不及待地冲进大厅，那感觉就像步入云霄。凭窗远眺，只见眼前没有美国那么多的高楼大厦，也没有中国那人挤人的情景，它的诱人之处是那密密麻麻的建筑物中间有些树木点缀着，沿海的那一面又像用深蓝色的带子镶了一条边。

噢！我看见了达令港，看见了悉尼的展览馆，会议厅……还看见了那世界上独一无二的贝壳式的音乐厅。从

这儿看下去,它像一个大大的贝壳,静静地躺在两幢高楼中间。悉尼大桥,钢铁般的身躯横跨东西两岸。树木、花草、游艇、白色的海鸟,啊!好一幅帆影鸥翔的图画。

离开悉尼塔,我们来到天上走着火车地上淌着泉水的达令港。达令港环形铁轨建在离地面大约三四层楼的空中,仿佛腾空的巨龙。当然,它是由铁柱撑起来的。

费了好大的力气我和爸爸终于登上了买票处。咦,卖票员呢?张望了好半天,终于发现在入口处有一台大型机器,上面贴着不少钱(不过是假的),在一个长方形的洞旁还写着"把钱塞入"的字样。于是我把一张5块钱的纸票塞了进去。奇怪,怎么原封未动又退出来了?仔细一看,原来是把钱放反了。当再一次把钱塞进去时,不一会儿便听见"砰、砰"两声,像母鸡下蛋似地掉下两个硬币。我和爸爸一人拿了一个。我们把硬币投进了另一台机器,"咔嚓"一声入口的门开了。我们走进了候车室。

不一会儿环形火车来了,我们找了空位子坐下,它将环绕达令港和悉尼市中心行驶一圈。我心里有些紧张,这火车的重量外加这车上20多个乘客,那几根铁柱子撑得住吗?一想到等会儿便能看见市中心的景色,心中又有些兴奋。

火车开了,但不很快,也许是照顾我们这些观光客,让我们多看几眼吧。哈!真巧,坐在我们对面的竟也是上海人。他们用上海话交谈着,好像在讨论今天晚上是吃鸡还去吃北京烤鸭。

"哇!爸爸你看那儿。"我边说边指着窗外。在一条街的中间竖着一块高大的牌坊,绿瓦红柱,另外还有一块匾,咖啡色底上写着"通德履信"四个金色的中文大字。两旁好像还有一副对联,只是太远看不清上面写的是什么,街道的两旁都是各种各样的中国店,看到的也都是穿着花花绿绿的衣服的中国人。街面是用红色的砖头铺成的,还栽有花草树木,很美丽,也很整洁。爸爸告诉我,这是中国古典花园,叫"谊园"。

"啊!"刚才好危险——差一点碰到了那幢大楼。其实还差得很远,只是我的错觉罢了。过了中国街,不多时便到了我们的目的地——达令港。

我们走下火车,穿过一片大草坪,便来到喷泉的世界。在中国,小时候总爱骑在爸爸的脖子上到上海展览馆去玩,记得那儿有些能喷水喷得很高的喷泉,不时还变换着高低。在美国,若在晚上去长木花园的话,你还可以欣赏到那动听的音乐喷泉。以往我所见到过的喷泉都是向上喷 水的,今天终于有了新的发现:面对我的喷泉是向旁边喷水的,喷水口紧贴水面,而它喷出来的水却是斜斜地鼓出水面,引起了片片波澜。不远处还有一个圆的螺旋形喷泉。因为圆的中心是凹进去的，所以水流从边上绕圈儿一圈一圈地往低处走。

这儿的路是用红砖铺的。我真奇怪，澳大利亚人为什么这样喜欢用红砖铺地。虽然来这儿的游人不少，但这街扫得还很整洁。高高的棕榈树整齐地排在街道两旁。在棕榈树的面前站着一排路灯。每一根铁杆子顶着3只玻璃罩，每个罩子里都有1只灯泡，也不知为什么，好好的路灯上偏偏要挂一面绿色的像舌头似的旗子。看上去犹如一个3只眼睛1只脚的外星人。

不远处是悉尼展览馆。它是根据船的造型而建造的，深蓝色玻璃的大型建筑上，竖着3根巨大的旗杆，就像一艘等待远航的巨轮。

过了展览馆，面对我们的便是那著名的达令港湾了。一只象征着地球的蓝色大球悬挂在玻璃柱子中间。五六只银色的海豚从地球飞向空中，这儿是达令港商业中心的入口处。进了大门便看见里面是一个个高级的衣服、首饰、礼品店，来光顾的人不多，来买的人就更少了。过了一扇门就是另一个商场了，依然是那么豪华漂亮。

最后，我们来到了皇家植物园，这是一个沿海公园。每天都有不少人来此拍照留念，因为这儿是澳洲风景的缩影：脚下是皇家植物园，头上是一棵古树，身后是悉尼大桥和贝壳式的音乐厅以及蓝色的大海。面对这大自然的美景，我突发奇想，这悉尼，这澳洲，多像一个大大的五彩贝壳啊！

14

点缀生活的制作

做一个绒球滑稽小丑

翔华

在18岁生日那天，我收到同学们好多好多的礼物，最令我喜爱的却是灵灵自己做的彩色绒线娃娃。看着那质朴可爱的娃娃，我跃跃欲试，请教灵灵模仿做了几个，渐渐入了迷，将家里的碎绒线碎布条收集起来，又做了些神态造型各异的娃娃和小动物。这里向你简单介绍一些制作方法，有兴趣的话，请你不妨动手一试，不失为一种有趣愉快的课余享受。

用料：白色、粉红色、深粉红色、淡紫色、紫红色（以上4色由浅渐深）、嫩绿色粗毛线各少许，黄色绒布、黄色丝带、尼龙棉各少许，淡黄色薄布、蓝色及黄色绳带各一些，黑色塑料串珠4颗，红色大颗粒串珠1颗，5号钩针。绒线和布料的配色不限于此，可利用剩余绒线和布料随意配色。

组织要点：按图所示先制作头部、手、足的毛线球及帽子等，最后照“整体的组合”图示制作完成。

毛线球的制作法

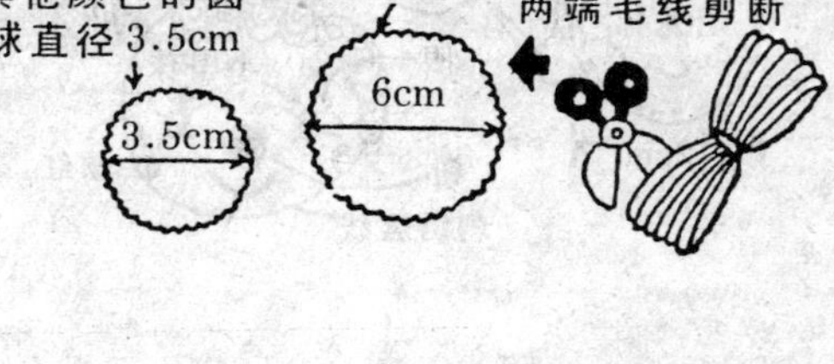

手、足的制作

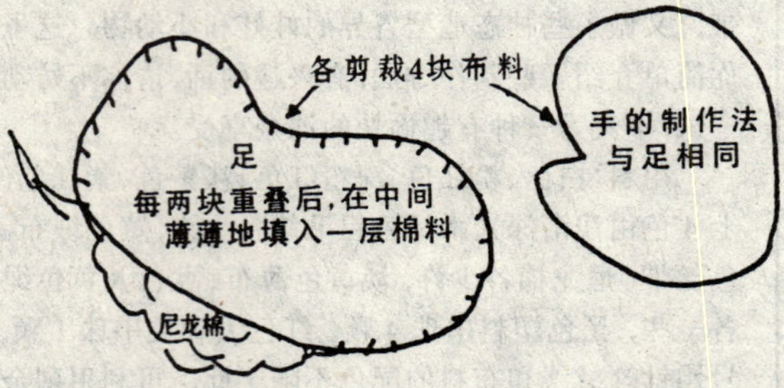

帽子的制作

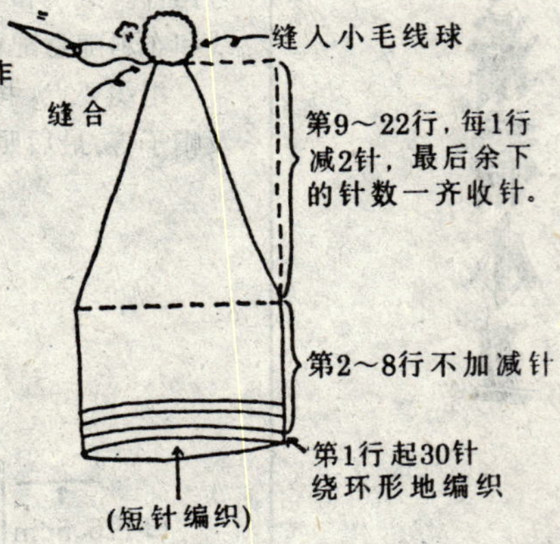

颜面的制作

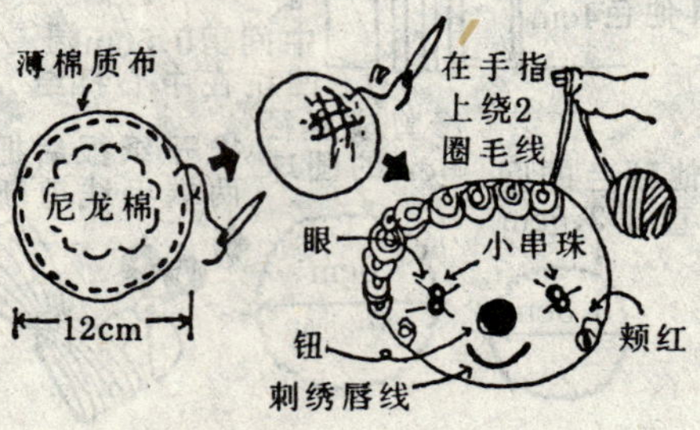

整体的组合

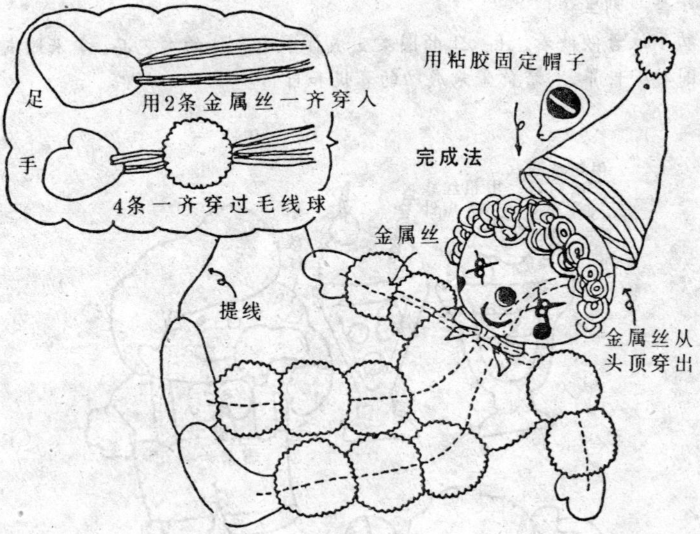

点缀生活的小玩意

晓 诗

贴贴看，快乐的图案一大片！瞧，这些稚气的令人喜爱的图案，它能使一件平板的外套即刻生辉！

动手试着做做看，让纸上的图案变成你手中立体的工艺品，拿来赠友、点缀你周围的小世界，会给你带来成功的喜悦和自信。

造一个“安琪儿”

亦雪

星期六下午我去了朋友家，她的房间里有两个小家伙，真是可爱极了。她告诉我那个女娃娃叫阿黛尔，那个男娃娃叫库贝尔。他们两位安安静静地坐在写字台上迎接我们，那个迷人的阿黛尔冲着我们直笑。朋友还告诉我，这两个布娃娃是她过生日时远方的阿姨给她做的。真羡慕死人！拥有那两个可爱娃娃，什么寂寞啦、烦恼啦，都可以融化在他们的笑容之中。

回家路上，一个闪光的念头跃入了我的脑海：自己为何不动手做一个阿黛尔？我全身兴奋起来，急速赶回家里。

翻找了一下，发现妈妈为我做衣服剩下的一些布头啦、花边啦，正安安稳稳躺在抽屉里。我似乎心里早已有谱，先把白色的布剪成一部分躯体形，再把它缝成像人体一样的袋子，装上许多软绵绵的“肉”，然后把许多部位连接起来。乍一看，同邻居大姐那个出生婴儿差不多大呢！翻过来一看，没有五官，咋办？我想起柜子里有许多珠子，拣了两颗又黑又大的作眼睛，一颗又长又黄的作鼻子，再有两颗红的并在一起作她的小嘴，还有两簇眉毛么，得靠我的这支黑笔描了。

夜幕降临了，一层薄雾悄悄罩来。这时，一个布娃娃完成了。嘿！好一个光身子的娃娃，光头、光身、光脚。可不能光头，要给她戴上一顶小红帽。于是，我选了一块粉红色的布缝起了小帽子，还在帽上镶了条花边。然后，学着妈妈的样子，量了娃娃的身材，把布弄上几个褶，缝了一条裙子给她穿上，挺合适！再系上一条彩色的花边腰带，漂亮极了！

捧起这个娃娃，看哪，黑溜溜的眼珠，玲珑的鼻子，红艳艳的小嘴，还有一身飘逸的裙子，好一个小摩登女郎！我禁不住亲了她一下。

我终于拥有自己的阿黛尔了，不，她比阿黛尔更可爱，像个安琪儿，对，叫她“安琪儿”。

夜蒙上了不透明的黑纱，万家灯火亮了，楼下餐具的丁当声响起来。哦，亲爱的安琪儿，咱们晚餐后见！

捏个泥人瞧瞧

周萌

一位朋友从无锡捎来一对泥人送我。那是一对憨态可掬的大熊猫，甚是讨人喜爱。正巧爸爸从乡下挖来一袋红泥，准备填炉子用，我想我也捏个泥人瞧瞧。

我揪了一块红泥，象揉面似地揉成一团，凭着小时候玩泥巴的经验，在水泥地上使劲摔打，把它“蒸熟”。料是准备妥了，但到底捏个什么呢？熊猫，已经有了。对，就捏个七品芝麻官。

我把泥团捏成鸭蛋形，用小刀分成大小两块，大的一块作身子，小的一块作头。不对！应该浪漫些，大的一块作头，小的一块作身子。接着，我用旧圆珠笔芯里的细弹簧，把“头”和“身子”连在了一起。县官嘛，头上总得戴顶乌纱帽，于是，我又在“头”的上部糊上一层泥，仔细地捏成帽子状，并用铁丝在上面钻了两个孔，穿上弹簧，安了两片圆圆的帽翅。帽子下面最突出的应算县官的小圆疙瘩鼻子了，这是万万不可少的。至于嘴和眼睛嘛，画上就可以了。鸭蛋形的肚子挺起来了，可也不能光秃秃的什么也没有呀，让它抱个“大印”吧！我就捏了一块“方大印”，坐到了那圆鼓鼓的肚子上。

终于，基本形状捏完了。待到晾干后，我找来颜料给它上色：黑黝黝的帽子，白白的脸，绿豆小眼，黄豆鼻，猩红的官袍金大印，再加上两撮八字胡。不一会儿，一个“当官不为民作主，不如回家卖红薯”的“牛得草”摇头晃脑地立在眼前了，倒还真像那么回事！

自己捏的小县官，虽然做工粗糙，没有惠山泥人巧夺天工，更不能与泥人张同日而语，但敝帚自珍，倍加惹人喜爱。于是，我把此“杰作”端端正正地放到了写字台的中央。

剪出一个倩影

彭晓红

利用各种彩色纸片剪出一个个清丽活泼的小女孩，是件令人愉快的事。你可以用剪贴成的少女倩影来装饰你的歌本、笔记本，也可以用它做成贺卡送与亲友；爱好服装设计的女孩，也可以通过这个途径展现才能……其中乐趣有多少？不妨一试啦！

步骤：

一、先剪服装

把你所设想的服装先用笔画在纸上，要注意应留有粘贴部分，然后剪下来。这种剪纸服装要轻便大方，宜简不宜繁。（见图1双线为粘贴处）

二、后剪头饰

剪下头饰、耳环、发饰等。（见图2）

（图1）

（图2）

三、再剪发型

服装可用彩色纸，发型如是中国女孩，以黑色纸为宜。（见图3）

四、最后剪剩余部分。

在剪剩余部分时，要注意姿态和谐，可以作适当调整。剪脸型一般以瓜子脸为美，脖子略为细长；手脚因衣物遮挡，只要剪出一部分即可。（见图4）

（图3）

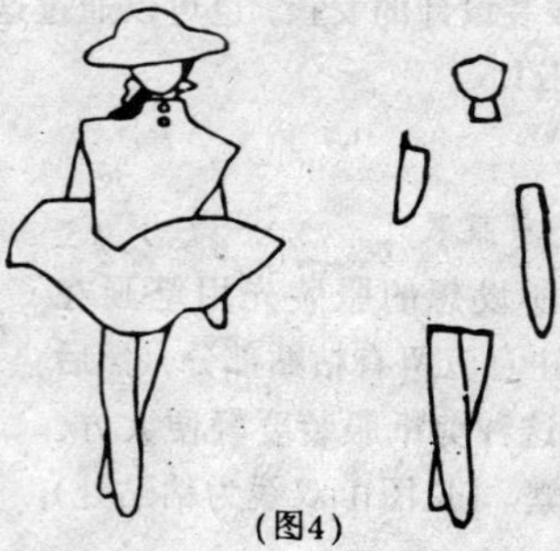

（图4）

上面的剪贴方法熟练以后，就可以按你的心愿任意剪贴各种少女倩影来装饰你身边的世界了。

生活中的小发明

杨青青

曾听说过这样一个故事：一个教授在课堂上举起一枚回形针，问在座的学生："它可以派什么用处?"结果令人吃惊，它有100多种用处，而"用来别纸"的正确答案，被认为是最没有创见和发明意识的。

后来我回忆，在自己的生活中，也常常在回答"一枚回形针用处"的问题。如果回答得好，就如同生活在无数的帮助中一样自由自在。

会唱歌的闹钟

有一段时间我爱早起，或去画速写、或去弹钢琴，可老是醒不来。不久以后，学校实行熄灯制，每天早晨6点通电。没有想到，不受欢迎的这项规定倒给我带来了方便。夜里，我把录音机放好，按上一盒BARBRA或DENVER的磁带，并接上电源，而小音箱就在枕边。每当清晨一通电，歌声就把我唤醒了。这是最最好的"Morning Call"。

不会生锈的针插

我的头发很长，木梳一梳，总有丝丝缕缕飘下来。舍不得扔掉，便把它们拾起，放到一个德式啤酒杯里。渐渐的，酒杯满了。我把那些长长短短的头发团成一团，用一块漂亮的绒布裹起来，用红线一扎，做成了一个针插。针插上去不会锈掉。这针插伴随我已有一年多。那酒杯里的黑发又快集满了。

发光的橙子

校园熄灯了。突然想到冰心的那盏"小橘灯"。心想，何不试试?找了只橙子，切去一小半，挖空里面，装上豆油，再用几股棉线纽成个灯芯；小橘灯做成了。不到一盏油的工夫，读完了《浮生六记》。也许是有了小橘灯，我竟爱上了在寒冬静悄悄的夜晚读书画画。小灯虽是橙子做的，发出的光也是橙黄色，不过，我却爱叫它"小橘灯"。

化妆品开塞露

在戏剧学院读书3年来，几乎每天我得往自已脸上涂脂抹粉。厚厚的油彩在脸上一堆就是几小时，卸妆后皮肤特别的疲倦。我没条件也没钱买各种高级护肤用品，便想出一个办法来：卸妆后，把开水倒入小盆中，用水蒸气蒸面，把脸上的脏油全蒸干净了。冰冰凉的开塞露用手轻拍上脸；这样，皮肤既光泽又白净了，开塞露是甘油加蒸馏水合成，比甘油效果还好。只不过这名字听来有些怪罢了。

最便宜的化妆笔

眼线笔或眼线水画上的眼线一遇雨水泪水就成了黑糊糊，把我弄得像个大熊猫。于是，我自作主张用特种铅笔来描眉画眼。我还发现特种铅笔有各种颜色，居然可用来派上许多用处：描唇线、眉线和眼影。后来，一个偶然的机会，我发现，戏剧学院的应玉兰教授给我化妆，用的也是特种铅笔。她还告诉我，她对此有过研究，这种铅笔并不含有损伤皮肤的成分。从那以后，我明目张胆地使用它，再也不用难为情了。

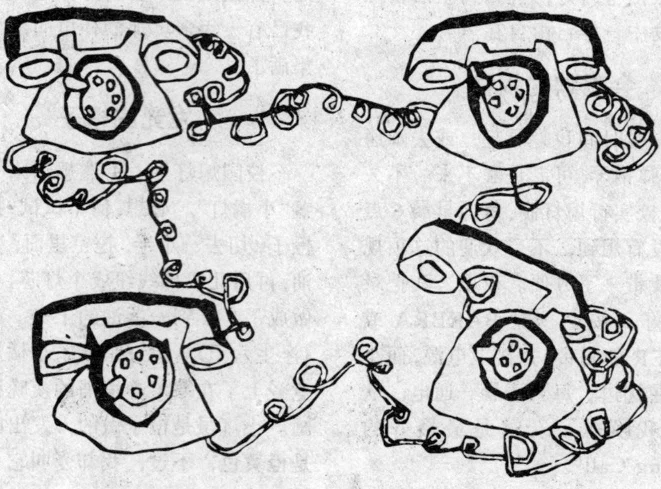

幸运环和香袋的制作

晏　怡

(一) 幸运环

它似乎特别受到女孩青睐，许多人用来赠送朋友表达心意。那么你不妨试着动手做一个。

材料：一根6尺长的绸带，色彩随意。

制作：

1. 先将绸带对折，取一个中点。如图一所示，沿虚线将绸带对折。再在中点处打一个活结，如图二。

2. 如图三所示，将甲穿入乙的孔内，然后将乙拉紧。再将乙穿入甲的孔内，将甲拉紧，如图四。然后，反复地按以上两个步骤进行，一直到它的长度能够恰好套到手腕上为止。

3. 如图五所示，将绸带的一头直接穿入孔内，拉紧。

4. 将幸运环的头尾连在一起，打一个蝴蝶结，一个完整的幸运环便完成了。

图一

图二

图三

图四

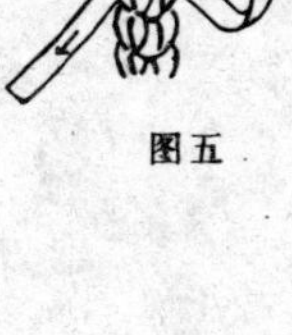

图五

图六

(二)香　袋

端午时节,许多女孩子都喜欢佩一个香袋在身边,既讨个吉利,又可以保健,现在让我们自己动手做一个。

材料:色彩绚丽的织锦缎或绸缎的边角料、棉花、依香粉(中药店可买)、针、线。

制作:

1. 首先将织锦缎或绸缎剪成两块大小相等的正方形(大小随意),然后重叠起来,按图一所示的虚线缝起。

2. 缝好后,翻个身,毛边内藏。折成图二所示的形状。

3. 塞入少许棉花后,放一些依香粉,然后再塞棉花,直至塞满。接着,按图三所示的虚线将布料缝起,缝好后将线抽紧。

4. 如图四所示,将香袋的两头缝在中线上。一个鸡心形的香袋便完成了。

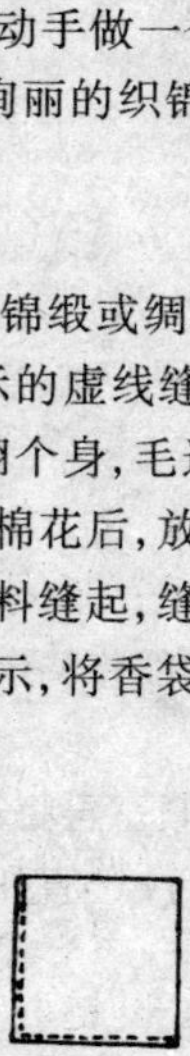

图一

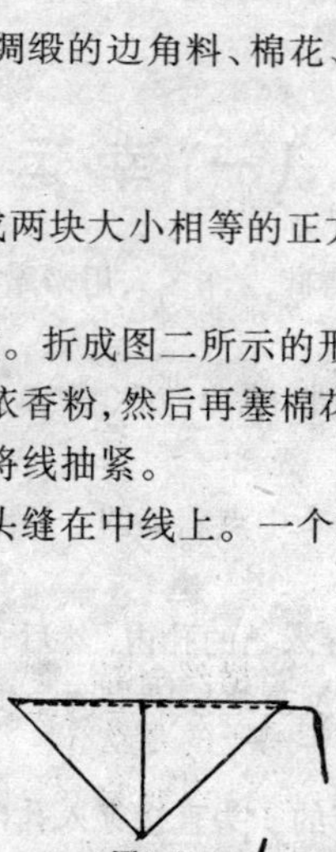

图三

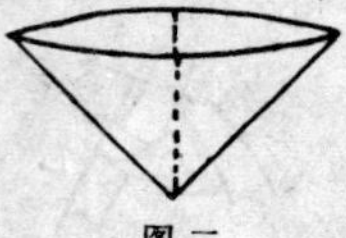

图二

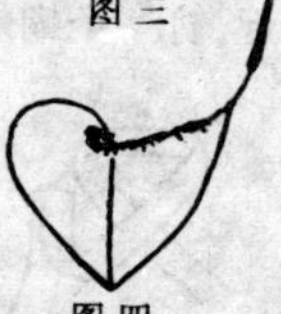

图四

图五

自制相思扣

朱 青

现时街上流行挂件，以木制的、银制的为多，别致又漂亮。而女孩子们则热衷于制作、佩戴“相思扣”。每一款别具匠心的设计，加上自己的精工制作，更有一种独特的风格。下面简单的介绍一下“相思扣”的制作过程：

“相思扣”的材料是5尺左右长的丝带，分挂链和坠物两部分制作。

先在丝带的最上端距离约10厘米处打一结。然后从丝带的最下端抽出一根横丝，边抽边绕在一支笔上（在打结的上端也要抽丝）。在抽丝的过程中，为了不使竖着的丝乱作一团，可以把丝带的一端固定好。当横丝全部抽完时，把它剪断，然后把剩下的竖丝分成三股，像编麻花辫那样，注意要编得尽可能光洁（打结上端10厘米处勿辫）。辫到还剩10厘米处收工，打一结。最后把两个打结处结在一起，把两边的丝剪平。这就是挂链的制作过程。

坠物的制作，主要在于选择式样。目前坠物主要有两种：实心的和空心的。

所谓实心的就是把前面绕在笔上的丝绕在一枚5分硬币上，形成一块圆璧形。绕法：以硬币中心为中心点，把丝绕上，注意要使丝分布均匀，排列紧密，到全部把丝绕上（看不出原分币颜色），藏好线头，即可。

空心的制作较为简单，是把丝线绕在钥匙圈上，要求同实心（如做此款式，最好做两个）。

现在，只剩下最后一道工序，把坠物固定在挂链上，成品见图。

另外，如你会用丝带做成小花，点缀在“相思扣”上，则更能锦上添花。

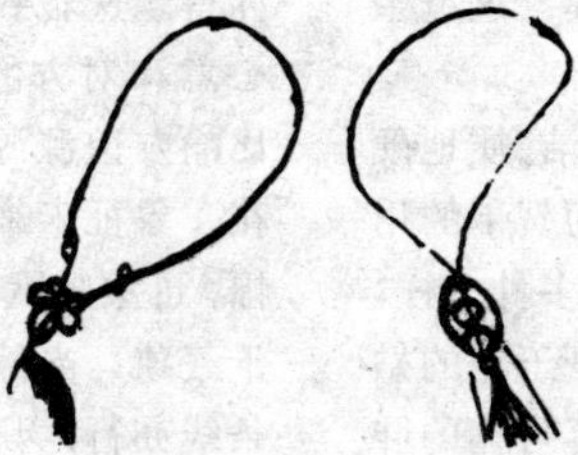

做贺卡

俊 闻

当新年的钟声敲响之际，正是少女相互道贺的最佳时刻。

在送旧迎新的好时光里，给亲人、友人、同窗捎去一份款款心意，便是一枝别具姿韵的报春花。五彩缤纷的贺卡就是报春花中的一朵奇葩。

街头巷尾，各类贺年卡琳琅满目，自有一份绵绵情意。不过，自己动手制作贺卡，写上自己的祝福，这更亲切，更充满情趣。

首先，应该挑选纸质光洁、质地硬朗、色彩淡雅的纸张，作为贺卡的用料。自制的贺卡，形状可以多种多样：有恬静的鹅蛋型，恰似亭亭玉立的姑娘；有活泼的圆型，恰似笑容可掬的胖娃娃；有庄重的长条型，恰似耸入云天的大厦；有洒脱的斜边型，恰似蓝天翱翔的雄鹰，等等。贺卡可以做成折叠式，也可以做成立体式。单张的贺卡，边上还可以剪出一些造型各异的花纹，四边形成波浪起伏的景象。

贺卡的纸质、形状确定之后，接下来就是设计封面、内页、封底的事儿了。封面是贺卡的面孔，应当尽量设计得飘逸雅致些，图案可以按自己的心意和对方的喜好选定。高山流水，比喻友谊源源悠长，高洁厚实；一束鲜花，象征未来如花似玉；如有头像一幅，可添幽默谐趣；几个色块，汇成万千气象；当然简洁得只画上几笔或几条线亦行，只要达意传情就好。开窗式的贺卡，封面就是内页，一目了然。

在作画时要考虑贺词的位置。内页，一般以简洁为主，留有较大的空余。封底，可以做成封面式，同样画图，可以“独白”，让最大的空余留给对方以不尽的遐想。

色彩的选择和泼洒，最好同构图的风格一致。新年贺卡，要有一些喜庆色彩，宜选用一些红色，金色，但不能太浓太深。

如果有时间，先在一张卡片上稍作创作和尝试，看看构图效果，看看颜色搭配，看看整体设计，有了一张草图，再正式画上贺卡，那就更精到简练了。

贺卡“硬件”完毕后，洒些香水，芬香的气味会飘得很远，怡逸迷人。

其次，精心构思贺词。如果说贺卡的“硬件”是一个人的面孔，那么贺卡的“软件”，即贺词，便是内心的所在了。一张好的贺卡，要有好的贺词作为内秀的框架，一句好的贺词，能为贺卡增辉添色。

贺词没有统一的句式，可以随意、潇洒。不过，要从你所赠的对象出发，找出一两句最能代表你良好祝愿的佳言。

如果是你的长辈，贺词要有敬语，表达自己对长者关心的谢意，表示自己对长者的衷心祝福。对中年的，可以写事业成功、生活美满方面的贺词。对老年的，可以写寿比南山的贺词。

如果是你的老师，贺词可充满对师长的尊敬，还可以写一段对你们都是印象最深的片断，表示自己永远甘当小学生的愿望。

如果是你的同窗学友，那么可以发挥一番了。一句俏皮话，就可以把两人亲密无间的关系一览无余；一则轶事实录，就可以把双方的心理距离缩短。至于“来年是你的丰收年”，“春天播种，夏日耕耘，才有秋的收获”、“新年的船又该启航了，你定会成为一个出色的舵手”之类的祝福语，更是可以一挥而就。心的语汇像飞泻的涌泉，不愁写不上，能够写到点上，就需要你动一番脑筋了。

贺卡的制作和贺词的创作，应当浑为一体，互相辉映。可以想象，当你的亲朋好友收到你精心制作的新年贺卡时，谁能不为蕴含其中的绵绵情意而陶醉呢？

想到此，你该动手了。这是迎接新年的第一件美事，何乐而不为呢。

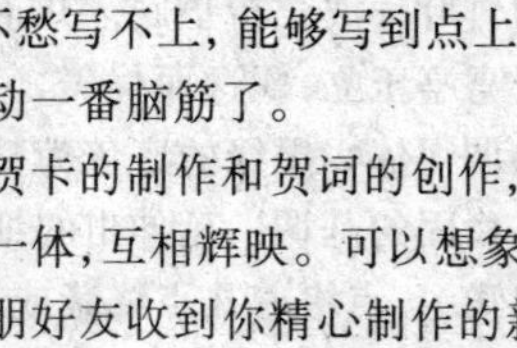

表达情感的使者

小　路

一

每逢佳节，你用双手为我奏出一曲凝固的音乐——这张与众不同的祝福卡。普普通通的白色铅画纸作底板，素雅、宁静。四周刻上两道印痕算是花边，倒也显得简洁大方。右下角的这丛花卉呼之欲出，格外赏心悦目。材料只是你采集的植物标本：竹叶、草茎、花瓣、小穗苗。不知名的野生杂草，在你手下却如此精细别致。细长的竹叶一波三折垫底，几道修长的穗秆亭亭玉立，飘逸而优美；色彩也同样协调得体：墨绿的底色为整丛花定好了稳固的基调，延伸出的细枝是淡灰和浅绿，点缀着几点绛紫或橙红，明快而活泼。这是美的有机组合，这是你独特审美观的充充分体现。

欣欣然翻开来，里面贴上你的近影。皑皑白雪，我却闻到了春的气息；相距千里，你亲手制作 的小卡饱含了浓浓的友情。

二

和你闹别扭后，我暗自发誓不再理你。可没几天，又收到你的来信。大大的航空信封，双倍的邮票，我不知道你想说什么。

折开一看，怎么里面还有个信封，上面这样写道：“也许很奇怪很奇怪，是一时的心血来潮，还是冥思苦想的结晶？为我们结识的300天而庆贺，更为今后的友谊而祈祷……”

语句忽然中止了，这厚厚的信封里面卖的是什么药？实在是种诱惑哇！里面还是一叠叠大大小小、五彩缤纷的信封。

淡蓝的色调——让我回忆起你我最初的相遇——航海夏令营。从素不相识到产生心灵的共鸣，其实并没有很大距离。我告诉你我偏爱蓝色，你说我该有海一样的胸襟。

明朗的米色象征通信、郊游。

浅绿，象征着希望和活力。栩栩如生的，你画了雨中的一个小小滑梯。哦，还记得我们冒雨溜进儿童乐园，嬉笑着手拉手重温孩提的梦。

紫罗兰，你说这是浪漫；

粉红，你说这是温馨；

淡银灰，你说这是大方……

诗化的语言，引起我缕缕思绪。一个套一个，犹如潘多拉的魔匣，只有你知道它有多少吸引力。

很快的，只剩下最后一个了。精致的“迷你”信封飘出来。雪白的底色上星星点点地勾勒出一道彩虹，还有你刚劲潇洒的字迹：但愿友谊长……，怎么，没有写完么？我纳闷了。一、二、三、四……数数这一大叠，是九个。友谊长“九”（久）！

好一个狡猾的你！我轻叹一口气，似乎又看到你含笑的眼睛。

礼品包扎的艺术

舒 怡

在日常生活中，送礼是常有的事，每逢新春佳节、亲朋好友的生日或日常的礼尚往来，我们通常可以寄上一张小小的贺卡，送上一束鲜花或是一份小小的礼品，用来表示我们对亲朋好友的祝愿、慰问和谢意。

虽然只是一份小小的礼物，但是它却会给我们繁忙的生活增添不少的情趣。

礼物总是很诱人的，可有时候我们将一件赤裸裸的礼物赠予别人，常常会显得既不雅观又少了几分乐趣和几分神秘，怎样才能弥补这种缺憾呢?

我想礼品包装是一个很好的补救办法。

礼品的包装方法、款式可谓千变万化，简单的礼品包装只需准备一些包装纸、包装带、透明胶带或透明胶水即可，这些材料一般商店里都能买到。当然我们也可以利用一些旧的塑料挂历或其他代用品作包装纸。

这里我们介绍几种款式的礼品包装方法，大家不妨试试。

款式一

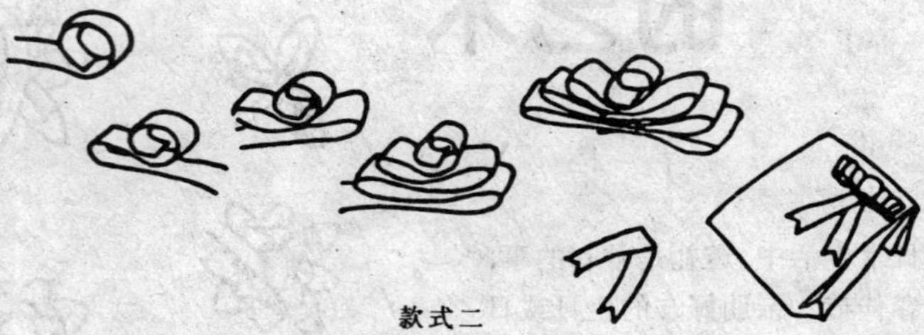

款式二

款式三

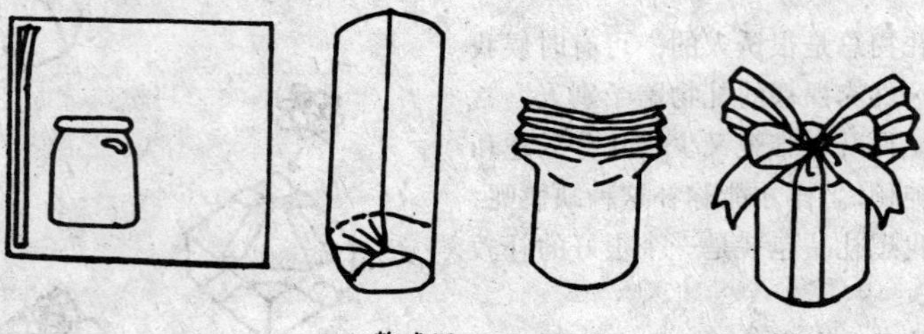

款式四

巧制礼品装饰花

晏 怡

时下送朋友礼物都非常注重外包装。闪亮的包装纸、精巧的装饰花不仅为礼品增光添彩，也体现了送礼者的一片挚诚。假如我们能够自己动手为礼品美容一下,既省钱又富有情趣,岂不更妙。以下就来介绍3种装饰花的制作方法：

一

材料：

一条宽装饰带(90～120厘米左右),订书机,双面胶。

制作：

1.如图一所示,一手捏住装饰带一端,另一手捏住10厘米左右的部位。将带子折成图二所示的形状,用左手的大拇指和食指紧紧捏住。

2.以左手大拇指为中心,将带子转到对着自己的位置,如图三所示。

3.然后按图一图二所示的方法,将装饰带折成图四所示的形状,用左手大拇指和食指捏住。

4.接着,以左手大拇指为轴心(这是一个重要的手法),将装饰带反复地按以上所示的方法折叠。记住,大拇指和食指一定要捏紧中心部位,直到带子剩下10厘米左右时,用订书机将其中心部位订住。

5.最后,在所剩装饰带的顶端贴上双面胶,如图五。再将带子折成一个圈,固定在中心部位（圈的大小按装饰花中心部位大小而定，小的圈就小，大的则大)。这样,一朵美丽的装饰花就算完成了。如图六。

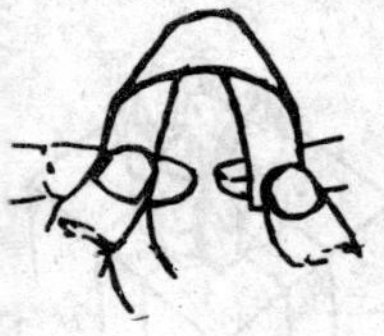

图一

图二

图三

图四

图五

图六

二

材料：宽装饰带一条（100 厘米左右），长线一根，剪刀。

制作：

1. 伸出左手。如图一所示，将装饰带缠绕于手上，至六七圈。带子的两端须超过中指与无名指的指缝。

2. 将缠绕好的带子轻轻从手上退出，然后定一条中线，如图二所示。

3. 定好中线后，用剪刀剪去划虚线的部分，如图三。接着用线在中线部位将带子扎起来。

4. 按图四所示，用剪刀沿虚线剪，但千万不可剪到顶，以免将此部分剪掉。

5. 按图五所示，开始进行分离工作。将合在一起的带子一片片拉出来，每拉出一片，便在其根部（扎线部位）扭转一下，当所有带子都分离出来后，稍作整理，一朵球形的装饰花便完成了，如图六。

图一

图二

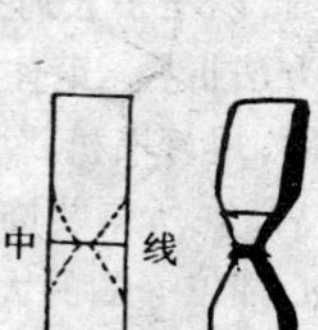

图三

图四

图五

图六

三

材料:金边装饰带一条(80 厘米左右),订书机,双面胶、剪刀。

制作:

1. 先剪下两根 15 厘米长的飘带,搁在一边。然后如图一所示,左手捏住装饰带的一端,右手捏住 5 厘米左右的部位,绕一个圈,如图二。接着再绕一个较大的圈,如图三所示。

2. 按图所示,在圈的一端将带子折成图五所示的形状。接着以同样的手法在圈的另一端也折出这个形状,如图六。

3. 按图七所示,绕一个大圈。接着,再在另一端也同样绕一个大圈。然后,将两根飘带交叉叠起置于花下,如图八所示,用订书机固定在中心部位。最后。剪去虚线部分。一个美丽的花结便做成了。

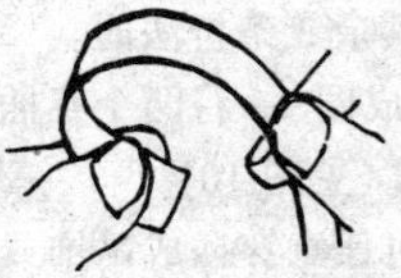

图一

图二

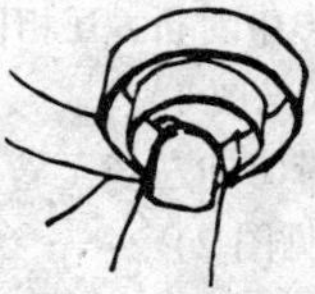

图三

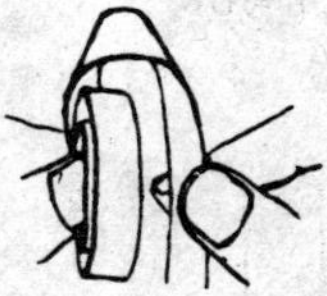

图四

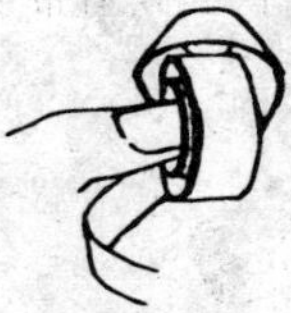

图五

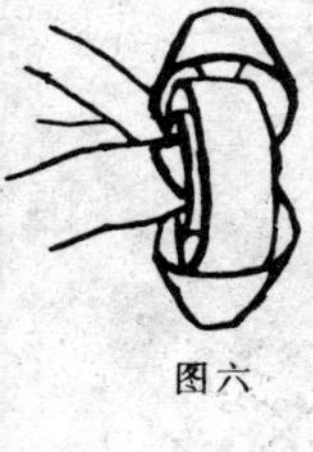

图六

图七

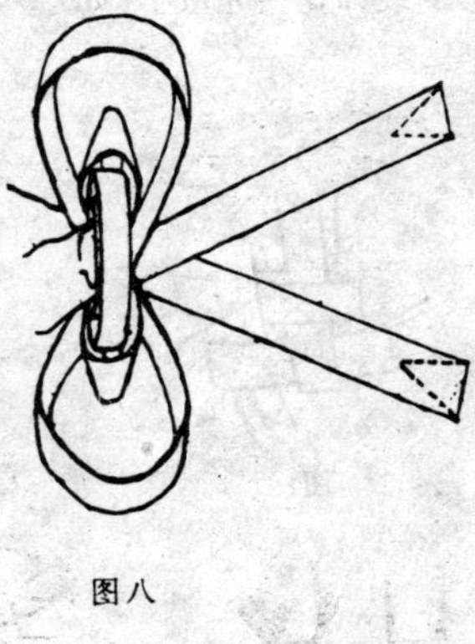

图八

自制幻彩宝莲灯

王建玲

女孩子除了做些小装饰自我打扮，还可以做些小玩意当作礼物赠送朋友。这个小灯笼就是一种精致的礼物，而且制作简便，你可以试一试。

材料：30 厘米×1 厘米包装彩带 4 条、丝线、小流苏。

步骤：

1. 将彩带对折，互相以井字形相套，拉紧。(见图 1)

2. 将带①向左绕至背面从彩带 a 内穿出。(见图 2)

3. 接下去②③同理，第④先需穿过①带才能绕到后面同理。(见图 3) 最后回到井字型。

4. 取较长的一条彩带照虚线向后折，再向后折。(见图 4)

5. 按图 5 穿过带④拉紧成图 6 形成一花瓣。

6. 按图 7 反穿，拉紧成图 8，形成一花蕊。其余 3 条折法同。

7. 折成图 9，将两个互插成为一个小灯笼。(见图 10)

8. 也可任意穿插成吊饰或搭成花球。

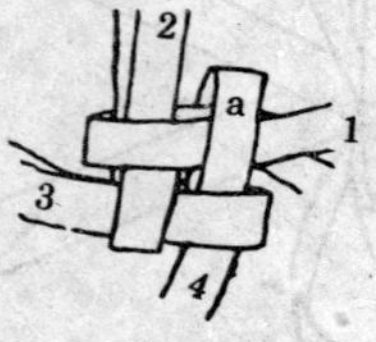

图1

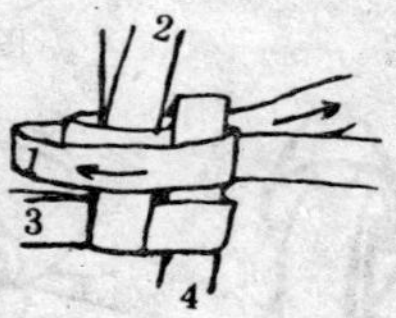

图2

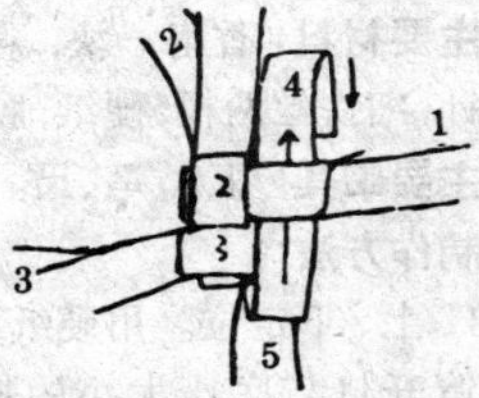

图3

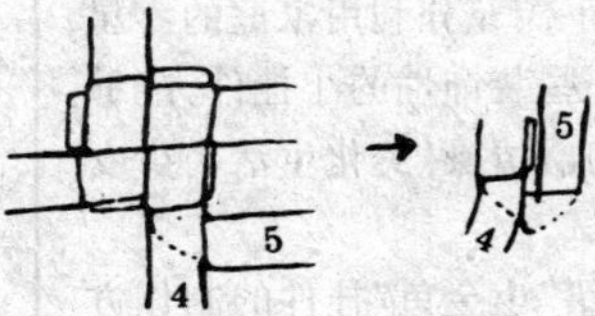

图4

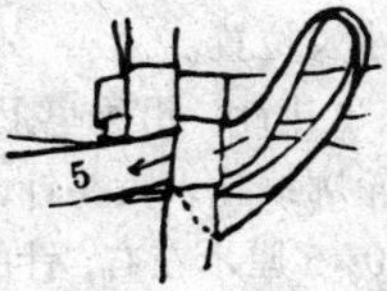

图5

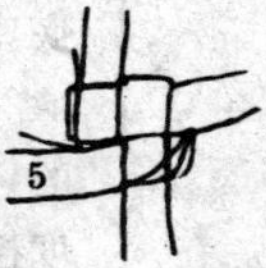

图6

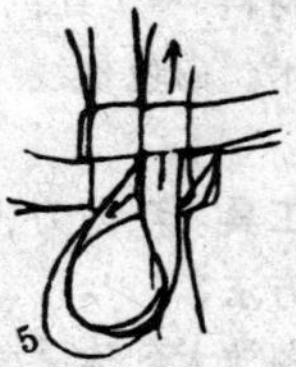

图7

图8

图9

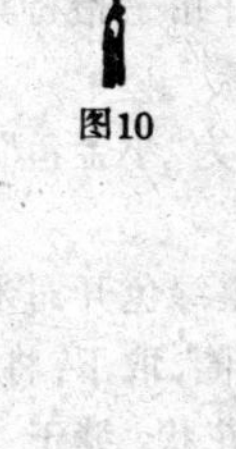
图10

自制“小金鱼”装饰挂件

江　雪

自己动手，充分利用家庭的零星余料，制作一些装饰性的小挂件，能够发挥个性，陶冶情操，美化生活。少女朋友不妨一试。

本文介绍“小金鱼”挂件的制作方法。

主要材料：零星红色灯芯绒布、墨绿色开司米、白色棉线、一小块旧棉胎。

主要工具：笔、剪刀、缝衣针。

制作方法：

1. 如图放大到你需要的规格。在红色灯芯绒布上剪两块“小金鱼”裁片，反面相叠，重合。

2. 用白色棉线以锁边的针法，沿着四周将两块裁片缝合。留一个小口。

3. 将旧棉胎撕开扯松，填入两块裁片之间，并用手指将其塞匀，然后缝合小口。

4. 用笔为“小金鱼”画上“眼睛”和“鱼鳞”。

5. 将墨绿色开司米缠在手指上，绕环成若干圈，取下，将圆圈的中心扎紧，扯开成花状，缝于“小金鱼”的头顶。

6. 系上挂线，即可吊挂在墙头或装饰柜内。

把清香扑鼻的香皂加工制作成为美丽的花篮，既可观赏，又发出香味，如果拿来馈赠好友，更显得情意深长。少女朋友不妨一试。

主要材料：香皂一块，彩色缎带，大头针，细铁丝两根，硬纸，胶粘剂。

主要工具：剪刀、笔、尺。

制作方法：

1. 上、下定位。用硬纸剪出相当于花篮开口与底座大小的椭圆形纸模，并在香皂的上、下两面沿着纸模划出轮廓线，以确定香皂花篮开口与底座的大小及位置。

2. 上、下扎针。沿香皂上、下两面的椭圆形轮廓线扎入大头针，扎针深度控制在0.5厘米左右，针的间距要相等，而且上面与下面的针要一一对应。见图(2)。

3. 8字形绕带。如图(3)所示，先用大头针把缎带的始端固定，然后将缎带紧贴皂面，不扭不松，从上针间绕到下面相应的针间位置，再绕到上面针间……呈8字形绕卷。

4. 上、下端绕圈。呈8字形绕完一

教你做香皂花篮

江　菲

圈后，将固定缎带始端的大头针取出，再将缎带末端从香皂上端最先开始绕缎带的那根大头针上开始，依照顺时针方向在香皂上面大头针间绕圈，见图(4)。绕上4圈以后，将缎带末端留下2厘米，其余均剪去，然后，再将缎带末端用大头针固定在香皂上不为人注意的地方。随后，再用同样的方法，用缎带围绕香皂下面的大头针绕4圈。花篮的开口与底座即告制成。

5. 中部扎针。上、下端分别绕完后，再在香皂横侧外缘轮廓最大处，在水平方向扎以大头针，深度也为0.5厘米左右。同时，再调整好针的长短与间距。见图(5)。

6. 中部绕圈。如图(5)所示，用大头针固定另一根缎带的始端，并如前所述，按照顺时针方向在香皂中部轮廓最大处逐根卷绕横侧的针。绕圈4周后，剪去多余的缎带，再用大头针固定住缎带的末端，并将中部的针完全推入香皂内。

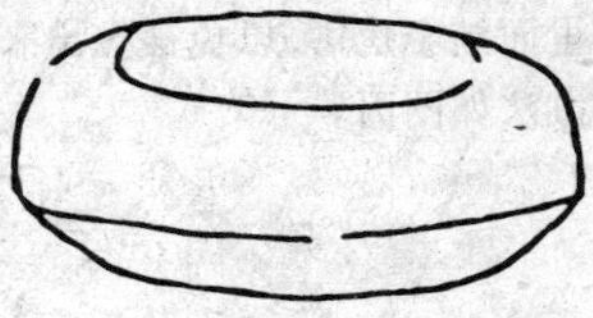

(1)

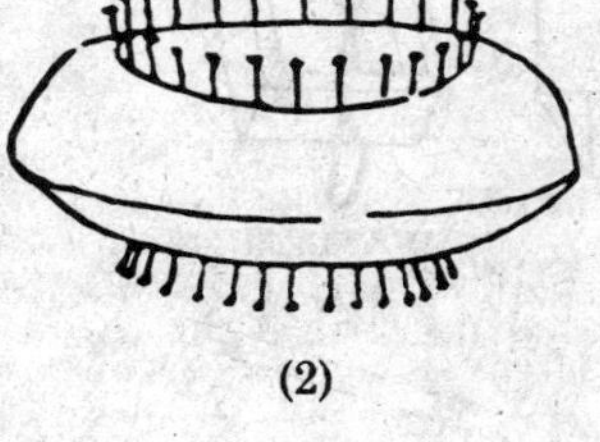

(2)

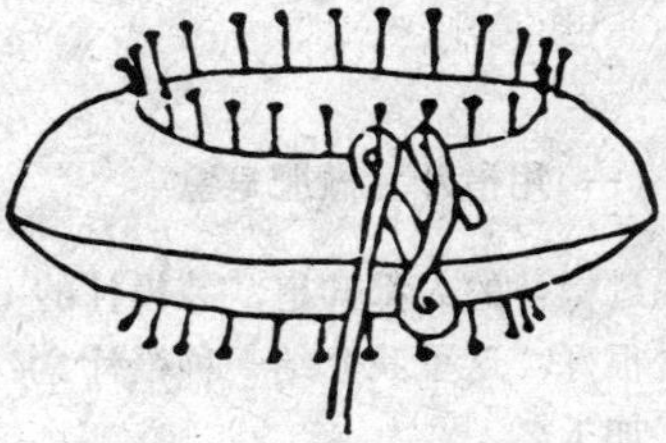

(3)

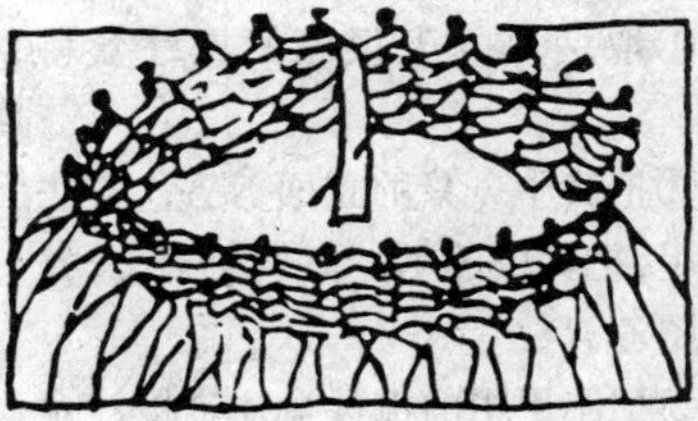

(4)

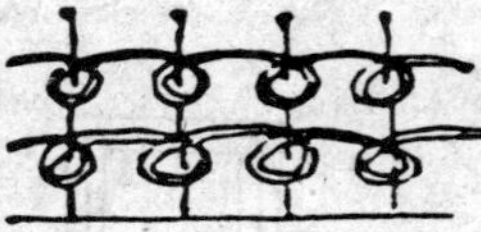

(5)

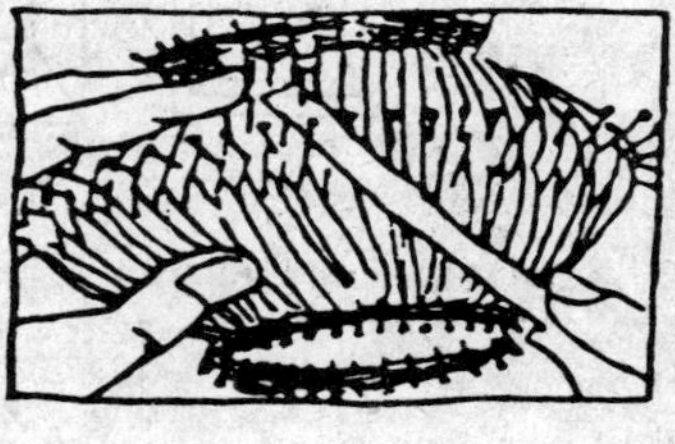

做肥皂盒与花篮

索美琴

(一)用橙汁盒做肥皂盒

喝过橙汁的人都知道，装橙汁的塑料盒很好，这里我介绍一种橙汁盒的手工加工。

方法：

①取两只外壳很硬的橙汁盒待用。

②把其中一只的正面剪去，方法如图甲，把其中的另一只侧面剪去，方法如图乙。

③把图甲中的澄汁盒插进橙汁盒乙中即可。

一只灵巧的抽屉式肥皂盒就做成了。

注意：

①为了方便可在外盒上挖一洞，想打开肥皂盒时，把食指插在里面向外一顶即可。

②或者在图甲盒的侧面中间钻一孔，用根结实的绳两头对齐捅进孔，在里面结个疙瘩，以免被拉出来，即可。方法如图丙。

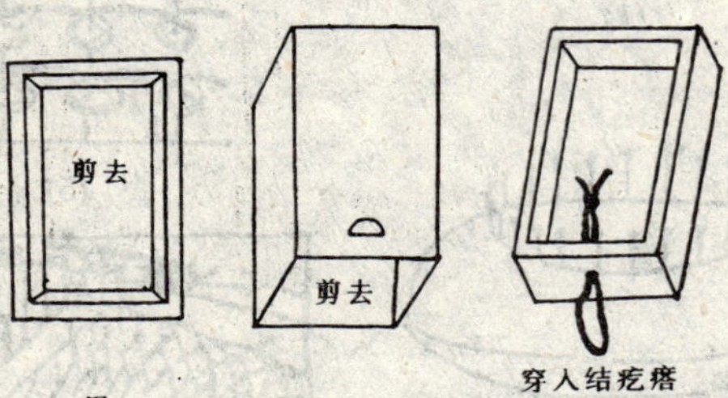

甲 乙 丙

(二)用健力宝筒做花篮

方法步骤:

①将筒截为两截，顶部占总筒高的三分之一。

②沿筒壁向下剪条，每条宽约 4 毫米，长 4．5 毫米，另一个是宽 1 厘米，窄 1 厘米，呈正方形。

注意:剪 4 毫米宽的是下筒，剪成正方形条的是上筒。

③编条:下筒编时，先分成组，每 3 根一小组，6 根一大组。编法如图甲、乙。上筒编时，将条整好。编法如图丙、丁。

④将编好的下筒当底筒。把上筒套在下筒里即可。

⑤若想加捏柄，可用塑料细管当管柄，在底筒左右相对两侧打个洞，穿入即可。方法如图戊。小心，别把底筒撑裂了。

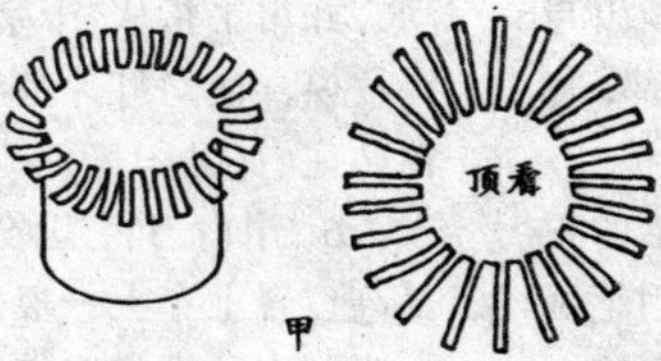

甲

丁

乙

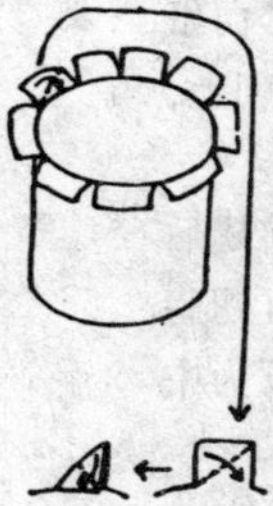

丙

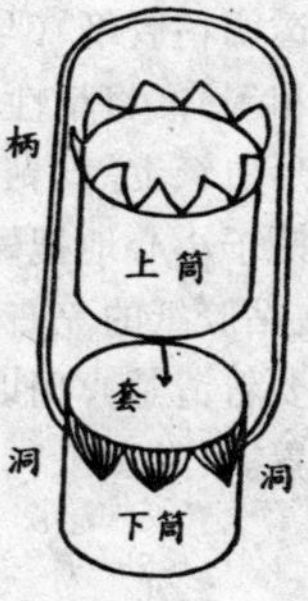

戊

美丽的蝴蝶书签

孙玲芳

一、材料和工具：

一只完整的蝴蝶（翅膀、鳞片、触角齐全，无损坏）、幻灯片基、白纸、黑纸、粘胶纸、镊子、彩色丝线、剪刀。

二、制作方法：

1.用镊子小心谨慎地把蝴蝶的两对翅和一对触角取下来保存好。（分清前翅一对，后翅一对）。去除蝴蝶的头、胸、腹部。在黑纸上用铅笔画出与这只蝴蝶大小相似的头、胸、腹部，将它剪下，也保存好。（见图一）。

2.取一张比这只蝴蝶大一倍的正方形白纸，连接对边的中点。用笔画上“十字”。将纸平放在桌上，再取一张宽阔的透明粘胶纸（与正方形白纸大小基本相等），将粘性的一面朝上，放在正方形白纸上。（见图二）

3.用镊子小心地把蝴蝶的前翅后翅，各放在粘胶纸的左右上下方（翅膀的正反面要看清楚），仍以“十字”为中心对称放置。（见图三）。

4.将黑纸剪成的头、胸、腹部，用镊子镊住，放到二对蝴蝶翅的中间，使其与透明粘胶纸粘住。再将触角分别放在头部的两侧与透明粘胶纸粘住。（见图三）。

5.取一张比蝴蝶边缘略大4毫米的幻灯片基（注意：头部空隙要留大些），小心地覆盖在蝴蝶上（切勿移动），并用手指从“十字”中间向蝴蝶边缘按摸，使幻灯片基与粘胶纸紧紧地粘贴住。（见图三）

6.用剪刀将边修齐，并在头部的最高位置上穿上一根彩色丝线，即成一张漂亮的蝴蝶书签。（见图四）。

图三

图一

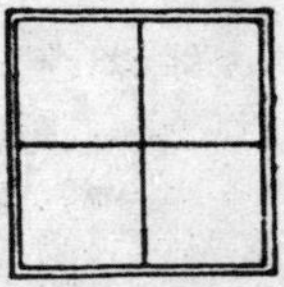

图二

图四